네 생물,
그들은 누구인가?

The Four Living Creatures, Who are They?

벽암(碧岩) 조영래(趙永來) 著

Rev. Young Rae Cho, Ph. D

2 | 네 생물, 그들은 누구인가?

| 저자 서문

조영래 목사 |

네 시작은 미약하였으나
네 나중은 심히 창대하리라
돌이켜 볼수록
시작이 얼마나 부족했다는 것
시리다 못해 후회가 아프다
제 1권 멜기세덱, 그는 누구인가?
조급했던 탓이었을까?
자기만족에 취했던 탓일까?
스스로 흥분에 떨다가
대사를 조금은 그르쳤던 것 같다

제 2권 이 땅의 주, 그는 누구인가?
조금은 편안해진 탓일까?
글을 쓰고 있는 숨소리가 고르다
하기야
글 한줄 제대로 써보지 못했던 주제에

천지가 개벽할 소리를
써보겠다고 생각하고 생각하는 그 순간부터
이미
제 정신이 아닌
미쳐버린
정신병자였을 것이다
40도가 넘는 고열 속에서
오한의 추위에 몸을 떨면서
되지도 못한 글을 쓴다고 날뛰고 있었으니
오죽했을까?
생각할수록 얼굴이 달아오른다
뜨거워질수록 부끄럽고 창피스럽다

그러던 그 열기가
조금씩은 떨어지고 있는 것 같다
미처 고쳐쓰지 못한 부분 부분들을 꼬집어 생각하면서
제 3권
두 감람나무와 두 촛대, 그들은 누구인가?
제 삼권을 집필하여 출간시켰다
물론 빠져 있던 그 순간에서 만큼은 또 보고 읽으면서
부족한 부분들을 애써 채워보려고 고심도 해 보지만
시리즈라는 명분이 눈을 가리기도 한다

다음 책에서 더 보완을 하면 되겠지
그것이 도리어 시리즈의 별미가 되지 않을까?
애써 자신에게 최면을 걸어보기도 한다

그러나 한 가지 사실을 명확히 밝혀두고자 한다
내용상으로는
처음부터 부족한 점이 너무도 많이 드러나기도 했지만
그렇다고 하여 처음 계획 자체가 잘못 되었다는 것 아니다
멜기세덱은 어렵다고 기록된 성구처럼
어렵다고 한 멜기세덱의 세계를
서서히 하나하나 밝히기 위해
이 땅의 주, 두 감람나무, 이어서 네 생물의 세계를
집필하기로 처음부터 작정한 것이다

그러므로
단독 한 권의 책을 보았다고 해서
전체를 알 수 있는 것은 절대 아니다
멜기세덱을 알기 위해서는
해를 입은 여인, 이 땅의 주, 두 감람나무, 네 생물
이들을 이해하고 깨닫고
아는 것과 믿는 것에 온전한 하나를 이룸으로써만이
멜기세덱

재림주의 존재를 아는 것이다
특히 네 번째 집필된 네 생물, 그들은 누구인가?
그 내용 속에는
지금껏 신학적으로는 도저히 풀 수 없었던
창조 세계의 비밀과 암호가 되는
가히의 세계가 펼쳐지고 있다는 사실에
주목할 필요가 있다는 것이다

왜?
기독교가 침체되고 있는가?
새로운 차원
새로운 세계로 인도해 갈 수 있는 능력있는
말씀이 없기 때문이다
만물의 영장이라는 인간이
인간의 생명의 기원조차 모르고 있으니
어찌 존귀한 인간이라 말할 수 있겠는가?
창조주 하나님을 아버지라 부르면서도
창조 세계의 비밀
하나님의 경륜의 비밀을 모르고 있지 않는가?
이미 바울을 통해서
다섯 가지의 경륜의 세계를 지적했음에도 불구하고
왜 그대들은 그 경륜의 비밀을 통해

때에 맞는 말씀을 가르치고 있지 못하는가?
때를 모르는 그대들이다 보니
어찌 때의 주인을 알 수 있겠는가?

지금은 어느 때인가?
시도 때도 모르고
한결같이 성구 속에 들어있는
부분적인 은혜의 말씀만을 외치고 있는
달인들이 아닌가?
그러기에 신천지라는 괴물들에게
거침없이 짓밟히고 있지 않는가?
생각해 보라!
그들에게 짓밟히지 않기 위해서는
아니
그들을 이기기 위해서는
그들이 알지 못하는
그들의 손이 미치지 못하는 더 높은 차원의 세계
완전한 말씀
해를 입은 여인이 주시는 해의 말씀
하늘의 천사들도 모르고
아들들도 모르는
오직 해를 입은 여인만이 아시는 아버지의 말씀

그 말씀만이
옛 뱀, 마귀, 사탄의 권세를 깨고
온 천하의 모든 것들을 무릎 꿇게 하실 수 있는
유일무이한 마지막 말씀이다

그 말씀이 전 삼년 반 중에서
한 때
두 때
반 때를 통하여 어떻게 역사했는지
또 후 삼년 반을 통하여
어떻게 역사할 것인지
그 세계를 모르는 사람들을 가리켜
깨어질 수밖에 없는
깨어져야만 되는 성도들이라고 하나님께서
지금도 단호히 외치고 계신다

그런 세계
이 땅에서 이루어져 가고 있을 때
놀라운 징조가 나타나게 된다
"그 날 환난 후에 즉시 해가 어두워지며
달이 빛을 내지 아니하며
별들이 하늘에서 떨어지며

하늘의 권능들이 흔들리리라
그 때에 인자의 징조가 하늘에서 보이겠고
그 때에 땅의 모든 족속들이 통곡하며
그들이 인자가 구름을 타고 능력과 큰 영광으로
오는 것을 보리라"
이런 날이 되었을 때
드러난 결과의 사실 앞에 그대들은
무엇이라 변명할 것인가?
그런 그 때, 그제서야
그대들이 자랑스럽게 눈물 흘리며 설교했던 그 말씀들이
때에 맞는 하나님의 영광을
가리며 방해했던 존재라는 사실을 깨닫게
될 것이다

세상 소리에
미꾸라지 한 마리가 연못을 흐린다
그렇다!
연못을 흐리는 한 마리 미꾸라지
자신의 처지와 분수조차 모르고 이무기처럼
날뛰고 있는 황당한 자신의 모습
그러나 이 글을 쓰게 하시는 그 분의 노여움에 비한다면
만분의 일도 되지 못한다는 것

깊이 깊이 새겨야 한다

역사의 진실한 민낯을 보는 교훈이 하나 있다
과거는 미래다!
일곱 우레의 말씀 속에 들어있는 우레의 속성이며 권능이다
재림은 곧 초림이라는 소리이다
육신의 자녀들이 성령, 즉 약속의 자녀들을
끝날까지 괴롭히는 것이 하나님의 뜻이며 경륜이다
그러한 동일한 말씀의 역사의 입장에서 본다면
부분적인 은사, 은혜, 말씀이
온전한 은사, 은혜, 말씀을 끝날까지
괴롭히며 대적한다는 이 진리
이것이 장자권을 놓고 싸우는 본능적 인간의
속성이며 욕망이며 탐심이다
6000년간 이어져 내려오고 있는
너와 나의 오늘 우리 자신의 인성, 몰골이다

그러기에
재림 마당의 심판 기준은
성전 안과 바깥이다
성전 안만을 심판하게 하시는 것이다
성전 밖은 측량의 대상이 아니다

의인과 악인
성도와 성별된 성도
성도의 권세가 다 깨어져야만 하는 이유
붉은 용이 꼬리를 휘두르면
하늘의 별이 삼분의 일이 떨어진다
언제 어느 때에 붉은 용이 등장하여
그 꼬리로
하늘의 별 삼분의 일을 떨어뜨린단 말인가?
물론 신학적인 교리와 학문적 지식으로
열심히 설명하고 이해를 시켰겠지만
하늘의 두 이적이 되는 해를 입은 여인과 붉은 용은
비유와 상징적인 존재만이 아니다
실존적이며 실체적인 인자의 모습이라는 점이다
그러한 실존적이며 실체적인
인자의 비밀을 모르는 그대들이
어떻게 그들의 세계를 믿음으로 바라보고
가르칠 수 있겠는가?

생각해 보라!
신학은 무엇인가?
하나님의 말씀을 쪼개고 분리하고 나누어
거기에다 인간의 견해를 보태어 만든 학문이 아닌가?

마치 한 가지 진리를 근거로 하여
수십 수백 가지의 가지치기를 한 것이다
말한다면
지나친 표현이라 할 수 있을까?
하나님의 말씀
스스로 계신 자의 영원한 생명 자체되시는
살아있는 하나님의 신성이며 거룩한 인성이시다
오직 그 분의 인성과 신성을 아시는 분은
그 분 안에 있는 그 분의 영
거룩한 성령 뿐이다
그 성령만이 그 말씀을 자유자재로
사용하실 수 있는 유일한 분이다
그럼에도 불구하고
하루살이에 밟혀죽을 인생들이
하나님의 말씀을 쪼개고 분리하고 나누어
오만가지의 신학의 학문을 만들어내고 있다니
이 무슨 해괴한 일인가?

젖과 꿀이 흐르는 가나안 땅
천국을 향해 들어가는 모세와 이스라엘의 행렬과
조직을 깊이 살펴보라!
비록 인간의 죄로 인하여 율법이 늘어나고는 있지만

하나님의 말씀은 절대 쪼갤 수가 없었다
그런데 반하여
오늘에 있어서는
박사 논문을 쓰기 위해 말씀을 쪼개야 하고
더 많은 일자리를 만들고 얻기 위해
말씀을 더 많이 쪼개는데
심혈을 기울이고 있지 않는가?
하나님을 기쁘시게 해 드리기 위해서인가?
인간 자신들을 위해서인가?

글을 쓴다는 것이 어려움이 있는 것만은 아닌 것 같다
남의 글 위에
어찌 쓰고 싶은 글을 이렇게 너절하게
쓰고 싶은 대로 쓸 수 있겠는가?
다행히 이 순간
서문을 쓰는 순간만큼은 글 쓰는 이의
절대 고유의 자유함을 느끼는 순간이 아닌가?
써도 써도 끝이 없을 것 같아
지면을 아끼고자 한다
지면이 늘어날수록 책이 두꺼워지고
책이 두꺼워질수록 출판비가 늘어나기 때문이다
요번

이 책만큼은 많은 독자들에게 팔려져
계속 적자가 쌓이고 있는
그 부분을 감당했으면 좋겠다는
간절한 소망을 담아 특급 전보로 하늘에 타전하고 싶다
이 글을 쓰는 과정 안에
힘써 애써 기도해주시며 불철주야 함께
수고해주시는 아내와 딸,
형제 여러분들의 노고에 진심으로 감사, 감사,
또 감사드립니다

2018년 4월 5일
저자 조 영 래 목사

저자 서문

목 차

저자서문 ·· 3

네 생물, 그들은 누구인가? ································ 24

제 1장. 성경에 등장한 네 생물의 존재 ················ 31

Ⅰ. 창세기 3:24에 등장한 네 생물 ························· 37

Ⅱ. 이사야 6장에 등장한 네 생물의 모습 ············· 43
1. 스랍이 가지고 있는 여섯 날개의 의미는 무엇인가? ··· 44
2. 스랍은 죄를 깨닫게 해주고 죄를 사해주는 능력을
   가지고 있다 ··· 61
3. 스랍은 불과 물, 전쟁을 주관한다 ························· 63

Ⅲ. 에스겔에 등장한 네 생물 ·································· 66
1. 에스겔과 네 생물 ··· 66
2. 네 생물과 동행하는 성령의 사람, 에스겔 ··········· 71

Ⅳ. 요한계시록에 등장한 네 생물의 모습 ············· 98
1. 요한계시록 4:1-11에 등장한 네 생물 ················· 98
2. 요한계시록 6:1-8에 등장한 네 생물 ·················· 103
3. 요한계시록 7:9-12에 등장한 네 생물 ················ 105
4. 요한계시록 19:4에 등장한 네 생물 ···················· 108

제 2장. 네 생물의 탄생 ——————————— 111

Ⅰ. 만유 바깥의 세계, 아버지의 집에서 제일 먼저 지음을 받은 네 생물 ——————————— 114
1. 아버지의 집에서 예수님은 집을 지은 아들로, 모세는 사환으로 충성하였다 ——————————— 116
2. 그들을 왜 생물(生物)이라고 하는가? ——————— 122
3. 네 생물을 지으신 목적은 무엇인가? ——————— 125
4. 네 생물은 피조물임에도 어떻게 죄가 없는 거룩하고 완전한 존재로 지음을 받았는가? ——————————— 128

Ⅱ. 네 생물이 지음을 받은 만유 바깥의 세계, 빛의 세계는 어떤 세계인가? ——————————— 137
1. 상고(上古)와 태초(太初), 바라와 아사의 세계 ——— 137
2. 아버지의 집은 어떤 세계인가? ——————————— 144
3. 만유의 세계는 어떤 세계인가? ——————————— 150
4. 예수님이 말씀하신 '내 아버지의 집'과 '거룩한 한 성'은 어떻게 다른가? ——————————— 164

제 3장. 여호와의 영광의 형상의 모양 ——————— 169

Ⅰ. 네 생물의 형상과 구조 ——————————— 172
1. 네 생물은 사람의 형상이며 보좌를 가지고 있다 —— 173
2. 네 생물은 네 얼굴을 가지고 있다 ——————————— 175
3. 네 생물은 날개와 바퀴를 가지고 있다 ——————— 192
4. 네 생물은 많은 눈을 가지고 있다 ——————————— 197

목 차

Ⅱ. 네 생물의 능력과 사역 ─── 200
1. 하나님의 영광을 찬양하는 존재이다 ─── 200
2. 하나님의 진노의 심판을 집행하는 존재이다 ─── 201
3. 하나님의 보좌를 지키고 보호하는 존재이다 ─── 202
4. 네 생물에게 생명체를 지을 수 있는 네 가지 육체의 재료를 맡기셨다 ─── 205
5. 우레를 발하는 권세를 가지고 있다 ─── 209
6. 예수님이 오시기까지 후견인, 청지기, 몽학선생으로 역사한 여호와 ─── 212

Ⅲ. 네 생물의 영광 ─── 216
1. 여호와의 영광 ─── 216
2. 정죄의 직분의 영광과 의의 직분의 영광 ─── 219
3. 네 생물 안에 있는 두 보좌의 주인공은 누구인가? ─── 223
4. 재림 때의 신랑, 신부의 영광 ─── 227
5. 무지개의 영광 ─── 230
6. 새 예루살렘 성의 영광 ─── 236
7. 네 생물 안의 네 가지 육체가 받는 영광 ─── 246

제 4장. 첫째 날의 창조와 둘째 날 궁창의 세계 ─── 257

Ⅰ. 창세기 1:1-3에 나타난 첫째 날 창조세계의 모습 ─── 259
1. 천지(天地), 흑암과 빛의 창조 ─── 259
2. '빛이 있으라'하신 그 빛의 의미는 무엇인가? ─── 260
3. 하나님은 왜 흑암이라는 어두움을 창조하셨을까? ─── 265
4. 흑암의 상대적 존재, 네 생물 ─── 270

네 생물, 그들은 누구인가?

Ⅱ. 둘째 날 궁창의 세계의 창조 ─────── 272
1. 궁창의 세계는 어떻게 지어졌는가? ───── 276
2. 신령한 천군의 세계, 그 많은 천사들은 어떻게
   지어졌는가? ──────────────── 281

Ⅲ. 루시엘 ──────────────────── 289
1. 루시엘의 타락, 그는 왜 하나님과 비기려고 했는가? 289
2. 죄의 원조가 된 루시엘 ─────────── 296
3. 왜 궁창을 중심으로 윗물과 아랫물로 나누었는가? -299
4. 윗물과 아랫물, 정결한 짐승과 부정한 짐승의 세계 -301

Ⅳ. 신령한 존재들의 구도의 도장 ────────── 304
1. 궁창의 세계에 신령한 존재들의 구도의 도장을 세우신
   목적은 무엇인가? ───────────── 304
2. 구도의 도장을 통해서 목적을 이루신 하나님이 어떤
   영광의 세계를 펼치실 것인가? ──────── 310
3. 하나님이 피조세계를 지으실 때 광야길, 십자가의 길을
   걷게 하신 이유는 무엇인가? ──────── 312
4. 처음부터 세우신 하나님의 뜻은 무엇인가? ─── 317
5. 부활의 신비 (왜 죽음이 존재하는가?) ───── 322

Ⅴ. 천군의 세계의 천사들은 어떤 존재들인가? ───── 330
1. 천사는 어떤 존재인가? ───────────── 330
2. 첫째 부활과 생명의 부활은 어떻게 다른가? ─── 333
3. 사람과 그에 소속된 천사, 누가 먼저 태어나는가? ─── 335
4. 궁창의 천사들에게는 씨가 있는가? ────── 344
5. 성경에서도 전생(前生)을 말하고 있다 ───── 346

목차

Ⅵ. 생명나무의 등장 — 349
1. 생명나무는 언제 궁창의 세계에 등장하셨는가? — 349
2. 생명나무는 눈에 보이는 유형의 나무인가? — 351
3. 아담은 언제 에덴동산에 등장했는가? — 354
4. 루시엘은 과연 에덴동산 한 가운데 생명나무와 함께 있었을까? — 356
5. 선악나무에 먹음직, 보암직, 탐스럽기까지 한 열매가 열린다는 것은 무슨 뜻일까? — 358

제 5장. 구속사의 시작과 끝, 네 생물 — 361

Ⅰ. 여호와 하나님은 성부 하나님인가? — 363

Ⅱ. 아담을 창조한 '우리'는 누구인가? — 369
1. 사람의 형상과 모양은 네 생물 안에 있었다 — 369
2. 아담은 언제 지어진 것일까? — 374

Ⅲ. 네 생물을 통해서 본 인류의 생명의 기원 — 379
1. 인류의 생명의 기원은 어떻게 시작되었는가? — 379
2. 사람의 씨와 짐승의 씨를 뿌린 사람은 누구인가? — 383
3. 브니엘, 에바다, 아담 창조의 세계 — 387
4. 족장시대 — 399

Ⅳ. 구속사의 의미로 본 예표의 사람 — 408
1. 예표의 사람은 누구인가? — 408
2. 예표적인 사람을 만드시는 이유는 무엇인가? — 411
3. 예표적인 사람은 구속사의 세계에 동참할 수 있는 대상이다 — 413

네 생물, 그들은 누구인가?

Ⅴ. 큰 광명과 작은 광명 ────── 416
   1. 창세기 넷째 날 큰 광명과 작은 광명을 만드셨다 ─── 416
   2. 네 생물 안의 큰 광명과 작은 광명 ────── 419
   3. 큰 광명과 작은 광명이 먼저 존재해 있었다는 것을
      알았다면 루시엘이 타락할 수 있었을까? ────── 421
   4. 넷째 날 광명의 정체는 무엇인가? ────── 425
   5. 셋째 날 만들어진 씨들과 넷째 날 큰 광명, 작은 광명의
      관계 ────── 427
   6. 이 땅의 주가 이루시는 큰 광명과 작은 광명 ────── 429

Ⅵ. 네 생물이 주관하는 재림 마당의 다시 복음의 역사 ─── 431
   1. 다시 복음과 영원한 복음 ────── 434
   2. 제 밭에는 누가 등장하는가? ────── 435
   3. 왜 다시 복음을 전해야 하는가? ────── 440
   4. 예언된 작은 책은 어떤 책인가? ────── 442

제 6장. 구속사의 세계는 어떻게 완성되는가? ─── 449

Ⅰ. 알파와 오메가, 처음과 나중, 시작과 끝 ────── 451
   1. 알파와 오메가의 의미 ────── 451
   2. 처음과 나중의 의미 ────── 455
   3. 재림의 마당에서 알파와 오메가, 처음과 나중, 시작과
      끝이 되는 사람은 누구인가? ────── 459

Ⅱ. 재림의 마당에서 이루어지는 멜기세덱의 영광 ─── 463
   1. 재림주 멜기세덱의 영광은 어떻게 이루어지는가? ─── 463
   2. 재림의 마당에서 회복되는 신랑과 신부의 영광 ────── 466

목 차

Ⅲ. 해를 입은 여인 ―――――――――――――――― 469
1. 해를 입은 여인의 원형은 누구인가? ――――――― 469
2. 피와 물과 성령이 하나가 된 태초의 말씀을 입다 ―― 472
3. 사도 요한이 해를 입은 여인으로부터 받은 작은 책 ― 477
4. 해를 입은 여인이 낳는 철장의 권세를 가진 아이 ―― 480
5. 역대 연대를 네 아비들에게, 네 어른들에게 물으라 ― 482
6. 왜 여호와의 시대는 끝나고 멜기세덱 시대는 재림의
   마당에서 이루어져야만 하는가? ―――――――― 485
7. 모세는 부활해서 어디로 갔는가? ――――――― 487

Ⅳ. 네 생물의 입장에서 본 구속사의 세계 ――――― 491
1. 구속사의 세계는 누가 주도했는가? ―――――― 491
2. 우리의 진정한 조상은 누구인가? ――――――― 497

맺음말 ――――――――――――――――――― 503

1. 아담 창조의 대략 ――――――――――――― 505
2. 아담이 이긴 자가 되었다면? ―――――――― 519
3. 마지막 때는 누구에 의해서 구원을 받는가? ――― 522
4. 구속사의 세계가 완성되면 네 생물은 어떤 모습으로
   남게 될까? ―――――――――――――――― 531

네 생물, 그들은 누구인가?

참고문헌 537

네 생물, 그들은 누구인가?

지금까지 종말론적 구속사 시리즈 제 1권, '멜기세덱, 그는 누구인가?', 제 2권 '이 땅의 주, 그는 누구인가?', 제 3권 '두 감람나무와 두 촛대, 그들은 누구인가?' 세 권의 책이 세상에 소개되었다. 본 제 4권이 '네 생물, 그들은 누구인가?'이고 또 앞으로 제 5권 '666, 그들은 누구인가?', 제 6권 '이 땅의 전쟁은 이 나라, 이 민족의 운명이다'가 이어서 출간될 것이다.

이미 제 1권, 2권, 3권을 통해서 멜기세덱, 이 땅의 주, 두 감람나무와 두 촛대, 그들의 정체와 실상에 대해서 상세하게 증거한 바 있다.

더욱이 제 2권의 서문을 통해서 멜기세덱, 해를 입은 여인, 이 땅의 주, 네 생물은 모두 각기 다른 이름 같지만 사실은 이 모든 이름들이 특정한 한 사람을 가리키는 이름이라고 이미 소개한 바 있다.

그렇기 때문에 네 생물을 모르면 멜기세덱을 알 수가 없다. 또 멜기세덱을 모르는 사람은 네 생물의 존재를 알 수 없다. 해를 입은 여인, 이 땅의 주, 멜기세덱, 메시아가 걷는 수리성

과정의 근본은 네 생물이다. 네 생물이 그들 존재의 원형, 근본, 본질이 되는 것이다.

그렇기 때문에 본 4권까지 즉 1권, 2권, 3권, 4권까지 모두 읽은 사람만이 멜기세덱이 누구인지 정확하게 알 수 있다. 거기에서 한 권이라도 빠뜨리면 빠뜨린 만큼 모르는 것이다. 왜냐하면 이 네 권의 책은 완전한 한 인격을 증거하는 말씀이 되기 때문이다. "너희가 성경에서 영생을 얻는 줄 생각하고 성경을 상고하거니와 이 성경이 곧 내게 대하여 증거하는 것이로다"(요 5:39)라는 말씀의 의미처럼 이 네 권의 책을 완전히 읽고 소화시킨 사람만이 재림주, 멜기세덱의 정체와 실상과 암호를 정확하게 알 수 있는 것이다.

본 제 4권에서는 네 생물에 대해서 언제, 어느 때에 그가 탄생을 했는지, 그가 어떻게 존재했는지, 왜 하나님께서 그를 만드셨는지, 그런 차원의 말씀을 분명하고 올바르게 증거하고자 한다.

네 생물에 대해서 어떤 견해를 가지고 있는지 네 생물에 대해서 쓴 글을 찾아보려고 여러 신학자들이 쓴 주석과 인터넷을 추적해보았지만 네 생물에 대해서는 별로 언급된 부분이 없다. 네 생물에 대해서 쓸 수 있는 내용이 성경 안에 표면적으로 많이 들어있지 않기 때문이다.

신학적인 측면에서도 멜기세덱, 이 땅의 주, 두 감람나무와 두 촛대, 네 생물은 가장 난해한 부분이라고 말할 수 있다. 다른 부분은 어느 정도 합리적인 질서의 세계가 전개되어 왔다고 할 수 있지만 멜기세덱, 이 땅의 주, 두 감람나무와 두 촛대, 네 생물에 대한 부분은 신학적으로 지금까지 누구도 감히 분명하고 자신 있게 언급한 내용이 없다.

특히 네 생물에 대한 부분은 구약의 이사야, 에스겔, 신약의 요한계시록에만 언급되어 있기에 구체적인 내용을 알기 어렵다. 구약의 이사야 선지자가 하늘에 가서 스랍을 만났고, 에스겔 선지자가 하늘 문이 열린 상황에서 네 생물을 바라보았고, 신약의 사도요한이 하늘 보좌를 바라보는 가운데 네 생물을 보았다. 그렇기 때문에 마치 네 생물은 하늘의 천사들처럼 신령하고 신비한 존재로 인식되어 더욱 모호하게 느껴진다. 또 생물(生物)이라는 이름 자체가 고유명사가 아니기 때문에 확실한 개체로 여겨지지 않는다.

단 12:4 다니엘아 마지막 때까지 이 말을 간수하고 이 글을 봉함하라 많은 사람이 빨리 왕래하며 지식이 더하리라

고전 2:6-7 그러나 우리가 온전한 자들 중에서 지혜를 말하노니 이는 이 세상의 지혜가 아니요 또 이 세상의 없어질 관원의 지혜도 아니요 오직 비밀한 가운데 있는 하나님의 지혜를 말하는 것이니 곧 감추었던 것인데 하나님이 우리의 영광을 위

하사 만세 전에 미리 정하신 것이라

성경에는 인봉된 말씀(사 29:11, 단 12:4)과 만대와 만세로부터 감추었던 말씀(고전 2:6-7)이 있다. 감추었던 말씀은 허락되지 않은 말씀이라는 것이다.

> 요 16:25 이것을 비사로 너희에게 일렀거니와 때가 이르면 다시 비사로 너희에게 이르지 않고 아버지에 대한 것을 밝히 이르리라

"때가 이르면" 아버지에 대한 것을 밝히 이른다는 것은 감추인 말씀이 공개될 때가 정해져 있다는 것이다. 그 이전까지는 알아서는 안 되기에, 알 필요가 없기에, 아니 알 수가 없는 말씀이기에 인봉해두신 것이 아니겠는가?

> 마 5:17-18 내가 율법이나 선지자나 폐하러 온 줄로 생각지 말라 폐하러 온 것이 아니요 완전케 하려 함이로다 진실로 너희에게 이르노니 천지가 없어지기 전에는 율법의 일점 일획이라도 반드시 없어지지 아니하고 다 이루리라

성경은 이 땅에서 다 이루어져야 될 말씀이다. 율법의 일점 일획도 결코 없어지지 아니하고 기필코 이 땅에서 다 이루어져야 한다고 했다. 율법을 완전히 다 이루시기 위해서 예수님이 십자가를 지신 것이다. 왜냐하면 그분이 아니고서는 어떤

인생이라도 율법을 완전하게 이룰 수 없기 때문이다. 율법이 요구하는 일만 가지 욕구, 그것을 완전하게 충족시킬 수 있는 사람은 오직 말씀이 육신이 되어 오신 예수님뿐이기 때문이다. 그분만이 십자가를 통해서 율법을 완전하게 이루신 분이다(롬 10:4).

 율법도 그러한데 하물며 말씀이 이 땅에 떨어져서는 안 된다. 성경에 기록된 모든 계시적인 말씀은 이 땅에서 한 말씀도 빼놓지 않고 다 이루어져야 한다는 것이다.
 그런데 그 말씀이 이루어지기 위해서는 누군가 그 말씀을 밝히 증거해주어야 한다. 밝히 가르쳐주어야, 복음을 전해주어야, 그 말씀을 믿고 순종할 수 있는 것이지 모르는데 어떻게 믿고 순종하는가? 구속사의 세계를 완성하려면 감추었던 말씀, 인봉되었던 말씀이 다 밝히 드러나야 말씀이 수리성을 통해서 이루어지는 것이다. 그렇기 때문에 끝이 가까이 올수록 만대와 만세로부터 감추었던 말씀, 인봉되었던 말씀이 밝히 드러나게 되어 있다.
 그것이 당연한 것인데 사람들은 자기가 모르는 말씀이 나오면 그 말씀을 정죄한다. 자기들이 들어보지 못한 말씀은 무조건 이단이라고 비난하기가 일쑤인 현실적인 입장에서 마지막 때의 말씀은 당연히 정죄 받는 말씀, 십자가를 질 수밖에 없는 말씀이 된다.

단언컨대 성경은 학문(學文)이 아니다. 한 구절구절마다 우주만물을 창조하신 창조주 하나님의 인격, 영원한 생명, 우주만물을 운행하시고 주관하시고 섭리하시는 살아 역사하시는 하나님의 능력이 들어있다. 그렇기 때문에 한 말씀, 한 말씀 속에 연대에 다함이 없는 무소부재하시고 무소불능하신 하나님의 신과 능력과 영원한 하나님의 생명이 들어있다(히 1:12, 요일 2:25).

　　따라서 성경은 몇 번 읽었다고 스스로 알아지는 말씀이 아니다. 성경을 열심히 읽지 않고 기도하지 않으면 진리의 말씀이 깃들어있는 하나님의 말씀의 세계를 전혀 알 수 없다.
　　그렇기 때문에 성경은 읽을수록 감당할 수 없는 심오한 어떤 영역이 드러나기 시작한다. 읽으면 읽을수록 어려워지는 것이 성경이다. 열심히 읽고 기도하지 않으면 하나님의 말씀의 세계에 들어가기가 결코 쉽지 않다. 기도하는 마음으로 열심을 다해서 읽을 때, 하나님께서 열어주신 하늘 문에, 하나님의 영광의 세계에 접근할 수 있다.

　　본 제 4권에서는 여호와 하나님, 해를 입은 여인, 이 땅의 주, 두 감람나무와 두 촛대의 원형이 되는 네 생물에 대해서 자세하고 상세하게 조명하고자 한다. 그럼으로써 하나님의 구속사의 세계의 신비와 우주만물을 지으신 하나님의 뜻이 무엇인지, 또 그 세계를 이루시기 위해서 하나님은 네 생물로 하여금 어떠한 역사를 펼치셨는지 소개하고자 한다.

제 1장

성경에 등장한
네 생물의 존재

제 1장
성경에 등장한 네 생물의 존재

네 생물은 창세기 3:24부터 시작해서 마지막 요한계시록에 이르기까지 등장한다. 성경에 등장하는 네 생물을 살펴보면 에스겔 1장-10장이 중심이 되어있고, 창세기 3:24에는 그룹들과 두루 도는 화염검으로, 이사야 6:1에는 높이 들린 보좌에 앉으신 주님을 모셔 섰는 스랍으로 나타난다.

창 3:24 이같이 하나님이 그 사람을 쫓아 내시고 에덴동산 동편에 그룹들과 두루 도는 화염검을 두어 생명나무의 길을 지키게 하시니라

시 18:10 그룹을 타고 날으심이여 바람 날개로 높이 뜨셨도다

시 104:2-4 주께서 옷을 입음 같이 빛을 입으시며 하늘을 휘장같이 치시며 물에 자기 누각의 들보를 얹으시며 구름으로 자기 수레를 삼으시고 바람 날개로 다니시며 바람으로 자기 사자를 삼으시며 화염으로 자기 사역자를 삼으시며

사 6:1-7 웃시야왕의 죽던 해에 내가 본즉 주께서 높이 들린 보좌에 앉으셨는데 그 옷자락은 성전에 가득하였고 스랍들은 모셔 섰는데 각기 여섯 날개가 있어 그 둘로는 그 얼굴을 가리었고 그 둘로는 그 발을 가리었고 그 둘로는 날며 -(중략)- 화로다 나여 망하게 되었도다 -(중략)- 때에 그 스랍의 하나가 화저로 단에서 취한바 핀 숯을 손에 가지고 내게로 날아와서 그것을 내 입에 대며 가로되 보라 이것이 네 입에 닿았으니 네 악이 제하여졌고 네 죄가 사하여졌느니라 하더라

또한, 요한계시록 4:6-9, 5:6-14에는 네 생물이 하나님의 보좌 가장 가까이에서 하나님의 영광을 영화롭게 나타내는 존재로 등장하고 있다. 그리고 네 생물이 일곱 우레를 발하는 가운데 "오라"하는 우레를 발함으로써 네 말이 등장하는 내용이 요한계시록 6:1-8에 기록되어 있다. 그 외에 시편 18:10에는 그룹으로 등장하고 있고 시편 104:2-4에는 하나님의 누각, 수레, 바람 날개, 화염으로 자기 사역자를 삼으신다는 말씀이 기록되어 있다.

계 4:6-9 보좌 앞에 수정과 같은 유리 바다가 있고 보좌 가운데와 보좌 주위에 네 생물이 있는데 앞뒤에 눈이 가득하더라 그 첫째 생물은 사자 같고 그 둘째 생물은 송아지 같고 그 셋째 생물은 얼굴이 사람 같고 그 네째 생물은 날아가는 독수리 같은데 네 생물이 각각 여섯 날개가 있고 그 안과 주위에 눈이 가득하더라 그들이 밤낮 쉬지 않고 이르기를 거룩하다 거룩하다 거룩하다 주 하나님 곧 전능하신 이여 전에도 계셨고 이제도 계시고 장차 오실 자라 하고 그 생물들이 영광과 존귀와 감사를 보좌에 앉으사 세세토록 사시는 이에게 돌릴 때에

계 5:6-14 내가 또 보니 보좌와 네 생물과 장로들 사이에 어린 양이 섰는데 일찍 죽임을 당한 것 같더라 -(중략)- 네 생물과 이십 사 장로들이 어린 양 앞에 엎드려 각각 거문고와 향이 가득한 금 대접을 가졌으니 -(중략)- 네 생물이 가로되 아멘 하고 장로들은 엎드려 경배하더라

계 6:1-8 내가 보매 어린 양이 일곱 인 중에 하나를 떼시는 그 때에 내가 들으니 네 생물 중에 하나가 우뢰소리같이 말하되 오라 하기로 내가 이에 보니 흰 말이 있는데 그 탄 자가 활을 가졌고 면류관을 받고 나가서 이기고 또 이기려고 하더라 둘째 인을 떼실 때에 내가 들으니 둘째 생물이 말하되 오라 하더니 이에 붉은 다른 말이 나오더라 그 탄 자가 허락을 받아 땅에서 화평을 제하여 버리며 서로 죽이게 하고 또 큰 칼을 받았더라 세째 인을 떼실 때에 내가 들으니 세째 생물이 말하되 오라 하기로 내가 보니 검은 말이 나오는데 그 탄 자가 손에 저울을 가졌더라 내가 네 생물 사이로서 나는 듯하는 음성을 들으니 가로되 한 데나리온에 밀 한 되요 한 데나리온에 보리 석되로다 또 감람유와 포도주는 해치 말라 하더라 네째 인을 떼실 때에 내가 네째 생물의 음성을 들으니 가로되 오라 하기로 내가 보매 청황색 말이 나오는데 그 탄 자의 이름은 사망이니 음부가 그 뒤를 따르더라 저희가 땅 사분 일의 권세를 얻어 검과 흉년과 사망과 땅의 짐승으로써 죽이더라

이렇게 성경에는 분명히 네 생물이라는 존재가 등장하고 있다. 그럼에도 불구하고 우리는 네 생물이 과연 누구인지, 그가 하나님께서 펼치시는 구속사의 세계에서 어떤 사명을 띠고 어떤 역

할을 담당하고 있는지 잘 알지 못한다. 네 생물이라는 이름조차 생소하기 이를 데 없다.

따라서 본서에서는 기록된 성경 말씀을 통해서 네 생물이 어떻게 탄생되었으며, 하나님께서 그를 통해서 어떻게 역사하셨고, 그가 어떻게 구속사의 세계에 뛰어들어 역사했는지 그의 정체와 실상과 암호와 비밀을 자세하게 살펴보고자 한다.

I
창세기 3:24에 등장한 네 생물

성경에서 네 생물의 존재가 가장 먼저 기록된 곳이 창세기 3:24 말씀이다.

에덴동산에서 아담과 하와가 선악나무 열매를 따먹고 타락하고 말았다(창 3:6). 그래서 하나님께서 아담과 하와에게 "너는 흙이니 흙으로 돌아갈 것이니라"(창 3:19)고 저주하시고 "이 사람이 선악을 아는 일에 우리 중 하나같이 되었으니 그가 그 손을 들어 생명나무 실과도 따먹고 영생할까 하노라"(창 3:22)고 하시며 아담과 하와를 에덴동산에서 쫓아내셨다. 그리고 그룹들과 두루 도는 화염검으로 하여금 생명나무로 나아가는 길을 지키게 하셨다.

> 창 3:22-24 여호와 하나님이 가라사대 보라 이 사람이 선악을 아는 일에 우리 중 하나 같이 되었으니 그가 그 손을 들어 생명나무 실과도 따먹고 영생할까 하노라 하시고 여호와 하나님이 에덴동산에서 그 사람을 내어 보내어 그의 근본된 토지를 갈게 하시니라 이같이 하나님이 그 사람을 쫓아 내시고 에덴 동산 동편에 그룹들과 두루 도는 화염검을 두어 생명나무의 길을 지키게 하시니라

그렇다면 두루 도는 화염검을 가진 그룹들은 어떤 존재이기에 생명나무 앞으로 나아가는 길을 지키는 자가 될 수 있는가? 생명나무를 지킨다는 말은 생명나무와 임마누엘이 되는 존재를 의미하는 것이다.

왜 구속사에서 최종적인 목표가 되며 최고의 정점, 핵심이 되는 가장 의미 있는 생명나무 과실을 그룹들과 두루 도는 화염검으로 하여금 지키게 하셨는가?

세상 사람들도 고양이에게 생선을 맡기지 않는다. 하물며 지혜의 근본이 되시는 하나님께서 생명나무 과실을 따먹을 수 있는, 생명나무 과실이 열리는 나무가 있는 곳을 왜 그룹들과 화염검으로 하여금 지키게 하셨을까?

피조물은 믿을 수 있는 대상이 아무도 없다는(욥 4:18, 15:15) 사실을 전제해본다면 그것은 상당히 이례적이며 특별한 일이라고 할 수 있다. 그 과실을 먹으면 하나님 아들로서 스스로 계신 자가 가질 수 있는 권능과 능력과 영광을 영원히 소유할 수 있는 존재가 되는데 그런 생명나무를 지키도록 허락받은 그는 누구일까? 결코 무심히 지나칠 수 없는 심상치 않은 일이다.

다시 말하면 하나님께서 화염검을 가진 그룹들을 믿고 있기 때문에 그것을 맡기셨다는 것이다. 그룹을 믿지 못하면 맡기실 수 없다. 생명나무 과실을 먹으면 하나님 아들과 방불한 제사장이 될 수 있기 때문에 그 과실은 결코 아무에게나 맡길 수 없다. 그럼에도 불구하고 하나님께서 화염검을 가진 그룹들에게 생명나무를 지키는 일을 맡기신 것이다.

> 계 2:7 귀 있는 자는 성령이 교회들에게 하시는 말씀을 들을찌어다 이기는 그에게는 내가 하나님의 낙원에 있는 생명나무의 과실을 주어 먹게 하리라

성령이 아시아의 일곱 교회에게 하시는 말씀 가운데 첫 번째 에베소 교회에게 하신 말씀이다. "이기는 자에게는 하나님의 낙원에 있는 생명나무 열매를 먹게 하신다"는 것이다.

에덴동산 한 가운데에는 생명나무와 선악을 알게 하는 나무가 있는데 하와가 선악나무 과실을 스스럼없이 따먹고 남자에게도 주어서 아담이 그 열매를 먹었다. 하와가 에덴동산 한 가운데 있는 선악나무 열매를 따먹었다면 아담과 하와는 생명나무로 나아가는 길도 알고 있었다는 것을 미루어 짐작할 수 있다. 그렇기 때문에 "보라 이 사람이 선악을 아는 일에 우리 중 하나같이 되었으니 그가 그 손을 들어 생명나무 실과도 따먹고 영생할까 하노라"(창 3:22)고 하신 것이 아니겠는가? 그래서 아담과 하와를 에덴동산에서 내어 쫓으시고 화염검을 가진 그룹들로 하여금 그 길을 지키게 하심으로써 생명나무 앞으로 나아가는 길을 차단시키신 것이다(창 3:24).

따라서 누구든지 생명나무 앞으로 나아가기 위해서는 화염검을 가진 그룹들을 통과해야 한다. 그것을 이스라엘 12지파가 광야에서 어떻게 진을 쳤는지 그 내용을 들어서 설명할 수 있다. 이스라엘 백성들이 행군할 때는 뱀 진으로 진행하고(민 10:13-28), 머물러 있을 때는 십자가의 모형으로 8진을 쳤다(민 2:2-31). 이 8진은 속 4진과 겉 4진으로 되어있다. 겉 4진은 열두 지파로 하여

금 세 지파씩 동서남북에 진을 치게 하고 속 4진은 레위지파를 중심으로 4진을 치게 했다(민 3:23-38).

겉 4진에 있는 열두 지파가 속 4진에 들어갈 수 없다. 하나님께서 죽이라고 명하셨기 때문에 들어가면 누구든지 죽는다(민 1:51, 3:10). 속 4진은 이스라엘 지파 중에서 장자인 레위지파와 레위지파 안에 있는 아론의 반차에 속한 제사장들이 그 중심을 이루고 있다. 구약 때는 속 4진 중에서도 머리는 아론의 반차라는 것을 보여주고 있다. 그렇기 때문에 레위지파 안에서도 모세와 아론을 말씀의 임재를 상징하는 해가 떠오르는 동쪽에 두셨다(민 3:38).

> 창 2:9 여호와 하나님이 그 땅에서 보기에 아름답고 먹기에 좋은 나무가 나게 하시니 동산 가운데에는 생명나무와 선악을 알게하는 나무도 있더라

생명나무는 누구인가? 생명나무가 예수님이라는 것은 이제 기독교인이라면 다 인정하고 믿는다. 초기에는 생명나무를 예수라고 하면 "나무가 어떻게 예수님이냐?"고 깜짝 놀랐다. 지금은 어느 정도 신앙의 차원이 높아졌기 때문에 그런 사실을 인정하는 상황이 되었다.

생명나무가 에덴동산 한 가운데 계실 때에는 정해진 처소에 계셨다. 정해진 처소에서 바깥으로 움직이지 못하고 활동성이 없는 상태로 계셨다. 마치 모세가 지은 장막 성전의 지성소 법궤 안에 하나님의 돌비가 있었던 것처럼 에덴동산 한 가운데 있던 생명나무는 그런 모습이었다.

그런 생명나무가 말씀이 육신이 되어 이 땅에 인자(人子), 사람으로 오셨다. 그렇기 때문에 이제 생명나무는 어떤 존재가 되었는가? 움직이는 존재, 살아 역사하시는 존재가 되었다. 그렇다면 생명나무는 어디에 계시는가? 예수님이 이 땅에 오셨다면 생명나무는 하늘에 계시는 것이 아니라 이 땅에 계시는 것이다.

영적인 의미로 말하면 예수님이 밤새워 기도하신 후에 열두 제자를 세우신 것에도 열두 제자로 하여금 생명나무를 지키고 보호하는 차원의 중요한 의미가 있는 것이다.

그렇다면 화염검을 가진 그룹들의 정체는 무엇인가? 화염검과 그룹들에 대해 성경에서 제일 설명이 잘 된 부분이 에스겔 1장-10장이다. 에스겔 10:14-15에 보면 "그룹들이 올라가니 그들은 내가 그발 강 가에서 보던 생물이라"는 말씀이 있고 또 같은 에스겔 10:20에 "내가 그발 강 가에서 보던 생물이 그룹들인 줄을 내가 아니라"는 말씀이 있다.

> 겔 10:14-15 그룹들은 각기 네 면이 있는데 첫 면은 그룹의 얼굴이요 둘째 면은 사람의 얼굴이요 세째는 사자의 얼굴이요 네째는 독수리의 얼굴이더라 그룹들이 올라가니 그들은 내가 그발 강 가에서 보던 생물이라

> 겔 10:20 그것은 내가 그발 강 가에서 본 바 이스라엘 하나님의 아래 있던 생물이라 그들이 그룹들인 줄을 내가 아니라

이 말씀을 종합해보면 생명나무를 지키고 있던 두루 도는 화염검을 가진 그룹들이 곧 네 생물이고, 네 생물이 곧 두루 도는 화염검을 가진 그룹들이라는 사실을 알 수 있다.

그렇다면 네 생물이 가지고 있는 화염검은 무엇을 말하는가? 히브리서 4:12에 보면 화염검은 '하나님의 말씀'으로서 '운동력이 있는 날선 검'에 비유하고 있고, 창세기 3:24에서는 '두루 도는 검'이라고 했다. 그렇기 때문에 두루 돌며 지키는 날선 화염검의 틈을 아무도 뚫고 들어올 수 없다.

> 히 4:12 하나님의 말씀은 살았고 운동력이 있어 좌우에 날선 어떤 검보다도 예리하여 혼과 영과 및 관절과 골수를 찔러 쪼개기까지 하며 또 마음의 생각과 뜻을 감찰하나니

화염검은 혼과 영과 관절과 골수를 쪼개는 두루 도는 검으로 하나님의 신령한 눈이 되고, 권세가 되고, 능력이 되기 때문에 화염검 앞에서는 드러나지 않을 것이 없고 아무 것도 감추지 못한다.

네 생물은 글자 그대로 4수를 가지고 있다. 네 생물과 그룹은 같은 존재로서 네 생물 안에는 구속사에 사용될 네 얼굴, 즉 네 가지 인격이 들어있다.

네 생물을 각기 개별적인 존재로 말할 때는 스랍이라고 하고 또 그룹이 모인 집합체를 네 생물이라고 한다. 따라서 창세기 3:24에 등장한 화염검을 가진 그룹들은 네 생물을 지칭하는 표현이 된다.

II
이사야 6장에 등장한 네 생물의 모습

사 6:1-5 웃시야 왕의 죽던 해에 내가 본즉 주께서 높이 들린 보좌에 앉으셨는데 그 옷자락은 성전에 가득하였고 스랍들은 모셔 섰는데 각기 여섯 날개가 있어 그 둘로는 그 얼굴을 가리었고 그 둘로는 그 발을 가리었고 그 둘로는 날며 서로 창화하여 가로되 거룩하다 거룩하다 거룩하다 만군의 여호와여 그 영광이 온 땅에 충만하도다 이같이 창화하는 자의 소리로 인하여 문지방의 터가 요동하며 집에 연기가 충만한지라 그 때에 내가 말하되 화로다 나여 망하게 되었도다 나는 입술이 부정한 사람이요 입술이 부정한 백성 중에 거하면서 만군의 여호와이신 왕을 뵈었음이로다

위 성구에 보면 스랍이 등장하고 있다. 이사야 선지자가 특별한 계시를 통해서 하늘에 계신 만군의 여호와를 보좌하는 스랍의 모습을 바라보고 있다. 이는 마치 구약의 미가야 선지자가 만군의 천사들이 하늘 보좌에 계신 여호와 하나님을 호위하는 모습을 바라본 경우와 같은 것이다(왕상 22:19).

이사야 선지자가 "화로다 나여 망하게 되었도다 나는 입술이 부정한 사람이요 입술이 부정한 백성 중에 거하면서 만군의 여호

와이신 왕을 뵈었음이로다"라고 말하고 있다. 왜 그렇게 말하고 있는가?

하나님께서 모세에게 "나를 보고 살 자가 없다"(출 33:20)라고 하셨다. 구약 때 사람들의 개념 속에는 하나님을 보면 죽는 줄 알고 있었다. 또 구약 때는 천사만 보아도 하나님을 보았다고 믿었던 때였다. 그렇기 때문에 하나님의 사역을 대신하는 네 생물을 보아도 죽는다고 생각한 것이다.

1. 스랍이 가지고 있는 여섯 날개의 의미는 무엇인가?

> 사 6:2 스랍들은 모셔 섰는데 각기 여섯 날개가 있어 그 둘로는 그 얼굴을 가리었고 그 둘로는 그 발을 가리었고 그 둘로는 날며

스랍은 여섯 날개를 가지고 있는데 두 날개로는 얼굴을 가리고, 두 날개로는 발을 가리고 두 날개는 비상하는데 사용한다.

① 두 날개로 얼굴을 가리고 두 날개로 발을 가렸다는 의미는 무엇인가?

스랍이 얼굴과 발을 두 날개로 가리고 있다는 말은 자기의 정

체와 실상, 비밀을 드러내지 않으려고 하는 의지적인 행동이라고 할 수 있다. 네 날개로는 얼굴과 발을 가리고 두 날개는 필요에 따라 비상하기 위해서 또 능력으로 역사하기 위해서 있는 것이다.

얼굴을 가리고 발을 가린다는 의미를 성경에서 찾아보자. 예를 들어 예수께서 마리아를 통해서 태어나신다는 것을 마귀가 안다면 예수님은 태어나실 수도 없고 설령 태어나신다 해도 목숨을 부지하실 수가 없다. 그러니까 '발을 가렸다'는 말은 예수님이 이 땅의 어느 장소에서 누구에 의해서 태어나시는지 아무도 알지 못하게 하셨다는 것과 같은 의미라고 볼 수 있다.

발이 닿는 곳은 태어나는 장소를 의미한다. 이사야 7:14에서 이사야 선지자가 예수께서 한 처녀에 의해서 잉태되실 것을 예언해 놓았지만 어떤 여자라고 구체적으로 지칭하지 않았고 미가 5:2에서 미가 선지자도 베들레헴에서 메시아가 탄생되신다는 것을 예언해 놓았지만 베들레헴의 어느 장소라고 정확하게 말씀하지 않았다.

> 사 7:14 그러므로 주께서 친히 징조로 너희에게 주실 것이라 보라 처녀가 잉태하여 아들을 낳을 것이요 그 이름을 임마누엘이라 하리라
>
> 미 5:2 베들레헴 에브라다야 너는 유다 족속 중에 작을찌라도 이스라엘을 다스릴 자가 네게서 내게로 나올 것이라 그의 근본은 상고에, 태초에 니라

또 '얼굴을 가렸다'는 말은 예수님이 하나님으로서 말씀이 육신이 되어 오신 영광의 존재로 이 땅에 태어나신다는 것을 아무도 알지 못하게 하셨다는 것이다. 만약 그것을 알았다면 여관 주인이 "무슨 말씀이십니까? 저희가 바깥에서 벌벌 떨고 잘지언정 주님께서 여기서 태어나셔야지요!"라고 하며 당연히 자기 안방이라도 얼른 내주었을 것이다.

그러나 얼굴과 발을 가렸기 때문에 아무도 예수님의 종적과 비밀과 암호를 아는 사람이 없고 알아서도 안 된다는 점을 의미적으로 압축해 표현한 말씀이 "네가 내 얼굴을 보지 못하리니 나를 보고 살 자가 없음이니라"(출 33:20)고 말씀하신 것이다.

하나님만 그러신 것이 아니다. 네 생물, 화염검을 가진 그룹, 스랍, 그런 모든 대상들도 절대 그들의 비밀을 알아서는 안 되는 것이다. 하나님의 선하신 형상과 영광은 아무에게나 보여주는 것이 아니다.

모세는 부활의 사람으로서 마지막에 변화의 영광을 입게 되고 엘리야는 변화의 사람으로서 마지막에 부활의 영광을 입음으로써 하나님께서 그들에게 허락하시고 축복하신 본래의 영광을 이루게 된다.

그렇기 때문에 모세와 엘리야는 구약의 마당, 신약의 마당, 재림의 마당, 세 마당에 모두 등장하고 있다. 구약의 마당에 모세와 엘리야가 등장했고, 신약의 마당에서는 변화산에서 변형되신 예수님 앞에 그들이 등장했고(마 17:1-3), 재림의 마당에서도 요한계시록 15:2-3에 모세의 노래와 어린 양의 노래가 등장하고 있다.

계 15:2-3 또 내가 보니 불이 섞인 유리 바다 같은 것이 있고 짐승과 그의 우상과 그의 이름의 수를 이기고 벗어난 자들이 유리 바다 가에 서서 하나님의 거문고를 가지고 하나님의 종 모세의 노래, 어린 양의 노래를 불러 가로되 주 하나님 곧 전능하신 이시여 하시는 일이 크고 기이하시도다 만국의 왕이시여 주의 길이 의롭고 참되시도다

그들은 그렇게 세 마당에 등장해야 하기 때문에 사전적으로 그들의 얼굴, 그들의 발이 노출되어서는 안 된다. 그래서 그 얼굴을 보거나 그 비밀을 아는 사람은 절대 살려둘 수가 없다. 반드시 죽여야 하는 것이다.

발은 무엇을 의미하는가? 이 세상에 태어난 사람은 그의 생애가 이 땅, 흙에 기록된다. 발은 이 땅에서 그가 존재했던 흙에 기록된 정보를 의미하는 것이다. '브니엘'은 하나님의 얼굴이라는 의미이다(창 32:30). 모세의 얼굴에 광채가 났다는 것은 하나님의 영광, 형상을 말하는 것이다(출 34:29).

그렇다면 그 얼굴을 보면, 그 얼굴을 알면 죽어야 하는 이 비밀을 왜 마지막 때는 드러내시는 것일까? 그것을 깊이 생각한다면 지금 우리는 천상천하에 그 누구도 보지 못했고 듣지 못했고 알 수도 없었던 그 영광의 대상을 얼굴 보듯이 말씀을 통해서 밝히 보고 있는 것이다. 하나님을 보면 죽게 되어 있는데 죽을 수밖에 없는 그 영역을 벗어나서 우리는 하나님의 선하신 형상과 영광을 바라보고 있는 것이다.

예수님이 베드로, 야고보, 요한 세 제자를 다볼산에 데리고 가

신 이유가 거기에 있는 것이다(마 17:1-3, 막 9:1-4, 눅 9:28-30). 열두 제자 중에서도 세 사람은 예수님이 하나님이심을 본 사람들, 곧 하나님의 영광을 실제로 본 사람들이다.

② 두 날개는 비상하는데 사용된다.

> 사 6:2 스랍들은 모셔 섰는데 각기 여섯 날개가 있어 그 둘로는 그 얼굴을 가리었고 그 둘로는 그 발을 가리었고 그 둘로는 날며

스랍들은 각기 여섯 날개를 가지고 있는데 그중에 두 날개는 비상하는데 사용된다.

그렇다면 스랍 외에 날개를 가진 존재를 성경에서 찾아볼 수 있을까? 하늘로 비상하려면 날개를 가져야 한다. 죽는 자들은 날개를 갖지 못한다. 날개는 비상할 수 있는 것으로 구름도 되고 불말과 불 수레도 되고 사사기에 나타난 '기묘'라는 사람의 불꽃도 된다.

> 삿 13:16-20 여호와의 사자가 마노아에게 이르시되 네가 비록 나를 머물리나 내가 너의 식물을 먹지 아니하리라 번제를 준비하려거든 마땅히 여호와께 드릴찌니라 하니 이는 마노아가 여호와의 사자인줄 알지 못함을 인함이었더라 마노아가 또 여호와의 사자에게 말씀하되 당신의 이름이 무엇이니이까 당신의 말씀이 이룰 때에 우리가 당신을 존숭하리이다 여호와의 사자가 그에게 이르시되 어찌하여 이를 묻느냐 내 이름은 기묘

니라 이에 마노아가 염소새끼 하나와 소제물을 취하여 반석 위에서 여호와께 드리매 사자가 이적을 행한지라 마노아와 그 아내가 본즉 불꽃이 단에서부터 하늘로 올라가는 동시에 여호와의 사자가 단 불꽃 가운데로 좇아 올라간지라 마노아와 그 아내가 이것을 보고 얼굴을 땅에 대고 엎드리니라

삼손의 아버지 마노아에게 나타난 여호와의 사자가 이적을 행하여 지팡이를 바위에 대자 불꽃이 단에서부터 하늘로 올라가는 동시에, 여호와의 사자가 단 불꽃 가운데로 좇아 하늘로 올라갔다. 그는 불꽃이라는 날개를 타고 하늘로 올라간 것이다.

왕하 2:11 두 사람이 행하며 말하더니 홀연히 불수레와 불말들이 두 사람을 격하고 엘리야가 회리바람을 타고 승천하더라

엘리야가 승천하는 장면이다. 여기에서 '두 사람이 격(隔)하고'라는 의미는 '구별한다'는 뜻이다. 표면적으로는 회리바람을 타고 승천했다고 했는데 왜 불 말과 불 수레가 등장하는가? 주석에 보면 엘리야가 불 말과 불 수레를 타고 올라간 것이 아니라 회리바람을 타고 올라갔다고 되어있다. 불 말과 불 수레가 등장해서 '두 사람을 격하고' 즉 불 말과 불 수레가 두 사람을 구별시켰는데 정작 엘리야가 회리바람을 타고 올라갔다고 말씀하고 있다. 그렇기 때문에 성경을 표면적으로 읽는 사람들은 그렇게 말할 수밖에 없다.

엘리야의 제자들이 오십 명 있었는데 그들도 엘리야가 회리바람을 타고 올라간 것으로 알고 있었다. 그래서 회리바람이 엘리야를 싣고 가다가 어느 산에 내어 던졌을 것이라면서 엘리사에게 스승을 찾겠다고 간절히 요구했다. 민망할 정도로 제자들이 간청함으로 엘리사가 "그래, 그러면 찾아보라"고 해서 3일 동안 찾아보았지만 찾지 못하고 돌아왔다(왕하 2:15-18).

그러나 이 말씀은 양면성이 있다. 산 자의 믿음을 가진 사람들에게는 엘리야는 불 말과 불 수레를 타고 올라간 것이고 죽는 자의 믿음을 가진 사람들이 볼 때는 회리바람을 타고 올라간 것이다. 죽는 자들은 한 번도 불 말과 불 수레를 구경하지 못했다. 즉 불 말과 불 수레를 타보지 못한 그들의 이해로써는 도저히 불 말과 불 수레는 수용할 수 없는 믿음의 대상들이었던 것이다. 그러므로 당연히 그들은 엘리야가 회리바람을 타고 올라갔다고 말할 수밖에 없었던 것이다.

그렇다면 엘리사는 엘리야처럼 산 자의 믿음이 없어서 승천하지 못한 것인가? 엘리사가 엘리야에게 영감의 2배를 구하자 '네가 어려운 일을 구하는도다'(왕하 2:10)라고 했다. 엘리사가 엘리야의 영감의 2배를 받았기 때문에 성경에는 엘리사가 엘리야보다 더 많은 능력을 행한 내용이 기록되어 있다. 당연히 그는 엘리야처럼 승천할 수 있었다. 그런데 엘리사는 승천하지 않았다. 왜 승천하지 못했을까? 그는 승천하지 못한 것이 아니라 하늘로 비상할 수 있는 날개를 구하지 않고 이 땅에 남는 자가 되었기 때문이다. 거기에는 더 큰 구속사의 비밀이 들어있다.[1] 하늘로 비상하

---

1) 제 3권 <두 감람나무와 두 촛대, 그들은 누구인가?> 428~443쪽, 벽암 조영래 저, 도서출판 오색이슬

려면 날개가 있어야 한다.

　예수님이 오백 명이 보는 가운데 승천하시는 장면이 사도행전 1:9-11에 기록되어 있다. 예수님이 구름을 타고 승천하셨다. 죽는 자들에게는 그냥 구름으로 보일 뿐이지만 산 자들에게 있어서 그 구름은 예수님의 공생애 과정에서 산 자의 축복을 받은 사람들이 승천하시는 예수님과 함께 올라가고 있는 모습으로 보이는 것이다. 성경에 예수님이 구름을 타고 올라가셨다고 하니까 사람들은 그 구름을 자연계시적인 구름이라고 생각하고 있다. 그러나 산 자의 믿음을 가진 사람들은 그 구름이 예수님의 공생애 과정 안에서 산 자의 믿음으로 축복받은 사람들, 아벨의 피로부터 사가랴의 피까지 산 자의 믿음으로 순교한 사람들이었다는 것을 알 수 있는 것이다.

> 마 23:35 그러므로 의인 아벨의 피로부터 성전과 제단 사이에서 너희가 죽인 바라갸의 아들 사가랴의 피까지 땅 위에서 흘린 의로운 피가 다 너희에게 돌아가리라

　그렇다면 산 자로 축복받은 사람들, 산 자의 믿음을 가진 사람들은 엘리야가 타고 올라간 불 말과 불 수레의 비밀을 아는 사람들이고, 산 자의 축복을 받지 못한 사람들은 엘리야가 회리바람을 타고 올라갔다고 믿는 사람들이다. 산 자의 축복을 받지 못한 사람들은 예수님이 구름을 타고 올라갔다고 믿는 사람들이고, 산 자의 축복을 받은 사람들은 그 구름이 보이는 물리적인 구름이 아니

라 산 자들의 신성조직²⁾이라는 것을 아는 사람들이다.

　산 자의 축복을 받은 사람들이라면 불 말과 불 수레의 축복을 받아야 한다. 불 말과 불 수레의 축복을 받으려면 불 말과 불 수레가 무엇인지 알아야 한다. 그것을 모르는 사람에게 데살로니가전서 4:16-17에 나오는 공중 재림은 동화 같은 얘기가 된다. 사람이 가만히 있는데 어떻게 하늘로 올라가는가? 예수님은 구름을 타고 올라가셨고, 에녹은 하나님께서 데려가셨고, 엘리야는 불 말과 불 수레를 타고 올라갔다.

　우리들이 공중에 올라가려면 어떻게 해야 하는가? 그냥 "나는 산 자니까!" 그렇게 자기 혼자 믿는 믿음으로 올라갈 것 같은가? 그런 사람들은 하나님을 무당같이 믿는 사람들이다.

　대통령이 타는 승용차와 시민들이 타는 일반 승용차, 버스는 번호판이 다르다. 대통령이 타고 다니는 차는 번호판에 무궁화가 하나 그려져 있다. 무궁화가 그려져 있는 차가 오면 경찰 측에서 대통령이 가는 방향의 신호등을 제외하고는 교통신호를 차단해서 막아놓기 때문에 목적지까지 열린 방향으로 논스톱으로 달릴 수 있다. 그러나 그 외의 차는 그렇게 할 수 없다.

　마찬가지다. 가고자 하는 목적지까지 막힘없이 논스톱으로 가기 위해서는 하늘로 올라갈 수 있는 구름이 있든지, 하나님께서 데리고 가시든지, 기묘라고 말하는 하나님의 사람처럼 불꽃을 타고 올라가든지, 불 말과 불 수레를 타고 올라가야 된다. 그렇게 우

---

2) 본서 제 3장 <여호와의 영광의 형상의 모양> 237-246쪽

리들도 하늘로 올라갈 수 있는 거룩한 날개가 있어야 하는 것이 아닐까?

마지막 때 우리는 비상할 수 있는 거룩하고 신성한 날개를 받아야 된다. 산 자의 믿음을 갖지 못한 사람들이 들으면 이것은 동화 같은 얘기다. 그러나 산 자의 믿음을 가진 사람들이 비상하는 존재가 되기 위해서는 독수리의 날개를 받아야 한다.

> 사 40:31 오직 여호와를 앙망하는 자는 새 힘을 얻으리니 독수리의 날개치며 올라감 같을 것이요 달음박질하여도 곤비치 아니하겠고 걸어가도 피곤치 아니하리로다

영혼의 날개

시편 68:13에 비둘기의 날개가 소개되어 있다. 그 날개는 영혼의 날개이다. 영의 세계를 모르는 사람은 영혼의 날개를 가질 수 없다. 영혼의 세계, 영적인 세계를 모르는데 날개를 줄 필요가 있는가? 우리들도 그런 비둘기의 날개를 받아야 한다.

> 시 68:13 너희가 양우리에 누울 때에는 그 날개를 은으로 입히고 그 깃을 황금으로 입힌 비둘기 같도다

다윗도 시편 55:4-7에서 "나도 비둘기처럼 날개가 있었으면 좋겠다"는 간절한 소망의 기도를 드리고 있다.

> 시 55:4-7 내 마음이 내 속에서 심히 아파하며 사망의 위험이 내게 미쳤도다 두려움과 떨림이 내게 이르고 황공함이 나를 덮었도다 나의 말이 내가 비둘기 같이 날개가 있으면 날아가서 편히 쉬리로다 내가 멀리 날아가서 광야에 거하리로다 (셀라)

새가 어릴 때는 날개가 작지만 자라면서 점점 커진다. 그것처럼 영혼의 날개도 커지는 것이다.

그런데 본래 하늘에서 그런 날개를 가지고 온 사람도 있다. 이 땅에 와서 생긴 날개가 아니라 본래 사명적으로 그런 날개를 가지고 온 사람도 있다는 것이다. 그는 이 땅에 태어나면서부터 그런 날개를 가지고 있는 사람이기 때문에 아주 자유롭게 비상할 수 있다. 예를 들면 가브리엘 천사장이 마지막 때 등장하게 된다면 그런 날개를 가지고 와야 할 사람이다. 그것은 처음부터 본질적으로 가지고 있는 날개이다. 그러나 그런 사람들은 특수한 사람이고 일반적인 입장에서 사람들이 가진 날개는 영혼의 날개라고 한다.

영혼의 날개에도 금빛 날개가 있고 은빛 날개가 있다. 시편 68편에 황금빛 날개, 은빛 날개가 기록되어 있다. 날개도 영광과 격에 따라서 색깔도 다르고 모양도 다른 것이다. 어떤 사람은 날개가 독수리처럼 유난히 큰 사람이 있다. 날개가 크다는 것은 능력이 크다는 것을 의미하고 날개가 많은 것도 능력이 많다는 것을 의미하는 것이다.

스랍은 여섯 날개를 가지고 있다. 6은 사람의 수를 의미한다. 그렇기 때문에 여섯 날개가 있다는 말은, 여섯 날개를 가지고 있는 '사람'이 있다는 것이다. 그런 사람들은 어떤 사람들인가? 그들은 출애굽기 19:4에서 말씀하고 있는 독수리 같은 사람들이다.

　구약의 마당, 신약의 마당, 재림의 마당은 점진적으로 전보다 차원이 더 높은 영광의 세계로 거듭나는 입장이 되고 있다. 구약 마당의 영광이 촛불이라면 신약 마당의 영광은 전깃불이라고 말씀하고 있고, 재림 마당의 영광은 일곱 날의 빛보다 더 밝다고 했다.

> 사 30:26 여호와께서 그 백성의 상처를 싸매시며 그들의 맞은 자리를 고치시는 날에는 달빛은 햇빛 같겠고 햇빛은 칠 배가 되어 일곱 날의 빛과 같으리라

　그렇기 때문에 구약의 마당과 신약의 마당은 재림의 마당의 영광과 큰 차이가 있다.

　이 말씀을 근거로 한다면 재림의 마당에 있는 사람들은 독수리의 등에 타는 사람이 아니라 다른 사람을 태워주는 사람이 되어야 한다. 그렇게 태워주는 사람이 되려면 영혼의 날개가 있어야 한다. 영혼의 날개를 가져야 비상할 수 있기 때문이다. 그런 사람만이 동서남북에서 하나님께서 찾으시고자 하시는 백성들을 하나님 앞으로 전부 모아드릴 수 있는 추수꾼이 될 수 있는 것이다.

> 마 24:31 저가 큰 나팔소리와 함께 천사들을 보내리니 저희가 그 택하신 자들을 하늘 이 끝에서 저 끝까지 사방에서 모으리라

　위 성구에 보면 천사들을 시켜서 동서남북에서 택한 백성들을 사방에서 모은다고 기록되어 있다. 그 천사들은 진짜 하늘에 있는

그런 천사들이 아니라 인자화된 천사, 천사화된 인자들을 말하는 것이다. 그들이 바로 추수꾼들이다. 그런 세계를 표현한 것이 "내가 너희를 독수리의 날개에 태워서 내게로 인도하였다"라고 말씀한 것이다.

> 출 19:4 나의 애굽 사람에게 어떻게 행하였음과 내가 어떻게 독수리 날개로 너희를 업어 내게로 인도하였음을 너희가 보았느니라

문자적으로 독수리의 등에 탄다는 의미는 구약 마당의 입장이고 재림의 마당에서의 추수꾼들은 독수리의 등에 타는 사람들이 아니다. 그들은 인자화된 천사들로서 그런 날개가 하루속히 생겨서 하늘의 발등상이 되는 지구촌 안에서 하나님께서 찾으시고자 하시는 택한 백성들을 동서남북에서 다 찾아 하나님께서 기뻐하시는 장소로 인도하는 사람들을 말씀하고 있는 것이다.

> 막 13:27 또 그 때에 저가 천사들을 보내어 자기 택하신 자들을 땅 끝으로부터 하늘 끝까지 사방에서 모으리라

그러나 그 날개는 거저 생기는 것이 아니다. 날개가 왜 필요한지, 날개를 주면 무엇을 해야 하는지 알아야 한다.

하나님께서 모세에게 먼저 요구하신 것이 그것이다. 하나님께서 이스라엘 백성들을 시내산으로 인도하신 이유가 무엇인가? 첫째는 율법과 계명을 주시기 위해서, 두 번째는 이스라엘이라는 나라를 세우기 위한 율례와 규례를 주시기 위해서, 세 번째는 하나님의 선민으로서 드려야 할 제사를 드리게 하기 위해서 이스라엘

백성들을 인도했다는 것이다.

다시 말해서 모세에게 그들을 인도해야 될 목적을 먼저 가르쳐줌으로써 모세가 그 목적을 분명히 깨달았을 때 하나님께서 그를 통해서 역사하셨다(겔 36:37). 하나님은 모르는 사람에게는 절대 역사하시지도 않거니와 모르는 사람을 인도하시지도 않는다.

재림의 마당에서의 큰 독수리는 누구인가? 이 땅의 주, 해를 입은 여인이 큰 독수리의 두 날개를 받아서 두 번째 광야 자기 곳으로 날아갔다.

> 계 12:14 그 여자가 큰 독수리의 두 날개를 받아 광야 자기 곳으로 날아가 거기서 그 뱀의 낯을 피하여 한 때와 두 때와 반 때를 양육받으매

따라서 재림의 마당에서는 이 땅의 주가 큰 독수리이고 그 다음 독수리가 두 감람나무이고 그 독수리의 등, 날개 위에서 연단과 훈련을 받은 자들이 독수리 새끼들이다.

요한계시록 12:5에 철장의 권세를 가진 아이가 하늘보좌로 올라가는 내용이 기록되어 있다. 그는 이 땅의 주 앞에 선 두 감람나무로서 그도 독수리의 날개를 가지고 있기 때문에 하늘로 올라갈 수 있는 것이다.

> 계 12:5 여자가 아들을 낳으니 이는 장차 철장으로 만국을 다스릴 남자라 그 아이를 하나님 앞과 그 보좌 앞으로 올려가더라

믿는 성도들이라면 에베소서 4:13 말씀처럼 하루속히 그리스도의 장성한 분량으로 믿음이 자라난 작은 독수리들이 되어서 하나님께서 택하신 모든 백성들을 태워 거룩한 곳으로 인도해야 한다.

엡 4:13 우리가 다 하나님의 아들을 믿는 것과 아는 일에 하나가 되어 온전한 사람을 이루어 그리스도의 장성한 분량이 충만한 데까지 이르리니

마 24:28 주검이 있는 곳에는 독수리들이 모일찌니라

그렇기 때문에 하나님께서 그들에게도 "내가 거룩하니 너희도 거룩하라"고 하셨다(레 11:44-45). 그러기 위해서 베드로전서 1:19 말씀처럼 점도 없고 흠도 없는 어린 양의 보혈로써 택한 모든 백성들을 하나님께서 깨끗하게 씻어주신다는 것이다. 거룩한 백성으로서 나의 장자, 나의 소유, 왕 같은 제사장으로(벧전 2:9) 또 하나님의 아들, 자녀들로서 하나님께서 택해주신다는 것이다.

레 11:44-45 나는 여호와 너희 하나님이라 내가 거룩하니 너희도 몸을 구별하여 거룩하게 하고 땅에 기는바 기어다니는 것으로 인하여 스스로 더럽히지 말라 나는 너희의 하나님이 되려고 너희를 애굽 땅에서 인도하여 낸 여호와라 내가 거룩하니 너희도 거룩할찌어다

벧전 1:19 오직 흠 없고 점 없는 어린양 같은 그리스도의 보배로운 피로 한 것이니라

> 벧전 2:9 오직 너희는 택하신 족속이요 왕 같은 제사장들이요 거룩한 나라요 그의 소유된 백성이니 이는 너희를 어두운 데서 불러내어 그의 기이한 빛에 들어가게 하신 자의 아름다운 덕을 선전하게 하려 하심이라

결론적으로 화염검, 구름, 불 등은 우리가 타고 날아갈 수 있는, 비상할 수 있는 날개와 같은 존재이기 때문에 그 날개 자체가 우리가 가질 수 있는 유일한 권세가 되는 것이다.

다니엘 10:21에 보면 가브리엘이 "나를 도와주는 사람은 대군 미가엘 밖에 없다"고 했다. 가브리엘 천사장이 공중의 권세에게 21일간 잡혀있었을 때 대군 미가엘이 도와주어서 왔다고 했다.

> 단 10:13-14 그런데 바사 국군이 이십 일일 동안 나를 막았으므로 내가 거기 바사국 왕들과 함께 머물러 있더니 군장 중 하나 미가엘이 와서 나를 도와주므로 이제 내가 말일에 네 백성의 당할 일을 네게 깨닫게 하러 왔노라 대저 이 이상은 오래 후의 일이니라

가브리엘에게는 대군 미가엘이 절대적인 능력을 가지고 도움을 주는 존재이다. 그런 입장에서 본다면, 대군 미가엘의 도움 없이 가브리엘 혼자서는 아무것도 할 수 없다.

모세에게는 여호와가 "너의 선 곳은 거룩한 땅이니 네 발에서 신을 벗으라"(출 3:4-5)고 했고, 여호수아에게는 대군 미가엘이 "네가 선 곳은 거룩하니 네 신을 벗으라"(수 5:15)고 했다. 그 말씀을 깊이 궁구해 보면 모세에게는 여호와가 절대적인 도움을 주

는 사람이고, 여호수아에게는 대군 미가엘이 도움을 주는 사람이다. 다시 말해 그 사람이 가지고 있는 상급과 영광에 따라서 도와주는 사람의 차원도 다르다.

그렇기 때문에 상대적인 입장에서 모든 것은 짝이 있어야 한다. 여호와는 모세를 돕고, 대군 미가엘은 여호수아를 도와주었다.

우리들은 백 번, 천 번을 죽었다 살아나도 혼자는 절대 못 올라간다. 불 말과 불 수레가 있든지, 불꽃을 타고 가는 능력의 지팡이가 있든지, 우리들을 태워 갈 구름이 준비되어 있든지 타고 올라갈 수 있는 존재가 있어야 한다. 그런데 재림의 마당에서는 그런 모든 대상이 사람이라는 것이다. 그런 내용을 모르니까 이 땅에서 그런 사람을 만나도 그 사람의 정체와 실상에 대해서 알지 못한다는 것이다. 그래서 "너희가 손님 대접하기를 게을리 하지 말라"(히 13:2)는 말씀이 기록되어있는 것이다.

> 히 13:2 손님 대접하기를 잊지 말라 이로써 부지중에 천사들을 대접한 이들이 있었느니라

무심코 대접하는 손님 중에는 그런 사람도 있다는 것이다. 하나님께서 그런 사람도 다 준비해 놓으셨다는 것이다. 그런 사람만이 우리를 데리고 갈 수 있는 것이지 우리 혼자로는 안 된다. 비상할 때는 세상적인 표현으로 올라갈 수 있는 거룩한 성물이 있어야 한다. 그것을 타고 가야 한다.

에스겔 1장-10장까지의 내용을 보면 하나님께서는 네 생물을 타고 다니신다. 예수님도 구름을 타고 올라가셨다. 마찬가지로 우

리도 비상하고자 할 때 무엇인가 타고 올라가야 한다. 그렇게 해주시기 위해서 위 성구의 말씀처럼 하나님께서 마지막 때 준비하신 천사의 존재, 즉 하나님의 사람이 있다는 것이다.

2. 스랍은 죄를 깨닫게 해주고 죄를 사해주는 능력을 가지고 있다

> 사 6:5-7 그 때에 내가 말하되 화로다 나여 망하게 되었도다 나는 입술이 부정한 사람이요 입술이 부정한 백성 중에 거하면서 만군의 여호와이신 왕을 뵈었음이로다 때에 그 스랍의 하나가 화저로 단에서 취한바 핀 숯을 손에 가지고 내게로 날아와서 그것을 내 입에 대며 가로되 보라 이것이 네 입에 닿았으니 네 악이 제하여졌고 네 죄가 사하여졌느니라 하더라

이사야 선지자가 입술이 부정한 자로서 만군의 여호와를 뵈었다는 두려움에 "제가 입술이 부정한 자로서 주를 뵈었나이다"라고 고백했다. 그러자 스랍이 화저로 핀 숯을 가지고 날아와서 이사야 선지자의 입에 대주었다. 핀 숯, 불은 성령을 의미한다. 그 스랍이 이사야 선지자의 입에 핀 숯을 대주자 죄가 사해졌다.

여기에서 스랍의 사역이 무엇인지 살펴보면, 스랍은 첫째 죄를 깨닫게 해 줄 수 있는 영을 가지고 있어서 이사야 선지자의 죄를 깨닫게 해주었다. 두 번째는 숯불로 지져주었다. 즉 죄를 사해

줄 수 있는 능력도 있다는 것이다.

> 사 6:8 내가 또 주의 목소리를 들은즉 이르시되 내가 누구를 보내며 누가 우리를 위하여 갈꼬 그 때에 내가 가로되 내가 여기 있나이다 나를 보내소서

만군의 주 여호와께서 스랍을 통해서 이사야 선지자에게 이스라엘의 죄악성을 알려준다. "과연 이런 세상에 누구를 보내서 저들을 회개시킬까?" 탄식하시는 것을 이사야 선지자가 듣고 있다가 "나를 보내주소서"라고 대답했다.

> 사 6:9-10 여호와께서 가라사대 가서 이 백성에게 이르기를 너희가 듣기는 들어도 깨닫지 못할 것이요 보기는 보아도 알지 못하리라 하여 이 백성의 마음으로 둔하게 하며 그 귀가 막히고 눈이 감기게 하라 염려컨대 그들이 눈으로 보고 귀로 듣고 마음으로 깨닫고 다시 돌아와서 고침을 받을까 하노라

이사야 선지자를 죄악된 땅에 보내시면서 행할 사명을 주셨다. 그 사명은 무엇인가? 이스라엘 백성들이 듣기는 들어도 보기는 보아도 알지 못하게 하여 깨닫고 뉘우침을 받고 돌이켜 돌아오지 못하게 할 사명을 주셨다.

이렇게 이스라엘 백성들이 실패하게 되고 마는 사명을 이사야 선지자에게 주신 이유는 무엇일까? "믿지 못할 인간들이지만 그래도 그 시대에 하나님의 선지자가 있었다는 것을 증명하기 위해서 내가 너를 보내는 것이라"(겔 2:5)는 것이다.

겔 2:5 그들은 패역한 족속이라 듣든지 아니 듣든지 그들 가운데 선지자 있
은 줄은 알지니라

인간적으로 말하면 이사야 선지자가 얼마나 실망을 했겠는가? 구원을 주러 가는 사명이 아니라 이스라엘 백성들을 영원히 심판할 사명을 들고 가야만하니 그가 얼마나 괴로웠겠는가? 그러나 하나님의 명령이기 때문에 어쩔 수 없이 명령을 준행해야 했다.

3. 스랍은 불과 물, 전쟁을 주관한다

이사야 6장에 나오는 스랍은 불을 담당하는 존재이다. 창세기 18장에서 여호와 하나님이 두 천사를 데리고 소돔과 고모라를 심판하러 오셨다. 소돔과 고모라를 불로 심판하러 왔던 그 천사도 불을 다스리는 스랍이라는 것을 알 수 있다.

태양은 스스로 빛을 내는 발광체가 아니다. 태양도 피조물이기 때문에 그 뜨거운 화염을 뿜어내기 위해서는 태울 수 있는 재료가 필요하다. 그것은 태양 자체 내에서 생성된다고는 볼 수 없고 누군가 재료를 공급해줌으로써 빛과 에너지를 발산할 수 있는 것이다. 그 역할을 스랍이 하는 것이다.

두 감람나무가 하늘 문을 닫고 3년 6개월 동안 그 입에서 나오

는 불로 이 땅을 침으로써 그를 대적하는 자들을 심판하였다.

> 계 11:3-6 내가 나의 두 증인에게 권세를 주리니 저희가 굵은 베옷을 입고 일천이백육십 일을 예언하리라 이는 이 땅의 주 앞에 섰는 두 감람나무와 두 촛대니 만일 누구든지 저희를 해하고자 한즉 저희 입에서 불이 나서 그 원수를 소멸할찌니 누구든지 해하려 하면 반드시 이와 같이 죽임을 당하리라 저희가 권세를 가지고 하늘을 닫아 그 예언을 하는 날 동안 비 오지 못하게 하고 또 권세를 가지고 물을 변하여 피 되게 하고 아무 때든지 원하는 대로 여러 가지 재앙으로 땅을 치리로다

또 다른 스랍은 물을 다스리고 있다. 노아 때 물로 세상을 심판했다. 먼저 40일 홍수가 내림으로써 방주가 물 위로 떠오르고, 지구축이 움직임으로 바닷물이 이동하여 방주가 5개월 동안 물 위를 떠다녔다. 그리고 마지막으로 하늘 문을 열고 물을 쏟아 붓는 역사로 15규빗의 물이 더 차올라서 산봉우리가 모두 잠겨 코로 기식하는 모든 대상들이 죽었다(창 7:17-23). 물을 다스리는 스랍이 그런 역사를 행한 것이다.

엘리야가 기도함으로 3년 6개월 동안 하늘 문을 닫고 우로가 내리지 않게 하고 또 기도함으로 하늘이 열리고 비가 내렸다.

> 약 5:17-18 엘리야는 우리와 성정이 같은 사람이로되 저가 비 오지 않기를 간절히 기도한즉 삼년 육개월 동안 땅에 비가 아니오고 다시 기도한즉 하늘이 비를 주고 땅이 열매를 내었느니라

또, 큰 틀의 입장으로 말하면 불을 다스리는 천사, 물을 다스리는 천사만 있는 것이 아니다. 사무엘상 17:47에 보면 전쟁은 하나님의 주권에 의해서 일어나는 것이다. 다시 말하면 전쟁을 주도하는 천사도 있다는 것이다.

> 삼상 17:47 또 여호와의 구원하심이 칼과 창에 있지 아니함을 이 무리로 알게 하리라 전쟁은 여호와께 속한 것인즉 그가 너희를 우리 손에 붙이시리라

III. 에스겔에 등장한 네 생물

1. 에스겔과 네 생물

　에스겔 선지자는 사독계열의 제사장이며 선지자이다. 에스겔서의 특징 중 하나는 네 생물과 에스겔의 관계가 다른 선지자에 비해서 남다른 의미를 제시하고 있다는 점이다. 즉 성경 말씀을 통해서 네 생물을 가장 정확하게 소개한 사람이 에스겔이라는 것도 우리가 눈여겨보아야 할 점이다.

　남조 유다의 마지막 네 왕이 여호아하스, 여호야김, 여호야긴, 시드기야이다. 이들 중, 여호야긴 왕만 살아남고 나머지 왕들은 비참한 생을 마감했다. 여호야긴 왕은 비록 바벨론에 포로로 잡혀가기는 했지만 나중에 바벨론 왕에게 극진한 대접을 받았다(왕하 25:27-30, 렘 52:31-34).
　그 여호야긴 왕이 잡혀갈 때 에스겔 선지자도 잡혀간 것이다. 에스겔 선지자가 잡혀갈 당시 나이가 30세였다. 여호야긴 왕이 잡혀간지 5년 째 되던 해에 에스겔 선지자가 그발 강가로 부름을 받는다. 그발 강가에서 네 생물을 만나 대면하게 되는 역사를 시작으로 에스겔은 네 생물이 인도하는 대로, 이끄는 대로, 명하는 대로 하나님의 사람으로서 선지자의 사역을 감당하게 된다.

> 겔 1:1-3 제 삼십 년 사월 오일에 내가 그발강 가 사로잡힌 자 중에 있더니 하늘이 열리며 하나님의 이상을 내게 보이시니 여호야긴 왕의 사로잡힌 지 오 년 그 달 오일이라 갈대아 땅 그발 강 가에서 여호와의 말씀이 부시의 아들 제사장 나 에스겔에게 특별히 임하고 여호와의 권능이 내 위에 있으니라

위 성구에 보면 '하늘이 열리며'라는 말씀이 있다. 하늘은 아무 때나 열리는 것이 아니다. 특별한 경우에만 하늘이 열리게 되어 있다. 예수님도 하늘 보좌에서 오셨기 때문에 하늘 문이 열린 경우이다.

> 요 3:13 하늘에서 내려온 자 곧 인자 외에는 하늘에 올라간 자가 없느니라

예수님이 "세례요한 이후 천국은 침노를 받는다"라고 하셨다. 천국이 침노를 받을 수 있는 것도 하늘 문을 열어 놓으셨기 때문이다.

> 마 11:12 세례 요한의 때부터 지금까지 천국은 침노를 당하나니 침노하는 자는 빼앗느니라

또 열어 놓으신 그 문을 통해서 양들이 들어올 수 있도록 십자가 상에서 예수님이 "다 이루었다"(요 19:30)고 하신 순간, 성소와 지성소를 가리고 있던 휘장이 위에서부터 아래로 찢어진 것이다.[3]

> 마 27:51 이에 성소 휘장이 위로부터 아래까지 찢어져 둘이 되고 땅이 진동하며 바위가 터지고

그러나 구약에서 '하늘이 열렸다'는 것은 특별한 일이라고 말할 수 있다. 하늘이 열렸다면 하늘을 열어놓을 수밖에 없는 어떤 이유가 있었을 것이다. 아무 이유도 없는데 하나님께서 하늘 문을 여실 까닭이 없다. 누군가 하늘 문을 열고 이 땅에 올 사람이 있었기 때문에 그 문이 열려졌다고 설명될 수 있는 것이다.

① 하늘 문을 열고 온 사람은 누구인가?

하늘 문이 열렸다는 말은 하늘에 있는 사람이 문을 열고 왔다는 뜻이다. 과연 누가 하늘 문을 열고 왔을까? 바로 네 생물이다. 네 생물이 이 땅에 왔기 때문에 하늘 문이 열린 것이다. 에스겔 1:1에 보면 네 생물이 하늘 문을 열고 이 땅에 등장하고 있는 모습을 보게 된다.

---

3) 구약 때 지성소에는 대제사장이 일 년에 한 번 밖에는 들어가지 못했다. 그것도 죄가 있으면 그 자리에서 즉사하게 되기에 대제사장의 옷에는 금방울이 달려있어 움직일 때마다 방울소리가 울린다. 그러다가 방울소리가 그치면 죄로 인해 죽은 것으로 간주했다(출 28:33-35). 지성소와 성소 사이를 휘장으로 구별했다.

> 겔 1:1 제 삼십년 사월 오일에 내가 그발강 가 사로잡힌 자 중에 있더니 하늘이 열리며 하나님의 이상을 내게 보이시니

그 누구도 하늘 문을 열 수 없다. 오직 네 생물에게 소속되어 있는, 네 생물과 관련된 인격들만이 하늘 문을 열고 닫을 수 있는 것이다.

엘리야가 기도함으로써 3년 6개월 동안 우로가 내리지 않았다. 즉, 엘리야는 하늘 문을 닫고 열 수 있는 권세를 가진 자라고 말할 수 있다(약 5:17-18). 그리고 이 땅의 주 앞에 선 두 감람나무도 하늘 문을 닫고 열 수 있는 권세를 가졌다고 말할 수 있다(계 11:4-6).

② 하늘 문은 언제 열리는가?

첫째, 부분적인 대상이 올 때는 절대 하늘 문이 열리지 않는다. 삼손의 아버지 마노아에게 나타나 수태고지를 한 기묘라는 사람이 불꽃을 타고 하늘로 다시 올라갔다(삿 13:17-20). 이 경우는 하늘 문을 열고 온 것이 아니라 천사의 길, 영의 길을 통해서 온 것이다. 부분적 대상이 아닌, 하늘의 중심에 서 있는 실존적 영광의 주체만이 하늘 문을 열고 올 수 있다.

에스겔 1:1에서 하늘 문을 열고 이 땅에 온 존재는 스랍, 또는 그룹 등, 네 생물의 일부가 온 것이 아니라 네 생물이 완전한 모습으로 이 땅에 온 것이다. 즉 네 생물의 거룩한 영광 자체로 이 땅에 온 것이다. 그렇기 때문에 하늘 문을 열고 올 수 있는 것이다.

둘째, 하늘 문은 공식적으로만 열 수 있다. 비공식적으로는 하늘 문을 열 수 없다. 다시 말하면 하나님께서 편의상, 수시로 하늘 문을 여는 것이 아니라는 뜻이다. 왜냐하면 하늘 문을 열고 이 땅에 오려면 오는 동안 거쳐야 하는 과정이 있다. 셋째 하늘나라에서 이 땅에 오려면 둘째 하늘을 거쳐야 되고, 둘째 하늘에서 첫째 하늘을 거쳐야 한다.

그 모습이 다니엘 10:10-21에 잘 나와 있다. 가브리엘 천사장이 다니엘에게 기쁜 소식을 전하려고 오던 중 첫째 하늘, 즉 공중의 권세를 잡은 자들이 있는 곳을 통과하려다 붙잡혔다. 이렇게 하늘에서 이 땅에 올 때는 비밀리에 올 수가 없다. 공개적인 입장에서 하늘 문을 열 때에는 문을 열 수 있는 분명한 대의명분(大義名分)이 있어야 열 수 있는 것이다.

에스겔 1:1에서 말한 하늘 문은 어느 문을 말하는 것인가? 화염검을 가지고 있는 그룹이 지키는 셋째 하늘 문을 말하는 것이다. 둘째 하늘에도 문이 있다. 네 생물이 그곳에서 이 땅에 올 때에는 비공식적으로 온 것이 아니라 공식적인 입장에서 온 것이다. 그러나 스랍으로 올 때에는 비공식적으로 오는 것이다.

가브리엘 천사장이 비공식적으로 오다가 공중의 권세를 잡은 자에게 21일간 잡혀 있다가 대군 미가엘이 도와주어서 내가 이제야 왔다고 했다(단 10:13-14). 가브리엘 천사장도 공식적으로 온 것이 아니라 비공식적으로 온 것이다. 만약에 공식적으로 오는 길이라면 그것은 하나님의 이름으로 오는 것이기 때문에 사단, 마귀가 막지 못한다.

하늘나라의 주체적인 존재로서의 능력을 가진 자만이 공식적으로 하늘 문을 열고 이 땅에 올 수 있다. 따라서 에스겔 1:1에서 하늘 문을 열고 온 네 생물은 네 생물의 일부인 스랍과 그룹이라는 부분적인 모습으로 온 것이 아니라 네 생물 100%의 완전한 모습으로 이 땅에 온 것을 말하는 것이다.

고린도전서 13:10에 "온전한 것이 오면 부분적인 것을 폐하라"는 말씀이 있다. 에스겔 1장-10장에 등장하고 있는 네 생물은 자기의 거룩한 영광의 보좌를 가지고 있는 완전한 하늘의 주권자로서 이 땅에 등장하고 있는 모습이기 때문에 하늘 문을 열고 네 생물의 거룩한 영광 자체로 이 땅에 올 수 있는 존재가 되는 것이다.

2. 네 생물과 동행하는 성령의 사람, 에스겔

> 겔 8:3 그가 손 같은 것을 펴서 내 머리털 한 모습을 잡으며 주의 신이 나를 들어 천지 사이로 올리시고 하나님의 이상 가운데 나를 이끌어 예루살렘으로 가서 안뜰로 들어가는 북향한 문에 이르시니 거기는 투기의 우상 곧 투기를 격발케 하는 우상의 자리가 있는 곳이라

위 성구의 내용은 에녹이 300년 동안 하나님과 동행한 것처럼 하늘 문을 열고 온 네 생물이 에스겔의 머리를 한 묶음 잡고 끌고 다니는 모습이다. 네 생물이 에스겔 선지자를 이 강, 저 강으로 이 산, 저 산으로 데리고 다니면서 이스라엘의 패역한 모습을 보여주고 가르쳐주고 지적하고 책망하는 내용이다. 그렇기 때문에 에스겔서는 에스겔이 네 생물과 동행하고 있는 역사의 장(場)이라고

말할 수 있다.

구약의 4대 선지자는 이사야, 예레미야, 에스겔, 다니엘이다. 이사야서는 성자의 장, 예레미야서는 성부의 장, 에스겔서는 성령의 장, 다니엘서는 성별 된 성도의 장이라고 말한다.

왜 에스겔서를 성령의 장이라고 말하는가? 지금 에스겔 선지자를 통해서 역사하고 있는 네 생물은 하나님의 신, 하나님의 능(能), 하나님의 영이라고 말씀할 수 있다.

> 고전 2:10-11 오직 하나님이 성령으로 이것을 우리에게 보이셨으니 성령은 모든 것 곧 하나님의 깊은 것이라도 통달하시느니라 사람의 사정을 사람의 속에 있는 영 외에는 누가 알리요 이와 같이 하나님의 사정도 하나님의 영 외에는 아무도 알지 못하느니라

"하나님의 영만이 하나님의 깊은 속을 통달한다"고 했다. 그렇기 때문에 네 생물은 하나님의 속을 통달하는 대상이 된다.

에스겔 선지자는 비록 구약의 선지자이지만 네 생물을 대신하는 사람, 즉 성령의 사람이라는 것이다. 성령의 사람은 어떤 사람을 말하는가?

우리나라에도 70-80년대까지는 많은 사람들이 성령을 외쳐댔다. 그러나 그들 중 어느 누구도 성령이 인자가 되신, 인자로서의 성령의 역사를 밝히 설명한 사람은 없었다. 하지만 에스겔서는 성령을 어떻게 받는 것인지, 성령의 역사는 어떤 것인지 정확하게 말씀하고 있다.

성령이 주는 방언은 인격적인 언어이다. 예를 들면 영어를 한 마디도 못 하는 사람인데 은혜와 성령이 도와주셔서 A, B, C도 모르던 그 사람이 영어로 유창하게 복음을 전한다거나 불어가 무언지도 모르는 사람이 말씀을 하다가 갑자기 능통한 불어로 말씀을 하게 되는 상황, 이것이 바로 성령의 은사 중 하나인 방언이다.

오순절 날, 마가의 다락방에서 아버지의 약속하신 성령을 받은 사람들이 각 나라 방언을 한 것이지(행 2:1-11), 알아듣지도 못하는 소리로 말을 한 것이 아니다. 그렇기 때문에 "소리가 있는데 그 소리에 의미가 없으면 야만인의 소리이지 그것이 어찌 인격을 가진 사람의 소리냐?"라고 말씀하고 있는 것이다

> 고전 14:10-11 세상에 소리의 종류가 이같이 많되 뜻 없는 소리는 없나니 그러므로 내가 그 소리의 뜻을 알지 못하면 내가 말하는 자에게 야만이 되고 말하는 자도 내게 야만이 되리니

에스겔서야말로 성령의 장의 푯대이며 모범이 된다. 네 생물이 성령의 주체로서, 성령이 사람을 통해서 어떻게 역사하는지 그것을 에스겔서가 잘 보여주고 있는 것이다.

성령의 역사는 그렇게 하는 것이다. 네 생물도 모르는 사람들, 성령의 근원이 어디에서부터 오는지도 모르는 사람들이 "성령! 성령!"한다고 해서 성령의 역사가 이루어지는 것이 아니다. 성령의 역사를 모르니까 자기의 의식 속에 들어있는 자기의 욕심, 사심, 탐심으로 성령을 구하고 부르짖는 것이다. 그런 틈을 통해서 마귀들이 역사하는 것이다.

> 살후 2:9-12 악한 자의 임함은 사단의 역사를 따라 모든 능력과 표적과 거짓 기적과 불의의 모든 속임으로 멸망하는 자들에게 임하리니 이는 저희가 진리의 사랑을 받지 아니하여 구원함을 얻지 못함이라 이러므로 하나님이 유혹을 저의 가운데 역사하게 하사 거짓 것을 믿게 하심은 진리를 믿지 않고 불의를 좋아하는 모든 자로 심판을 받게 하려 하심이니라

하나님의 참된 은혜로 성령을 부르지 않고 성령을 소유하고 싶은 각자의 이기적인 욕심, 탐심으로 성령을 구하기 때문에 마귀가 "얼씨구나!" 춤추고 마음대로 역사하는 것이다. 그렇게 마귀의 영이 들어가서 별의 별 짓을 다 한다. 문제는 성도들이 성령인지 마귀의 영인지 분별하지 못한다는 데 있다. 그래서 요한일서 4:1에 "너희는 하나님의 영과 마귀의 영을 분별하라"고 했다. 방언은 하나님과 인격적인 대화를 하는 것이다. 영을 분별하지 못하면 장성한 자가 아니다.

> 요일 4:1 사랑하는 자들아 영을 다 믿지 말고 오직 영들이 하나님께 속하였나 시험하라 많은 거짓 선지자가 세상에 나왔음이니라

에스겔은 성령의 사람이기 때문에 네 생물과 에스겔의 관계는 마치 노아가 방주에서 비둘기를 내보내는 관계와 같은 것이다(창 8:8-12). 영적으로 말하면 네 생물이 지금 에스겔이라는 비둘기를 필요로 하는 곳곳의 장소로 보내고 있다는 것을 알 수 있다.

그렇기 때문에 에스겔만이 에스겔 26장-31장에서 두로의 비밀을 공개하고, 하나님께서 구속사의 입장에서 어떻게 바벨론의

느부갓네살을 통해 두로를 멸망시켰는지, 그리고 그에 대한 보수(報酬), 대가로서 느부갓네살로 하여금 에덴동산의 나무들이 시기하고 질투했던, 백향목 같은 애굽을 어떻게 멸망시켰는지 이런 영적인 세계를 밝히 증거한 것이다.

우리는 연약하고 죄악된 인생들로 실존의 영인 영체(靈體)를 바라볼 수가 없다. 말씀이 지금 우리 눈에 보이는가? 말씀은 무형의 존재이기 때문에 우리 눈에 보이지 않는다. 그런데 예수님이 말씀이 육신이 되어 이 땅에 오셨다. 그래서 말씀의 실체가 되시는 예수님을 우리가 볼 수 있고 알게 된 것이다.

네 생물은 신령한 영의 존재, 영적 실체를 우리에게 제일 먼저 보여준 존재이다. 다시 말하면 영의 존재, 영적 신령한 인격의 존재가 어떻게 생겼고 어떤 모습을 하고 있는지, 이것을 제일 먼저 사람들에게 보여 준 사건이 에스겔서에서 소개되고 있는 네 생물의 역사이다. 그래서 네 생물을 통해서 신령한 영의 인격적 존재가 어떤 것인지 우리가 확연하게 깨달을 수 있는 실제적인 좋은 예, 본보기가 된다.

그렇기 때문에 우리가 하나님의 존재를 직접 볼 수는 없지만 하나님과 임마누엘이 되어 있는 네 생물을 통해서 하나님의 영적 세계, 영적 존재, 영적 능력을 간접적으로 바라볼 수 있고 깨달을 수 있게 된 것이다.

① 네 생물과 에스겔은 어떤 관계인가?

네 생물과 에스겔의 영적, 이면적 입장과 실체적인 내용의 세계는 세례요한과 예수님의 관계와 같은 것이다. 세례요한은 말씀이 육신이 되어 오신 예수님을 이스라엘에 나타내기 위해서 이사야의 예언대로 '광야의 외치는 자의 소리'로 등장한 사람이다(사 40:3, 마 3:1-12, 마 3:3).

그렇다면 에스겔 선지자는 누구를 위해서 부름 받은 사람이라고 말할 수 있는가? 구약 때에 성령의 역사의 실체가 되는 네 생물의 부름을 입은 자라고 말할 수 있다.

세례요한이 "신부를 취하는 자는 신랑이나 나는 신랑의 친구로서 그의 음성을 듣고 기뻐하도다"(요 3:29)라고 증거했다. 세례요한은 누구에게 소속된 사람인가? 신랑이신 예수님에게 소속된 사람이라는 것을 알 수 있다. 예수님의 입장에서 시편 139:14-16의 내용처럼 예수님이 누구를 택하신 것인가? 세례요한을 택하신 것이다.

> 시 139:14-16 내가 주께 감사하옴은 나를 지으심이 신묘막측하심이라 주의 행사가 기이함을 내 영혼이 잘 아나이다 내가 은밀한데서 지음을 받고 땅의 깊은 곳에서 기이하게 지음을 받은 때에 나의 형체가 주의 앞에 숨기우지 못하였나이다 내 형질이 이루기 전에 주의 눈이 보셨으며 나를 위하여 정한 날이 하나도 되기 전에 주의 책에 다 기록이 되었나이다

렘 1:5 내가 너를 복중에 짓기 전에 너를 알았고 네가 태에서 나오기 전에 너를 구별하였고 너를 열방의 선지자로 세웠노라 하시기로

예레미야 선지자에게도 "너를 복중에 짓기 전에 너를 알았고 네가 태에서 나오기 전에 너를 구별하였고"라고 했다. 예레미야서는 성부의 장이다. 따라서 예레미야 선지자는 아버지께 소속된 사람이다. 이렇게 예수님이 광야의 소리인 세례요한을 택하신 것처럼, 에스겔은 바로 네 생물이 택한 사람이 되는 것이다.

시편 139:1-10 말씀은 그렇게 자기에게 소속되어 있는 대상들을 때에 맞게 불러 역사한다는 것을 말씀하고 있다.

시 139:1-10 여호와여 주께서 나를 감찰하시고 아셨나이다 주께서 나의 앉고 일어섬을 아시며 멀리서도 나의 생각을 통촉하시오며 나의 길과 눕는 것을 감찰하시며 -(중략)- 내가 새벽 날개를 치며 바다 끝에 가서 거할찌라도 곧 거기서도 주의 손이 나를 인도하시며 주의 오른손이 나를 붙드시리이다

에스겔도 이런 의미로 네 생물에게 소속되어 있는 사람이었기 때문에 그의 부름에 응답자가 되어서 네 생물로부터 쓰임을 받고 있다고 말할 수 있다. 성령이 인자를 통해서 역사하시는 모습을 네 생물과 에스겔의 관계에서 잘 보여주고 있다.

② 네 생물이 에스겔을 통해서 역사한 내용은 무엇인가?

첫째, 이스라엘의 죄를 지적했다.

에스겔 선지자를 통해서 네 생물이 역사하는 가장 큰 중심은 무엇인가? 첫째, 이스라엘의 죄를 보여주고 있다. 이스라엘 백성들의 죄를 다양한 입장에서 보여주었다. 장로들, 제사장들, 이스라엘 백성들의 지도자들, 성전에서 하나님의 일을 돕고 있는 여자들이 저지르고 있는 갖가지 죄의 현장으로 에스겔을 끌고 다니면서 보여주고 있다.

> 겔 8:6 그가 또 내게 이르시되 인자야 이스라엘 족속의 행하는 일을 보느냐 그들이 여기서 크게 가증한 일을 행하여 나로 내 성소를 멀리 떠나게 하느니라 너는 다시 다른 큰 가증한 일을 보리라 하시더라
>
> 겔 8:12 또 내게 이르시되 인자야 이스라엘 족속의 장로들이 각각 그 우상의 방안 어두운 가운데서 행하는 것을 네가 보았느냐 그들이 이르기를 여호와께서 우리를 보지 아니하시며 이 땅을 버리셨다 하느니라
>
> 겔 8:14 그가 또 나를 데리고 여호와의 전으로 들어가는 북문에 이르시기로 보니 거기 여인들이 앉아 담무스를 위하여 애곡하더라
>
> 겔 8:16 그가 또 나를 데리고 여호와의 전 안뜰에 들어가시기로 보니 여호와의 전문 앞 현관과 제단 사이에서 약 이십 오인이 여호와의 전을 등지고 낯을 동으로 향하여 동방 태양에 경배하더라

그런데 에스겔 선지자의 특징이 하나 있다. 에스겔 선지자는 네 생물이 보여준 사건에 대해서 하나님의 메시지를 말씀으로 전하는 선지자가 아니라 행동으로 보여주는 선지자라는 것이 특징이다. 그렇기 때문에 에스겔 선지자는 말씀으로 책망하지 않고 이스라엘의 죄와 허물을 실질적인 행동으로 보여주었다.

> 겔 12:3-7 인자야 너는 행구를 준비하고 낮에 그들의 목전에서 이사하라 네가 네 처소를 다른 곳으로 옮기는 것을 그들이 보면 비록 패역한 족속이라도 혹 생각이 있으리라 너는 낮에 그 목전에서 네 행구를 밖으로 내기를 이사하는 행구 같이 하고 -(중략)- 내가 그 명대로 행하여 낮에 나의 행구를 이사하는 행구 같이 내어 놓고 저물 때에 내 손으로 성벽을 뚫고 캄캄할 때에 행구를 내어다가 그 목전에서 어깨에 메고 나가니라

위 성구에서 에스겔 선지자가 행한 내용은 장차 시드기야 왕이 도망가는 모습을 연출한 것이다. 하나님께서 에스겔 선지자에게 "행구를 준비해서 밤에 성벽을 뚫고 이사를 가는 것처럼 짐을 나르고 아침이 되면 다시 들어오라. 대신 짐을 나를 때에는 하늘을 보지 말고 땅을 쳐다보면서 이삿짐을 옮기고 다시 가지고 오고, 다시 내어가고, 다시 들어오고 거듭 그 일을 행하라"고 하셨다.

이스라엘 백성들이 "네가 하는 일이 도대체 무엇이냐?"라고 물으면 "내가 이렇게 하는 것처럼 이스라엘 백성들이 성벽을 뚫고 밤중에 하늘을 바라보지 못하고 고개를 숙이고 땅을 바라보면서 이렇게 비참하게 도망가게 된다"는 것을 가르쳐 주라는 것이

다. 결국 이 말씀대로 시드기야 왕이 밤중에 몰래 특수기마부대를 데리고 성벽을 뚫고 도망가는데 자기의 입장이 너무도 비참해서 자기 자신이 도망가는 모습을 생각하기조차 싫었기 때문에 땅도 뒤도 돌아보지 않고 차마 눈도 뜨지 못하고 군사들이 이끄는 대로 도망가다가 느부갓네살에게 붙잡혀왔다.

> 렘 52:7-9 갈대아인이 그 성읍을 에워쌌더니 성벽을 깨뜨리매 모든 군사가 밤중에 두 성벽 사이 왕의 동산 곁문 길로 도망하여 아라바 길로 가더니 갈대아인의 군대가 시드기야왕을 쫓아가서 여리고 평지에서 미치매 왕의 모든 군대가 그를 떠나 흩어진지라 그들이 왕을 잡아가지고 하맛 땅 립나에 있는 바벨론 왕에게로 끌고 가매 그를 신문하니라

그것을 누가 연출했는가? 밤중에 몰래 짐을 꾸려가지고 자기 집 앞에 있는 성벽을 뚫고 눈을 감고 성을 나가는 모습을 에스겔 선지자가 직접 그대로 연출했다. 이렇게 에스겔은 말로 하기보다는 성령께서 제시하는 사건을 행동으로 보여준 선지자이다.

그러던 중 에스겔 선지자가 언제 입이 트였는가? 에스겔 선지자가 그렇게 네 생물로부터 쓰임을 받다가 말문이 터진 적이 있었다. 즉 행동으로써가 아니라 입으로 하나님의 말씀을 증거하기 시작하는 결정적인 때가 있었다. 그것이 언제인가? 예루살렘 성이 완전히 함락되었다는 말을 듣는 순간 입이 터진 것이다. 그 후로는 말문이 막히지 않았다. 물론 그 전에도 말씀을 했지만 하나님께서 허락해 주시지 않으면 혀가 천장에 붙어서 벙어리처럼 말

한마디 하지 못했다. 하나님께서 필요로 하실 때에만 혀가 풀려서 말씀을 하게 하신 것이다. 그것이 에스겔 선지자의 특징이다.

그러다가 예루살렘 성전이 바벨론에 의해서 완전히 함락되었다는 소식을 전해들은 후부터 에스겔의 혀가 입천장에 붙지 않고 그 때부터는 자율적으로, 계속적으로 성령의 말씀을 증거하고 전하기 시작했다.

> 겔 33:21-22 우리가 사로잡힌지 십 이년 시월 오일에 예루살렘에서부터 도망하여 온 자가 내게 나아와 말하기를 그 성이 함락되었다 하였는데 그 도망한 자가 내게 나아오기 전날 저녁에 여호와의 손이 내게 임하여 내 입을 여시더니 다음 아침 그 사람이 내게 나아올 임시에 내 입이 열리기로 내가 다시는 잠잠하지 아니하였노라

둘째, 포로로 잡혀간 이스라엘 백성들에게 회개를 촉구했다.

이스라엘 백성들의 죄를 낱낱이 다 보여주시고 지적한 다음 두 번째 강조한 것이 회개를 촉구했다. "너희들이 회개를 한다면 일치한 마음을 주고, 새 신(神)을 주고, 굳은 마음을 제하고 부드러운 마음을 준 다음, 너희들을 지켜줄 참 목자, 다윗을 세워서 그를 너희들의 왕으로 만들어 주고 하나님의 율례와 규례를 좇게 해 주겠다"고 말씀하고 있다.

겔 11:19-20 내가 그들에게 일치한 마음을 주고 그 속에 새 신을 주며 그 몸에서 굳은 마음을 제하고 부드러운 마음을 주어서 내 율례를 좇으며 내 규례를 지켜 행하게 하리니 그들은 내 백성이 되고 나는 그들의 하나님이 되리라

겔 34:22-24 그러므로 내가 내 양떼를 구원하여 그들로 다시는 노략거리가 되지 않게 하고 양과 양 사이에 심판하리라 내가 한 목자를 그들의 위에 세워 먹이게 하리니 그는 내 종 다윗이라 그가 그들을 먹이고 그들의 목자가 될찌라 나 여호와는 그들의 하나님이 되고 내 종 다윗은 그들 중에 왕이 되리라 나 여호와의 말이니라

위 성구에서 그 왕을 다윗이라고 말씀하고 있지만 사실 그 왕은 시편 23:1 말씀대로 참 목자이신 예수님을 말씀하고 있는 것이다. 그런데도 여기에 굳이 다윗의 이름이 들어가 있는 이유는 무엇인가? 그런 참 목자의 포도원, 초장을 가꾸어 드릴 수 있는 사람이 바로 다윗이라는 것이다. 만왕의 왕이신 예수님의 왕권의 보좌의 기초를 이루어 드린 다윗처럼 예수님 앞에 다윗은 참 목자되시는 예수님의 그림자가 되고, 왕으로서의 그림자가 되어 그 기초를 이루어 드리는 사람이라는 의미에서 항상 다윗이라는 이름이 들어가 있는 것이다.

셋째, 예루살렘을 심판하는 여섯 사람을 보여 주었다

겔 9:1-6 그가 또 큰 소리로 내 귀에 외쳐 가라사대 이 성읍을 관할하는 자들로 각기 살육하는 기계를 손에 들고 나아오게 하라 하시더라 내가 본즉 여섯 사람이 북향한 윗문 길로 좇아 오는데 각 사람의 손에 살육하는 기계를 잡았고 그 중에 한 사람은 가는 베옷을 입고 허리에 서기관의 먹 그릇을 찼더라 -(중략)- 너는 예루살렘 성읍 중에 순행하여 그 가운데서 행하는 모든 가증한 일로 인하여 탄식하며 우는 자의 이마에 표하라 하시고 -(중략)- 다 죽이되 이마에 표 있는 자에게는 가까이 말라 내 성소에서 시작할찌니라 하시매 그들이 성전 앞에 있는 늙은 자들로부터 시작하더라

위 성구는 예루살렘에 대한 심판을 보여주고 있다. 이스라엘 성읍 중에 순행하여 심판할 여섯 사람이 등장하는데 그 중에 한 사람의 모양이 다르다. 다섯 사람은 살육하는 기계를 가지고 있고 그 중에 한 사람은 서기관으로 베옷을 입고 먹 그릇을 차고 있다. 그로 하여금 예루살렘 성 안에서 하나님의 뜻을 위해서, 세상에 관영된 죄악으로 인하여 탄식하며 우는 자의 이마에 표를 하게 하고 그 표가 없는 사람은 살육 기계를 가진 다섯 사람에게 "어린아이로부터 노인에 이르기까지 불쌍히, 가석(可惜)히 여기지 말고 모두 죽이라"고 했다.

먹 그릇을 찬 서기관과 다섯 명은 어떤 관계인가? 먹 그릇을 찬 서기관이 먼저 심판을 받을 사람과 심판을 받지 않을 사람을 구분해서 표를 한다. 그러면 그 뒤를 쫓아다니면서 살육하는 기계를 가진 자들이 성읍 중에 순행하면서 늙은 자와 젊은 자와 처녀와 어린 아이와 부녀를 아껴보지도 말고 긍휼을 베풀지도 말고 다

죽이되 이마에 표 있는 자에게는 가까이 하지 말라고 했다.

　이 말씀은 출애굽기 12:21-23과 같은 말씀이다. 모세의 명령에 이스라엘 장로들이 문 좌우 설주와 인방에 어린 양의 피로 표시를 해놓으면 살육하는 기계를 가진 죽음의 사자들이 와서 표를 보면 그 문은 넘어가고 표가 없는 집은 두루 치며 죽이는 역사와 같은 것이다.

> 출 12:21-23　모세가 이스라엘 모든 장로를 불러서 그들에게 이르되 너희는 나가서 너희 가족대로 어린 양을 택하여 유월절 양으로 잡고 너희는 우슬초 묶음을 취하여 그릇에 담은 피에 적시어서 그 피를 문 인방과 좌우 설주에 뿌리고 -(중략)- 문 인방과 좌우 설주의 피를 보시면 그 문을 넘으시고 멸하는 자로 너희 집에 들어가서 너희를 치지 못하게 하실 것임이니라

　가는 베옷을 입은 먹 그릇을 찬 서기관과 다섯 명의 관계는 그런 관계이다. 한 사람은 심판의 표를 하는 사람이고 다섯 사람은 그가 표를 한대로 살생부를 가지고 다니면서 죽이기도 하고 살리기도 하는 사람들이라고 말할 수 있다.

　에스겔 9장은 하나님께서 먹 그릇을 찬 서기관과 살육하는 기계를 가진 자들로 하여금 어떻게 심판을 하게 하시는지 설명하는 내용이다. 또 에스겔 10:6-7에 보면, 가는 베옷을 입은 자에게 네 생물 안에 손을 넣어서 숯불을 꺼내라고 명하셨다. 그런데 그가 손을 넣은 것이 아니라 네 생물 안에서 손이 나와서 그 손이 숯불을 집어주고 있다.

겔 10:6-7 하나님이 가는 베옷 입은 자에게 명하시기를 바퀴 사이 곧 그룹들 사이에서 불을 취하라 하셨으므로 그가 들어가 바퀴 옆에 서매 한 그룹이 그룹들 사이에서 손을 내밀어 그 그룹들 사이에 있는 불을 취하여 가는 베옷 입은 자의 손에 주매 그가 받아 가지고 나가는데

그러면 그 숯불은 무슨 불을 말하는 것인가? 여기에서 말하는 핀 숯불은 심판을 말하는 것인데 이것을 성령이라고 한다면 어떤 성령이라고 말할 수 있는가?

보혜사 성령과 불같은 아버지의 성령은 어떻게 다른가? 이 차이점에는 중요한 암호가 들어있다. 스랍이 가지고 있는 숯불은 죄를 제하는데 사용이 되었지만, 네 생물이 가지고 있는 숯불은 이스라엘을 심판하는데 사용되고 있다. 죄 사함에 관계된 성령은 어떤 성령을 말씀하고 있는가? 성도들이 "예수님의 보혈의 공로로 우리의 죄를 사해주시옵소서"라고 기도한다. 거기에서 말하는 보혈은 보혜사 성령을 말하는 것이다.

예수님이 보내신 성령이 보혜사 성령이고 아버지께서 보내신 성령은 불같은 성령이다. 예수님이 보내신 보혜사 성령은 우리를 보증 구원하시는 성령이고 아버지께서 보내주신 불같은 성령은 우리에게 구원의 확증을 주시는 성령이다.

넷째, 성령만이 아시는 비밀을 밝히 밝히고 있다

에스겔서에 심판의 말씀이 계속 되다가 두로에 대한 말씀이

나온다. 두로는 어떤 존재인가? 에스겔 26-28장이 두로에 대한 말씀이고 에스겔 29장-31장이 애굽에 대한 말씀이다. 에스겔 26-28장에서 말씀하고 있는 두로는 영적 차원에서 지혜의 천사장이었던 루시엘을 상징한다.

여기에서 놀라운 것은 에스겔서에는 두로가 그렇게 설명이 되어있지만 다윗과 솔로몬 시절에는 두로가 하나님의 성전을 짓는데 크게 기여했다. 다윗이 궁을 지을 때 두로 왕 히람에게 도움을 받아서 그가 보내준 백향목으로 궁궐을 지었다(삼하 5:11).

솔로몬이 성전을 지을 때 자기 아버지 다윗과 친했던 두로 왕 히람에게 편지를 보내서 두로 왕으로 하여금 목재를 뗏목으로 만들어서 바닷가로 수운하게 해서 그 목재를 실어다가 성전을 지었다. 솔로몬이 성전을 지은 후, 변두리에 있는 성 20개를 두로 왕에게 내어주었는데 두로 왕 히람이 그것이 자기 눈에 차지 않는다고 해서 그 땅을 '가불'[4]이라고 하였다(왕상 9:10-13).

그것이 무슨 뜻인가? 최초에 솔로몬 성전을 짓는데 두로가 크게 기여했는데 에스겔서에 보니까 두로는 세상 열국을 지배하는, 악을 대표하고 있는 땅의 주관자라는 것이 잘 드러나 있다(겔 28:2). 그 점을 에스겔 선지자만이 밝히 증거하고 있다는 것이다. 그 의미는 하나님만이, 성령만이 아시는 비밀을 밝히 안다는 뜻이다.

에스겔 29장-31장에는 백향목 같은 애굽을 말씀하고 있다. 에

---

4) 솔로몬이 여호와의 전과 왕궁을 건축하고 도와준 댓가로 히람에게 20성읍이 있는 이 지역을 주었으나 토질이 메마르고 경제성이 떨어지자 불만을 품고 되돌려주었다. 이때부터 이 지방은 '불모지'라는 뜻의 '가불'로 불리게 되었다. 라이프 성경사전

스겔 31장에 보면 백향목인 애굽을 에덴동산에 있는 모든 나무들이 시기하고 질투한다는 내용이 기록되어 있다.

> 겔 31:8-9 하나님의 동산의 백향목이 능히 그를 가리우지 못하며 잣나무가 그 굵은 가지만 못하며 단풍나무가 그 가는 가지만 못하며 하나님의 동산의 아무 나무도 그 아름다운 모양과 같지 못하였도다 내가 그 가지로 많게 하여 모양이 아름답게 하였더니 하나님의 동산 에덴에 있는 모든 나무가 다 투기하였느니라

이 말씀의 이면 속에는 두로의 존재, 또 애굽의 존재가 하늘차원에서, 영적인 세계에서 어떤 존재인지 잘 제시해주고 있다. 영적인 신령한 자들이 이 땅에서 어떤 나라와 민족과 조직을 통해서 그들이 어떻게 역사하고 있는지 그런 영적인 하늘 세계의 비밀을 잘 보여주고 있는 말씀이다. 에스겔 선지자만이 증거자로서 그 부분을 드러내어 보여주고 있다.

에스겔 선지자가 증거하는 증거의 내용은 이사야 선지자와 예레미야 선지자가 증거하는 내용과는 별도의 특징적인 색깔을 가지고 있다.

또 한 가지 놀라운 것은 에스겔 선지자가 두로의 멸망과 애굽의 멸망을 정확하게 밝히 증거해 주었다는 것이다. 예레미야 50:24에 보면 바벨론의 느부갓네살이 하나님의 덫, 올무에 걸렸다는 말씀이 기록되어 있다.

> 렘 50:24 바벨론아 내가 너를 잡으려고 올무를 놓았더니 네가 깨닫지 못하고 걸렸고 네가 나 여호와와 다투었으므로 만난바 되어 잡혔도다

특히 하나님께서 바벨론을 통해서 두로를 어떻게 멸망시켰는지 에스겔 선지자가 자세히 정확하게 지적하고 있다. 또한, 에덴동산에 있는 모든 나무들이 시기하고 질투했던, 하늘구름에 닿았던 백향목, 그 대상이었던 애굽을 하나님이 느부갓네살을 통해 어떻게 멸망시켰는지 에스겔 29:18-20에서 잘 보여주고 있다. 하나님께서는 느부갓네살이 두로를 멸망시켜준 공적을 인정해 그 대가로 바벨론이 애굽 땅을 점령케 함으로 그 보수(報酬)를 얻게 해주셨다.

> 겔 29:18-20 인자야 바벨론 왕 느부갓네살이 그 군대로 두로를 치게 할 때에 크게 수고하여 각 머리털이 무지러졌고 각 어깨가 벗어졌으나 그와 군대가 그 수고한 보수를 두로에서 얻지 못하였느니라 그러므로 나 주 여호와가 말하노라 내가 애굽 땅을 바벨론 왕 느부갓네살에게 붙이리니 그가 그 무리를 옮겨가며 물건을 노략하며 빼앗아 갈 것이라 이것이 그 군대의 보수가 되리라 그들의 수고는 나를 위하여 함인즉 그 보수로 내가 애굽 땅을 그에게 주었느니라 나 주 여호와의 말이니라

다섯째, 에스겔 성전을 짓겠다는 새 언약의 약속을 주었다.

마지막으로 네 생물이 새 언약의 말씀으로 무엇을 주었는가?

"그들이 네게 전한 모든 것을 깨닫고 진정 뉘우치고 회개할 때 에스겔 성전을 짓겠다"고 하셨다.

> 겔 43:10-12 인자야 너는 이 전을 이스라엘 족속에게 보여서 그들로 자기의 죄악을 부끄러워하고 그 형상을 측량하게 하라 만일 그들이 자기의 행한 모든 일을 부끄러워하거든 너는 이 전의 제도와 식양과 그 출입하는 곳과 그 모든 형상을 보이며 또 그 모든 규례와 그 모든 법도와 그 모든 율례를 알게 하고 그 목전에 그것을 써서 그들로 그 모든 법도와 그 모든 규례를 지켜 행하게 하라 전의 법은 이러하니라 산 꼭대기 지점의 주위는 지극히 거룩하리라 전의 법은 이러하니라

에스겔 성전은 재림의 때 신부를 중심으로 신부에게 소속되어 있는 신부의 신성조직이 짓는 것이다. 신랑과 신부가 있는, 어린 양의 혼인잔치를 하는 그 성전의 구조를 간략하게 설명한다면, 그 성전은 신랑 신부의 보좌를 중심으로 24 보좌, 24 장로들이 있고 그 보좌를 중심으로 거룩한 신성조직이 에스겔 성전 안에 다 갖추어져있는 것이다.

신랑 신부의 보좌를 중심으로 해서 네 생물과 24 장로의 보좌가 있다. 그렇게 구성되어 있는 에스겔 성전을 통해서 이 땅에서 천년왕국의 세계를 펼칠 수 있는 지상낙원, 천년왕국의 모습이 이루어지는 것이다.

그렇기 때문에 그 성전은 이미 만세 전에 예비하시고 준비하신 거룩한 장소이다. 마치 예수님이 베들레헴에 태어나신 것처럼 그런 의미를 가진 거룩한 장소에서 신부가 태어나고, 또 신부가 태어난 그곳에 그런 거룩한 성전이 지어진다는 것이다.

> 겔 43:11 만일 그들이 자기의 행한 모든 일을 부끄러워하거든 너는 이 전의 제도와 식양과 그 출입하는 곳과 그 모든 형상을 보이며 또 그 모든 규례와 그 모든 법도와 그 모든 율례를 알게 하고 그 목전에 그 것을 써서 그들로 그 모든 법도와 그 모든 규례를 지켜 행하게 하라

"그 모든 법도와 그 모든 규례를 지켜 행하게 하라"는 말씀은 이런 의미로 말씀하고 있는 것이다. 천국의 비밀이 허락되지 않은 자들에게는 절대 하나님께서 하시는 시종을 알지 못하게 하신다 (전 3:11, 마 13:11-15, 사 6:9-10). 그들이 알게 될까 겁이 나서 그들은 절대 천국의 비밀을 알 수 없는 그러한 입장으로 만드신다는 것이다.

그러나 천국의 비밀을 허락 받은 사람들은 아무리 미련하고 어리석은 사람이라 할지라도 하나님께서 여러 은사를 동원해서 그들에게 깨닫게 하신다는 것이다. "네가 믿느냐? 네가 아느냐?"라고 다그치시면서까지 천국의 비밀을 알게 하신다는 것이다.

위 성구에 나오는 사람들은 어떤 사람들인가? 이 말씀을 자세히 보면 이스라엘 백성들 가운데 회개하고 뉘우치는 자들에게는 꼭 "에스겔 성전의 식양을 보여주고 규례와 법도를 깨닫게 해서" 성전을 짓게 하시고 그 성전을 통하여 하나님께 영광을 돌리게 하라는 것이다.

에스겔 성전의 식양과 제도를 가르쳐주는 존재는 누구인가?

그러면 하나님께서 이스라엘 백성을 통해서 에스겔 성전을 지으셨는가? 아니다. 아직 짓지 않으셨다. 그렇다면 이 성전은 마지막 성전을 말하는 것이다. 마지막 성전을 짓게 하는 사람은 누구인가? 그 성전의 식양과 제도를 가르쳐 주는 존재가 바로 네 생물이다.

하나님께서 모세를 산으로 부르시고 하늘 성전의 모든 식양을 보여 주셔서 모세가 산 위에서 본 대로 이 땅에 성막을 지었다(출 25:9, 25:40, 26:30). 그리고 이스라엘 백성들로 하여금 하나님께 제사를 드리게 했다.

마찬가지다. 지금 네 생물이 이 성전을 에스겔에게 보여주고 또 에스겔을 통해서 보여준 에스겔 성전을 누군가 모세처럼 이 땅에서 지어야 한다. 그렇다면 그 성전을 지어야 하는 사람들은 그 성전의 모양이 어떻게 생겼고 장(長)이 어떻게 된다는 설계도와 식양을 분명하고 정확하게 알아야 한다. 또 에스겔 성전을 짓고 나면 정해진 율례와 규례대로 하나님께서 원하시는 제사를 드려야 한다.

에스겔 성전은 본방 이스라엘 백성들을 통해서 지어지는 성전이 아니다. 이스라엘 백성들이 지은 성전은 아브라함이 이삭을 바친 모리아 한 산을 통해서 여호와 이레(창 22:14, 대상 22:1, 삼하 24:18-25) 위에 지어진 세 번의 성전이다. 그 성전은 분명히 지을 장소가 정해져 있었다.

그런데 에스겔 43:12에 "전의 법은 이러하니라. 산꼭대기 지전의 주위는 지극히 거룩하니라. 전의 법은 이러하니라"하고 외형적으로 성전을 지을 장소를 제시하고 있지만 그 곳이 어느 나라, 어떤 장소라는 것은 나와 있지 않다.

이것은 무슨 뜻인가? 에스겔 성전을 지을 장소는 사람이 선택하는 장소가 아니라 하나님이 아브라함에게 이삭을 바치라고 명하신 것처럼 네 생물만이 가르쳐 줄 수 있는 장소라는 것이다.

에스겔 성전의 식양, 설계도는 이미 성경에 다 나와 있다. 그런데 그 성전을 지을 장소가 어디인지 모른다는 것이다. 그 장소를 아는 사람은 네 생물과 에스겔 선지자밖에 없다.

변화의 산에서 예수께서 어떻게 별세하실 것을 모세와 엘리야와 상론(相論)하셨다(눅 9:28-31). 그렇기 때문에 예수님의 죽음의 비밀은 그 두 사람밖에 모른다.

마찬가지다. 이것은 네 생물과 에스겔 선지자와의 대화이다. 그러니까 과연 에스겔 성전을 어디에 지을 것인지, 그것은 네 생물의 지시를 받고 대화를 나누고 있는 에스겔 밖에 모르는 것이다.

본방 이스라엘을 통해서는 에스겔 성전이 지어지지 않았다. 그렇다면 이 성전은 언제, 어느 때에 지어질 성전인가? 에스겔 성전은 신부의 성전을 말하는 것이다. 신부의 성전을 짓는 주체적 존재가 네 생물이라면, 그 네 생물은 언제 어떻게 올 것인가? 네 생물이 이 땅에 온 모습이 이 땅의 주 앞에 선 두 감람나무와 두 촛대이다(계 11:4).

에스겔 성전이 지어질 수 있는 장소는 어디인가?

그렇다면 네 생물만이, 이 땅의 주와 주 앞에 선 두 감람나무와 두 촛대만이 에스겔 성전을 지을 수 있는 장소를 아는 사람이 되는 것이다. 그 장소가 성경에는 이렇게 표현되어 있다. "영적으로 하면 소돔이라고도 하고 애굽이라고도 하니 곧 저희 주께서 십자가에 못 박히신 곳과 같다"(계 11:8)고 했다. 영적으로 말하면 에스겔 성전을 지을 수 있는 장소는 바로 두 감람나무가 죽는 장소를 말씀하고 있는 것이다.

솔로몬 성전, 스룹바벨 성전, 헤롯성전을 지은 장소가 영적으로 말하면 아브라함이 이삭을 바친 장소이다. 히브리서 11:17-19에 기록된 것처럼 "아브라함이 이삭을 죽였다가 믿음으로 다시 받은 장소"라는 것이다.

> 히 11:17-19 아브라함은 시험을 받을 때에 믿음으로 이삭을 드렸으니 저는 약속을 받은 자로되 그 독생자를 드렸느니라 저에게 이미 말씀하시기를 네 자손이라 칭할 자는 이삭으로 말미암으리라 하셨으니 저가 하나님이 능히 죽은 자 가운데서 다시 살리실 줄로 생각한지라 비유컨대 죽은 자 가운데서 도로 받은 것이니라

이렇게 여호와 이레는(창 22:14) 성령의 씨, 약속의 첫 씨인 이삭이 죽은 장소이다. 그렇다면 에스겔 성전은 누가 죽은 장소인가? 하늘에 있는 네 생물이 '이 땅의 주와 주 앞에 선 두 감람나무와 두 촛대'로 와서 죽은 장소가 에스겔 성전이 지어질 수 있는 장소가 되는 것이다.

여섯째, 에스겔로 하여금 임시성소가 되게 하셨다

> 겔 11:16 그런즉 너는 말하기를 주 여호와의 말씀에 내가 비록 그들을 멀리 이방인 가운데로 쫓고 열방에 흩었으나 그들이 이른 열방에서 내가 잠간 그들에게 성소가 되리라 하셨다 하고

남조 유다가 망하여 여호야긴 왕이 바벨론으로 잡혀갈 때에 에스겔 선지자도 함께 잡혀갔다. 에스겔 선지자의 사명은 하나님께서 "내가 잠시 동안 잡혀간 이방 땅에서 너희들에게 잠깐 성소가 되어주겠다"고 하신 임시성소가 되어주는 역할을 담당하는 선지자였다. 그것이 에스겔 선지자가 가지고 있는 특징 중의 하나이다.

임시성소라는 말은 무슨 뜻인가? 마치 야곱이 이동하는 성전이 되었던 것처럼, 고정적인 성전은 아니지만 하나님께서 임재하시는 장소, 하나님의 거룩한 성전이라는 것이다. 하나님의 영광이 임재하시지 않는 성전은 참 성전이 아니다.

하늘 문을 여시고 네 생물을 보내신 의미는, 이스라엘 백성들이 포로로 잡혀간 바벨론에서 네 생물의 부름을 입은 에스겔이 그들에게 임시성전이 되어 주었다고 말씀할 수 있다.

다니엘도 마찬가지이다. 하나님의 은혜를 입은 의인으로서 하나님과 동행하는 가운데 하나님께서 하시고자 하시는 역사의 세계를 다니엘로 하여금 깨닫게 해서 그로 하여금 70년 바벨론 포로 생활을 종식시키는 역사를 이끌어 가게 하시고, 나라와 민족을 위한 언약을 이루어드리는 역량을 가진 완전한 의인으로서 산 제사를 드리게 했다.

다니엘과 다니엘의 세 친구는 불 심판에서 살아남은 사람들이다. 다니엘의 세 친구를 평소보다 7배나 뜨거운 용광로 불 속에 집어넣었다. 극렬히 타는 불꽃이 그들을 붙들고 있는 사람을 태워 죽였지만 정작 불 속에 떨어진 그들은 "불이 능히 그 몸을 해하지 못하였고 머리털도 그슬리지 아니하였고 고의 빛도 변하지 아니하였고 불 탄 냄새도 없었다"(단 3:19-27)라고 했다.

왜 그들이 불에 타지 않았을까? 그들은 지명하여 부르심을 입은 자들로서 하나님의 임시성소가 되어줄 사람들이기 때문에 하나님께서 그들에게 물도 이기고 불도 이길 수 있는 은혜의 능력을 주셨다는 것이다.

> 사 43:1-2 야곱아 너를 창조하신 여호와께서 이제 말씀하시느니라 이스라엘아 너를 조성하신 자가 이제 말씀하시느니라 너는 두려워 말라 내가 너를 구속하였고 내가 너를 지명하여 불렀나니 너는 내 것이라 네가 물 가운데로 지날 때에 내가 함께할 것이라 강을 건널 때에 물이 너를 침몰치 못할 것이며 네가 불 가운데로 행할 때에 타지도 아니할 것이요 불꽃이 너를 사르지도 못하리니

이사야, 예레미야, 에스겔, 다니엘의 4대 선지자들은 어떤 사람들인가? 어느 의미에서는 아브라함처럼 하나님께서 요구하시는 완전한 제사, 거룩한 산 예배를 하나님 앞에 올린 분들이다. 그들은 나라와 민족의 죄를 짊어지고 하나님의 언약을 위해서 자기 자신을 쪼개고 나라와 민족을 쪼개고 마주 대하여 놓고, 다시 한 번 그 언약 속에 하나님께서 임마누엘 되어주실 수 있는 산 제사를 드린 특별한 선지자들이었다.

일곱째, 하나님의 보좌를 중심으로 펼쳐진 피조세계의 모습과 내용을 증거하였다

창조주이신 하나님의 보좌를 중심으로 해서 펼쳐진 피조의 세계에서 하나님과 가장 가까운 존재는 바로 네 생물이다. 네 생물과 하나님의 존재는 분리되어 있는 존재가 아니라 임마누엘 되어 있는 존재이기 때문이다. 예수께서 말씀하신 것처럼 "내가 아버지 안에, 아버지께서 내 안에 계신다"(요 14:10-11)는 말씀의 의미처럼 네 생물과 하나님의 관계는 분명히 그런 관계이기 때문에 네 생물은 하늘에 있는 천사들도 아들들도 모르는 하나님만이 아시는(마 24:36) 고유적인 역사의 세계의 비밀을 관통(貫通)하고 있다. 그러한 의미를 분명히 깨닫고 에스겔서를 읽게 된다면 큰 은혜를 받을 수 있을 것으로 확신한다. 에스겔서의 본질을 깨닫고 읽기 시작하면 정말 우리가 생각하지 못했던 창조세계의 비밀이 눈에 보인다고 말할 수 있지 않겠는가?

> 겔 47:1-12 그가 나를 데리고 전 문에 이르시니 전의 전면이 동을 향하였는데 그 문지방 밑에서 물이 나와서 동으로 흐르다가 전 우편 제단 남편으로 흘러 내리더라 그가 또 나를 데리고 북문으로 나가서 바깥 길로 말미암아 꺾여 동향한 바깥 문에 이르시기로 본즉 물이 그 우편에서 스미어 나오더라 그 사람이 손에 줄을 잡고 동으로 나아가며 일천척을 척량한 후에 나로 그 물을 건너게 하시니 물이 발목에 오르더니 다시 일천척을 척량하고 나로 물을 건너게 하시니 물이 무릎에 오르고 -(중략)- 엔게디에서부터 에네글라임까지 그물 치는 곳이 될 것이라 그 고기가 각기 종류

를 따라 큰 바다의 고기 같이 심히 많으려니와 -(중략)- 그물이 성소로 말미암아 나옴이라 그 실과는 먹을 만하고 그 잎사귀는 약재료가 되리라

　에스겔 47:1-12의 내용은 하나님께서 어떻게 우주 만물을 창조하시고 또 우주 만물의 주인이 될 수 있는 하나님의 후사, 하나님의 거룩한 백성, 장자, 왕 같은 제사장이 될 수 있는 제사장의 나라, 그 주인공들을 어떻게 창조하셨는지 증거하는 말씀이다. 하나님께서 창조하신 세계를 바라의 창조의 차원에서 또 아사의 창조의 차원에서 그것을 조화롭게 합리적으로 증거하는 말씀이 된다는 사실을 성령께서 우리에게 밝히 가르쳐 주고 있다.
　창조세계의 신비, 그 오묘한 원리적 세계를 창세기 1장-3장에 압축되고 요약된 말씀만으로는 사실 헤아리기가 너무도 어렵다.
　창세기 3장에 나오는 에덴동산의 사건도 창세기에 나와 있는 내용 자체만으로는 그 세계를 가늠하기가 어렵다. 물론 그 세계가 성경 66권 전체 속에 다 녹아져 배어있다는 것은 기정사실이기는 하지만 그래도 집중적으로 그 세계를 조명하고 있는 말씀은 에스겔서에 가장 정확하고 정밀하고 자세하게 설명되어 있다는 사실을 알 수 있다.

　에스겔서가 구약의 4대 선지서 중에서 그 부분에 유독 가장 공을 들이고 있고, 그 부분에 있어서만큼은 가장 집중적으로 그 세계를 조명하고 있는 이유는 무엇일까? 이 점을 생각해 본다면 에스겔서는 성령의 장이기 때문이다.

IV. 요한계시록에 등장한 네 생물의 모습

1. 요한계시록 4:1-11에 등장한 네 생물

계 4:1-11 이 일 후에 내가 보니 하늘에 열린 문이 있는데 내가 들은 바 처음에 내게 말하던 나팔 소리 같은 그 음성이 가로되 이리로 올라 오라 이 후에 마땅히 될 일을 내가 네게 보이리라 하시더라 내가 곧 성령에 감동하였더니 보라 하늘에 보좌를 베풀었고 그 보좌 위에 앉으신 이가 있는데 앉으신 이의 모양이 벽옥과 홍보석 같고 또 무지개가 있어 보좌에 둘렸는데 그 모양이 녹보석 같더라 -(중략)- 보좌 앞에 수정과 같은 유리 바다가 있고 보좌 가운데와 보좌 주위에 네 생물이 있는데 앞뒤에 눈이 가득하더라 그 첫째 생물은 사자 같고 그 둘째 생물은 송아지 같고 그 세째 생물은 얼굴이 사람 같고 그 네째 생물은 날아가는 독수리 같은데 네 생물이 각각 여섯 날개가 있고 그 안과 주위에 눈이 가득하더라 -(중략)- 이십사 장로들이 보좌에 앉으신 이 앞에 엎드려 세세토록 사시는 이에게 경배하고 자기의 면류관을 보좌 앞에 던지며 가로되 우리 주 하나님이여 영광과 존귀와 능력을 받으시는 것이 합당하오니 주께서 만물을 지으신지라 만물이 주의 뜻대로 있었고 또 지으심을 받았나이다 하더라

① 하나님의 보좌 앞에는 누가 있는가?

　요한계시록 4장뿐 아니라 5장에 보면 네 생물이 하나님의 영광을 찬양하는 모습이 구체적으로 잘 소개되어 있다. 또 하나님의 보좌에는 네 생물이 항상 등장하고 있다. 네 생물이 하나님의 거룩하신 영광을 대면하면서 세세 무궁한 경배를 드릴 수 있는 것은 말씀이 육신이 되어 이 땅에 오신 예수께서 십자가를 통해서 책임 준종 하셨듯이 영적 차원에서는 네 생물만이 생명나무의 비밀을 가장 밝히 아는 자로서 구원의 역사를 위해서 오직 아멘으로 죽기까지 순종하는 최초의 대상이며, 유일한 대상이기 때문이다.
　그렇기 때문에 네 생물만이 하나님의 영광을 직접 대면하면서 하나님의 보좌에 함께 하면서 하나님의 신, 하나님의 능력, 하나님의 발이 되어 드리고 빛, 불, 바람, 모든 것이 되어드린다. 그렇게 아버지의 집에서부터 동참해왔기 때문에 그들만이 거룩한 존재로서 하나님의 영광을 바라보면서 영원한 찬양을 드리는 존재가 된다.
　하늘에 보좌가 있고 보좌에 무지개가 둘려있고 또 보좌에 인자 같으신 분이 계신다. 그 분을 위해서 네 생물이 있다. 다시 말하면 보좌에 하나님과 가장 가까이에 있는 존재가 바로 네 생물이다(계 4:2-3, 4:6).
　또 하나님의 보좌 앞에는 네 생물뿐만 아니라 24장로들이 있다. 그 장로들은 이미 하나님께서 주신 금면류관을 받은 사람들이다(계 4:4). 그 24장로들이 네 생물의 인도를 따라서 자기의 면류관을 벗어서 던지며 보좌에 앉으신 이에게 영광을 돌리는 모습이 요한계시록 4:10-11에 소개되어 있다.

이 말씀이 우리에게 주는 교훈은 무엇인가? 24장로들이 구원의 대상들 속에서 탄생되는 사람들이 아니라면 이 말씀이 우리에게 소망의 십자가가 될 수 없다. 24장로는 구원의 대상 속에서 선택되는 거룩한 사람들을 말하는 것이다.

이러한 사람들이 하나님의 보좌 앞에서 영광을 돌리는 모습이야 말로 우리들에게 영원한 소망이 되는 십자가이다. 소망의 십자가의 능력으로 우리를 보좌 앞으로 인도해주시고 하나님께 영광을 돌리는 사람들로 삼아주시는 말씀이 된다.

② 신부의 보좌를 준비해주는 사람은 누구인가?

에덴동산에서 아담과 하와가 선악나무 열매를 먹고 타락함으로 산 자로서의 신랑과 신부의 역사는 무산되었다. 예수께서 둘째 아담의 입장으로 오셔서 신랑의 영광을 회복하셨으나, 신부의 영광은 아직 이루지 못하였다.

따라서 재림주를 영접하기 위해서는 신부를 준비해야 하는 문제가 해결되어야 된다. 신부가 준비되지 않고는 어린 양의 혼인 잔치를 이룰 수 없다(계 19:9). 신부가 준비되기 위해서는 하나님께서 신부에게 허락해준 보좌가 준비되어야 한다. 요한계시록 4장-5장에서 신랑의 보좌 둘레에 네 생물과 24장로들의 보좌가 준비되어 있다. 그런 신랑의 보좌가 있다면 신부의 보좌도 준비되어야 한다.

신부의 보좌를 준비해주는 분은 누구인가? 바로 신랑 되시는 이 땅의 주, 해를 입은 여인이시다. 왜 그를 신랑이라고 말할 수

있는가? 예수께서 이 땅에 두고 가신 태초의 말씀을 입고 있기 때문이다.[5]

> 시 19:5 해는 그 방에서 나오는 신랑과 같고 그 길을 달리기 기뻐하는 장사 같아서

> 시 84:11 여호와 하나님은 해요 방패시라 여호와께서 은혜와 영화를 주시며 정직히 행하는 자에게 좋은 것을 아끼지 아니하실 것임이니이다

> 계 12:1 하늘에 큰 이적이 보이니 해를 입은 한 여자가 있는데 그 발 아래는 달이 있고 그 머리에는 열 두 별의 면류관을 썼더라

신부를 준비해 주신다는 말은 신부가 가지고 있는 영화로움, 신부의 위용을 예비하시고 준비하시고 이루어주신다는 것이다.
성경에는 3일 반 동안 큰 성길 위에 누워있던, 장차 신부가 될 그리스도가 "이리로 올라오라"(계 11:12)는 음성을 듣고 두 발로 힘껏 일어서서 하늘 보좌로 올라가는 내용이 기록되어 있다.

> 계 11:12 하늘로부터 큰 음성이 있어 이리로 올라오라 함을 저희가 듣고 구름을 타고 하늘로 올라가니 저희 원수들도 구경하더라

> 계 12:5 여자가 아들을 낳으니 이는 장차 철장으로 만국을 다스릴 남자라 그 아이를 하나님 앞과 그 보좌 앞으로 올려가더라

---

5) 제 2권 <이 땅의 주, 그는 누구인가?> 199~215쪽, 벽암 조영래 저, 도서출판 오색이슬

예수님도 우편 강도에게 "네가 오늘 나와 함께 낙원에 있으리라"(눅 23:43)고 하셨다. 예수께서 500명이 보는 가운데(고전 15:6) 승천하시고 있다. 그 때 하늘을 쳐다보고 있던 사람들에게 흰 옷을 입은 두 사람이 저희 곁에 서서 "어찌하여 서서 하늘을 쳐다보느냐 너희 가운데서 하늘로 올리우신 이 예수는 하늘로 가심을 본 그대로 오시리라"(행 1:9-11)고 했다.

예수님이 승천하실 때 혼자 가신 것이 아니라 많은 구름이 옹위(擁衛)해서 올라갔다. 그것은 주님의 영광을 찬양 드리는 가운데 찬양을 받으시며 올라가셨다는 것을 의미한다.

그렇다면 찬양으로 영광을 돌리는 그들은 누구였을까? 우편 강도처럼 주님께로부터 낙원의 축복을 받은 자들이 주님과 함께 승천하고 있는 것이다. '순교의 수가 차기까지'(계 6:11)라는 말씀의 의미처럼 주님의 영광의 보좌를 위해서 전후좌우에 준비되어야 할 거룩한 수가 있다는 것을 의미하는 것이다.

> 계 6:11 각각 저희에게 흰 두루마기를 주시며 가라사대 아직 잠시 동안 쉬되 저희 동무 종들과 형제들도 자기처럼 죽임을 받아 그 수가 차기까지 하라 하시더라

마지막 때 신부가 승천할 때도 그런 동일한 역사가 이 땅에서 이루어지는 것이다. '순교의 수가 차기까지'라는 말은 무슨 뜻인가? 바로 산 자의 수가 차기까지, 산 자의 수를 예비하시며 준비하시기까지 그런 동류의 사람들이 필요하다는 것이다. 그 수를 채우기 위해서 이 땅의 주이신 하나님께서 자비하심을 입은 의인들 중에서 취해가시는 사람들이 있다는 것이다. 데살로니가전서 4:16-

17 말씀에 보면 절대 살아있는 자들이 순교자들보다 앞서지 못한다고 기록되어 있다.

> 살전 4:16-17 주께서 호령과 천사장의 소리와 하나님의 나팔로 친히 하늘로 좇아 강림하시리니 그리스도 안에서 죽은 자들이 먼저 일어나고 그 후에 우리 살아 남은 자도 저희와 함께 구름 속으로 끌어 올려 공중에서 주를 영접하게 하시리니 그리하여 우리가 항상 주와 함께 있으리라

살아있는 사람들이 그들보다 영광이 크지 못하다. 하나님께서 친히 취하여 가신 의인, 자비하심을 입은 자들이 이 땅에 마지막까지 살아있는 자들보다 더 영광이 큰 존재라는 것을 알아야 한다. 그들은 신부를 위한 신성조직이 되는 한편, 신랑을 위한 신성조직도 된다. 이렇게 이 땅에서 신부의 영광의 보좌가 이루어짐으로써 신랑이 등장하게 되는 것이다.

2. 요한계시록 6:1-8에 등장한 네 생물

> 계 6:1-8 내가 보매 어린 양이 일곱 인 중에 하나를 떼시는 그 때에 내가 들으니 네 생물 중에 하나가 우뢰소리 같이 말하되 오라 하기로 내가 이에 보니 흰 말이 있는데 그 탄 자가 활을 가졌고 면류관을 받고 나가서 이기고 또 이기려고 하더라 둘째 인을 떼실 때에 내가 들으니 둘째 생물이 말하되 오라 하더니 이에 붉은 다른 말이 나

오더라 그 탄 자가 허락을 받아 땅에서 화평을 제하여 버리며 서로 죽이게 하고 또 큰 칼을 받았더라 세째 인을 떼실 때에 내가 들으니 세째 생물이 말하되 오라 하기로 내가 보니 검은 말이 나오는데 그 탄 자가 손에 저울을 가졌더라 내가 네 생물 사이로서 나는듯하는 음성을 들으니 가로되 한 데나리온에 밀 한 되요 한 데나리온에 보리 석되로다 또 감람유와 포도주는 해치 말라 하더라 네째 인을 떼실 때에 내가 네째 생물의 음성을 들으니 가로되 오라 하기로 내가 보매 청황색 말이 나오는데 그 탄 자의 이름은 사망이니 음부가 그 뒤를 따르더라 저희가 땅 사분 일의 권세를 얻어 검과 흉년과 사망과 땅의 짐승으로써 죽이더라

요한계시록 6장부터 하나님께서 인을 떼시는 내용의 역사가 펼쳐진다. 인을 떼실 때마다 네 생물이 누구를 내보내는가? 인의 내용을 주도하는 존재가 바로 네 생물이다. '오라'라는 말은, 와서 나팔을 불고 나팔을 분 내용대로 네가 능력을 행하고 역사하라는 의미이다. 인을 떼면 나팔이 불리고, 나팔이 불림으로써 나팔의 내용대로 대접을 쏟는 역사가 이루어지게 되어있는 것이다.

요한계시록에는 첫째 인부터 일곱째 인을 떼어주시고 나서 첫째 나팔부터 일곱째 나팔이 불리고 나팔이 다 불린 다음에 일곱 대접이 다 쏟아지는 것처럼 인, 나팔, 대접이 각각 연속되어 소개되고 있다. 하지만 내용의 세계로 볼 때는 첫째 인을 떼고 나면 첫째 나팔이 불리고, 첫째 나팔이 불리면, 첫째 대접이 쏟아지는 것이 올바른 순서가 되는 것이다. 그러니까 성경을 볼 때 첫째 인을 떼면 첫째 나팔의 내용을 보아야 하고 첫째 나팔의 내용을 읽고 나면 첫째 대접의 내용이 무엇인지 보아야 올바른 순서가 된다.

어린 양이 인을 떼어 주시면 나팔과 대접의 역사는 누가 하는 가? 어린 양이 첫째 인, 둘째 인, 셋째 인, 넷째 인을 떼실 때마다 네 생물이 우레를 발한다. 첫째 인을 떼실 때에 네 생물 중에 하나가 '오라' 하면 흰 말이 나오고, 둘째 인을 떼실 때에 둘째 생물이 '오라' 하면 붉은 말이 나오고, 셋째 인을 떼실 때에 셋째 생물이 '오라' 하면 검은 말이 나오고, 넷째 인을 떼실 때에 넷째 생물이 '오라' 하면 청황색 말이 나온다. 이렇게 네 말이 나오는데 흰 말은 '승리'의 의미를 가지고 있고 부정적 의미로 '교만'을 상징하기도 한다. 붉은 말은 '전쟁'을 상징하고, 검은 말은 '기근'을 상징하고, 청황색 말은 '시체', '죽음'을 상징한다.

3. 요한계시록 7:9-12에 등장한 네 생물

계 7:9-12 이 일 후에 내가 보니 각 나라와 족속과 백성과 방언에서 아무라도 능히 셀 수 없는 큰 무리가 흰 옷을 입고 손에 종려 가지를 들고 보좌 앞과 어린 양 앞에 서서 큰 소리로 외쳐 가로되 구원하심이 보좌에 앉으신 우리 하나님과 어린 양에게 있도다 하니 모든 천사가 보좌와 장로들과 네 생물의 주위에 섰다가 보좌 앞에 엎드려 얼굴을 대고 하나님께 경배하여 가로되 아멘 찬송과 영광과 지혜와 감사와 존귀와 능력과 힘이 우리 하나님께 세세토록 있을찌로다 아멘 하더라 여기에는 셀 수 없는 흰 옷을 입은 많은 사람들이 손에 종려가지를 들고 있다. 종려나무는 의인을 상징한다. 이 의인들은 누구로 말미암아 구원을 받는가? 초림 때는 예수님으로 말미암아 죄인이 구원을 받았다. 그리고 재림 때에는 죄인이 아닌 의인을 구원하러 오시는 분이 있다(히 9:28).

의의 첫 열매가 누구인가? 구약 때 노아는 의의 후사이기는 하지만 의의 열매는 아니다. 아브라함이 믿음의 조상이지만 언약의 씨로는 이삭이 첫 사람이다. 또 언약의 씨는 이삭이지만 언약의 열매는 요셉이다. 마찬가지다. 의의 후사는 노아이지만 의의 열매는 두 감람나무이다.

예수님은 죽은 자와 산 자의 열매, 부활의 첫 열매이시다. 이 땅의 주 앞에 선 두 감람나무는 의의 열매이다. 의의 열매로 인도를 받는 사람들은 어린 양의 신부를 위해서 종려가지를 들고 있는 사람들이다.

마태복음 25:2의 슬기로운 처녀는 물론 신랑을 맞이하고 있지만 이 말씀에는 양면성이 있다. 신부를 위해서도 등과 기름을 가지고 준비하는 슬기로운 처녀들이 되어야 한다. 요한계시록 7:9-12은 어느 의미에서는 재림의 마당의 성도들이 그렇게 될 수 있는 사람들이라는 소망을 가지게 해주는 거룩한 은혜의 말씀이 되는 것이다. 우리들이 승리하여 이기는 자들이 되면 이 말씀의 주인공들이 될 수 있지 않을까?

계 3:4 그러나 사데에 그 옷을 더럽히지 아니한 자 몇명이 네게 있어 흰 옷을 입고 나와 함께 다니리니 그들은 합당한 자인 연고라

위 성구는 성령이 아시아의 일곱 교회에게 하시는 말씀 가운데 사데 교회에 관한 내용이다. 일곱 교회 중에서 두 번째 서머나 교회와 여섯째 빌라델비아 교회만 책망받지 않고 나머지 교회는 다 책망 받았다. 사데 교회는 문제가 많은 교회이다. 그러나 문제가 많은 교회임에도 불구하고 하나님과 동행할 수 있는 흰 옷을 입은 사람들이 있다는 것이다.

이 말씀이 주는 교훈은 무엇인가? 마지막 때 죄악된 세상에서 죄로 얼룩진 교회라 할지라도 하나님과 동행할 수 있는 흰 옷을 입은 은혜의 사람들을 적재적소에 다 배치해주신다는 의미가 들어있는 말씀이다.

이 말씀은 우리에게 소망의 십자가가 되는 말씀이다. 죄악된 세상이라 할지라도 하나님께서 우리에게 시궁창에서 피는 연꽃처럼 흰 옷을 입혀주신다는 것이다. 참으로 우리에게 큰 소망을 주는 거룩한 은혜의 말씀이 된다. 어차피 미말에 하나님의 뜻을 위해서 죽이기로 작정한 자, 천사와 사람에게 구경거리가 된 자들로 세운 약속의 자녀들이라면 당당하게 '아멘 할렐루야!'로 화답해야 하지 않을까?

> 고전 4:9 내가 생각건대 하나님이 사도인 우리를 죽이기로 작정한 자 같이 미말에 두셨으매 우리는 세계 곧 천사와 사람에게 구경거리가 되었노라

4. 요한계시록 19:4에 등장한 네 생물

> 계 19:4 또 이십 사 장로와 네 생물이 엎드려 보좌에 앉으신 하나님께 경배하여 가로되 아멘 할렐루야 하니

아멘, 할렐루야의 의미는 무엇인가?

위 성구에 보면 장로들과 네 생물이 보좌에 계신 하나님께 '아멘 할렐루야'로 영광을 올리고 있다. 왜 네 생물이 '아멘 할렐루야!' 삼창을 하는가? '아멘 할렐루야!'는 "당신이 세우신 그 뜻대로 믿습니다. 당신만을 기쁘게 찬양합니다"라는 의미이다.

'아멘 할렐루야'는 하나님의 보좌에서 하나님의 영광을 위해서 보다 큰 차원에서 드리는 기도이다. 그렇기 때문에 '주여! 주여! 주여!'를 삼창을 하는 것 보다 '아멘 할렐루야!' 삼창을 하는 것이 더 큰 영광의 위치에서 하는 기도요, 찬송이다. 우리들도 '주여!' 삼창하는 사람이기보다는 하나님의 보좌의 영광에 더 가까이 다가 서있는 사람으로서 하나님께 '아멘 할렐루야!'를 삼창하는 대상이 되어야 하지 않겠는가?

'아멘'은 "나는 아버지의 명령이 영생인 줄 압니다. 말씀하신 그대로 오직 당신만을 믿습니다"라는 뜻이다. 아멘의 주인공이신 예수님이 이 땅에 오셔서 아버지의 말씀 앞에 이렇게 '아멘'으로만 말씀하셨다.

> 요 12:50 나는 그의 명령이 영생인줄 아노라 그러므로 나의 이르는 것은 내 아버지께서 내게 말씀하신 그대로 이르노라 하시니라

우리가 '아멘'하는 것은 예수께서 십자가의 죽음 앞에서도 아버지 앞에 오직 '아멘'으로 화답하고 순종한 것처럼 우리들도 아멘의 주인공 되시는 예수님만을 믿는다는 의미이다.

'할렐루야'는 그런 예수님만을 찬양한다는 뜻이다. 그렇기 때문에 '아멘 할렐루야!' 삼창은 하나님의 존재를 시인하며 기뻐하며 감사하며 부르짖는 기도가 된다. 하나님의 거룩하신 영광과 하나님이 인류를 구원하신 구속의 은총의 세계를 바라보며 알파와 오메가, 처음과 나중, 시작과 끝이라는 의미처럼 '아멘과 할렐루야'로 구속사의 세계를 다 이루신 하나님께 찬송과 기도를 올리는 것이다.

다시 말하면 하나님께서 하시는 구속사의 세계의 알파와 오메가, 처음과 나중, 시작과 끝을 통합해서 영광을 올리는 방법이 "아멘 할렐루야!"라고 외치는 것이다.

예수께서는 인류를 구원하시기 위한 구속사의 세계의 과정을 '아멘, 할렐루야!' 두 가지 방법으로써 완성하셨다. 그렇기 때문에 우리가 아멘, 할렐루야 삼창을 부르짖을 때 알파와 오메가, 처음과 나중, 시작과 끝을 이루신 하나님께서 존재하시는 것을 믿는 믿음과 하나님의 거룩하심과 하나님의 영광의 세계를 찬양한다는 의미로 '아멘, 할렐루야' 해야 하는 것이다. 그 의미를 모르고 외치는 것은 다 중언부언(重言復言)하는 것이다.

제 2장

네 생물의 탄생

제 2장
네 생물의 탄생

    하나님께서 타락한 아담이 생명나무 실과를 따먹지 못하도록 그룹과 화염검으로 하여금 생명나무의 길을 지키게 하셨다(창 3:24). 본서 제 1장에서 그룹과 화염검이 바로 네 생물의 존재라는 것을 성경 말씀을 통하여 증거하였다.
    하나님께서 그렇게 믿을 수 있는 대상인 네 생물은 과연 어떻게 탄생했으며 그들은 어떤 존재로 이루어진 것일까? 그들의 존재는 창세기의 첫째 날, 둘째 날에서도 찾아볼 수 없고 셋째 날에서도 찾아볼 수 없다. 그렇다면 그들은 언제 어떻게 어떤 입장으로 지음을 받은 존재이기에 하나님께서 절대적으로 믿을 수 있는 대상이 되었을까?
    그 과정을 설명하는 것은 쉬운 일이 아니다. 하나님이 창조하신 창조의 순서, 창조의 서열, 창조의 영광이 이루어지는 과정을 알아야만 그 비답을 알 수 있다.

I
만유 바깥의 세계, 아버지의 집에서 제일 먼저 지음을 받은 네 생물

> 딤전 6:15-16 기약이 이르면 하나님이 그의 나타나심을 보이시리니 하나님은 복되시고 홀로 한 분이신 능하신 자이며 만왕의 왕이시며 만주의 주시요 오직 그에게만 죽지 아니함이 있고 가까이 가지 못할 빛에 거하시고 아무 사람도 보지 못하였고 또 볼 수 없는 자시니 그에게 존귀와 영원한 능력을 돌릴찌어다 아멘

태초에 천지를 창조(창 1:1)하시기 전(前), 하나님 아버지께서는 스스로 존재하고 계셨다. 스스로 계신 하나님께서 자기의 영광을 위하여 먼저 무에서 유를 창조한 빛의 창조 역사 때에 죄와 상관없는, 죄가 침범할 수 없는 영원한 빛의 세계, 영광의 세계인 자기의 집을 지으셨다. 그 아버지의 세계를 가리켜서 "가까이 가지 못할 빛에 거하시고 아무 사람도 보지 못하였고 또 볼 수 없는 자시니"(딤전 6:16)라고 했고 또 히브리서 11:1에 "믿음은 바라는 것들의 실상이요 보지 못하는 것들의 증거"라고 소개하고 있다.

그 빛의 세계, 그 영광의 세계에서 온 자는 요한복음 3:13에 인자로서는 예수님밖에 없고 또 다른 모양으로 온 존재는 네 생물

밖에 없다. 그렇기 때문에 예수님이 "인자 외에는 거기에서 온 사람이 없다"고 말씀하신 것이고 또 "내 아버지의 집은 만유보다 크시매" 또 "만유 위에 계시고"라고 기록되어 있는 것이다.

> 요 3:13 하늘에서 내려온 자 곧 인자 외에는 하늘에 올라간 자가 없느니라

> 요 10:29 저희를 주신 내 아버지는 만유보다 크시매 아무도 아버지 손에서 빼앗을 수 없느니라

> 엡 4:6 하나님도 하나이시니 곧 만유의 아버지시라 만유 위에 계시고 만유를 통일하시고 만유 가운데 계시도다

위 성구에서 "내 아버지는 만유보다 크시매", "만유 위에 계시고"라는 말씀의 의미는 무엇인가? 아버지는 만유, 즉 피조세계에 소속된 분이 아니라는 것이다. 그렇기 때문에 만유를 지으시기 전(前) 먼저 자신의 영광을 위하여 만유 바깥에 아버지의 집을 지으신 것이다. 그 집은 빛의 집, 어두움이 없는 집으로써 하나님께서 지으신 세계이다(요 1:1-4).

> 요 14:2 내 아버지 집에 거할 곳이 많도다 그렇지 않으면 너희에게 일렀으리라 내가 너희를 위하여 처소를 예비하러 가노니

> 요 14:23 예수께서 대답하여 가라사대 사람이 나를 사랑하면 내 말을 지키리니 내 아버지께서 저를 사랑하실 것이요 우리가 저에게 와서 거처를 저와 함께하리라

아버지의 집은 하나님께서 스스로 지으신 집이시다. 그곳은 천사들조차도 가담하거나 동참할 수 없는 세계로서 아버지의 백(白) 보좌(계 20:11)가 있는 완전한 빛의 세계이다.

> 계 20:11 또 내가 크고 흰 보좌와 그 위에 앉으신 자를 보니 땅과 하늘이 그 앞에서 피하여 간 데 없더라

네 생물은 피조 세계가 아닌 만유 바깥에 있는 아버지의 집에서 그 아버지의 집을 관리하는 종, 사환으로 피조물로서는 제일 먼저 지음을 받았다.

1. 아버지의 집에서 예수님은 집을 지은 아들로, 모세는 사환으로 충성하였다.

스스로 계신 하나님께서 천지를 창조하시기 전, 제일 먼저 만유 바깥에 자기의 집을 지으셨다.

그렇다면 '하나님의 보좌가 있는 우주 바깥에 있는 아버지의 집에는 아버지와 아버지의 말씀 자체이신 독생자 예수님만 계셨던 것일까?'라는 생각을 순서상으로 가져야 된다.

이러한 의문점을 풀기 위해서는 히브리서 3:4-6 말씀을 생각해 보아야 한다.

> 히 3:4-6 집마다 지은 이가 있으니 만물을 지으신 이는 하나님이시라 또한 모세는 장래에 말할 것을 증거하기 위하여 하나님의 온 집에서 사환으로 충성하였고 그리스도는 그의 집 맡은 아들로 충성하였으니 우리가 소망의 담대함과 자랑을 끝까지 견고히 잡으면 그의 집이라

위 성구에 아버지의 집에서 예수님은 집을 지은 아들로, 모세는 그 집을 관리하는 사환, 종으로 충성하였다고 기록되어 있다. 집을 지으셨다면 지으신 집에 아버지께서 혼자 계실 리 없다. 누군가 그 집을 관리하는 존재가 필요한데 그 대상도 어떤 존재이어야 하는가? 그 집에 맞는, 그 집에 어울리는, 그 집에 살기에 합당한 인격을 가진 존재이어야만 그 집에 머무를 수 있다. 왜 그런가? 그 집은 빛의 세계, 영광의 세계이기 때문이다.

죄를 지을 가능성이 있는 자들은 아버지의 집에 존재할 수 없는 대상들이다. 그렇기 때문에 하나님께서 예수님 외에 자기의 집, 아버지의 집을 관리할 수 있는 사람을 예비하시고 준비하신다면 그 또한 어떤 사람이어야 하는가? 빛 앞에, 아버지의 영광 앞에 조금도 점이 있거나 흠이 있어서는 안 된다.

정말 성경에 그런 존재가 등장하고 있는가? 성경에 그런 존재가 등장하고 있는지 살펴보면 어렵지 않게 그 대상을 찾을 수 있다. 창세기 3:24에서 생명나무로 나아가는 길을 지키게 한 그룹들과 화염검, 즉 네 생물이다.

네 생물은 비록 피조물이기는 하지만 죄와 상관이 없는 존재로 지음을 받았다는 것이다.

히브리서 3:4-6 말씀을 표면적으로 보면 아버지의 집, 빛의 집에 관리자, 사환이 존재했다는 말인데 창세기 3:24, 에스겔 1장-10장, 요한계시록 4장-5장에 보면 아버지의 거룩하신 영광의 집에 누가 존재한다는 것을 알 수 있는가? 네 생물이 아버지의 집에서 처음부터 존재하고 있었다는 것을 알게 된다. 동일한 집인데 예수님은 집을 지은 아들로서 그 집에 계셨고 모세는 사환으로서 충성했다는 것이다. 결론적으로 아버지의 집은 아버지와 네 생물이 존재했던 곳이고 예수께서는 아버지의 품속에, 독생하신 말씀 자체로 계셨다.

요한복음 1장에 예수님은 말씀이 육신이 되어 오신, 은혜와 진리가 충만하신 '독생하신 하나님'이시라는 말씀이 기록되어 있다.

> 요 1:14-18 말씀이 육신이 되어 우리 가운데 거하시매 우리가 그 영광을 보니 아버지의 독생자의 영광이요 은혜와 진리가 충만하더라 요한이 그에 대하여 증거하여 외쳐 가로되 내가 전에 말하기를 내 뒤에 오시는 이가 나보다 앞선 것은 나보다 먼저 계심이니라 한 것이 이 사람을 가리킴이라 하니라 우리가 다 그의 충만한 데서 받으니 은혜 위에 은혜러라 율법은 모세로 말미암아 주신 것이요 은혜와 진리는 예수 그리스도로 말미암아 온 것이라 본래 하나님을 본 사람이 없으되 아버지 품속에 있는 독생하신 하나님이 나타내셨느니라

또, 잠언 8:22-30에 보면 "땅의 기초를 정하실 때에 내가 그 곁에 있어서 창조자가 되어 날마다 그 기뻐하신 바가 되었으며"라고 하여 예수님은 그 당시에 아버지의 집을 지은 아들, 창조자로서 계셨다는 내용이 기록되어 있다.

> 잠 8:22-30 여호와께서 그 조화의 시작 곧 태초에 일하시기 전에 나를 가지셨으며 만세 전부터, 상고부터, 땅이 생기기 전부터 내가 세움을 입었나니 아직 바다가 생기지 아니하였고 큰 샘들이 있기 전에 내가 이미 났으며 산이 세우심을 입기 전에, 언덕이 생기기 전에 내가 이미 났으니 하나님이 아직 땅도, 들도, 세상 진토의 근원도 짓지 아니하셨을 때에라 그가 하늘을 지으시며 궁창으로 해면에 두르실 때에 내가 거기 있었고 그가 위로 구름 하늘을 견고하게 하시며 바다의 샘들을 힘있게 하시며 바다의 한계를 정하여 물로 명령을 거스리지 못하게 하시며 또 땅의 기초를 정하실 때에 내가 그 곁에 있어서 창조자가 되어 날마다 그 기뻐하신 바가 되었으며 항상 그 앞에서 즐거워하였으며

여기에서 창세기 1:3 말씀을 생각해보면, "빛이 있으라 하시매 빛이 있었고 그 빛이 하나님의 보시기에 좋았더라"고 하신 그 빛은 누구인가? 요한복음 1:1 말씀과 창세기 1:3 말씀은 같은 의미의 말씀이다.

> 요 1:1 태초에 말씀이 계시니라 이 말씀이 하나님과 함께 계셨으니 이 말씀은 곧 하나님이시니라

창 1:3 하나님이 가라사대 빛이 있으라 하시매 빛이 있었고

그런데 창세기 1:2 말씀에 "땅이 혼돈하고 공허하며 흑암이 깊음 위에 있고"라고 하며 '혼돈, 공허, 흑암'이 먼저 나온다. 이 말씀을 언뜻 생각하면 '땅보다도 빛을 늦게 지으셨다는 것인가?' 그렇게 오해할 여지가 있다.

그러나 그런 뜻이 아니다. "태초에 하나님께서 천지를 창조하시니라"(창 1:1)는 말씀처럼 하나님께서 믿음으로 뜻을 세우시고 말씀으로 천지를 창조하셨다(히 11:3). 예수님이 천지만물을 다 지으셨는데 그 때는 태초의 말씀이 창조자가 되어서 천지를 창조하신 것이다(잠 8:30).

태초의 말씀이 창조자가 되어 천지만물을 다 지으셨다는 것은 "이러므로 남자가 부모를 떠나 그 아내와 연합하여 둘이 한 몸을 이룰찌로다"(창 2:24, 엡 5:31)라고 하신 것처럼 말씀이 장성하게 되셨음을 의미한다.

장성했다는 말은 무슨 뜻인가? 빛이 하나님의 말씀 자체로 계시면서 천지를 지으시고 아들의 분량으로써 영화로운 존재가 되셨다는 것이다. 이렇게 장성한 존재가 되어 천지를 지으신 태초의 말씀을 분가시켜 "빛이 있으라 하시매 빛이 있었고"라고 말씀하신 창세기 1:3의 그 '빛'을 지으셨다. 즉 장성한 아들을 분가시켜서 부모 곁을 떠나게 한 태초의 말씀이 바로 창세기 1:3의 '빛'인 것이다. 그 빛이 하나님과 함께 말씀으로 계실 때 우주만물을 다 지으셨다는 것이다.

> 요 1:1-4 태초에 말씀이 계시니라 이 말씀이 하나님과 함께 계셨으니 이 말씀은 곧 하나님이시니라 그가 태초에 하나님과 함께 계셨고 만물이 그로 말미암아 지은 바 되었으니 지은 것이 하나도 그가 없이는 된 것이 없느니라 그 안에 생명이 있었으니 이 생명은 사람들의 빛이라

위 성구의 말씀을 읽어보면 이제 그 의미가 더 가까이 마음에 와 닿을 것이다.

하나님의 말씀을 깨닫게 되면 깨닫는 말씀이 새벽별처럼 내 안에서 빛을 발하게 된다. 시간이 갈수록 빛은 더 밝아지게 되어 있다. 빅뱅의 원리도 거기에서 나온 것이 아닐까?

하루의 생활도 마찬가지다. 새벽에 동트기 시작해서 빛이 가장 밝을 때가 정오, 한 낮이다. 빛의 속성은 굴절, 꺾임이 없다. 물론 그 빛이 물질로 이루어진 물질의 세계에서는 물질로 말미암아 굴절도 되고 여러 가지 반응을 나타낼 수 있다. 그러나 빛의 본래의 속성은 절대 굴절이라든가 반사라든가 이런 것이 없다는 것이다.

그것이 성경 어디에 기록되어 있는가? 요한계시록 21:23에 아버지의 집에는 "어린 양이 그 등이 되심이라"고 기록되어 있다.

> 계 21:23 그 성은 해나 달의 비침이 쓸데없으니 이는 하나님의 영광이 비취고 어린 양이 그 등이 되심이라

그 빛은 물질에 의해서 막히거나 굴절, 반사가 되는 것이 없다는 것이다. 예를 들어서 10Km 두께의 강철로 된 산이 있다 할지라도 그 빛을 막지 못한다. 빛은 빛 그대로의 영광과 능력과 권능

을 가지고 있기 때문에 그대로 통과한다. 빛의 본래의 속성, 본래의 영광은 어떤 물질이든지 꺾임이나 막힘이나 그림자가 생기는 것이 없다는 것이다.

창세기 1:3에 등장하는 빛은 아버지와 함께하셨던 태초의 말씀이신 예수님을 아버지께서 분가시켜서 내보내신 것이다. 그렇게 내보내시는 역사의 세계를 가리켜서 "빛이 있으라 하시매 빛이 있었고 그 빛이 하나님의 보시기에 좋았더라"라고 말씀하신 것이다.

> 요 14:2-3 내 아버지 집에 거할 곳이 많도다 그렇지 않으면 너희에게 일렀으리라 내가 너희를 위하여 처소를 예비하러 가노니 가서 너희를 위하여 처소를 예비하면 내가 다시 와서 너희를 내게로 영접하여 나 있는 곳에 너희도 있게 하리라

위 성구는 예수께서 친히 하신 말씀이다. "하늘에서 내려온 자 곧 인자 외에는 하늘에 올라간 자가 없느니라"(요 3:13)고 하신 말씀을 보아도 예수님만이 아버지의 집에서 오신 분이시고 또 예수님만이 그곳에 가신 분이시다.

2. 그들을 왜 생물(生物)이라고 하는가?

왜 그룹, 스랍을 총칭해서 생물(生物)이라고 표현하고 있는지

그 점을 한 번 짚고 넘어가야 한다. 네 생물은 사자, 송아지, 사람, 독수리, 네 가지의 구조적인 얼굴을 가지고 있는데 그것을 사자라고, 송아지라고, 사람이라고, 독수리라고 한 가지로는 말할 수 없다. 그런 상태에서 한꺼번에 그들을 총칭해서 말할 때에는 '생물(生物)'이라는 말이 가장 잘 어울린다고 말할 수 있다.

땅의 차원에서 생각하면 살아있는 생명체를 보편적으로 생물이라고 한다. '생물'[6]이라는 단어를 국어사전에서 찾아보면 "생명을 가지고 스스로 생활현상을 유지하여 나가는 물체"라고 되어있다.

> 창 2:7 여호와 하나님이 흙으로 사람을 지으시고 생기를 그 코에 불어 넣으시니 사람이 생령이 된지라

위 성구에서 흙의 존재는 자연계의 흙을 말하는 것이 아니라 아직 하나님의 존재를 깨닫지 못하고 본능적으로 목숨을 부지하며 살아가던 미개한 사람들을 말한다. 그런 흙 차원의 사람이 하나님의 존재를 깨달으면 존귀한 사람이 되는 것이다. 흙 차원의 사람이었을 때를 생물 차원의 사람이라고 말할 수 있다. 그런 생물차원의 사람이 존귀(尊貴)를 깨달았을 때 비로소 만물의 영장이 되는 것이다.

그리고 그 사람에게 하나님께서 생기를 불어넣어 생령이 되었다는 말은, 하나님의 말씀을 통해서, 그리스도의 말씀을 통해서 거룩한 영을 가진 가장 존귀한 자가 되었다는 의미이다.

---

6) 1.생명을 가지고 스스로 생활 현상을 유지하여 나가는 물체. 영양·운동·생장·증식을 하며, 동물·식물·미생물로 나뉜다, 표준국어대사전, 두산동아

일반적으로 생물이라고 말하는 그 개념 속에는 생물은 만물의 영장인 사람보다 더 영광스럽지 못한 존재, 더 낮은 단계에 있는 존재라는 의미가 깃들어 있다.

그렇다면 왜 하나님의 거룩하신 영광을 옹위하는 그들에게 만물의 영장인 사람보다도 더 낮은 단계의 의미를 가진 생물이라는 칭호를 부여하고 있는지 그것이 조금 이상하다고 생각할 수 있다.

요한계시록 4장-5장 말씀에 보면 네 생물은 하나님의 보좌에 가장 가까이 있는 존재로 나오고, 또 세세 무궁토록 하나님께 영광을 돌리는 존재로 나온다.

> 계 4:8-9 네 생물이 각각 여섯 날개가 있고 그 안과 주위에 눈이 가득하더라 그들이 밤낮 쉬지 않고 이르기를 거룩하다 거룩하다 거룩하다 주 하나님 곧 전능하신 이여 전에도 계셨고 이제도 계시고 장차 오실 자라 하고 그 생물들이 영광과 존귀와 감사를 보좌에 앉으사 세세토록 사시는 이에게 돌릴 때에

그렇다면 그런 그에게 거룩한 이름을 붙여주어야 할 텐데 왜 그 거룩한 영광의 존재를 생물이라고 했을까? 그것이 참 궁금한 점이라 할 수 있다.

그러나 그 때의 네 생물은 아직 인자로서 영광을 받지 못한 원형적인 상태이기 때문에 그는 인자로서 오고 가는 사람의 신(神)이 되고 능(能)이 되는 그런 존재이다. 여기에서 말하고 있는 생물은 사람보다 낮다는 의미를 부여해서 부르는 이름이 아니라 살아있는 존재라는 의미이다. 살아있는 존재라는 의미는 영원한 존재, 즉 영생의 존재라는 것이다. 그렇기 때문에 살아있는 원형에

가까운 존재라고 말할 때는 네 생물이라고 말하는 것이다. 그렇다면 왜 그를 인격적인 존재로 말하지 않고 생물이라고 말했는가? 어떤 의미에서는 생물이라는 이름 자체가 네 생물의 비밀을 캘 수 있는 근거, 암호가 되지 않을까?

3. 네 생물을 지으신 목적은 무엇인가?

하나님께서 만물을 지으실 때에는 그 대상을 지으시는 목적이 분명히 있고 그에게 주시고자 하는 상급, 영광이 있게 마련이다. 이사야 43:21에도 하나님께서 왜 사람을 지으셨는지에 대한 목적이 나와 있다.

> 사 43:21 이 백성은 내가 나를 위하여 지었나니 나의 찬송을 부르게 하려 함이니라

하나님께서 사람을 지으신 것은 그 사람으로 하여금 찬송을 부르게 하려고 지으셨다는 것이다.

그리고 지으신 대상들에게 주시는 영광도 다 정해져 있다. 고린도전서 15:41에 보면 해와 같은 영광, 달과 같은 영광, 별과 같은 영광, 별과 별들의 다른 영광이 있다. 지으신 대상들에게 주시고자 하시는 상급과 영광도 다 구별되어있다는 것을 알 수 있다.

> 고전 15:39-41 육체는 다 같은 육체가 아니니 하나는 사람의 육체요 하나는 짐승의 육체요 하나는 새의 육체요 하나는 물고기의 육체라 하늘에 속한 형체도 있고 땅에 속한 형체도 있으나 하늘에 속한 자의 영광이 따로 있고 땅에 속한 자의 영광이 따로 있으니 해의 영광도 다르며 달의 영광도 다르며 별의 영광도 다른데 별과 별의 영광이 다르도다

네 생물은 하나님의 영광을 지켜드리고 보호해드리는 존재이다. 여기에서 오해하면 안 된다. 하나님께서 능력이 부족해서 그를 지켜드린다는 뜻이 아니다. 그의 영광이 너무 크기 때문에 어떤 존재든지 그 영광 안에 들어오면 죽을 수밖에 없기 때문에 죽을 수밖에 없는 그 영광의 영역을 침범할 수 없도록 지켜드린다는 것이다.

레위지파가 진 친 곳에서부터 2,000규빗 안에는 열두 지파가 들어가지 못한다. 열두 지파가 레위지파의 진을 친 반열에 들어오면 하나님께서 누구라도 죽이라고 하셨다. 1규빗이 45cm이니까 2,000규빗은 900m이다. 그렇기 때문에 레위지파가 장막을 친 성소를 중심으로 900m 안에는 열두 지파가 절대 들어가지 못한다. 열두 지파는 레위지파가 진을 친 900m를 벗어나서 장막을 쳐야 하는 것이다. 공동체로써의 조화를 이루는 그러한 분명한 질서적 규범이 있다는 것이다(수 3:4).

하나님의 이러한 지으심의 목적과 영광을 따라서 네 생물은 하나님 자신을 제외하고는 피조물 중에서 가장 영화로운 존재, 가장 영광스러운 존재, 가장 능력적인 존재로 지음을 받았다.

하나님께서 모세를 통해서 10가지 기사이적으로 함의 장자인 애굽을 칠 수 있었던 이유는 무엇인가?(출 7:19-12:36). 10가지 기사이적, 재앙으로 애굽을 치는 것은 아무나 할 수 없다. 모세가 애굽을 10가지 재앙으로 칠 수 있었다는 사실로 미루어볼 때, 모세가 어떤 영적인 존재인지 깨달을 수 있다. 즉 모세의 근본은 네 생물에 소속된 존재라는 것이다.[7] 네 생물은 두루 도는 화염검을 가지고 생명나무를 지킬 수 있는 존재이다. 따라서 네 생물도 타락한 루시퍼와 싸워 이길 수 있는 대상이 된다. 그러한 네 생물에 소속된 존재인 모세의 지팡이에 능력(출 4:20)을 주어서 함의 장자인 애굽을 칠 수 있었던 것이다.

하나님께서 천지를 창조하시기 전에 아버지의 집에서 네 생물을 지으셨다. 네 생물을 지으신 목적은 하나님을 지키고 보호하고 호위해드리고 그 거룩하심에 찬양과 경배와 영광을 돌리기 위한 존재로, 또 하나님의 사역을 대신하는 존재로 지으셨다는 것이다.

그런 목적도 있지만 네 생물을 지으신 가장 중요한 목적은 무엇인가? 그것은 하나님께서 장차 구속사의 세계에서 이루실 하나님의 뜻을 네 생물 안에 먼저 다 설계해 놓으셨다는 것이다. 그렇기 때문에 구속사의 세계를 펼칠 수 있는 모든 시작과 끝에 대한 청사진과 시나리오가 네 생물 안에 다 들어있다. 또 만유 안에 있는 모든 생명체를 지을 수 있는 네 가지 육체의 근원, 재료를 네 생물 안에 맡겨 놓으셨다. 그렇기 때문에 네 생물 안에 있는 재료들을 가지고 피조세계의 모든 생명체를 지으신 것이다. 그것이 네

---

7) 본서 제 2장 〈네 생물의 탄생〉 116-118쪽

생물을 지으신 가장 큰 목적이 되고 그것이 하나님의 크신 뜻이었다는 것이다.

4. 네 생물은 피조물임에도 어떻게 죄가 없는 거룩하고 완전한 존재로 지음을 받았는가?

영광의 보좌로 말한다면 하나님의 보좌에 가장 가까운 존재가 누가 있는가? 무지개, 또는 네 생물이다.

> 계 4:3-6 앉으신 이의 모양이 벽옥과 홍보석 같고 또 무지개가 있어 보좌에 둘렸는데 그 모양이 녹보석 같더라 또 보좌에 둘려 이십사 보좌들이 있고 그 보좌들 위에 이십사 장로들이 흰옷을 입고 머리에 금 면류관을 쓰고 앉았더라 보좌로부터 번개와 음성과 뇌성이 나고 보좌 앞에 일곱 등불 켠 것이 있으니 이는 하나님의 일곱 영이라 보좌 앞에 수정과 같은 유리 바다가 있고 보좌 가운데와 보좌 주위에 네 생물이 있는데 앞뒤에 눈이 가득하더라

아버지의 집은 절대 죄를 가지고는 갈 수 없다. 그곳은 빛의 세계, 영광의 세계로서 죄를 지을 수도 없는 세계이며 죄가 있을 수도 없는 세계이다.

네 생물은 그곳에서 아버지의 집을 관리하며 하나님의 모든 것을 수발해드릴 수 있는 그런 존재로서 지음을 받은 대상이다.

그렇기 때문에 그는 에덴동산[8] 화광석 사이를 거닐던 루시엘(겔 28:14)과는 본질적으로 근본적으로 차이가 있다는 것을 알게 된다. 지혜의 천사장인 루시엘에게 자유의지를 주고 아담에게도 자유의지를 주어서 그들은 자기 선택에 따라서 죄를 지을 수도 있고 죄를 짓지 않을 수도 있는 존재로 지음을 받았다.

그러나 아버지의 집에서 지음을 받은 네 생물은 자유의지를 주신 것이 아니라 절대 영생의 의지를 주신 것이다. 네 생물은 그런 자유의지가 없기 때문에 그는 처음부터 죄와 상관없는 자로서 죄에 물들지 않는 자로 지음을 받았다. 그렇기 때문에 그는 절대 죄를 지어서도 안 되는 대상이고 죄를 지을 수도 없는 존재이다.

신령한 일은 신령한 것으로만 풀 수가 있고 영적인 일, 즉 하늘의 일은 영적으로만 해결할 수 있고, 풀 수 있고, 바라볼 수 있는 것이다.

> 고전 2:13-14 우리가 이것을 말하거니와 사람의 지혜의 가르친 말로 아니하고 오직 성령의 가르치신 것으로 하니 신령한 일은 신령한 것으로 분별하느니라 육에 속한 사람은 하나님의 성령의 일을 받지 아니하나니 저희에게는 미련하게 보임이요 또 깨닫지도 못하나니 이런 일은 영적으로라야 분변함이니라

---

8) 에덴동산은 낙원, 즉 셋째 하늘의 한 가운데이다. 셋째 하늘은 만유 안에 있고, 아버지 집은 만유 밖에 있다.

신령한 은혜를 가진 사람, 신령한 일을 할 수 있는 사람, 그런 사람들을 가리켜서 우리가 완전한 자라고 말한다. 다시 말하면 완전한 자는 신령한 것을 가지고 있는 자, 영적인 것을 가지고 있는 자이다. 그래서 그들은 신령한 일을 행할 수 있고 하늘의 일을 영적으로 행할 수 있는 사람이라고 말할 수 있다.

그런 의미에서 완전한 자, 신령한 자 중에서 가장 중심이 되는 존재가 누구인지 가장 큰 구심점이 되는 자를 찾아본다면 최초의 신령한 자, 최초의 완전한 자의 구심점이 될 수 있는 존재는 바로 네 생물이다.

그렇다면 둘째 날 가장 영화롭게 지음을 받은 루시엘은 어떠했는가? 루시엘이 얼마나 영화롭게 지음을 받은 존재인지 그의 사명을 가리켜 하나님의 영광을 덮는 그룹으로 기름 부음을 받은 자라고 기록되어 있다.

> 겔 28:12-14 인자야 두로 왕을 위하여 애가를 지어 그에게 이르기를 주 여호와의 말씀에 너는 완전한 인이었고 지혜가 충족하며 온전히 아름다왔도다 네가 옛적에 하나님의 동산 에덴에 있어서 각종 보석 곧 홍보석과 황보석과 금강석과 황옥과 홍마노와 창옥과 청보석과 남보석과 홍옥과 황금으로 단장하였었음이여 네가 지음을 받던 날에 너를 위하여 소고와 비파가 예비되었었도다 너는 기름부음을 받은 덮는 그룹임이여 내가 너를 세우매 네가 하나님의 성산에 있어서 화광석 사이에 왕래하였었도다

그러나 그렇게 궁창의 세계에서 으뜸의 존재로 지음 받은 그가 결과적으로 교만해져서 타락하고 말았다.

> 겔 28:15-17 네가 지음을 받던 날로부터 네 모든 길에 완전하더니 마침내 불의가 드러났도다 네 무역이 풍성하므로 네 가운데 강포가 가득하여 네가 범죄하였도다 너 덮는 그룹아 그러므로 내가 너를 더럽게 여겨 하나님의 산에서 쫓아내었고 화광석 사이에서 멸하였도다 네가 아름다우므로 마음이 교만하였으며 네가 영화로우므로 네 지혜를 더럽혔음이여 내가 너를 땅에 던져 열왕 앞에 두어 그들의 구경거리가 되게 하였도다

> 사 14:12-15 너 아침의 아들 계명성이여 어찌 그리 하늘에서 떨어졌으며 너 열국을 엎은 자여 어찌 그리 땅에 찍혔는고 네가 네 마음에 이르기를 내가 하늘에 올라 하나님의 뭇 별 위에 나의 보좌를 높이리라 내가 북극 집회의 산 위에 좌정하리라 가장 높은 구름에 올라 지극히 높은 자와 비기리라 하도다 그러나 이제 네가 음부 곧 구덩이의 맨 밑에 빠치우리로다

이 사실을 통해서 우리가 이해할 수 있는 것은 이렇게 천상의 세계에서도 타락이 있었기 때문에 하나님은 창조주로서 자기 자신이 지은 피조물들을 완전하게 믿을 수 있는 대상이 없었다는 것이다.

그래서 욥기에 "하나님은 하늘의 천사라도 하늘의 거룩한 자들이라도 믿지 않는다"는 말씀이 있다.

> 욥 4:18 하나님은 그 종이라도 오히려 믿지 아니하시며 그 사자라도 미련하다 하시나니

> 욥 15:15 하나님은 그 거룩한 자들을 믿지 아니하시나니 하늘이라도 그의 보시기에 부정하거든

천상의 세계에 있는 신령한 존재들은 비록 우리보다 뛰어난 지혜와 능력을 가지고 있는 존재들이기는 하지만 그들도 또한 피조물이기 때문에 완전하게 지음을 받은 존재라고 할 수 없다.

그렇기 때문에 궁창의 세계에 있는 나무들이 서로 투기하고 심지어 "나도 하나님처럼 무언가 할 수 있다"며 하나님과 비기려고 한 사실이 에스겔 31:8-9과 이사야 14:13-14에 기록되어 있다.

> 겔 31:8-9 하나님의 동산의 백향목이 능히 그를 가리우지 못하며 잣나무가 그 굵은 가지만 못하며 단풍나무가 그 가는 가지만 못하며 하나님의 동산의 아무 나무도 그 아름다운 모양과 같지 못하였도다 내가 그 가지로 많게 하여 모양이 아름답게 하였더니 하나님의 동산 에덴에 있는 모든 나무가 다 투기하였느니라

그러나 네 생물은 비록 피조물이기는 하지만 죄와 상관이 없는 존재로 지음을 받았다는 것이다. 죄와 상관이 없는 존재라는 말은 영생하는 존재로 처음부터 지음을 받았다는 것이다. 영생하는 존재로 지음을 받았다는 말은 또 이렇게도 말할 수 있다. 생명나무 열매를 따먹은 존재와 동일한 가치적 기준과 근본을 토대로 그를 지었다고 말할 수 있다는 것이다.

네 생물의 존재는 첫째 날, 둘째 날에서도 찾아볼 수 없고 셋째 날에서도 찾아볼 수 없다. 그가 그렇게 지음을 받은 곳, 네 생물이 머물러 있는 곳은 만유 바깥에 있는 아버지의 집이고 아담과 지혜의 천사장인 루시엘이 있었던 곳은 셋째 하늘인 에덴동산을 말씀하고 있는 것이다.

루시엘은 열 가지의 보석으로 영화로운 자로 지음을 받았는데도 타락했고 아담도 생령으로서 신령한 존재임에도 불구하고 타락했다. 그런데 네 생물은 어떤 존재로 지음을 받았기에 타락할 수가 없는 존재가 되었을까?

네 생물도 완전한 인(印)으로 지음을 받은 존재이다. 그렇다고 그 완전함이 하나님처럼 완전하다, 전능하다는 그런 뜻이 아니다. 여기에서 완전하다는 말은 피조물로서 지을 수 있는 최상의 가치와 격조 높은 최고의 존재로 지어졌다는 의미이다. 그렇게 지어졌기 때문에 그는 간접 주관권에 소속되어있는 존재가 아니라 하나님의 직접 주관권[9]에 소속되어있는 존재가 된다. 네 생물은 그런 존재이기 때문에 타락할 수 없다는 것이다. 완전하기 때문에 타락하지 않는다는 것이 아니다. 하나님의 직접 주관권 속에 들어있기 때문에 하나님께서 직접 죄를 간섭하시고 징치하실 수 있는 대상이라는 입장에서 그를 완전하다고 말씀하고 있는 것이다. 네 생물은 하나님과 임마누엘이 된 존재로서 그 어떠한 죄악으로도 물들지 않게 지음을 받았다는 것이다.

---

9) 제 1권 <멜기세덱, 그는 누구인가?> 112-115쪽, 벽암 조영래 저, 도서출판 오색이슬

> 겔 1:26-28 그 머리 위에 있는 궁창 위에 보좌의 형상이 있는데 그 모양이 남보석 같고 그 보좌의 형상 위에 한 형상이 있어 사람의 모양 같더라 내가 본즉 그 허리 이상의 모양은 단 쇠 같아서 그 속과 주위가 불 같고 그 허리 이하의 모양도 불 같아서 사면으로 광채가 나며 그 사면 광채의 모양은 비 오는 날 구름에 있는 무지개 같으니 이는 여호와의 영광의 형상의 모양이라 내가 보고 곧 엎드리어 그 말씀하시는 자의 음성을 들으니라

위 성구는 보좌에 앉은 사람과 네 생물과의 관계를 말씀하고 있다. 즉 네 생물 속에 여호와의 영광이 함께하고 있는 모습이다. 네 생물은 네 생물 안에 있는 여호와의 영광을 입은 인격체들을 담는 그릇이라고 말씀할 수 있다.

본서에서는 편의상 '네 생물'이라고 짧게 기술한 부분이 여러 군데 나오고 있다. 그러나 그렇게 기술하고 있는 '네 생물'은 여호와의 영광을 입은 인격체를 담는 그릇으로써의 입장이 아니라 네 생물의 머리 위에 궁창이 있고 궁창 위에 보좌의 형상이 있고 그 보좌에 있는 인자, 즉 위 성구에서 여호와의 영광의 형상의 모양[10]이라고 기록하고 있는 여호와의 영광을 입은 인격체들을 지칭하고 있다는 점을 염두에 두고 읽어주기 바란다.

---

10) "네 생물"에 관한 말씀이 처음부터 끝까지 일관되게 나온다는 입장에서. 네 생물의 머리 위에 궁창이 있고 궁창 위에 보좌의 형상이 있고 보좌에 있는 인자가 곧 여호와의 영광의 형상이라는 점을 인식하고 편의상 여호와의 영광이 함께하고 있는 인자의 모습을 "네 생물"이라고 지칭하고 있음을 염두에 두면 이해하는데 도움이 될 것이다.

그런 관점에서 보면, 네 생물이 곧 여호와의 영광의 형상으로 여호와가 곧 네 생물이며 네 생물이 여호와의 영광이라고 말씀하고 있다는 사실이 마음에 와 닿을 것이다. 그런 의미에서 여호와의 원형이 되는 존재를 네 생물이라고 말씀하고 있는 것이다.

여호와 하나님은 때가 차매 성자 예수님이 오시기 전, 구약의 시대에 정죄의 직분의 영광을 받는 사람들에게 하나님의 후견인, 청지기, 몽학선생으로 역사한 장본인이다(갈 3:24, 4:2-3). 한 마디로 그런 분이 죄를 짓는다면 말이 되지 않는다. 그는 하나님의 능력과 영광과 사역을 대행하는 분으로서 구약시대를 역사한 주인공이기 때문이다.

구조적인 면으로 볼 때, 네 생물 안에 네 바퀴가 있다(겔 10:9-17). 바퀴가 있다는 말은 스랍, 그룹, 생물들이 모두 하나로 이루어진 완전체를 말한다. 그러나 이러한 것들이 다 함께하지 않는 개체적인 존재, 부분적인 존재에게는 바퀴가 없다.

스랍, 그룹, 생물들이 하나로 이루어진 네 생물은 부분적인 존재가 아니라 완전하고 거룩한, 영광스러운 존재가 되기 때문에 여호와 하나님이 함께 임마누엘 되어주신다는 것이다. 하나님과 함께 임마누엘 된 존재가 죄를 지을 수 있을까? 죄를 지을 수 없다.

> 겔 48:35 그 사면의 도합이 일만 팔천 척이라 그날 후로는 그 성읍의 이름을 여호와삼마라 하리라

'여호와 삼마'는 "여호와께서 거기 계신다"는 뜻이다. 인간들이 하도 죄를 지으니까 하나님께서 "내가 너희와 벽 하나를 사이에 두고 함께 하겠다"라고 하셨다. 하나님이 함께 동행해서 데리고 다니시는데 죄를 지을 수 있겠는가? 하나님께서 동행해주시기 때문에 죄를 지을 수 없다.

마찬가지다. 하나님께서 임마누엘 되어주시는 네 생물 역시 죄를 지을 수 없는 것은 뻔한 사실이다.

II
네 생물이 지음을 받은 만유 바깥의 세계, 빛의 세계는 어떤 세계인가?

1. 상고(上古)와 태초(太初), 바라와 아사의 세계

예수께서 "나는 알파와 오메가요 처음과 나중이요 시작과 끝이라"(계 22:13)고 말씀하셨다. 시작과 끝이라는 말은 구속사 세계를 통한 시작과 끝을 의미한다고 말할 수 있다. 그렇기 때문에 "태초에 하나님이 천지를 창조하시니라"(창 1:1)는 말씀은 구속사의 시작을 알리는 첫 말씀이 된다.

그러나 시작과 끝을 가지고 계신 하나님이라 할지라도 하나님 자신은 그 시작과 끝에 종속되지 않는 분이시다. 그 이유는 무엇인가? 태초에 하나님께서 천지(天地)를 창조하셨다(창 1:1). 그러나 천지를 창조하시기 전에도 영원한 생명과 빛을 가지신, 스스로 계신 하나님은 이미 영원부터 영원까지 살아 존재하고 계셨다. 그렇기 때문에 하나님 자신은 태초에 종속되시는 분이 아니라 태초를 시작하기 전에도 이미 존재하고 계셨던 분이라는 것이다.

잠 8:23 만세 전부터, 상고부터, 땅이 생기기 전부터 내가 세움을 입었나니

위 성구에서 태초 이전을 가리켜서 '상고(上古)'라고 말씀하고 있다. 미가 5:2에 "그의 근본은 상고에, 태초에니라"는 말씀이 기록되어 있다.

미 5:2 베들레헴 에브라다야 너는 유다 족속 중에 작을찌라도 이스라엘을 다스릴 자가 네게서 내게로 나올 것이라 그의 근본은 상고에, 태초에니라

'상고'라는 말은 만세(萬世) 전(前)이라는 뜻이다. 여기에서 만세 전이라는 의미는 무(無)에서 어떤 유(有)가 존재하기 전에 하나님께서 스스로 계신 자로서 만유 바깥에 계실 때, 바로 그 때를 가리켜서 '상고(上古)'라고 말씀하는 것이다. 즉 하나님께서 피조세계를 지으시기 전을 의미하는 것이고 피조물을 짓기 시작하신 순간을 '태초(太初)'라고 말씀하고 있다. 그렇기 때문에 창세기 1:1에 "태초에 하나님께서 천지를 창조하시니라"고 했고 요한복음 1:1에 보면 "태초에 말씀이 계시니라 이 말씀이 하나님과 함께 계셨으니 이 말씀은 곧 하나님이시니라"고 했고 잠언 8:22-30의 내용에 보면 '태초'가 또 나온다. 그 태초보다 상고가 더 앞서 있다는 것이다. 상고에 존재하시던 하나님께서 특정한 어느 시점에 태초라고 말씀하시면서 피조물의 세계, 곧 천지를 지으신 것이다.

태초의 말씀으로 천지를 창조하실 때에 하나님의 집을 지으신 것이 아니다. 하나님께서 스스로 계신 자로서 먼저 자신의 집을 지으셨다면 그 하나님의 집은 창세기 1:1의 태초 속에 종속되어

있는 것이 아니라 상고, 만유 바깥에 있다는 것을 말씀하고 있는 것이다.

다시 말하면 하나님께서 스스로 계신 자로서 자신의 영광을 위하여 태초 이전에 자신의 집을 지으셨는데 태초 이전에 지으신 그 집을 가리켜 "내 아버지는 만유보다 크시다"라고 말씀하고 있는 것이다.

> 요 10:29 저희를 주신 내 아버지는 만유보다 크시매 아무도 아버지 손에서 빼앗을 수 없느니라

> 엡 4:6 하나님도 하나이시니 곧 만유의 아버지시라 만유 위에 계시고 만유를 통일하시고 만유 가운데 계시도다

만유보다 크신 하나님께서 자신의 집을 지으셨다면 그 집을 지키고 다스리며 또 하나님의 영광을 세세무궁토록 찬미하며 찬양할 수 있는, 영광을 돌릴 수 있는 관리자를 지으셨다는 것은 너무도 당연한 일이다(사 43:21). 집을 지은 이상은 그 집을 관리할 수 있는 관리자가 꼭 필요하다는 것이다. 바로 그 존재가 네 생물이다. 그렇기 때문에 네 생물 또한 창세기 1:1의 태초의 창조에 종속된 자가 아니라는 것은 자명한 사실이다.

"내 아버지의 집에 거할 곳이 많도다"(요 14:2)라고 하신 그 '아버지의 집'은 만유 바깥에 지어진 집이다. 하나님께서 만유를 지으시기 전에 만유 바깥에 먼저 자기의 집을 지으셨다. 그 집은 구속사의 세계에 종속되어있는 집이 아니라 구속사 이전에 지어

진 세계이다.

그렇기 때문에 그 영광의 세계에 있는 아버지의 집과 네 생물의 존재를 굳이 구속사의 입장에서는 다루지 않은 것이다. 성경에 아버지의 집이 언제 지어졌다는 말씀이 존재하지 않고 네 생물이 언제 지어졌느냐는 그 말씀 또한 성경에 표면화되지 않는 이유가 거기에 있었던 것은 아닐까?

여기서 말씀하고 있는 아버지의 집은 "가까이 가지 못할 빛에 거하시고 아무 사람도 보지 못하였고 또 볼 수 없는 자"(딤전 6:15-16)가 계신 실존의 영광의 세계이다.

하나님께서 창조하신 창조의 세계는 크게 두 가지로 나눌 수 있다. 무에서 유를 창조한 '바라의 창조'와 이미 이루어진 물질을 재료로 해서 재창조한 '아사의 창조'가 있다. 바라의 창조는 원료 없이 말씀의 주권적인 권능과 능력을 통해서 창조하신 세계를 말씀하고 있다.

> 히 11:1 믿음은 바라는 것들의 실상이요 보지 못하는 것들의 증거니

이 말씀의 의미는 무엇인가? 구속사의 입장에서 하늘의 발등상이 되는 땅의 차원에서 볼 때는 궁창의 세계가 히브리서 11:1의 말씀이라고 증거 할 수 있다. 그러나 하늘 차원에서 본다면 히브리서 11:1은 궁창의 세계에서 바라보는 아버지의 집을 풋대로 하는 말씀이 된다. 히브리서 11:1은 땅의 차원에서 볼 때와 하늘 차원에서 볼 때 말씀의 내용이 달라진다는 것을 이해할 수 있을 것이다.

아버지의 집은 물질의 세계가 아니다. 요한복음에 그곳은 생명과 빛의 세계라고 기록되어 있다(요 1:1-4). 생명의 세계, 빛의 세계로서 생명 안에 빛이 있다. 그 아버지의 집, 영광의 집이 바라의 세계이다. 이 말씀은 또 바라의 창조와 아사의 창조가 어떻게 구별되는 것인지, 그 의미도 함축하고 있는 말씀이 된다. 아버지의 집이 바라 창조의 세계라면 창세기 1:1의 천지창조는 아사 창조의 세계가 된다.

말씀의 세계를 논리적으로, 순리적으로 보면 바라의 세계가 먼저 존재하고 바라로 말미암아 지어진 그 세계 속에서 재창조, 아사의 세계가 펼쳐진다고 당연히 그렇게 생각할 수밖에 없다. 그것이 다 옳다고 인정할 수밖에 없다는 것이다.

그러나 성경말씀은 그렇게 되어있지 않다. 하나님께서 구속사의 세계를 펼치시는 아사의 창조 속에도 바라의 창조가 들어있다고 말씀할 수 있다는 것이다. 즉 재창조 안에 무에서 유를 창조한 바라 창조의 세계가 들어있다는 것을 알 수 있다. 그것을 뒷받침할 수 있는 말씀이 어디 있는가? 지으신 물질의 세계를 계속 '보시기에 좋았더라'고 말씀하고 계시다가 여섯 째 날 하나님께서 '심히 보시기에 좋았더라'고 말씀하신 심히 보시기에 좋은 그 대상은 재창조의 주인공이 아니라 바라로써 창조된 영광을 말씀하고 있는 것이다. 즉 재창조 속에 바라의 창조가 들어있다는 것을 말씀하고 있는 것이다.

아담을 창조하실 때 3단계의 수리성의 과정을 거쳐서 생령으로 만드셨다.

> 창 2:7 여호와 하나님께서 흙으로 사람을 지으시고 생기를 그 코에 불어넣
> 으시니 사람이 생령이 된지라

여기에서 흙과 사람까지는 물질이라고 말씀할 수 있다. 그러나 "생기를 그 코에 불어넣으시니 사람이 생령이 된지라"의 '생령'은 물질이 아니다. 생령의 사람은 빛의 사람으로서 빛은 물질이 아니다. 그러나 빛의 사람이 불순종하면 죄를 지음으로 말미암아 빛을 빼앗기게 되고 빛의 옷을 잃게 된다. 그러면 물질의 옷을 입게 된다.

무슨 뜻인가? 사람들 중에도 육(肉)을 가진 물질의 사람이 있는가 하면 물질과 상관이 없는 영(靈)을 가진 사람도 있다는 것이다. 그렇기 때문에 고린도전서 15:44에 "육의 몸이 있은즉 신령한 몸이 있느니라"는 말씀이 기록되어있는 것이다. 육의 몸은 물질로 된 몸으로서 죽는 몸이다. 그러나 신령한 몸은 죽는 몸이 아니다. 영원한 생명을 가진 몸이다. 이 말씀을 근거로 해서 아사의 창조 속에 바라의 창조가 함께 병행하여 조화를 이루고 있다는 것을 증거할 수 있다는 것이다.

"태초에 하나님께서 천지를 창조하시니라"(창 1:1)의 '천지', 즉 하늘과 땅은 물질로 이루어진 세계이다.

그런데 여기에서 두 가지 양면성의 개념으로 창세기 1:1을 생각해야 한다. 천지창조는 하늘 천(天), 땅 지(地), 하늘과 땅을 지으셨는데 그 하늘과 땅은 물질로 이루어진 세계이다. 하나님께서 천지를 제일 먼저 창조하셨다고 해서 그 천지창조가 곧 없었던 무에서 유를 창조한 것이라는 그런 개념으로만 생각해서는 안 된다는 것이다.

우리가 수리성의 입장에서 좀 더 집중적으로 내용의 세계를 파헤쳐 보면 또 아울러 무엇을 알게 되는가? 물질의 세계가 무에서 유를 창조한 세계로 이루어진다면 구태여 창조의 세계가 무에서 유를 창조하는 세계, 즉 바라의 세계와 원료를 중심으로 해서 만들어지는 재창조의 세계인 아사의 창조로 구별될 필요가 없다는 것이다.

수리성[11]의 입장에서 볼 때, 제일 먼저 지음을 받았다고 해서 그 지음을 받은 세계가 무에서 유로 창조된 세계라고 무조건 생각하는 것은 잘못된 생각일 수 있다는 것이다.

그렇다면 무에서 유를 창조하는 진정한 바라의 창조의 세계는 무엇인가? 무에서 유를 창조했다는 말은 무에서 유를 창조할 수 있는 창조의 대상의 본질, 근본이 준비되어 있지 않은 상태에서 만들어지는 창조의 세계를 무에서 유를 창조한 것이라고 말씀할 수 있다.

창세기 1장을 깊이 생각해 보면 창조의 세계는 말씀으로 명하신 세계가 그대로 되어지는 세계가 있고, 말씀하신 후 수리성의 과정을 통해서 이루어지는 세계가 있다.

> 시 19:1 하늘이 하나님의 영광을 선포하고 궁창이 그 손으로 하신 일을 나타내는도다

---

[11] 하나님의 창조의 원리는 앞에 언급된 바와 같이 영원성, 상대성, 수리성, 절대성, 영원불멸성으로 이루어진다. 수리성이란 마가복음 4:28에 "땅이 스스로 열매를 맺되 처음에는 싹이요 다음에는 이삭이요 그 다음에는 이삭에 충실한 곡식이라"고 하신 말씀처럼, 단번에 말씀하신 목적 그대로 이루어지는 것이 아니라 크게 3단계의 과정을 통해 순서를 밟아 이루어지게 되는 창조의 원리를 말한다.

위 성구에서 하늘은 하나님께서 직접 지으셨다는 것이다. 그러나 하나님께서 궁창의 세계를 '손'으로 지으셨다는 의미는 재창조로 지으셨다는 뜻이다. 즉 기본적으로 존재해 있는 원료, 재료를 가지고 만드셨다는 것이다. 분명히 성경은 궁창의 세계를 그렇게 만들었다고 증거하고 있다.

그런데 일부에서는 궁창의 세계는 천군 천사가 있는 하늘나라이기 때문에 다 말씀으로 창조한 것이라는 개념을 가지고 있다. 그러나 그렇지 않다는 것이 성경말씀이다.

2. 아버지의 집은 어떤 세계인가?

스스로 계신 하나님(출 3:13-15)께서 만유 바깥에 자기의 영광의 집을 먼저 지으셨다. 그 아버지의 집은 만유 안에 소속되어 있는 것이 아니라 우리가 생각하는 개념의 우주 바깥, 만유 바깥에 있다. 만유 바깥에 있는 아버지의 집은 죄가 없는 곳이다. 그렇기 때문에 죽는 존재는 절대 그 빛 속에 가까이 갈 수 없을 뿐 아니라 그 빛 속에 들어가지도 못한다.

아버지의 집은 완전한 부활로 변화된 자들만이 거할 수 있는 곳으로 마지막 때 일곱 날의 빛으로(사 30:26) 빛의 옷을 입은 자들만이 갈 수 있는 곳이다.

예수께서 "내 아버지는 만유보다 크시다"라고 하셨다. 그렇기 때문에 "내 아버지의 집에는 거할 곳이 많도다. 내가 가서 너희를 위하여 처소를 예비한 다음에 너희를 데리러 오겠다"(요 14:2-3)라고 하신 것이다.

요 10:29 저희를 주신 내 아버지는 만유보다 크시매 아무도 아버지 손에서 빼앗을 수 없느니라

그렇다면 예수께서 말씀하신 아버지의 집은 어떤 세계인가? "내 아버지는 만유보다 크시다"는 말은 세상적인 부피와 질량을 말하는 것이 아니다. 우리나라에서 제일 높은 빌딩이 123층이다. 물질적인 부피로 말한다면 123층 건물은 그것을 설계하고 지은 건축자와는 비교할 수 없을 만큼 크다. 그렇다고 그 빌딩이 설계한 인간보다 더 큰 능력, 가치가 있다고 말할 수 있는가? 그렇지 않다. 마찬가지다. "만유보다 크시다"는 말은 우주만물을 지으신 분의 권능과 능력과 영광이 더 크다는 의미이지, 우주만물보다 아버지의 집이 더 큰 세계라는 뜻은 아니다. 만유를 지으신 분이기 때문에 그런 의미에서 만유보다 크시다고 한 것이다.

우주가 얼마나 큰가? 그 우주도 하나님이 지으신 피조세계이다(요 1:3). 인간의 지혜로는 우주의 시작과 끝을 헤아릴 수 없다. 우주에는 수많은 별들이 있지만 그 안에 있는 별들이 다 살아있는 존재가 아니다. 생명체가 없는 별들은 살아있다고 할 수 없기 때문이다. 해와 달과 별들이 있는 피조세계는 그들이 존재할 수 있는 자기들의 존재적인 가치, 기준, 때를 가지고 있다. 바로 생로병사(生老病死)가 있는 세계라는 것이다.

태양도 피조물이므로 영원히 타오르지 않는다. 어느 시(時)가 되면 식어버리고 만다. 자기 안에 태울 수 있는 모든 조건이 다 사라지면 태양도 달이나 화성처럼 온기 하나 없는 차디찬 행성으로 바뀌는 것이다. 마치 사람이 운명과 숙명을 짊어지고 태어나는 것

처럼 피조세계의 모든 대상들은 광물질이라 할지라도 다 자기 스스로의 운명을 짊어지고 있는 존재, 다 생멸하는 존재라는 것이다.

그렇기 때문에 우주공간에 있는 피조세계의 모든 것들은 다 무한적인 것이 아니라 유한적인 대상이 된다. 오직 무한적인 것은 만유바깥에 있는, 예수께서 계셨다가 온 아버지의 집, 그 곳만이 영원한 빛의 세계이고 영광의 세계가 된다.

> 딤전 6:15-16 기약이 이르면 하나님이 그의 나타나심을 보이시리니 하나님은 복되시고 홀로 한 분이신 능하신 자이며 만왕의 왕이시며 만주의 주시요 오직 그에게만 죽지 아니함이 있고 가까이 가지 못할 빛에 거하시고 아무 사람도 보지 못하였고 또 볼 수 없는 자시니 그에게 존귀와 영원한 능력을 돌릴찌어다 아멘

위 성구의 말씀처럼 아버지의 집은 '가까이 가지 못할 빛에 거하시고 아무 사람도 보지 못하였고 또 볼 수 없는 자'가 계신 곳이다. 그렇기 때문에 하늘에 있는 천사들도 아직 가보지 못한 세계이다.

아버지의 집은 어린 양이 등이 되시는 곳이다. 태양 빛도 물질의 빛이기 때문에 그 빛을 가리면 그늘이 생긴다. 그러나 아버지의 집은 어린 양이 등이 되셔서 항상 빛이 충만해 있기 때문에 해와 달이 필요 없는 곳이다.

> 계 21:23 그 성은 해나 달의 비침이 쓸데없으니 이는 하나님의 영광이 비취고 어린 양이 그 등이 되심이라

> 계 22:5 다시 밤이 없겠고 등불과 햇빛이 쓸데없으니 이는 주 하나님이 저희에게 비취심이라 저희가 세세토록 왕 노릇 하리로다

그 빛은 아무리 어떤 형태, 어떤 각도에서 막아도 그림자가 지지 않는다. 일곱 날의 빛과 같은 그 빛은 지구보다 천만 배 더 두꺼운 암반이라도 동시적으로 뚫고 비춰지기 때문에 반대쪽에서도 똑같이 볼 수 있다. 그 빛은 어디에서든지 다 볼 수 있는 전 우주적인 빛이다. 그렇기 때문에 그 세계는 티끌만한 그림자도 없고 어두움도 없는 그런 세계라는 것이다. 그곳은 영원한 세계이다.

재림의 영광의 빛은 "일곱 날의 빛과 같다"는 말씀처럼 빛보다 일곱 배 더 밝은 그런 영광이라는 것이다. 아버지의 집은 그런 거룩한 영광의 세계, 빛의 세계, 빛의 집이라는 것이다.

> 사 30:26 여호와께서 그 백성의 상처를 싸매시며 그들의 맞은 자리를 고치시는 날에는 달빛은 햇빛 같겠고 햇빛은 칠 배가 되어 일곱 날의 빛과 같으리라

아버지의 집은 태초의 말씀이 육신이 되어 오신 빛과 네 생물만이 있던 곳이다. 또한 인자 외에는 오고간 사람이 없는 곳이다(요 3:13). 그곳은 이 땅에서 인류 구속사의 세계의 종지부를 찍으면 부활과 변화로써 완성된 자들을 이끌고 갈 수 있는 곳이다. 아버지의 집으로 간다는 말은 구속사의 세계가 완전히 끝났다는 것을 의미하는 것이다.

빌립보서 3:21 말씀대로 우리를 이 땅에서 영광의 존재로 변화시키셔서 우리를 인도하시는 분의 인도를 따라서 우리가 만유 바깥에 있는 그 세계에, 아버지의 집에 들어갈 수 있는 것이다.

> 빌 3:21 그가 만물을 자기에게 복종케 하실 수 있는 자의 역사로 우리의 낮은 몸을 자기 영광의 몸의 형체와 같이 변케 하시리라

네 생물 안에 여호와의 영광이 있고 보좌가 함께 하고 있다(겔 1:26-28). 보좌가 있다는 말은 그 보좌에 앉을 주인공이 있다는 것이다. 네 생물은 그 보좌를 호위하고 옹위하고 지키는 사명을 가지고 있다. 그런 모습의 네 생물을 어떤 의미에서는 아버지의 집이라고 말할 수 있지 않을까? 왜냐하면 네 생물 안에 여호와의 영광이 있고 보좌가 있기 때문에 그런 모습을 비유와 상징으로 말한다면 그렇게도 말할 수 있다는 것이다.

낙원, 에덴동산은 어떤 곳인가?

> 창 1:6-8 하나님이 가라사대 물 가운데 궁창이 있어 물과 물로 나뉘게 하리라 하시고 하나님이 궁창을 만드사 궁창 아래의 물과 궁창 위의 물로 나뉘게 하시매 그대로 되니라 하나님이 궁창을 하늘이라 칭하시니라 저녁이 되며 아침이 되니 이는 둘째 날이니라

하나님께서 궁창을 만드시고 궁창을 중심으로 '윗물과 아랫물'로 나누셨다. 또 궁창을 '하늘'이라 칭하셨다. 그 말씀대로 하늘

은 첫째 하늘, 둘째 하늘, 셋째 하늘로 구분되어 있다. 셋째 하늘의 한 가운데가 낙원, 즉 에덴동산이다. 에덴동산은 만유 안에 들어있는 세계로 만유바깥에 있는 아버지의 집과는 다른 곳이다.

> 사 11:6-9 그때에 이리가 어린 양과 함께 거하며 표범이 어린 염소와 함께 누우며 송아지와 어린 사자와 살찐 짐승이 함께 있어 어린아이에게 끌리며 암소와 곰이 함께 먹으며 그것들의 새끼가 함께 엎드리며 사자가 소처럼 풀을 먹을 것이며 젖 먹는 아이가 독사의 구멍에서 장난하며 젖뗀 어린아이가 독사의 굴에 손을 넣을 것이라 나의 거룩한 산 모든 곳에서 해됨도 없고 상함도 없을 것이니 이는 물이 바다를 덮음같이 여호와를 아는 지식이 세상에 충만할 것임이니라

> 사 65:20-25 거기는 날수가 많지 못하여 죽는 유아와 수한이 차지 못한 노인이 다시는 없을 것이라 곧 백 세에 죽는 자가 아이겠고 백세 못 되어 죽는 자는 저주받은 것이리라 -(중략)-내 백성의 수한이 나무의 수한과 같겠고 나의 택한 자가 그 손으로 일한 것을 길이 누릴 것임이며 -(중략)-그들이 부르기 전에 내가 응답하겠고 그들이 말을 마치기 전에 내가 들을 것이며 이리와 어린 양이 함께 먹을 것이며 사자가 소처럼 짚을 먹을 것이며 뱀은 흙으로 식물을 삼을 것이니 나의 성산에서는 해함도 없겠고 상함도 없으리라 여호와의 말이니라

위 성구는 셋째 하늘에 있는 낙원의 모습을 묘사하고 있다. 에덴동산, 낙원은 이 땅에서와 같이 약육강식(弱肉强食)의 세계가

아니다. 그렇기 때문에 "이리가 어린 양과 함께 거하며 표범이 어린 염소와 함께 눕고 송아지와 어린 사자와 살찐 짐승이 함께 엎드리며 사자가 소처럼 풀을 먹고 젖 먹는 아이가 독사의 구멍에서 장난하며 젖 뗀 어린 아이가 독사의 굴에 손을 넣어도 해함도 상함도 없는 세계"이다. 또 "사람의 수명이 나무의 수한과 같다"고 했다. "그들이 부르기 전에 내가 응답하겠고 그들이 마치기 전에 내가 들을 것이며"라는 말씀처럼 그곳은 생각과 동시에 이루어지는 세계라는 것이다.

3. 만유의 세계는 어떤 세계인가?

창세기 1:1에 하나님께서 천지를 창조하셨다. 성경에는 만유에 관한 구절이 많이 나온다.

시 145:9 여호와께서는 만유를 선대하시며 그 지으신 모든 것에 긍휼을 베푸시는도다

시 103:19 여호와께서 그 보좌를 하늘에 세우시고 그 정권으로 만유를 통치하시도다

행 3:21 하나님이 영원 전부터 거룩한 선지자의 입을 의탁하여 말씀하신 바 만유를 회복하실 때까지는 하늘이 마땅히 그를 받아 두리라

만유의 세계는 어떤 세계인가? 만유 안에는 하나님이 지으신 만물의 세계, 생명의 세계가 들어있다. 여기에서 '들어있다'는 말은 이렇게 생각해야 한다. 만유 안에 만물의 세계를 빈 공간이 없게 꽉 차게 만들어 넣으셨다는 그런 개념이 아니다. 만유 안에는 살아있는 생명체가 존재하는 세계가 있는데 그 생명을 가진 세계는 서로 연결되어 있기는 하지만 생명체로써 이루어진 영역에 한정되어 있는, 구별되어 있는 세계를 지칭하는 것이지, 생명체를 가진 존재가 만유 안에 만물들로써 가득 차있다는 그런 의미는 아니다.

우주에는 생명체가 살고 있는 세계보다 생명체가 없는 세계, 물질로만 이루어진 세계가 더 많아서 생명체가 존재하는 세계는 물질로 이루어진 세계의 극히 일부분이라고 말할 수 있다. 하나님이 주신 신성과 능력을 가지고(롬 1:20) 고유적인 자기적 생명을 가지고 살아있는 존재, 살아있는 대상을 생물이라고 한다. 우주 안에 그렇게 살아있는 생명체들이 존재하고 있는 그 세계를 우리가 만유라고 말한다.

지구도 생명체가 존재하는 별이다. 그 별들의 세계가 3층천으로 되어있다. 만유 안의 세계에는 첫째 하늘, 둘째 하늘, 셋째 하늘이 있다. 그 3층으로 된 하늘을 가리켜 솔로몬이 기도 중에 "하늘과 하늘들의 하늘이라도"라고 묘사하고 있다.

왕상 8:27 하나님이 참으로 땅에 거하시리이까 하늘과 하늘들의 하늘이라도 주를 용납지 못하겠거든 하물며 내가 건축한 이 전이오리이까 우리가 살고 있는 지구는 바로 그 하늘과 연결되어있다. 그런 의미에서 우리가 살고 있는 지구촌을 하늘의 발등상이라고 표현하고 있는 것이다.

> 사 66:1 여호와께서 이같이 말씀하시되 하늘은 나의 보좌요 땅은 나의 발등상이니 너희가 나를 위하여 무슨 집을 지을꼬 나의 안식할 처소가 어디랴

> 행 7:49 주께서 가라사대 하늘은 나의 보좌요 땅은 나의 발등상이니 너희가 나를 위하여 무슨 집을 짓겠으며 나의 안식할 처소가 어디뇨

왜 지구가 하늘의 발등상이 되는가? 발등상이 된다는 말은 생명체가 존재하는 하늘과 땅, 즉 하늘과 지구가 같이 연결되어있기 때문이다. 그렇기 때문에 시편 19:1-4 말씀처럼 살아있는 생명체는 서로가 다 통하게 되어있다는 것이다.

> 시 19:1-4 하늘이 하나님의 영광을 선포하고 궁창이 그 손으로 하신 일을 나타내는도다 날은 날에게 말하고 밤은 밤에게 지식을 전하니 언어가 없고 들리는 소리도 없으나 그 소리가 온 땅에 통하고 그 말씀이 세계 끝까지 이르도다 하나님이 해를 위하여 하늘에 장막을 베푸셨도다

발등상이라는 말은 신체적으로도 한 몸에 붙어있는 가장 아랫부분을 말하는 것이다. 발등이 신체의 가장 아랫부분에 붙어있어서 가장 저급하고 낮은 차원의 세계라는 의미를 가지고 있다 할

지라도 거기에도 신경계, 근육계, 모든 것들이 머리와 다 연결되어 있다. 하늘의 발등상으로서 낮고 천한 차원의 세계이기는 하지만 정금격인 머리 부분과 다 연결되어있다는 것이다. 그렇게 연결되어있는 영맥과 인맥을 통해서 하늘과 이 땅의 모든 것이 이어지고, 전해지고, 선포되고, 역사되고 있다는 사실을 우리는 인식해야 한다.

그렇기 때문에 지구촌에 존재의 의미를 가지고 존재하는 모든 대상들은 이 땅에서 스스로 창조된 것이 아니라 하늘에서 왔다는 사실을 인정할 수밖에 없다. 불을 다스리는 천사, 물을 다스리는 천사, 식물계를 다스리는 천사, 짐승계를 다스리는 천사, 각자 주어진 사명을 가진 천사들에 의해서 하늘에서 이 땅으로 이어져 온 것이다.

지구촌에 사람이 살아갈 수 있는 최소한의 환경을 만들어놓으시고 얼음덩어리[12]에 네 가지 육체의 생명의 씨를 넣어서 천사들을 통해 이 땅에 보냈다. 그 얼음을 통해서 생명의 씨가 지구촌에 들어와 사람의 육체, 짐승의 육체, 새의 육체, 물고기의 육체, 네 가지 육체가 지구촌에 존재하게 된 것이다.

하나님이 하늘 문을 여시고 만나를 비같이 내리셨다.

> 시 78:23-24 그러나 저가 오히려 위의 궁창을 명하시며 하늘 문을 여시고 저희에게 만나를 비같이 내려 먹이시며 하늘 양식으로 주셨나니

---

12) 본서 제 5장 <구속사의 시작과 끝, 네 생물> 376쪽

이스라엘 백성들이 먹었던 만나도 하늘 문을 여시고 내려주신 만나이다. 생명체는 머리가 되는 하늘이나 발등상이 되는 이 땅이나 서로가 다 연결되어 통하고 있는 것이다.

우주와 만유는 어떻게 다른가?

예수님이 영광을 받으시기 위해서 지금 우편보좌에 계신다. 우편보좌는 에덴동산 한 가운데를 말하고 있고 그곳을 만유 안이라고 말씀하고 있다.

예수님이 만유 바깥에 있는 아버지의 집으로 가시면 우리가 아무리 이 땅에서 영광을 돌려도 그 영광을 받으실 수 없다. 왜냐하면 그곳은 천사들도 갈 수 없는 곳이기 때문에 우리들이 올리는 영광이 전달되지 못한다. 그래서 영광을 받으시기 위해서 만유 안에 계신다고 말씀하고 있다.

> 고전 15:27-28 만물을 저의 발 아래 두셨다 하셨으니 만물을 아래 둔다 말씀하실 때에 만물을 저의 아래 두신 이가 그 중에 들지 아니한 것이 분명하도다 만물을 저에게 복종하게 하신 때에는 아들 자신도 그 때에 만물을 자기에게 복종케 하신 이에게 복종케 되리니 이는 하나님이 만유의 주로서 만유 안에 계시려 하심이라

엡 4:5-6 주도 하나이요 믿음도 하나이요 세례도 하나이요 하나님도 하나이시니 곧 만유의 아버지시라 만유 위에 계시고 만유를 통일하시고 만유 가운데 계시도다

우리가 살고 있는 이 땅을 하늘의 발등상이라고 한다. 발등상이 되는 이 지구도 만유 안에 들어있는 것이다. 만유의 가장 밑바닥이 지구이다. 그러면 만유의 끝은 어디인가? 바로 셋째 하늘나라이다.

그렇다면 만유와 우주는 어느 것이 더 큰가? 만유의 바닥은 지구이고 만유의 가장 위는 셋째 하늘나라가 된다. 바닥인 지구에서부터 셋째 하늘까지를 한 덩어리로 보았을 때 그것을 만유라고 한다. 그 만유가 우주 안에 들어있는 것이다. 즉, 창세기 1:1에서 지으신 천지(天地) 안에 생명의 세계인 만유(萬有)가 들어있는 것이다.

행 17:24 우주와 그 가운데 있는 만유를 지으신 신께서는 천지의 주재시니 손으로 지은 전에 계시지 아니하시고

행 4:24 저희가 듣고 일심으로 하나님께 소리를 높여 가로되 대주재여 천지와 바다와 그 가운데 만유를 지은 이시요

그런데 여기에도 양면성이 있다. 생명의 세계, 구속사의 세계를 말한다면 구속사의 세계가 하나님의 뜻의 중심이기 때문에 그 중심을 위해서 중심 바깥에 있는 모든 세계가 존재한다고 말씀할 수 있다는 것이다.

예를 들면 지구가 태양을 중심으로 해서 도는 별이다. 지구가 태양을 중심으로 도는 작은 별이라고 해서 태양계에서 가장 비중이 낮은 별이라고 말할 수 있을까? 그렇지 않다.

그 이유는 무엇인가? 태양계에서 인격을 가진 생명체가 존재하는 곳은 지구밖에 없다. 태양이 지구보다 수백, 수천 배 더 크다 할지라도 태양이 존재하는 의미는 지구촌에 있는 생명의 세계를 유지시키기 위해서 태양이 존재하는 것이지 태양을 중심으로 돌고 있는 행성으로써 지구가 존재하는 것이 아니라는 것이다.

그런 의미로 보았을 때 태양계에서 가장 으뜸가는 별이 지구라고 말할 수 있다. 지구에만 인격적인 생명체가 존재하기 때문에 그 생명체를 존재시키기 위해서 태양계의 다른 별들이 존재하는 것이다. 나머지 다른 별들은 지구와의 중력과 인력을 통해서 거리를 유지하고 조화시키기 위해서 존재하는 것이다. 그런 의미적인 원리를 근거로 해서 생명체가 존재하는 별을 위해서 생명체가 존재하지 않는 많은 별들이 왜 존재해야만 하는지, 은하계가 왜 존재해야만 되는지 그렇게 펼쳐지고 있는 조화의 세계를 우리가 바라볼 수 있고 깨달을 수 있다는 것이다.

그런 의미에서 만유는 우주 안에 있기도 하고 또 우주가 만유 안에 있기도 하다고 말씀할 수 있다는 것이다.

예수님이 이 땅에 사람으로 오셨다. 예수님이 우리와 똑같은 사람으로 이 땅에 오셨으니 만유에 비하면, 우주에 비하면 얼마나 작으신가? 그렇다고 그 분이 하나님이 아니신가? 그 조그마한 예수님이 만유를 지으시고 우주만물을 지으셨다. 하나님이 이 땅에 말씀이 육신이 되어 오셨다. 우주의 크기에 비하면 모래알만도 못한 작은 존재로 오셨지만 그분은 우주만물을 지으신 분이시다. 자신의 영광을 위하여 그 우주만물을 지으셨기 때문에 그분은 만유보다 크신 분이라는 것을 이해할 수 있을 것이다.

그렇기 때문에 여기에는 양면성이 있다. 우주 안에 만유가 있지만 살아있는 생명체의 세계의 입장에서 볼 때는 만유 안에 우주가 있다고 말할 수 있다는 것이다. 어느 것을 중심으로 설명하느냐에 따라서 내용과 차원이 달라질 수 있다.

우주 안에 만물이 있고 지구가 태양계 안에 있다. 그러나 그 지구 생명체를 위해서 해와 달과 별들이 다 필요한 것이다. 태양이 지구에 조금만 앞으로 다가선다면 지구에 있는 생명체들은 다 타 죽는다. 반면 조금만 더 멀리 가면 다른 별들처럼 지구는 얼음덩어리가 된다. 그렇기 때문에 중력과 인력을 중심으로 태양과 거리가 떨어져 있어야 하고 다른 별들도 그렇게 조화롭게 적재적소에 배치되어 있다는 것이다.

우주는 면적, 부피로 말하자면 창조의 세계에서 가장 큰 하나의 개체라고 말할 수 있다. 그러나 영광의 입장, 영광의 차원에서 말한다면 어디가 가장 큰 곳인가? 우주는 피조세계의 시작과 끝을 이루고 있는 한계 안에 있는 넓은 공간이라고 표현할 수 있다.

시편 기자가 "공중에 무거운 별들을 매달아놓으시고"라고 표현했듯이 우주가 질량, 부피의 개념으로 보면 무한대의 공간으로 가장 넓은 공간이기는 하지만 그렇다고 가장 중요한 부분은 아니다.

시 8:3 주의 손가락으로 만드신 주의 하늘과 주의 베풀어 두신 달과 별들을 내가 보오니

그 안에는 궁창의 세계가 있다. 생명체를 가지고 있는 별들이 다 궁창의 세계라고 말할 수 있다. 궁창의 세계는 곧 하늘을 말하는 것이다. 그러나 궁창의 세계도 차원에 따라서 영광이 다르기 때문에 첫째 하늘, 둘째 하늘, 셋째 하늘이라고 말씀하고 있는 것이다.

과학자들이 여러 가지 과학적인 증거를 통해서 지구의 나이를 45억년, 또는 60억년이라고 추정해내기도 한다.

우주에는 많은 별들의 세계가 있다. 그들이 가지고 있는 존재의 시간은 무엇인가? 그 존재의 시간은 물리적인 시간이기 때문에 그들이 지어진 존재로서의 연대를 가지고 있다. 하나님은 연대에 다함이 없는 분이시지만 피조세계는 백억 년이 걸렸든 천억 년이 걸렸든 각자 자기의 연대를 가지고 있다.

자기의 연대를 가지고 있는 그 시간을 우리가 어떻게 측정할 것인가? 아무리 그 연대가 길다 할지라도 그 연대는 물리적인 시간에 준할 수밖에 없다. 그 연대를 우리가 살고 있는 우리의 시간으로 말한다면 표현할 수 없는 장구한 시간이 되는 것이다.

히브리서 7:1-3에 "멜기세덱은 아비도 없고 어미도 없고 족보도 없고 시작한 날도 없고 생명의 끝도 없어 하나님 아들과 방불하여 항상 제사장으로 있느니라"는 말씀이 기록되어 있다. 그렇다면 우리들도 시작과 끝이 없는 영원한 생명과 빛 안에 함께 존재함으로 말미암아 시작과 끝이 없는 대상으로 살아갈 수 있게 된

다. 멜기세덱과 같이 시작과 끝이 없는, 연대에 다함이 없는 그분 안에서 우리가 함께 한다면 우리가 그분 안에 함께 하기 전에는 연대를 가지고 살았던 존재였지만 시작과 끝이 없는 그분 안에 들어간다면 우리도 시작과 끝이 없는 사람들이 되는 것이다.

시간, 때, 계절에도 다 상대성이 있다고 말할 수 있다. 빛의 시간이 있으면 어두움의 시간이 있고 궁창의 시간이 있으면 만유의 시간이 있다.

그러면 우주의 시간은 누가 정하고 누가 운행하고 있는 것인가? 우주의 시간을 처음부터 끝까지 계속적으로 변함없이 때와 시기와 시간을 유지하려면 그 시간을 움직일 수 있는 동력이 필요하다.

다시 말하면 이런 의미이다. 하나님께서 빛의 시간인 카이로스(Kairos)의 시간과 믿음의 시간인 호라(Hora)의 시간과 세상사의 시간인 크로노스(Chronos)의 시간, 이렇게 세 시간을 같은 시간대에 운행하고 계신다.

지구에도 시간이 존재한다. 또 우리와 도맥이 연결되어 있는 궁창의 세계에서도 지금 우리와 똑같이 그곳은 그곳대로의 시간으로 움직이며 살아가고 있다. 또 궁창의 세계 밖에도 생명이 존재하지는 않지만 하나님의 신성과 능력으로 만들어진 우주 안에 있는 모든 별들의 세계가 있다. 그 세계에는 그 세계대로 필요한 시간이 있다는 것이다. 그러니까 세 가지의 시간이 똑같이 공존하면서 똑같은 시간을 영유하고 있다. 시간을 운행하시는 역사 속에 이 땅의 시간, 하늘의 시간, 또 하늘 밖에 있는 우주의 시간, 이런 시간들이 똑같이 공존하고 있다는 것이다.

그런데 그 시간이 변칙적이고 즉흥적이라면 서로가 서로의 시간이 존재할 수 있는 시간의 존재에 필요한 질서와 조화가 하나로 이루어지지 않는다. 우주는 한 마디로 엉망진창이 될 것이다. 서로 충돌하게 되어 서로 존재할 수 없게 될 것이다. 우주가 존재할 수 있다는 것은, 다시 말해서 하나님께서 말씀의 능력으로 붙잡고 계신다는 그 표현 속에는 히브리서 1:2-3에 "그의 능력의 말씀으로 만물을 붙드시며"라는 말씀처럼 서로가 서로를 유지시키며 존재시킬 수 있는 철저한 자기적인 자기의 때와 시기와 시간을 가지고 있다는 것이다.

> 히 1:2-3 이 모든 날 마지막에 아들로 우리에게 말씀하셨으니 이 아들을 만유의 후사로 세우시고 또 저로 말미암아 모든 세계를 지으셨느니라 이는 하나님의 영광의 광채시요 그 본체의 형상이시라 그의 능력의 말씀으로 만물을 붙드시며 죄를 정결케 하는 일을 하시고 높은 곳에 계신 위엄의 우편에 앉으셨느니라

그렇게 하나님의 신성과 능력으로 처음부터 만물을 지으시고, 지으신 만물의 세계, 만유의 세계, 궁창의 세계를 하나님께서 붙잡고 계신다는 것이다. 그렇기 때문에 이 땅의 시간, 하늘의 시간, 하늘 궁창 밖에 있는 우주의 시간을 질서적으로 조화적으로 평균케 하시고, 평온하게 평화를 유지하며 운행하시기 위해서 성경에서 그들이 가지고 있는 측정적인 시간대를 압축해서 표현하고 있는 것이다.

그렇다면 "천년이 밤의 한 경점 같다"(시 90:4)는 것은 무슨 시간인가? 우리가 살고 있는 지구의 천년이 우주에서는 눈을 떴다가 감는 시간, 즉 1초도 안 되는 밤의 한 경점과 같은 시간이라는 것이다.

예를 들어 우주에 큰 톱니바퀴가 있다고 생각해보자. 가장 큰 톱니바퀴가 1초 동안 찰칵하는 순간에 그 톱니바퀴에 맞물린 그 밑에, 또 그 밑에 있는 아주 작은 톱니바퀴는 천년 동안 돌아간다는 것이다.

그리고 "하루가 천년 같고 천년이 하루 같은 이 한 가지 사실을 잊지 말라"(벧후 3:8)는 시간은 바로 구속사 세계의 시간을 말씀하는 것이다. 6일의 창조의 시간을 하나님께서 아담을 통해 펼치시는 구속사의 시간에 적용하면 6,000년의 역사가 된다. 이 시간은 가장 짧은 시간이지만 가장 중요하고 거룩한 영광의 시간을 의미하는 것이다. "하루가 천년 같고 천년이 하루 같은 이 한 가지 사실을 잊지 말라"는 구속사의 시간은 하나님의 시간이면서 믿음의 시간 즉 호라(Hora)의 시간이라고 말씀할 수 있다.

궁창이 비록 만유 안에 있지만 수리성으로 말한다면 우주의 시간은 지구의 생성시간과는 비교할 수 없이 광대하다는 것을 인정할 수밖에 없다. 그 광대한 시간 속에서 우주 안에 각자의 별들이 존재하고 있다. 그러나 하나님의 입장에서는 그들보다도 자기의 형상과 모양대로 사람을 만드신 시간과 그 시간에 들인 하나님의 공력이 가장 크고 중요하고 가장 거룩한 의미를 가지고 있기 때문에, 그것을 가리켜서 "하나님의 형상과 모양대로 사람을 지었다"(창 1:26)라고 표현한 것이다. 한 마디로 "어떤 우주, 어떤 만물이건 너희들 사람처럼 나의 형상과 모양대로 만든 존재는 아무도 없다"는 것이다.

피조물 중에서 비록 가장 짧은 시간 안에 가장 짧은 역사 속에서 지어진 존재이기는 하지만 하나님의 형상과 모양대로 지은 존재는 오직 사람밖에 없기 때문에 사람을 만물의 영장, 으뜸이라고 말하는 것이다. 다시 말하면 아무리 우주가 존재하는 그 연대의 시간이 광활하다 할지라도 사람을 만드는데 필요한 시간과 공력은 절대적인 것이며, 그 시간과 공력은 우주만물을 주관하시며 섭리하시며 다스리시며 지키시고 생육, 번성시키실 수 있는 그런 시간과 공력이 되는 것이다.

태초에 천지를 창조하셨다는 말씀은 하나님이 하늘과 땅을 창조하셨다는 것이다. 그렇다면 천지를 창조하셨다는 창조의 대상의 범주는 어디에서 어디까지를 말하는 것인가? 이 창조의 대상은 바로 무에서 유를 창조한 창조의 한계를 말씀하신 것이다.

그러니까 첫째 날 "태초에 하나님이 천지를 창조하시니라"는 말씀은 천지창조의 근원적인 창조의 전체를 말씀하고 있는 것이다. 창세기 1:1의 그 한 마디 구절에 무에서 유를 창조한 창조의 세계 전체와 창조 세계의 개념과 근본과 본질과 창조 세계의 시작과 끝이 다 들어있다는 것이다.

그리고 나서 하나님이 이제 그 세계를 창세기 1:2에서 설명하신 것이다. "땅이 혼돈하고 공허하며 흑암이 깊음 위에 있고 하나님의 신은 수면에 운행하시니라"고 했다. 하나님의 신이 아직 수면 위에 운행하셨다는 말은 하나님이 창조하신 창조의 세계를 바라보시면서, 창조의 면면을 살펴보시면서 자기가 세우시고자 하시는 뜻을 설계하시기 시작하는 그런 상황, 그런 상태를 표현한 것이라고 말씀할 수 있다.

그리고 나서 창세기 1:3에 가서 그제야 빛이 있으라고 하셨다. "빛이 있으라 하시매 그 빛이 하나님의 보시기에 좋았더라"는 빛은 누구를 말씀하는 것인가? 바로 만유를 지으신 태초의 말씀이시다.

여기에서는 세 번째 태초를 생각하면 된다. 성경에는 세 번의 태초가 나오는데 창세기 1:1에서 말씀하는 태초와 요한복음 1:1에서 말씀하는 태초, 그리고 잠언 8:22-30에 보면 또 한 번의 태초가 나온다.

잠언 8:22에 "여호와께서 그 조화의 시작 곧 태초에 일하시기 전에 나를 가지셨으며"라는 말씀이 있다. 나를 가지셨다는 말은 무슨 소리인가? 그 가지신 분을 시편 2:7에 "내가 너를 낳았도다"라는 말씀처럼 낳았을 때 그분을 가리켜서 "빛이 있으라 하시매 빛이 있었고 그 빛이 하나님의 보시기에 좋았더라"고 말씀하고 있는 것이다.

> 시 2:7 내가 영을 전하노라 여호와께서 내게 이르시되 너는 내 아들이라 오늘날 내가 너를 낳았도다

창세기 2:24에서 아버지 안에 계시던 태초의 말씀을 분가시키신 것은 "오늘날 내가 너를 낳았도다"라는 위 성구의 말씀처럼 아버지 안에 있는 태초의 말씀을 낳으셨다는 말씀과 같은 것이다.

그 빛이 천지 안에서 만유를 지으신 것이다. 만유라는 말은 구속사 세계의 한계로써 그 한계의 정점을 중심으로 하나님이 쳐놓으신 구속사 세계의 영역, 울타리를 말하는 것이다. 구속사 세계의 영역, 울타리 안, 그 영향권에 미치는 그 세계를 가리켜서 만유라고 말하는 것이다.

4. 예수님이 말씀하신 내 아버지의 집과 거룩한 한 성은 어떻게 다른가?

> 요 14:2-3 내 아버지 집에 거할 곳이 많도다 그렇지 않으면 너희에게 일렀으리라 내가 너희를 위하여 처소를 예비하러 가노니 가서 너희를 위하여 처소를 예비하면 내가 다시 와서 너희를 내게로 영접하여 나 있는 곳에 너희도 있게 하리라

이 성구는 예수님이 친히 아버지의 집을 말씀하신 내용이다. "하늘에서 내려온 자 곧 인자 외에는 하늘에 올라간 자가 없느니라"(요 3:13)는 말씀을 돌이켜 보아도 예수님만이 아버지의 집에서 오신 분이시고 또 예수님만이 그곳에 가신 분이시다.

그렇다면 히브리서 11:16에서 말씀하고 있는 하나님께서 예

비하신 거룩한 한 성, 의인들이 머물러 있는 낙원, 거지 나사로가 죽어서 아브라함의 품에 안겨있는 그곳이 아버지의 집이냐, 아니냐는 것도 우리가 한 번은 짚어 보아야 할 문제이다.

> 히 11:16 저희가 이제는 더 나은 본향을 사모하니 곧 하늘에 있는 것이라 그러므로 하나님이 저희 하나님이라 일컬음 받으심을 부끄러워 아니하시고 저희를 위하여 한 성을 예비하셨느니라

고린도후서 5:1-4에서는 우리의 육체를 집이라고 말씀하고 있다. 우리의 육신의 장막집이 무너지면 하나님께서 우리에게 무너지지 않는 영원한 집을 예비해 주신다고 했다.

> 고후 5:1-4 만일 땅에 있는 우리의 장막 집이 무너지면 하나님께서 지으신 집 곧 손으로 지은 것이 아니요 하늘에 있는 영원한 집이 우리에게 있는 줄 아나니 -(중략)- 이 장막에 있는 우리가 짐 진 것 같이 탄식하는 것은 벗고자 함이 아니요 오직 덧입고자 함이니 죽을 것이 생명에게 삼킨 바 되게 하려 함이라

그 예비해 주신 집은 어디에 있는가? 그곳은 바로 아브라함이 있는 곳이다. 누가복음 16:22-24에 거지 나사로가 죽어서 아브라함의 품에 안겨 있는 모습이 기록되어 있다. 거지 나사로가 아브라함의 품에 안긴 곳은 거룩한 의인들이 머물러 있는 집이다. 분명히 나사로가 아브라함의 품에 안겨있는 거룩한 한 성, 의인들이 머물러 있는 '하늘에 있는 영원한 집'(고후 5:1)은 아버지의 집이 아니라는 것을 알 수 있다. 그 성의 주인이 아브라함이다.

> 눅 16:22-24 이에 그 거지가 죽어 천사들에게 받들려 아브라함의 품에 들어가고 부자도 죽어 장사되매 저가 음부에서 고통 중에 눈을 들어 멀리 아브라함과 그의 품에 있는 나사로를 보고 불러 가로되 아버지 아브라함이여 나를 긍휼히 여기사 나사로를 보내어 그 손가락 끝에 물을 찍어 내 혀를 서늘하게 하소서 내가 이 불꽃 가운데서 고민하나이다

지금은 목사님들이 많이 깨어서 장례식 때 "잘 믿은 아무개 집사, 아무개 권사, 아무개 장로님이 아브라함의 품에 안기셨습니다"라고 제대로 가르쳐 주는 분들이 많다. 그런데 옛날에는 목사님들이 죄를 많이 지었다. 무조건 믿다가 죽은 사람은 죽어서 어디에 간다고 말하는가? "주님의 품으로 돌아갔다. 주님의 품에 안겼다"라고 증거했다. 지금도 그렇게 말하는 목사님들도 많이 있다.

그런데 그것은 거짓말이다. 그것은 성경을 전혀 모르는 사람들이 하는 말이다. 큰 죄를 짓는 것이다. 하나님께서 무엇을 제일 싫어하시는가? 거짓말을 제일 싫어하시는 분이시다(히 6:18). 20~30년 전만 해도 많은 목사님들이 성도들이 잠들면 장지에 가서 그렇게 설교를 했었다. 그러니까 다 거짓말을 한 것이다.

그렇다고 아무나 아브라함의 품에 안기는 것은 절대 아니다. 어떤 사람들만 안길 수 있는가? 첫째 부활, 의인의 부활에 참예할 수 있는 사람들만 그곳에 갈 수 있는 것이지, 생명의 부활로 구원받는 사람들은 그곳에 가지 못한다. 무조건 믿었던 사람이라고 해서 다 그곳에 가는 것은 아니다.

사람은 외모를 보지만 하나님은 중심을 보시는 분이시다.

삼상 16:7 여호와께서 사무엘에게 이르시되 그 용모와 신장을 보지 말라 내가 이미 그를 버렸노라 나의 보는 것은 사람과 같지 아니하니 사람은 외모를 보거니와 나 여호와는 중심을 보느니라

중심을 본다는 말은 무슨 의미인가? 그 사람의 겉 사람이 아니라 속사람, 즉 그 사람의 영혼을 보고 판단하시는 분이라는 것이다.

그렇기 때문에 "사람의 생각으로는 옳은 듯 하나 필경 그 길은 사망의 길이니라"(잠 14:12, 16:25)고 했다. 사람이 볼 때는 "아, 저 사람은 잘 믿었으니까 앞으로 천국에 가겠지!"라고 생각하지만 그런 사람 가운데 불 못에 들어가는 사람들도 많이 있지는 않을까? 사람들에게 순교자로 추앙받는 사람들 중에서도 불 못에 갈 사람들이 많다. 그 이유가 무엇인가? 사람이 보는 눈과 하나님이 보는 눈은 다르기 때문이다(사 55:8-9).

예를 들면, 예수님 당시 이스라엘에는 율법으로 정한 24,000명의 제사장들이 있었다. 오늘날로 말하면 목사님들인데 한 명도 구원을 받지 못했다. 왜 구원받지 못했는가? 그들은 세례요한에게 세례를 받지 않았고 또 예수님의 제자들로부터도 세례를 받지 않았기 때문에 "창기와 세리는 세례를 받았지만 저들은 세례를 받지 아니함으로 하나님의 의를 스스로 저버렸다"는 말씀이 성경에 기록되어 있다.

눅 7:29-30 모든 백성과 세리들은 이미 요한의 세례를 받은지라 이 말씀을 듣고 하나님을 의롭다 하되 오직 바리새인과 율법사들은 그 세례를 받지 아니한지라 스스로 하나님의 뜻을 저버리니라

세례를 받지 않으면 어느 누구를 막론하고 절대 구원받지 못한다. 그 당시의 대제사장인 가야바, 안나스가 예수님을 욕하고 비웃고 조롱하고 때려서 십자가에 달리게 한 장본인들이다. 초림 때 그런 역사가 있었는데 재림 때는 어떠하겠는지 생각해 보아야 한다.

앞서 기술했듯이 만유 바깥에 있는 내 아버지의 집은 구속사의 세계가 다 이루어진 후에 완전한 부활과 변화를 받은 사람들, 일곱 날의 빛으로 빛의 옷을 입은 사람들만이 영육 간에 갈 수 있는 곳이고, 아브라함이 머무르고 있는 거룩한 한 성은 의인들의 영혼이 머물러 안식하고 있는 곳을 말씀하는 것이다.

제 3장

여호와의 영광의 형상의 모양

제 3장
여호와의 영광의 형상의 모양

　에스겔 1장-10장에 등장한 네 생물은 네 생물이 네 생물 자체로 역사한 장으로서 네 생물이 구속사의 세계에 뛰어들어 역사한 유일무이한 사건이 된다. 네 생물이 스랍이나(사 6:2-7) 그룹으로(창 3:24) 역사한 사실은 있지만 네 생물 자체로서 역사한 사실은 에스겔서밖에 없다. 구속사에 뛰어들어 역사한 이름은 네 생물이 아니라 여호와 하나님이었기 때문이다.

　네 생물이 역사한 역사의 장이 가장 정확하고 뚜렷하게 표현되어있는 곳이 에스겔 1장-10장이다. 여기에는 네 생물의 형상과 구조, 네 생물의 능력과 사역, 그리고 네 생물의 영광이 정연하게 소개되어 있다. 본 장에서는 에스겔에 나타난 네 생물을 중심으로 성경에 나타난 네 생물의 형상과 구조, 그의 능력과 사역, 그리고 네 생물 안에 들어있는 인자가 재림의 마당에서 받게 될 영광에 대하여 살펴보고자 한다.

I
네 생물의 형상과 구조

여호야긴 왕이 바벨론 왕 느부갓네살에게 잡혀간 지 5년째 되던 해, 에스겔 선지자는 30세였다. 그 해 4월 5일, 에스겔이 갈대아 땅 그발 강가에서 사로잡힌 자들 중에 있을 때 하늘 문이 열리며 하나님의 이상(異象)이 보이고 여호와의 말씀이 임하며 하나님의 권능(權能)이 그 위에 있는 것을 보게 된다(겔 1:1-3).

마치 여호와 하나님이 욥에게 나타날 때 그랬던 것처럼(욥 38:1), 북방에서 폭풍과 큰 구름이 몰려오는데 그 속에서 불이 번쩍번쩍하여 빛이 사면에 비취고 그 불 가운데 단 쇠 같은 것이 보이고 그 속에서 네 생물의 형상이 나타났다(겔 1:4-5).

욥 38:1 때에 여호와께서 폭풍 가운데로서 욥에게 말씀하여 가라사대

겔 1:4-5 내가 보니 북방에서부터 폭풍과 큰 구름이 오는데 그 속에서 불이 번쩍번쩍하여 빛이 그 사면에 비취며 그 불 가운데 단 쇠 같은 것이 나타나 보이고 그 속에서 네 생물의 형상이 나타나는데 그 모양이 이러하니 사람의 형상이라

1. 네 생물은 사람의 형상이며 보좌를 가지고 있다

> 겔 1:5-8 그 속에서 네 생물의 형상이 나타나는데 그 모양이 이러하니 사람의 형상이라 각각 네 얼굴과 네 날개가 있고 그 다리는 곧고 그 발바닥은 송아지 발바닥 같고 마광한 구리같이 빛나며 그 사면 날개 밑에는 각각 사람의 손이 있더라 그 네 생물의 얼굴과 날개가 이러하니

위 성구에서 네 생물의 외형적인 모습을 살펴보면, 네 생물이 전체적으로는 사람의 형상으로 곧은 다리가 있고 발바닥은 송아지 발바닥 같은데, 갈아서 빛을 낸(마광:磨光) 구리처럼 빛나며 각각 네 얼굴과 네 날개가 있고 사면 날개 밑에는 각각 사람의 손이 있다고 기록되어 있다.

요한계시록 1:10-16에 사도요한이 본 재림주의 모습을 보면 "그의 발은 풀무에 단련한 주석 같고"라고 발에 대한 내용이 있고 스가랴 14:4에 "여호와의 날에 그의 발이 예루살렘 앞 동편 감람산에 서실 것"이라는 재림에 대한 예언의 말씀에도 발에 대한 내용이 있다.

> 계 1:10-16 주의 날에 내가 성령에 감동하여 내 뒤에서 나는 나팔 소리 같은 큰 음성을 들으니 가로되 -(중략)- 일곱 금촛대를 보았는데 촛대 사이에 인자 같은 이가 발에 끌리는 옷을 입고 가슴에 금띠를 띠고 그 머리와 털의 희기가 흰 양털 같고 눈 같으며 그의 눈은 불꽃 같고 그의 발은 풀무에 단련한 빛난 주석 같고 그의

음성은 많은 물 소리와 같으며 그 오른손에 일곱 별이 있고 그 입에서 좌우에 날선 검이 나오고 그 얼굴은 해가 힘있게 비취는 것 같더라.

슥 14:4 그 날에 그의 발이 예루살렘 앞 곧 동편 감람산에 서실 것이요 감람산은 그 한가운데가 동서로 갈라져 매우 큰 골짜기가 되어서 산 절반은 북으로, 절반은 남으로 옮기고

또 날개 밑에 있는 사람의 손이 이스라엘과 유다 족속의 죄악을 심판하는 가는 베옷을 입은 자의 손에 심판의 불을 꺼내주는 모습이 에스겔 10:6-8에 기록되어 있다.

겔 10:6-8 하나님이 가는 베옷 입은 자에게 명하시기를 바퀴 사이 곧 그룹들 사이에서 불을 취하라 하셨으므로 그가 들어가 바퀴 옆에 서매 한 그룹이 그룹들 사이에서 손을 내밀어 그 그룹들 사이에 있는 불을 취하여 가는 베옷 입은 자의 손에 주매 그가 받아 가지고 나가는데 그룹들의 날개 밑에 사람의 손같은 것이 나타났더라

에스겔이 본 네 생물은 완전한 모습의 네 생물이다. 완전한 모습의 네 생물은 보좌를 가지고 있다. 즉 네 생물의 머리 위에 보기에 심히 두려운 궁창의 형상이 펼쳐 있고(겔 1:22), 겔 1:26-28에 보면 궁창 위에 남보석 같은 보좌의 형상이 있고 그 보좌 위에는 사람의 형상이 있다. 에스겔은 그 사람의 형상을 허리 이상의 모습과 허리 이하의 모습으로 나누어 설명하고 있다. "허리 이상의 모습은 단 쇠 같아서 그 속과 주위가 불같다"고 했고 "허리 이하의 모습도 불같아서

사면으로 광채가 나는데 그 사면 광채의 모양은 비 오는 날 구름에 있는 무지개 같다"라고 표현하고 있다. 그리고 이 '사람의 형상'을 '여호와의 영광의 형상의 모양'이라고 말씀하고 있다.

> 겔 1:26-28 그 머리 위에 있는 궁창 위에 보좌의 형상이 있는데 그 모양이 남보석 같고 그 보좌의 형상 위에 한 형상이 있어 사람의 모양 같더라 내가 본즉 그 허리 이상의 모양은 단 쇠 같아서 그 속과 주위가 불 같고 그 허리 이하의 모양도 불 같아서 사면으로 광채가 나며 그 사면 광채의 모양은 비 오는날 구름에 있는 무지개 같으니 이는 여호와의 영광의 형상의 모양이라 내가 보고 곧 엎드리어 그 말씀하시는 자의 음성을 들으니라

2. 네 생물은 네 얼굴을 가지고 있다

네 생물은 사자, 송아지, 사람, 독수리의 네 얼굴을 가지고 있다. 얼굴들의 모양은 앞은 사람의 얼굴이고 우편은 사자의 얼굴이고 좌편은 소의 얼굴이고 뒤는 독수리의 얼굴이다(겔 1:10). 네 얼굴 중에서 사자와 송아지, 사람과 독수리가 서로 등이 맞닿아 있다는 말은, 원리적으로 말한다면 두 인격의 존재를 의미하고 있는 것이다. 그런 네 생물이 전체적으로는 사람의 형상을 하고 있다는 것이다(겔 1:5).

> 겔 1:10 그 얼굴들의 모양은 넷의 앞은 사람의 얼굴이요 넷의 우편은 사자의 얼굴이요 넷의 좌편은 소의 얼굴이요 넷의 뒤는 독수리의 얼굴이니

> 계 4:7 그 첫째 생물은 사자 같고 그 둘째 생물은 송아지 같고 그 세째 생물은 얼굴이 사람 같고 그 네째 생물은 날아가는 독수리 같은데

구약 때의 등장인물은 어떻게 표현되고 있는가? 아브라함이 세 마당을 위해서 바친 제물을 보면 구약 마당의 제물은 암소와 암염소로 다 짐승으로 기술하고 있다. 신약 마당의 제물은 수양이었기 때문에 예수님이 수양으로 등장하신 것이다. 특히 구약의 마당에서는 구속사에 등장하는 모든 대상들이 짐승으로 비유되고 있다.

사자와 송아지

구약 때 사자 같은 사람은 누구인가? 구약 때 사자 같은 사람이 엘리야라면 송아지 같은 사람은 모세라고 말할 수 있다.

유다지파의 기(旗) 안에 그려져 있는 상징물이 사자이다. 그렇기 때문에 야곱이 유다를 축복할 때에도 사자라고 말하고 있다. 하나님께서 다윗을 사자라고 말씀하셨다(계 5:5). 다윗도 짐승의 왕, 사자 같은 사람이다.

> 창 49:8-10 유다야 너는 네 형제의 찬송이 될찌라 네 손이 네 원수의 목을 잡을 것이요 네 아비의 아들들이 네 앞에 절하리로다 유다는

사자 새끼로다 내 아들아 너는 움킨 것을 찢고 올라갔도다 그의 엎드리고 웅크림이 수사자 같고 암사자 같으니 누가 그를 범할 수 있으랴 홀이 유다를 떠나지 아니하며 치리자의 지팡이가 그 발 사이에서 떠나지 아니하시기를 실로가 오시기까지 미치리니 그에게 모든 백성이 복종하리로다

계 5:5 장로 중에 하나가 내게 말하되 울지 말라 유대 지파의 사자 다윗의 뿌리가 이기었으니 이 책과 그 일곱 인을 떼시리라 하더라

사자는 아무리 용맹스러워도 제물로 사용하지 못한다. 성전을 짓기 원하는 다윗에게 하나님께서 "너는 피를 심히 많이 흘렸고 크게 전쟁하였느니라 네가 내 앞에서 땅에 피를 많이 흘렸은즉 내 이름을 위하여 전을 건축하지 못하리라"(대상 22:8)고 하셨다. 다윗이 전쟁을 많이 해서 성전을 짓지 못한다는 뜻이 아니다. 그의 근본이 사자이기 때문에 성전을 짓지 못하게 하신 것이다. 사자는 아무리 용맹스러워도 송아지처럼 제물이 되지 못하기 때문이다. 또 갈멜산에서 바알의 선지자 450명과 아세라 선지자 400명을 혼자 맞서 싸워 그들을 도륙한 엘리야를 기억할 것이다(왕상 18:19-40). 그의 근본도 사자이다.

그러나 모세는 송아지 같은 사람이다. 송아지는 제물이 될 수 있다(레 1:3, 3:1, 4:3). 아직 멍에 메지 않은 송아지는 죄를 정결케 하는 제물로 쓰임을 받는다(민 19:2). 죄 지은 사람이 정함을 받으려면 일주일 중 셋째 날과 일곱째 날 그것을 태운 잿물로 몸을 씻어야 죄 사함을 받을 수 있다.

> 민 19:2 여호와의 명하는 법의 율례를 이제 이르노니 이스라엘 자손에게 일러서 온전하여 흠이 없고 아직 멍에 메지 아니한 붉은 암송아지를 네게로 끌어오게 하고

> 민 19:19 그 정한 자가 제삼일과 제칠일에 그 부정한 자에게 뿌려서 제 칠일에 그를 정결케 할 것이며 그는 자기 옷을 빨고 물로 몸을 씻을 것이라 저녁이면 정하리라

모세는 예수님의 그림자로서 속죄제물이 되었던 사람이다. 그렇기 때문에 하나님께서 모세에게 죽으라고 하신 것이다. 모세가 죽어야 출애굽한 광야 1세대가 구원을 받을 수 있는 것이다.[13] 그렇기 때문에 신명기 3:25-26에서 모세가 젖과 꿀이 흐르는 가나안 땅에 들어가기를 간곡하게 구했어도 하나님께서 "그만해도 족하니 이 일로 다시 내게 말하지 말라"고 말씀하셨던 것이다.

> 신 3:25-26 구하옵나니 나로 건너가게 하사 요단 저편에 있는 아름다운 땅, 아름다운 산과 레바논을 보게 하옵소서 하되 여호와께서 너희의 연고로 내게 진노하사 내 말을 듣지 아니하시고 내게 이르시기를 그만해도 족하니 이 일로 다시 내게 말하지 말라

그런데 사자와 송아지는 구약 때만 등장하는 것이 아니다. 모세와 엘리야가 구약 때만 등장했는가? 신약 때에도 변화산에 모세와 엘리야가 아버지의 영광으로 변화 받으신 예수님 앞에 등장했다(마 17:3, 막 9:4, 눅 9:30).

---

13) 제 2권 <이 땅의 주, 그는 누구인가?> 105쪽, 벽암 조영래 저, 도서출판 오색이슬

네 생물 안에 함께하고 있는 사자, 송아지, 사람, 독수리, 그들을 인격적인 존재로 말하지 않고 '네 생물'이라고 말씀한 그 의미 속에는 하나님의 신비하고 오묘하신 구속사의 암호와 비밀이 들어있다. 그것은 그들의 사역적인 특징 때문에 생물이라고 말씀한 것이다.

사람과 독수리

네 생물 안에 있는 네 얼굴, 즉 네 가지 인격이 둘 씩 둘이 붙어 있다는 것은 구속사를 주도하고 있는 사명적 입장에서의 파트너십(Partnership)을 의미한다. 구약 때에 모세와 엘리야가 짝이 되어서 부활과 변화의 영광의 세계를 역사한 것처럼 재림의 마당에서는 사람과 독수리가 짝이 되어서 역사하게 되는 것이다. 구약 때의 모세가 재림의 마당에서는 독수리로, 구약 때의 엘리야가 재림의 마당에서는 사람으로 등장하여 역사할 것을 보여주고 있다.

마 24:28 주검이 있는 곳에는 독수리들이 모일찌니라

여기에서 말씀하고 있는 독수리는 생물계의 독수리를 말하는 것이 아니다. 재림의 마당을 위해서 아브라함이 바친 제물이 산비둘기와 집비둘기 새끼이다. 이들 역시 진짜 비둘기를 말하는 것이 아니다. 산비둘기와 집비둘기 새끼는 구속 사역을 이룰 '이 땅의 주 앞에 섰는 두 감람나무'(계 11:4)를 말씀한 것이다.

아론과 이스라엘 백성들이 모세가 시내산에서 더디 내려오는 것을 보고 금송아지를 만든 것은 네 생물의 비밀과 암호를 모르기 때

문에 문자 그대로 금으로 송아지를 만들어놓고 "너희를 애굽 땅에서 인도하여 낸 너희 신이로다"(출 32:1-4)라고 한 것이다.

네 얼굴 중에서 사람과 독수리의 존재를 비교하면 이런 뜻이다. 네 생물 안에 들어있는 '사람'은 그리스도의 장성한 형상과 분량에 이른 사람을 말하고(엡 4:13) '독수리'는 사람은 사람이지만 하늘의 영권을 가진 비상하는 존재를 말씀하고 있다.

아담이 선악나무 열매를 따먹지 않고 생명나무 열매를 따먹었다면 그는 에덴동산, 궁창의 세계를 지키고 다스릴 수 있는 실제적인 주인공이 되었을 것이다. 비록 흙으로 지음을 받았지만 궁창의 세계를 지배할 수 있는 큰 독수리의 두 날개(계 12:14)를 받을 수 있었다는 것이다.

독수리와 사람을 비교해서 설명하면 사람은 그리스도의 분량에는 이르렀지만 아직 우주공간을 비상할 수 있는 능력을 받지 못한 존재이다. 그러나 그런 사람이 궁창의 세계를 지키고 다스리고 생육, 번성, 충만 시킬 수 있는 창조의 능력을 가진 존재가 되었을 때 그를 가리켜서 독수리라고 말씀하고 있는 것이다.

독수리의 정체와 실상과 암호는 무엇인가?

성경에는 독수리에 대해서 언급한 곳이 몇 군데 있다. 요한계시록 12:14에 보면 해를 입은 여인이 두 번째 광야로 도망가는 사건이 기록되어 있다. 그런데 두 번째 도망갈 때에는 첫 번째(계 12:6)와는 달리 큰 독수리의 능력의 두 날개를 가지고 도망간다. 그렇다면 여기에서 말씀하고 있는 큰 독수리의 두 날개는 독수리의 무엇을 말하고 있는 것일까? 요한계시록 12:14에서 "큰 독수리의 두 날개를 받았다"는 말씀은 성경에서 가장 난해한 부분 중에 하나라고 할 수 있다.

> 계 12:14 그 여자가 큰 독수리의 두 날개를 받아 광야 자기 곳으로 날아가 거기서 그 뱀의 낯을 피하여 한 때와 두 때와 반 때를 양육받으매

또 이사야 46:11에는 동방에서 독수리를 불러서 하나님이 하시고자 하시는 하나님의 뜻을 그를 통해서 정녕코 이루신다고 했다.

> 사 46:11 내가 동방에서 독수리를 부르며 먼 나라에서 나의 모략을 이룰 사람을 부를 것이라 내가 말하였은즉 정녕 이룰 것이요 경영하였은즉 정녕 행하리라

그렇다면 이 독수리와 요한계시록 12:14에서 말씀한 독수리와는 어떤 관계가 있는 것인가? 독수리의 역사 속에는 독수리들만 참여할 수 있다. 독수리가 역사하는 곳에 다른 새들이 끼어들면 독수리가 그대로 두지 않는다. 까마귀가 역사할 때 그 조직 속에 비둘기가 들어가면 죽는다. 마찬가지로 독수리가 역사하는 곳에는 독수리들만이 함께할 수 있다는 것이다.

독수리가 역사하는 곳에는 독수리들처럼 비상하는 존재만이 함께할 수 있다. 하늘을 비상하는 독수리의 역사 속에 비상하지 못하는 존재가 그 역사에 동참한다면 얼마나 힘들겠는가?

물론 이사야 40:31에 보면 아직 독수리의 날개를 받지 못한 사람이라 할지라도 "여호와를 앙망하는 자는 새 힘을 얻어서 독수리의 날개 치며 올라감 같아서 달려가고 쫓아가도 피곤치 않게 해주신다"는 말씀이 있다.

> 사 40:31 오직 여호와를 앙망하는 자는 새 힘을 얻으리니 독수리의 날개 치며 올라감 같을 것이요 달음박질하여도 곤비치 아니하겠고 걸어가도 피곤치 아니하리로다

주검이 있는 곳, 그 주검은 어떤 죽음이며 거기에 모이는 독수리들은 어떤 독수리들인가?

마태복음 24:28에 보면 예수님이 종말론적인 세계를 비유로 말씀하시는 가운데 "주검이 있는 곳에는 독수리들이 모일찌니라"고 하셨다. 이 주검은 어떤 내용을 가지고 있기에 독수리들이 모인다는 것일까?

> 마 24:28 주검이 있는 곳에는 독수리들이 모일찌니라

위 성구를 구약의 실제적 사건에 접목해서 생각해 볼 수 있다. 므두셀라는 노아의 할아버지이다. 므두셀라가 죽은 그 날이 독수리들이 모인 날이라고 말할 수 있다. 므두셀라가 죽은 날이 바로 노아의 가족들이 방주에 탄 날이다. 세상적으로 생각해 보아도 집안에 할머니, 할아버지가 죽는다면 그 날은 다른 일정을 잡지 못한다. 혹 있다

하여도 먼저 조상의 장례를 치러야 하기 때문에 모든 일정을 취소하고 그 날 장례식에 모여야만 한다.

'므두셀라'라는 이름의 의미는 '내가 죽으면 시작되리라'이다. 그 이름의 의미처럼 므두셀라가 죽은 날이 노아 방주의 역사를 시작하는 심판의 날이 되었다. 바로 므두셀라의 죽음은 노아의 가족들을 한 자리로 집결시키는 놀라운 죽음이 되었다. 그러한 입장에서 "주검이 있는 곳에 독수리들이 모일찌니라"고 한 것이다.

세상에도 부모가 잠이 들면 슬하에 있는 모든 가족들이 부모의 죽음 앞에 다 모이게 마련이다. 아마도 어미 독수리가 죽었기 때문에 그 가족이라고 표현할 수 있는 새끼 독수리들이 모일 수밖에 없었던 것이 아닐까? 그 주검으로 말미암아 독수리들이 모일 수 있는 계기를 만들고 독수리들만이 함께할 수 있는 역사의 좌표를 이루었다고 말씀할 수 있다는 것이다.

그렇다면 그 주검 앞에 모여드는 독수리들은 어떤 독수리들이 모이는 것일까? 그 독수리의 정체와 실상은 무엇인가? 출애굽기 19:4에 보면 "내가 독수리 날개로 너희를 업어 내게로 인도했다"라는 말씀이 기록되어 있다.

요한계시록 4:7에 보면, 네 생물 안에 있는 네 얼굴 중에 독수리가 있다. 요한계시록 8:13에 보면, 공중에 날아가는 독수리가 땅에 거하는 자들에게 "화, 화, 화가 있으리로다"라고 큰 소리로 외치면서 날아가고 있다.

> 계 8:13 내가 또 보고 들으니 공중에 날아가는 독수리가 큰소리로 이르되 땅에 거하는 자들에게 화, 화, 화가 있으리로다 이외에도 세 천사의 불 나팔 소리를 인함이로다 하더라

물론 어느 면에서는 동일한 말씀 속에 역사되는 동일한 독수리라고 말할 수 있는 대상도 있다. 그러나 내용의 세계를 깊이 꿰뚫어 보면 다른 독수리가 있다는 것도 알게 된다. 그렇기 때문에 여기에 모이는 독수리는 단수가 아니라 '독수리들'이라는 복수로 되어있다.

부모가 죽고 자식이 장성하면 부모가 가는 길을 따라가게 마련이다. 그들도 죽는다는 것이다. 궁창을 중심으로 윗물과 아랫물을 나누었다는 의미처럼 독수리의 죽음을 통해서 독수리의 계열과 다른 계열을 나누었다고 말씀할 수 있다. 즉, 독수리의 죽음을 통해서 알곡과 가라지를 구별했다고 말씀할 수 있다. 그런 의미로써 "주검이 있는 곳에 독수리들이 모일찌니라"라고 말씀하고 있는 것이다.

해를 입은 여인이 첫 번째 광야로 도망갈 때에는 큰 독수리의 두 날개를 받지 않고 간다. 그리고 1260일 만에 정확히 다시 돌아온다.

> 계 12:6 그 여자가 광야로 도망하매 거기서 일천이백육십일 동안 저를 양육하기 위하여 하나님의 예비하신 곳이 있더라

이 의미는, 마치 모세가 이드로의 사위로서 미디안 땅에서 양들을 치는 목자로 살았던 생애를 의미한 것이라고 비유적으로 말할 수 있다. 그런 그를 하나님이 떨기나무 불꽃으로 인도해서 다시 이스라엘의 지도자로 기름 부어 세우시고 애굽으로 보내시는 역사야말로 이사야 46:11에서 하나님이 "내가 동방에서 독수리를 불러서 내 뜻을 이루며 성취하리라"고 하신 놀라운 말씀의 대상이 된 역사라고 할 수 있지 않을까?

사 46:11 내가 동방에서 독수리를 부르며 먼 나라에서 나의 모략을 이룰 사
람을 부를 것이라 내가 말하였은즉 정녕 이룰 것이요 경영하였은
즉 정녕 행하리라

모세가 애굽인을 쳐 죽임으로 자기를 죽이려는 권세에서 벗어나 개인적으로 미디안으로 도망갔을 때에는 큰 독수리의 두 날개를 받지 못했다. 그러나 출애굽기 19:4에 보면 두 번째 이스라엘 백성들을 데리고 출애굽 할 때에는 "내가 독수리의 날개를 받아서 너희를 내 등에 태워서 이끌어냈다"라고 말씀하고 있다.

출 19:4 나의 애굽 사람에게 어떻게 행하였음과 내가 어떻게 독수리 날개로
너희를 업어 내게로 인도하였음을 너희가 보았느니라

독수리의 날개로 업어서 출애굽 시킨 이 사건은 재림의 마당에서도 이루어지는 동일한 말씀의 사건으로 간주할 수 있다. 해를 입은 여인이 큰 독수리의 두 날개를 받아서 두 번째 광야로 도망간다 (계 12:14).

그러면 해를 입은 여인[14]의 본래 본질은 누구일까? 그 독수리는 어디에서 출현한 존재일까? 그 독수리가 어디에서 나타난 존재인지 그가 출현한 원점을 찾아본다면 그는 바로 네 생물 안에 있던 독수리의 존재가 이 땅에 온 사람이다.

네 생물 속에는 네 얼굴이 들어있다. 사자, 송아지, 사람, 독수리, 네 인격체의 모습이 있다. 해를 입은 여인은 네 생물 속에 있는 독수

---

14) 본서 제 6장 <구속사의 세계는 어떻게 완성되는가?> 469~482쪽

리가 이 땅에 출현한 존재라고 말할 수 있다. 네 생물 속에 있는 독수리가 창조원리의 길을 통해서 이 땅에 사람으로 등장했다면 그가 이 땅에서의 삶을 마치고 다시 돌아갈 때 그의 본질이 되는 독수리로 돌아간다는 것은 당연한 일이다.

다니엘 7:3-7에 보면 네 짐승이 나온다. 네 짐승이 사람, 인자로 등장하는 모습이 나와 있다. 사자가 날개를 가지고 있는데 날개 달린 사자가 땅에 닿으면, 즉 이 땅에 출현하게 되면 날개가 뽑히고 두 발로 서게 되어 사람 모양으로 이루어져 가는 모습이 잘 소개 되어 있다.

> 단 7:3-7 큰 짐승 넷이 바다에서 나왔는데 그 모양이 각각 다르니 첫째는 사자와 같은데 독수리의 날개가 있더니 내가 볼 사이에 그 날개가 뽑혔고 또 땅에서 들려서 사람처럼 두 발로 서게 함을 입었으며 또 사람의 마음을 받았으며 다른 짐승 곧 둘째는 곰과 같은데 그것이 몸 한편을 들었고 그 입의 잇 사이에는 세 갈빗대가 물렸는데 그에게 말하는 자가 있어 이르기를 일어나서 많은 고기를 먹으라 하였으며 그 후에 내가 또 본즉 다른 짐승 곧 표범과 같은 것이 있는데 그 등에는 새의 날개 넷이 있고 그 짐승에게 또 머리 넷이 있으며 또 권세를 받았으며 내가 밤 이상 가운데 그 다음에 본 네째 짐승은 무섭고 놀라우며 또 극히 강하며 또 큰 철 이가 있어서 먹고 부쉬뜨리고 그 나머지를 발로 밟았으며 이 짐승은 전의 모든 짐승과 다르고 또 열 뿔이 있으므로

네 생물 속에 들어있던 독수리가 이 땅에 창조의 길, 여인의 길을

통해서 인자(人子)로 왔다면 그가 이 땅에서 하나님이 기뻐하시는 뜻대로 역사하다가 자기의 사역을 마치고 이 세상을 떠날 때에는 다시 독수리로 돌아가야 한다.

해를 입은 여인이 큰 독수리의 두 날개를 받아 광야로 날아갔다는 말의 의미 속에는 그가 본래 걸어야 될 자기적인 길로 들어섰다는 것이다. 마지막에 그가 걸어야 될 길이 무엇인가? 바로 로마서 1:4 말씀이다. 그가 큰 독수리의 두 날개를 받았다는 말은 '나는 스스로 죽을 수 있는 권세도 있고 살 수 있는 권세도 받았다'(요 10:18)는 말씀처럼 본래 그가 걸어야 될 사명적인 마지막 길, 죽음의 길로 들어선 것이다.

> 요 10:18 이를 내게서 빼앗는 자가 있는 것이 아니라 내가 스스로 버리노라 나는 버릴 권세도 있고 다시 얻을 권세도 있으니 이 계명은 내 아버지에게서 받았노라 하시니라

예수님은 죄인을 구원하시기 위해서 십자가를 짊어지셨지만 두 번째 오신 그분은 죄와 상관없이 오시기 때문에(히 9:28) 보이는 십자가는 짊어지지 않는다. 그러나 해를 입은 여인, 이 땅의 주도 영적인 십자가는 짊어지신다.

예수께서 로마서 1:4 말씀처럼 사망 권세를 깨시고 부활의 능력으로 하나님 아들로 인정받으시고 40일 동안 영생의 주로 계심으로써 우리들에게 멜기세덱의 정체와 실상과 비밀을 밝히 보여주셨다.

> 롬 1:4 성결의 영으로는 죽은 가운데서 부활하여 능력으로 하나님의 아들로 인정되셨으니 곧 우리 주 예수 그리스도시니라

마찬가지다. 해를 입은 여인인 이 땅의 주께서도 그가 메시아로서 걸어야 될 3일 길을 통해서 사망의 권세를 깨고 살아나야만 재림주 멜기세덱의 영광을 입을 수 있다.

이 말씀은 구속사의 세계에서 핵심적인 말씀이고 신학적으로 믿기 어려운 가장 놀라운 충격적인 말씀이 된다. 다시 말해서 재림주는 죄와 상관없이 오시기 때문에 초림주이신 예수님처럼 보이는 십자가는 짊어지지 않지만 그도 메시아로서 걸어야 될 3일 길을 통해서 스스로 사망의 권세 속에 들어가 사망의 권세를 깨고 살아나서 하나님 아들로 인정받음으로써(롬 1:4) 영광의 주, 즉 재림주 멜기세덱의 영광을 입을 수 있다는 것이다.

그렇기 때문에 사도행전 1:9-11에 "본 그대로 오시리라"고 기록되어 있는 것이다. 예수님이 승천하실 때 예수님으로 올라가신 것이 아니라 영광의 주로 올라가셨다. 그 사실을 몰랐기 때문에 "비밀한 가운데 있는 하나님의 지혜, 감추었던 지혜"라고 말씀하고 있고 "그 비밀을 알았더라면 영광의 주를 십자가에 못 박지 아니하였으리라"고 말씀하고 있는 것이다(고전 2:7-8).

> 행 1:9-11 이 말씀을 마치시고 저희 보는 데서 올리워 가시니 구름이 저를 가리워 보이지 않게 하더라 올라가실 때에 제자들이 자세히 하늘을 쳐다보고 있는데 흰옷 입은 두 사람이 저희 곁에 서서 가로되 갈릴리 사람들아 어찌하여 서서 하늘을 쳐다보느냐 너희 가운데서 하늘로 올리우신 이 예수는 하늘로 가심을 본 그대로 오시리라 하였느니라

> 고전 2:7-8 오직 비밀한 가운데 있는 하나님의 지혜를 말하는 것이니 곧 감추었던 것인데 하나님이 우리의 영광을 위하사 만세 전에 미리 정하신 것이라 이 지혜는 이 세대의 관원이 하나도 알지 못하였나니 만일 알았더면 영광의 주를 십자가에 못박지 아니하였으리라

사망의 권세를 깨고 살아나야 하나님 아들로 인정받는다는 말은, 재림주도 이 땅에 와서 죽어야 한다는 것이다. 재림주가 이 땅에 와서 죽는다고 하면 이 사실을 믿을 사람이 누가 있겠는가? 이 세상 믿는 성도들에게 "재림주가 이 땅에 와서 죽는다, 혹은 죽어야만 된다"라고 외쳐보라. "정신병자, 이단 중의 이단!"이라고 별 소리를 다 할 것이다. 그 사실을 믿을 수 있는 믿음을 가진 자가 없기 때문에 예수께서 "인자가 올 때에 세상에서 믿음을 보겠느냐?"(눅 18:8)라고 단언하신 것이다.

그렇다면 그 사실을 누구만 믿을 수 있는가? 독수리의 비밀을 아는 자만 믿을 수 있다는 것이다. 독수리의 비밀을 안다는 것은 이런 뜻이다. 독수리가 있던 곳에서 온 사람들만이, 그런 독수리들만이 주검이 있는 곳에 모인다는 것이다. 그 주검은 무슨 주검인가? 독수리와 상관이 없는 주검이 아니라 독수리와 절대적으로 필연적인 관계성을 가지고 있는 주검을 말하는 것이다.

우리가 모르는 사람의 집에 초상이 나면 조문을 가지 않는다. 아는 사람이 죽었을 때 그 집에 조문을 간다. "주검이 있는 곳에 독수리들이 모인다"(마 24:28)는 말은, 어떤 주검인지는 몰라도 어떤 사람이 죽어서 그곳에 독수리들이 모였다면 그 주검 앞에 모이는 독수

리들은 그 사람과 필연적인 관계가 있기 때문에 모인다는 것은 자명한 사실이다.

마찬가지다. 그 주검은 네 생물 안에 함께 존재하던 사람이 죽었기 때문에 독수리들이 다 모이는 것이다. 여기에서 모이는 독수리들은 이사야 40:31에 해당되는 사람들을 말한다.

> 사 40:31 오직 여호와를 앙망하는 자는 새 힘을 얻으리니 독수리의 날개 치며 올라감 같을 것이요 달음박질하여도 곤비치 아니하겠고 걸어가도 피곤치 아니하리로다

우리들도 무엇을 받아야 하는가? 우리들도 독수리의 두 날개를 받아야 되고 또 시편 68:13 말씀처럼 비둘기 같은 날개를 받아야 한다. 그래야 비상하는 존재가 되어 하나님의 뜻을 성취하며 이룰 수 있는 사람이 될 수 있다. 그러려면 우리도 비상하는 날개를 가져야 한다.

다니엘 7장에 등장하는 네 짐승들은 다 날개가 있는 짐승들이다. 그러나 그들이 창조의 길을 통해서 이 땅에 사람으로 와야 되기 때문에 할 수 없이 본래 가지고 있던 자기의 모습, 즉 하늘에서 가지고 있던 신성을 다 버리고 와야 한다.

그렇기 때문에 말씀이 육신이 되어 오신 예수께서도(요 1:14) 이 땅에 오실 때 하늘의 영광을 다 버리고 오신 것이다. 마찬가지로 날개를 가진 비상하는 존재들도 이 땅에 올 때는 날개를 다 버리고 와야 하는 것이다.

해를 입은 여인이 큰 독수리의 두 날개를 받아서 광야 자기 곳으로 날아간다. 그것은 곧 그 독수리가 죽으러 갔다는 것, 죽는다는 것을 의미한다. 왜 죽어야 하는가? 그도 부활의 능력으로 사망의 권세를 깨고 살아나야 하나님 아들이 될 수 있는 것이다. 그래야 하나님 아들과 방불한 하늘의 대제사장, 멜기세덱이 되는 것이다. 누구든지 메시아가 되려면 로마서 1:4 말씀처럼 사망의 권세를 깨고 부활의 능력으로 살아나야 하나님 아들과 방불한 제사장이 되는 것이다.

지금까지 적지 않은 사람들이 이사야 46:11 말씀이 자기를 증거하는 말씀으로 자기가 '동방에서 부름 받은 독수리'라고 주장하기도 했다. 만약 그가 동방에서 부름 받은 독수리라면 한 때·두 때·반 때를 양육 받고 살아나야 한다.

그런데 그가 살아나기 위해서는 반드시 그의 시작이 있어야 한다. 그의 시작이 되는 시점은 언제인가? 이 땅의 주와 주 앞에 섰는 두 감람나무의 역사가 종료되는 때이다. 그것이 해를 입은 여인이 큰 독수리의 두 날개를 받고 광야 자기 곳으로 날아가서 한 때·두 때·반 때를 양육 받고 살아날 수 있는 역사의 시작이 되는 것이며, 그런 시작이 있음으로써만이 그가 살아나는 결과, 끝을 이룰 수 있는 역사가 존재할 수 있는 것이다.

독수리의 역사가 이루어지려면 독수리들이 있어야 한다. "우리가 우리의 형상과 모양대로 사람을 만들자"(창 1:26)라는 말씀처럼 독수리 혼자 있어서 되는 것이 아니다. 독수리의 역사가 이루어지려면 '우리'라는 복수, 바로 독수리 떼들이 있어야 하지 않을까?

3. 네 생물은 날개와 바퀴를 가지고 있다.

에스겔서에 나오는 네 생물은 비상할 수 있는 날개와 민첩하고 신속하게 움직일 수 있는 바퀴를 가지고 있다.

네 생물의 날개

바퀴를 가진 네 생물은 네 개의 날개를 가지고 있는데 날개는 들어 펴서 각기 두 날개씩 서로 연하여 닿았고 두 날개로는 몸을 가린다. 신(spirit)[15]이 어느 편으로 가려고 하면 그 생물들이 돌이키지 않고 일제히 그대로 앞으로 곧게 진행한다.

> 겔 1:6-9 각각 네 얼굴과 네 날개가 있고 -(중략)- 그 사면 날개 밑에는 각각 사람의 손이 있더라 그 네 생물의 얼굴과 날개가 이러하니 날개는 다 서로 연하였으며 행할 때에는 돌이키지 아니하고 일제히 앞으로 곧게 행하며

> 겔 1:11-12 그 얼굴은 이러하며 그 날개는 들어 펴서 각기 둘씩 서로 연하였고 또 둘은 몸을 가리웠으며 신이 어느 편으로 가려면 그 생물들이 그대로 가되 돌이키지 아니하고 일제히 앞으로 곧게 행하며

---

15) 신=spirit:정신, 성령(the Holy Spirit), 한영 해설 성경, 대한기독교서회

바퀴를 가진 네 생물은 각기 네 개의 날개를 가지고 있다. 날개는 들어 펴서 각기 두 날개씩 서로 맞닿았고 두 날개로는 몸을 가린다. 또 날개 밑에는 각각 사람의 손이 있다.

> 겔 1:23-25 그 궁창 밑에 생물들의 날개가 서로 향하여 펴 있는데 이 생물은 두 날개로 몸을 가리웠고 저 생물도 두 날개로 몸을 가리웠으며 생물들이 행할 때에 내가 그 날개 소리를 들은즉 많은 물소리와도 같으며 전능자의 음성과도 같으며 떠드는 소리 곧 군대의 소리와도 같더니 그 생물이 설 때에 그 날개를 드리우더라 그 머리 위에 있는 궁창 위에서부터 음성이 나더라 그 생물이 설 때에 그 날개를 드리우더라

생물이 행할 때 날개에서 소리가 나는데 에스겔은 그 소리가 많은 물소리, 전능자의 음성, 군대의 소리와 같다고 기술하고 있다. 생물이 멈추면 날개를 드리운다.

> 계 4:8 네 생물이 각각 여섯 날개가 있고 그 안과 주위에 눈이 가득하더라 그들이 밤낮 쉬지 않고 이르기를 거룩하다 거룩하다 거룩하다 주 하나님 곧 전능하신 이여 전에도 계셨고 이제도 계시고 장차 오실 자라 하고

> 사 6:2 스랍들은 모셔 섰는데 각기 여섯 날개가 있어 그 둘로는 그 얼굴을 가리었고 그 둘로는 그 발을 가리었고 그 둘로는 날며

이사야 6장에 나오는 스랍과 요한계시록 4장에 나오는 네 생물은 바퀴가 없는 대신 날개가 여섯이다. 날개의 의미에 대해서는 이미 본서 제 1장에서 다룬 바 있다.[16]

네 생물의 바퀴

이사야, 요한계시록 등에 나오는 스랍, 그룹, 네 생물과는 달리, 에스겔에 나오는 네 생물은 바퀴를 가지고 있다는 점이 독특하다. 바퀴를 가진 네 생물은 여호와의 영광이 함께하는 존재이다. 스랍은 날개만 있지 바퀴는 가지고 있지 않다. 바퀴를 가지고 있다는 말은 어떤 전체적인 영광을 움직이고 있는 위용을 말하는 것이다.

에스겔 1:15-21에 바퀴에 대한 내용이 소개되어 있다. 네 개의 바퀴가 네 얼굴을 따라 하나씩 있다. 그 바퀴의 형상과 구조는 넷이 똑같이 생겼고 황옥 같이 반짝이고 바퀴 안에 바퀴가 있는 것 같았으며 그들이 갈 때에는 네 생물이 향하고자 하는 쪽으로 간다.

> 겔 1:15-17 내가 그 생물을 본즉 그 생물 곁 땅 위에 바퀴가 있는데 그 네 얼굴을 따라 하나씩 있고 그 바퀴의 형상과 그 구조는 넷이 한결같은데 황옥 같고 그 형상과 구조는 바퀴 안에 바퀴가 있는 것 같으며 행할 때에는 사방으로 향한 대로 돌이키지 않고 행하며

---

16) 본서 제 1장 <성경에 등장한 네 생물의 존재> 48-61쪽

바퀴의 둘레는 높고 무서우며 그 네 둘레로 돌아가면서 눈이 가득하며 생물이 움직일 때에 바퀴도 그 곁에서 행하고 생물이 땅에서 들릴 때에 바퀴도 들려서 어디든지 신이 가려하면 생물도 신이 가려고 하는 곳으로 가고 바퀴도 그 곁에서 들린다. 그리고 생물의 신이 그 바퀴 가운데에 있다.

> 겔 1:18-20 그 둘레는 높고 무서우며 그 네 둘레로 돌아가면서 눈이 가득하며 생물이 행할 때에 바퀴도 그 곁에서 행하고 생물이 땅에서 들릴 때에 바퀴도 들려서 어디든지 신이 가려 하면 생물도 신의 가려 하는 곳으로 가고 바퀴도 그 곁에서 들리니 이는 생물의 신이 그 바퀴 가운데 있음이라

네 생물이 그 바퀴를 자기의 자유의지에 따라서 이동시킬 수 있을까? 이동시킬 수 없다. 그들은 네 생물의 중심에 있는 분이 원하는 대로만, 생각하는 대로만 움직일 수 있는 존재이다.

> 겔 1:20-21 어디든지 신이 가려 하면 생물도 신의 가려 하는 곳으로 가고 바퀴도 그 곁에서 들리니 이는 생물의 신이 그 바퀴 가운데 있음이라 저들이 행하면 이들도 행하고 저들이 그치면 이들도 그치고 저들이 땅에서 들릴 때에는 이들도 그 곁에서 들리니 이는 생물의 신이 그 바퀴 가운데 있음이더라

네 생물은 절대 하나님의 의지에 의해서만 존재할 수 있고, 움직일 수 있고, 행할 수 있다. 그는 자유의지가 없는 대상이기 때문이다. 에스겔 10:9-10에도 그룹들 곁에 있는 네 바퀴가 소개되어 있다.

> 겔 10:9-10 내가 보니 그룹들 곁에 네 바퀴가 있는데 이 그룹 곁에도 한 바퀴가 있고 저 그룹 곁에도 한 바퀴가 있으며 그 바퀴 모양은 황옥 같으며 그 모양은 넷이 한결같은데 마치 바퀴 안에 바퀴가 있는 것 같으며

그룹들 곁에 네 바퀴가 있는데 바퀴 모양은 황옥 같고 바퀴 안에 바퀴가 있는 것 같은 구조로 되어 있다.

그 바퀴는 돌아가는 바퀴를 의미한다. 돌아가는 바퀴를 가리켜서 히브리서 4:12에서는 "하나님의 말씀은 살았고 운동력이 있어서 좌우에 날선 어떤 검보다도 예리하여 혼과 영과 관절과 골수를 찔러 쪼개기까지 하며 또 마음의 생각과 뜻을 감찰하나니"라고 기록하고 있다. 그냥 기민하게 활동한다는 의미의 바퀴가 아니라 그 바퀴를 통해서 상대방을 다 알 수 있다는 것이다. 화염검은 사람의 영혼과 골수를 쪼개고 그 앞에서는 드러나지 않을 것이 없다는 것이다.

바퀴가 돌아가려면 바퀴 스스로 돌아가지 않는다. 이것은 마치 차바퀴를 움직이려면 운전자가 자동차에 키를 꽂아서 엔진을 걸고 전원이 돌아감으로써 동력이 살아나고, 엑셀을 밟아서 동력이 바퀴에 전달되어 바퀴가 돌아가는 것과 같은 이치이다. 그렇기 때문에 바퀴는 스스로 돈다는 개념이 아니라 돌리는 자가 있음으로써 돌아가는 것이다.

네 생물의 바퀴는 물론 스스로 움직일 수 있는 능력을 가지고 있다. 하지만 누구에 의해서 움직이는가? 스가랴 4:6 말씀처럼 바퀴는 바퀴의 고유적인 신, 능력을 가지고 있다.

> 슥 4:6 그가 내게 일러 가로되 여호와께서 스룹바벨에게 하신 말씀이 이러하니라 만군의 여호와께서 말씀하시되 이는 힘으로 되지 아니하며 능으로 되지 아니하고 오직 나의 신으로 되느니라

그 바퀴의 신, 능력은 오직 보좌에 계신 절대 주권자의 명에 의해서만 움직일 수 있다. 그런 입장에서 예수께서도 "아버지의 명령이 내게는 유일한 영생의 말씀이다"라고 말씀하셨다.

> 요 12:50 나는 그의 명령이 영생인 줄 아노라 그러므로 나의 이르는 것은 내 아버지께서 내게 말씀하신 그대로 이르노라 하시니라

네 생물이 가지고 있는 바퀴는 어느 방향이든지 가려고 하는 방향으로 직진하고 돌이키지 않는다. 어디든지 그 신이 가려하면 생물도 그 방향으로 가고 바퀴도 그 곁에서 들린다(겔 1:20).

4. 네 생물은 많은 눈을 가지고 있다

네 생물은 많은 눈을 가지고 있는 존재이다. 에스겔 1:18에 네 생물의 바퀴 둘레로 돌아가면서 '눈이 가득하다'는 말씀이 있고, 에스겔 10:12에는 바퀴 둘레는 물론 온 몸과 등과 손과 날개와 네 그룹의 바퀴 둘레에 눈이 가득하다고 되어 있고 요한계시록 4:8에도 날개 안과 주위에 눈이 가득하다고 기록되어 있다.

겔 1:16-18 그 바퀴의 형상과 그 구조는 넷이 한결 같은데 황옥 같고 그 형상과 구조는 바퀴 안에 바퀴가 있는 것 같으며 행할 때에는 사방으로 향한 대로 돌이키지 않고 행하며 그 둘레는 높고 무서우며 그 네 둘레로 돌아가면서 눈이 가득하며

겔 10:12 그 온 몸과 등과 손과 날개와 바퀴 곧 네 그룹의 바퀴의 둘레에 다 눈이 가득하더라

계 4:8 네 생물이 각각 여섯 날개가 있고 그 안과 주위에 눈이 가득하더라 그들이 밤낮 쉬지 않고 이르기를 거룩하다 거룩하다 거룩하다 주 하나님 곧 전능하신 이여 전에도 계셨고 이제도 계시고 장차 오실 자라 하고

요한계시록 5:6에 어린 양이 일곱 눈을 가지고 있다는 내용이 기록되어 있다. 이 눈은 온 땅에 보내심을 입은 하나님의 일곱 영이라고 했다. 또한 스가랴 3:9에도 한 돌에 일곱 눈이 있다고 기록되어 있고 다니엘 7:8에는 작은 뿔에 '사람의 눈 같은 눈'이 있다는 말씀이 있다.

계 5:6 내가 또 보니 보좌와 네 생물과 장로들 사이에 어린 양이 섰는데 일찍 죽임을 당한 것 같더라 일곱 뿔과 일곱 눈이 있으니 이 눈은 온 땅에 보내심을 입은 하나님의 일곱 영이더라

슥 3:9 만군의 여호와가 말하노라 내가 너 여호수아 앞에 세운 돌을 보라 한 돌에 일곱 눈이 있느니라 내가 새길 것을 새기며 이 땅의 죄악을 하루에 제하리라

단 7:8 내가 그 뿔을 유심히 보는 중 다른 작은 뿔이 그 사이에서 나더니 먼저 뿔 중에 셋이 그 앞에 뿌리까지 뽑혔으며 이 작은 뿔에는 사람의 눈 같은 눈이 있고 또 입이 있어 큰 말을 하였느니라

이렇게 네 생물은 많은 눈을 가지고 있기 때문에 그도 알파와 오메가의 세계, 처음과 나중의 세계, 시작과 끝의 세계를 동시적으로 바라볼 수 있는 존재이다. 따라서 죄악된 세상을 동시에 볼 수 있는 능력을 가지고 있다. 또 볼 수 있는 능력을 통해서 자기 자신뿐만 아니라 자기가 원하는 자들에게도 온 세상의 죄를 동시적으로 보여줄 수 있다.

이에 준하는 능력을 가진 자가 바로 선악나무이다. 또 선악나무에게 능력을 받은 자들은 그런 행위를 할 수 있다. 마귀도 그런 능력을 가지고 있기 때문에 예수님을 시험하고자 순식간에 천상천하를 보여준 것이다.

우리들도 마지막에 그와 같은 시험을 받을 때가 있을 것이다. 분명히 마귀가 순식간에 천상천하를 다 보여주면서 뭐라고 하겠는가? 예를 들어 마귀가 능력을 행하면서 "보라! 나는 순식간에 너희들에게 천상천하의 모든 영광을 보여줄 수 있는 능력을 가진 자가 아니냐?"라고 할 것이다. 말하자면 우리가 때에 맞게 신앙의 의를 이루지 못하도록 그렇게 유혹할 것이다. 그것을 보고 경배하면 그의 결국은 끝나는 것이다.

네 생물은 세상을 두루 살피는 눈, 세상을 심판할 수 있는 눈을 가지고 있기 때문에 그의 앞에서는 절대 그 누구도 거짓말을 할 수 없다.

II
네 생물의 능력과 사역

1. 하나님의 영광을 찬양하는 존재이다

하나님이 스스로 계신 자로서 제일 먼저 자기의 집을 지으셨다는 것을 알게 되었다. 그러나 아무리 영광 중에 계시는 분이라 할지라도 혼자 계신다면 영화로운 존재가 아니다. 그 집을 관리할 사람이 필요하고 하나님의 영광을 밤낮으로 찬양해 줄 대상이 필요하다. 이처럼 하나님의 영광을 찬양하는 대상으로 지음을 받은 것이 네 생물이다.

> 계 4:8-9 네 생물이 각각 여섯 날개가 있고 그 안과 주위에 눈이 가득하더라 그들이 밤낮 쉬지 않고 이르기를 거룩하다 거룩하다 거룩하다 주 하나님 곧 전능하신 이여 전에도 계셨고 이제도 계시고 장차 오실 자라 하고 그 생물들이 영광과 존귀와 감사를 보좌에 앉으사 세세토록 사시는 이에게 돌릴 때에

> 사 43:21 이 백성은 내가 나를 위하여 지었나니 나의 찬송을 부르게 하려 함이니라

하나님께서 사람을 지으신 목적은 찬송을 부르게 하시려고 사람을 지으셨다는 것이다. 하나님은 항상 찬송 중에 거하시는 분이시다. 찬송이 없는 곳에는, 하나님께 영광을 돌리지 않는 곳에는 하나님이 절대 임재하시지 않는다.

때문에 네 생물은 항상 쉬지 않고 영원히 하나님의 영광을 찬양하고 있다. 시편에는 "이스라엘의 찬송 중에 거하시는 주여, 주는 거룩하시니이다"(시 22:3)라고 기록되어 있다.

2. 하나님의 진노의 심판을 집행하는 존재이다.

에스겔 9:1-11에 이스라엘과 유다 족속의 죄악을 심판하기 위해 살육하는 기계를 들고 북향한 윗문 길로부터 여섯 사람이 나오는 모습이 기록되어 있다. 그 중에서 가는 베옷을 입고 서기관의 먹 그릇을 찬 사람이 네 그룹들의 바퀴 사이에서 심판의 숯불을 건네받는다(겔 10:2).

요한계시록 6장에 하나님께서 진노의 심판을 하시는 가운데 일곱 인, 일곱 나팔, 일곱 대접이 나온다. 인은 떼는 것이고 나팔은 불고 대접은 쏟는 것이다. 하나님의 진노의 심판을 집행하는 자는 누구인가? 바로 네 생물이다. 어린 양이 인을 떼어주시면 네 생물이 "오라!" 명령함으로써 천사가 등장하여 나팔을 불고, 또 천사가 등장해서 대접을 쏟는다. 요한계시록 6:1-8에 보면 네 생물은 하나님의 진노의 심판을 직접 수행하고 집행하는 존재라는 것을 알 수 있다.

첫째 인을 떼면 첫째 나팔이 불리고 첫째 대접이 쏟아지게 되어 있다. 그렇게 순서에 의해 일곱 인, 일곱 나팔, 일곱 대접의 역사가 이루어진다. 인을 떼는 과정 속에서 후 3년 반에 떼어질 인이 있다. 요한계시록 8:13에 보면 공중에 날아가는 독수리가 "화, 화, 화가 있으리로다"하며 화를 세 번 외치고 있다. 이는 후 삼년 반 안에 이루어질 화를 의미하고 있는 말씀이다.

> 계 8:13 내가 또 보고 들으니 공중에 날아가는 독수리가 큰소리로 이르되 땅에 거하는 자들에게 화, 화, 화가 있으리로다 이외에도 세 천사의 불 나팔 소리를 인함이로다 하더라

3. 하나님의 보좌를 지키고 보호하는 존재이다

성경의 가장 중요한 부분에는 반드시 네 생물이 나온다. 우선, 생명나무를 지키는 존재로서 두루 도는 화염검을 가진 그룹이 있다(창 3:24). 또 요한계시록 4장, 5장에 보면 하나님의 영광의 보좌가 소개되어 있는데 보좌에는 네 생물, 무지개가 함께하고 있고 네 생물 다음에 24보좌가 있다. 네 생물은 24보좌보다 더 영광스러운 존재이다.

> 계 4:2-6 내가 곧 성령에 감동하였더니 보라 하늘에 보좌를 베풀었고 그 보좌 위에 앉으신 이가 있는데 앉으신 이의 모양이 벽옥과 홍보석 같고 또 무지개가 있어 보좌에 둘렸는데 그 모양이 녹보석 같더라

또 보좌에 둘려 이십사 보좌들이 있고 그 보좌들 위에 이십사 장로들이 흰 옷을 입고 머리에 금면류관을 쓰고 앉았더라 보좌로부터 번개와 음성과 뇌성이 나고 보좌 앞에 일곱 등불 켠 것이 있으니 이는 하나님의 일곱 영이라 보좌 앞에 수정과 같은 유리 바다가 있고 보좌 가운데와 보좌 주위에 네 생물이 있는데 앞뒤에 눈이 가득하더라

네 생물의 가장 근원적인 사명은 보좌를 옹위(擁衛)하고 지키는 것이다. 보좌가 있으면 거기에는 반드시 네 생물이 존재한다. 다시 말하면 보좌의 영광과 보좌의 주인공을 위해서 네 생물이 존재하는 것이다.

네 생물은 지성소에 있는 법궤와 비교해서 말할 수 있다. 법궤는 만져도 죽고 법궤가 있는 지성소에 들어가도 죽는다. 하물며 법궤를 열면 즉사하게 되어 있다.

법궤 안에는 십계명과 만나와 아론의 싹 난 지팡이가 들어있다.

> 히 9:4 금향로와 사면을 금으로 싼 언약궤가 있고 그 안에 만나를 담은 금항아리와 아론의 싹난 지팡이와 언약의 비석들이 있고

법궤는 모세가 싯딤나무(Shittim tree, acacia)[17]로 만들었다(출 25:10, 37:1). 싯딤나무는 우리나라로 말하면 아카시아 나무이다.

---

17) '아카시아 나무들'이란 뜻, 아라비아 사막과 그 주변 시내 반도 일대에 많이 자생하는 아카시아 나무, 내구성이 강해 법궤, 번제단, 떡상 등 성막 건축재료로 많이 사용되었다. '조각목'으로도 불린다. (출 25:5, 25:10), 라이프 성경사전

아카시아 나무는 쓸모없는 나무인데도 그 안에 세 가지 거룩한 성물이 들어있기 때문에 그 법궤가 지극히 존귀한 존재가 되었던 것이다. 아카시아 나무임에도 불구하고 지성소 한 가운데 있고 그 안에 하나님의 세 가지의 거룩한 성물을 보관하고 있다. 네 생물도 그런 입장으로 설명할 수 있다는 것이다. 그렇기 때문에 네 생물은 피조물 중에서 가장 거룩한 존재라고 말할 수 있다. 만약에 네 생물 안에 그런 존재가 없다면 네 생물은 거룩한 대상이 될 수 없다.

그렇다면 네 생물 안에 들어있는 거룩한 네 인격의 존재를 무엇이라고 말할 수 있는가? 바로 하나님의 뜻이라는 것이다. 네 생물은 하나님을 지키고 보호하고 호위하고 찬양하는 그런 사역도 있지만 가장 큰 사역은 네 생물이 하나님의 뜻을 짊어지고 있는, 하나님의 뜻이 담겨 있는 법궤와 같은 역할을 담당하는 것이라고 말할 수 있다. 다시 말하면 법궤 안에 하나님의 성물을 두신 것처럼 네 생물 안에 하나님의 뜻을 두신 것이다. 그 뜻에 따라 하나님의 형상과 모양대로 사람을 지었고 궁창의 세계의 모든 천사들을 지었던 것이다.

4. 네 생물에게 생명체를 지을 수 있는 네 가지 육체의 재료를 맡기셨다.

사도 바울이 "내가 셋째 하늘에 가서 가히 사람들에게 이르지 못할 말씀을 들었다"는 증거를 했다.

> 고후 12:1-4 무익하나마 내가 부득불 자랑하노니 주의 환상과 계시를 말하리라 내가 그리스도 안에 있는 한 사람을 아노니 십사 년 전에 그가 세째 하늘에 이끌려 간 자라 (그가 몸 안에 있었는지 몸 밖에 있었는지 나는 모르거니와 하나님은 아시느니라) 내가 이런 사람을 아노니 (그가 몸 안에 있었는지 몸 밖에 있었는지 나는 모르거니와 하나님은 아시느니라) 그가 낙원으로 이끌려 가서 말할 수 없는 말을 들었으니 사람이 가히 이르지 못할 말이로다

'가히' 이르지 못할 말이라는 것은 아무리 말해주어도 깨닫는 사람이 없는 말씀을 듣고 왔다는 것이다. 바울이 네 생물 안에 네 가지 인격적인 존재들이 들어있다는 것을 알게 된 것이다.

그렇기 때문에 사도 바울이 고린도전서 15장에서 네 생물 안에는 사람의 육체, 짐승의 육체, 새의 육체, 물고기의 육체, 이렇게 네 가지 육체가 있다는 것을 말씀했고 네 가지 육체마다 각각 해와 같은 영광, 달과 같은 영광, 별과 같은 영광, 별과 별들의 다른 영광을 가지고 있다고 말씀하고 있다.

> 고전 15:38-41 하나님이 그 뜻대로 저에게 형체를 주시되 각 종자에게 그 형체를 주시느니라 육체는 다 같은 육체가 아니니 하나는 사람의 육체요 하나는 짐승의 육체요 하나는 새의 육체요 하나는 물고기의 육체라 하늘에 속한 형체도 있고 땅에 속한 형체도 있으나 하늘에 속한 자의 영광이 따로 있고 땅에 속한 자의 영광이 따로 있으니 해의 영광도 다르며 달의 영광도 다르며 별의 영광도 다른데 별과 별의 영광이 다르도다

네 가지 육체에서 육체라는 말은 육신, 몸이라는 뜻이다. 사람들은 하늘에 있는 신령한 존재들은 우리와 차원이 다른 몸을 가졌다고 생각했다. 그래서 천하고 낮은 하늘의 발등상인 이 땅에 사는 존재들만 네 가지 육체를 가지고 있다는 그런 개념을 가지고 있다.

그러나 네 생물에게도 네 가지 육체가 있고, 그것이 네 가지 인격이 된다. 다시 말해서 하늘에 있는 존재들이나 이 땅에 있는 존재들이나 모두 다 네 생물 안에 있는 형상과 모양대로 지음을 받았다는 사실을 알아야 한다. 다시 말해 하늘, 궁창의 존재들은 네 생물 안에 있는 신성으로 지어졌고 이 땅에 있는 존재들은 네 생물 안에 있는 인성으로 지어졌다는 것이다.

마치 노아에게 은혜를 맡기고(창 6:8) 아브라함에게는 복의 근원으로써 복을 맡기신 것처럼(창 12:2-3, 갈 3:9) 네 생물 안에는 만유 안에 있는 모든 생명체를 만드는 사역을 감당할 수 있게 네 가지 육체의 재료를 다 맡기셨다는 것이다. 그렇기 때문에 네 생물이 피조물 중에서 가장 으뜸이 된다는 것은 당연하다. 하나님께서 피조세계를 펼치시기 전에 먼저 네 생물을 지으시고 그 안에 피조세계의

모든 생명체를 지을 수 있는 재료를 맡기신 것이다.

네 생물 안에 네 가지 육체가 다 들어있다. 예를 들어, 참새, 독수리, 심지어 조그만 날개달린 곤충까지도 다 새의 육체에 속한다. 근본은 똑같다. 네 생물 안에 있는 날짐승의 육체를 근본 재료로 해서 하나님이 바라시고 원하시는 형체의 모양을 각 개체에게 입혀주신 결과로 공중에 날고 있는 미세한 것에서부터 큰 것에 이르기까지 날짐승의 세계가 지어진 것이다.

짐승의 육체도 마찬가지다. 몸집이 큰 사자나 몸집이 작은 생쥐나 98%의 근원, 근본은 다 같지만 2%밖에 차이가 나지 않는다는 것이다. 짐승의 육체를 가지고 어떤 것은 거대한 짐승을 만들고 어떤 것은 눈에 보이지 않는 아주 조그만 미물을 만든 것이다.

그러나 네 가지 육체의 형상에 형체를 입히는 분은 오직 하나님 한 분이시다. 바울이 "나는 심었고 아볼로는 물을 주었다. 그러나 자라게 하시는 분은 하나님이시다"라고 말씀하고 있다.

> 고전 3:6-7 나는 심었고 아볼로는 물을 주었으되 오직 하나님은 자라나게 하셨나니 그런즉 심는 이나 물 주는 이는 아무것도 아니로되 오직 자라나게 하시는 하나님뿐이니라

위 성구의 의미는, 형체를 입혀주시는 분은 하나님이라는 것이다. 그 부분은 하나님의 고유적인 권한이시다.

> 고전 15:35-38 누가 묻기를 죽은 자들이 어떻게 다시 살며 어떠한 몸으로 오느냐 하리니 어리석은 자여 너의 뿌리는 씨가 죽지 않으면 살아나지 못하겠고 또 너의 뿌리는 것은 장래 형체를 뿌

리는 것이 아니요 다만 밀이나 다른 것의 알갱이뿐이로되 하나님이 그 뜻대로 저에게 형체를 주시되 각 종자에게 그 형체를 주시느니라 육체는 다 같은 육체가 아니니 하나는 사람의 육체요 하나는 짐승의 육체요 하나는 새의 육체요 하나는 물고기의 육체라 하늘에 속한 형체도 있고 땅에 속한 형체도 있으나 하늘에 속한 자의 영광이 따로 있고 땅에 속한 자의 영광이 따로 있으니 해의 영광도 다르며 달의 영광도 다르며 별의 영광도 다른데 별과 별의 영광이 다르도다

네 생물에게 사람의 육체, 짐승의 육체, 날짐승의 육체, 물고기의 육체라는 근본을 맡기셨다. 그 맡겨놓은 근원과 근본, 형상을 이용해서 각 개체들에게 형체를 입혀주시는 분은 하나님이시다. 그렇다고 하나님이 직접 그 일을 하셨다는 의미가 아니다. 근본을 다 맡겨놓으셨으니까 네 생물이 자기 안에 있는 네 가지 육체라는 재료를 근본으로 해서 하나님의 말씀대로 그 형체를 지은 것이다.

그런 의미이기 때문에 "여호와 하나님이 흙으로 사람을 지으시고 그 코에 생기를 불어넣어 아담을 지으시고"라고 말씀하고 있다. '낳았다'가 아니라 '지으시고'라고 말씀한 것이다. 낳았다는 말은 새 창조, 새 역사의 세계를 위해서 하나님이 한 번도 해보시지 않았던 새로운 역사를 단행하셨다는 의미로 받아들여야 한다.

5. 우레를 발하는 권세를 가지고 있다

> 계 6:1-8 내가 보매 어린 양이 일곱 인 중에 하나를 떼시는 그때에 내가 들으니 네 생물 중에 하나가 우레 소리같이 말하되 오라 하기로 내가 이에 보니 흰 말이 있는데 그 탄 자가 활을 가졌고 면류관을 받고 나가서 이기고 또 이기려고 하더라 둘째 인을 떼실 때에 내가 들으니 둘째 생물이 말하되 오라 하더니 이에 붉은 다른 말이 나오더라 그 탄 자가 허락을 받아 땅에서 화평을 제하여 버리며 서로 죽이게 하고 또 큰 칼을 받았더라 세째 인을 떼실 때에 내가 들으니 세째 생물이 말하되 오라 하기로 내가 보니 검은 말이 나오는데 그 탄 자가 손에 저울을 가졌더라 내가 네 생물 사이로서 나는 듯하는 음성을 들으니 가로되 한 데나리온에 밀 한 되요 한 데나리온에 보리 석 되로다 또 감람유와 포도주는 해치 말라 하더라 네째 인을 떼실 때에 내가 네째 생물의 음성을 들으니 가로되 오라 하기로 내가 보매 청황색 말이 나오는데 그 탄 자의 이름은 사망이니 음부가 그 뒤를 따르더라 저희가 땅 사분 일의 권세를 얻어 검과 흉년과 사망과 땅의 짐승으로써 죽이더라

앞서 기술했듯이 요한계시록 6장에 어린 양이 인을 떼어주시면 네 생물이 우레를 발한다. 어린 양이 첫째 인, 둘째 인, 셋째 인, 넷째 인을 떼어주시면 그때마다 네 생물이 "오라!" 우레를 발해서 첫째 흰 말, 둘째 붉은 말, 셋째 검은 말, 넷째 청황색 말이 등장한다. 바로 네 생물이 때를 알려주는 우레를 발하고 있다.

네 말은 네 생물이 가지고 있는 권능을 말하는 것이다. 그렇기 때

문에 네 번째 인까지만 네 생물이 '오라'라고 한 것이다. 다섯째 인부터는 네 생물이 개입하지 않는다.

원래 우레를 발할 수 있는 고유적인 권한은 창조주에게만 있는 것이다. 그런데 요한계시록 6장에서는 창조주가 아닌, 네 생물이 우레를 발하면서 '오라'고 외치고 있다. 예수께서 십자가 상에서 칠언의 우레를 발하셨던 것처럼 네 생물, 스랍도 우레를 발할 수 있다는 것이다.

에스겔은 네 생물의 날개 소리가 마치 물소리, 전능자의 음성, 군대의 소리와 같다고 표현하고 있고, 네 생물 머리 위의 궁창 위에서 '음성'이 났다고 증거하고 있다.

> 겔 1:22-25 그 생물의 머리 위에는 수정 같은 궁창의 형상이 펴 있어 보기에 심히 두려우며 그 궁창 밑에 생물들의 날개가 서로 향하여 펴 있는데 이 생물은 두 날개로 몸을 가리웠고 저 생물도 두 날개로 몸을 가리웠으며 생물들이 행할 때에 내가 그 날개 소리를 들은즉 많은 물 소리와도 같으며 전능자의 음성과도 같으며 떠드는 소리 곧 군대의 소리와도 같더니 그 생물이 설 때에 그 날개를 드리우더라 그 머리 위에 있는 궁창 위에서부터 음성이 나더라 그 생물이 설 때에 그 날개를 드리우더라

> 겔 1:28 그 사면 광채의 모양은 비 오는 날 구름에 있는 무지개 같으니 이는 여호와의 영광의 형상의 모양이라 내가 보고 곧 엎드리어 그 말씀 하시는 자의 음성을 들으니라

예수께서 십자가 상에서 칠언의 말씀[18], 일곱 우레를 발하셨다. 그런데 네 생물이 일곱 우레를 발할 수 있다는 것은 바로 하나님께서 구속사의 세계를 이루시고자 하시는 경륜의 세계를 네 생물이 정확하게 알고 외치며, 증거하고 명령하고 진두지휘할 수 있는 그런 입을 가진 존재라는 것을 의미하는 것이다.

네 생물은 그런 권한과 권능을 가지고 있기 때문에 언약을 줄 수 있는 존재, 맹세할 수 있는 존재가 되는 것이다. 그 이유는 무엇인가? 네 생물은 피조물이기는 하지만 아버지의 집에서, 빛 안에서 지음을 받은 존재로 거짓말 할 수 없는 심성과 신성을 가지고 있고 자기의 맹세를 절대 부인할 수 없기 때문이다.

따라서 "여호와께서 맹세하여 이르시되 멜기세덱 반차를 좇아 영원한 제사장이라 하셨도다"라는 말씀을 먼저 맹세로 하셨다.

> 시 110:4 여호와는 맹세하고 변치 아니하시리라 이르시기를 너는 멜기세덱의 반차를 좇아 영원한 제사장이라 하셨도다

또, 멜기세덱이 아브라함에게 언약으로 축복해주었다(창 14:17-20, 히 7:1-3). 그러니까 네 생물은 아브라함에게 맹세로써 언약을

---

18) 칠언의 말씀: 1."아버지여 저희를 사하여 주옵소서 자기의 하는 것을 알지 못함이니이다"(눅 23:34) 2."내가 진실로 네게 이르노니 오늘 네가 나와 함께 낙원에 있으리라"(눅 23:43) 3."여자여 보소서 아들이니이다 하시고 제자에게 이르시되 보라 네 어머니라"(요 19:26-27) 4."엘리 엘리 라마 사박다니 하시니 이는 곧 나의 하나님 나의 하나님, 어찌하여 나를 버리셨나이까(마 27:46) 5."내가 목마르다"(요 19:28) 6."다 이루었다"(요 19:30) 7."아버지여, 내 영혼을 아버지 손에 부탁하나이다"(눅 23:46)

세우고 그 언약을 줄 수 있는 존재이다.

그 말씀을 생각해 본다면 아담에게 "에덴동산 각종 나무 열매를 임의로 먹되 선악나무 열매를 따먹으면 정녕 죽으리라"(창 2:16-17)는 첫 번째 언약을 준 여호와 하나님이 누구인지 알 수 있다. 바로 네 생물이라는 것이다.

그렇기 때문에 네 생물은 구속사의 주인공인 사람들에게 맹세로써 언약을 맺을 수 있는 존재도 되고, 축복과 저주를 줄 수 있는 존재도 되는 것이다. 레위기와 신명기에 보면 레위기 26:3-13은 축복의 말씀이고 26:14-44는 저주의 말씀이다. 또 신명기 28:1-14는 축복의 말씀이고 28:15-68에는 저주의 말씀이 기록되어 있다.

6. 예수님이 오시기까지 후견인, 청지기, 몽학선생으로 역사한 여호와

여호와 하나님은 때가 차매 약속의 자녀인 예수님이 이 땅에 오시기까지 하나님의 후견인, 청지기, 몽학선생으로서 역사한 분이다. 바로 네 생물 속의 보좌의 주인공인 여호와 하나님이 그런 사역을 담당하고 있었다.

> 갈 4:1-7 내가 또 말하노니 유업을 이을 자가 모든 것의 주인이나 어렸을 동안에는 종과 다름이 없어서 그 아버지의 정한 때까지 후견인과 청지기 아래 있나니 이와 같이 우리도 어렸을 때에 이 세상 초등학문 아래 있어서 종 노릇 하였더니 때가 차매 하나님이 그 아들

을 보내사 여자에게서 나게 하시고 율법 아래 나게 하신 것은 율
법 아래 있는 자들을 속량하시고 우리로 아들의 명분을 얻게 하려
하심이라 너희가 아들인 고로 하나님이 그 아들의 영을 우리 마음
가운데 보내사 아바 아버지라 부르게 하셨느니라 그러므로 네가
이후로는 종이 아니요 아들이니 아들이면 하나님으로 말미암아
유업을 이을 자니라

갈 3:24 이같이 율법이 우리를 그리스도에게로 인도하는 몽학선생이 되어
우리로 하여금 믿음으로 말미암아 의롭다 함을 얻게 하려 함이니라

"실체의 그림자는 율법이다"라는 말씀처럼 실체가 되시는 예수
께서 때가 차매 이 땅에 오신 이후로는 그림자인 여호와 하나님은
절대 두 번 다시 이 땅에 등장할 수 없는 것이다.

히 10:1 율법은 장차 오는 좋은 일의 그림자요 참 형상이 아니므로 해마다
늘 드리는 바 같은 제사로는 나아오는 자들을 언제든지 온전케 할
수 없느니라

그런데 아이러니하게도 일각에서는 여호와 하나님이 역사했던
구약을 가리켜 성부의 장이라고 증거하는 아쉬움을 드러내고 있다.
그렇게 오해할 수밖에 없는 이유가 있기는 하다. 구약에 보면 여호
와 하나님을 아버지라고도 했고 남편이라고도 했다. 예를 들어 이사
야나 예레미야에도 그런 말씀이 나온다. "내가 너희에게 이혼증서
를 써주지 않았느냐? 나는 너희의 남편이다"(사 54:5, 렘 3:8, 3:14,
3:20, 31:32)라는 말씀이 소개되어 있다. 그것을 문자적으로 그대

로 받아들이고 인정하기 때문에 구약을 성부의 장이라고 증거하고 있는 것이다.

> 사 54:5 이는 너를 지으신 자는 네 남편이시라 그 이름은 만군의 여호와시며 네 구속자는 이스라엘의 거룩한 자시라 온 세상의 하나님이라 칭함을 받으실 것이며

> 렘 3:8 내게 배역한 이스라엘이 간음을 행하였으므로 내가 그를 내어쫓고 이혼서까지 주었으되 그 패역한 자매 유다가 두려워 아니하고 자기도 가서 행음함을 내가 보았노라

> 렘 3:14 나 여호와가 말하노라 배역한 자식들아 돌아오라 나는 너희 남편임이니라 내가 너희를 성읍에서 하나와 족속 중에서 둘을 택하여 시온으로 데려오겠고

> 렘 3:20 그런데 이스라엘 족속아 마치 아내가 그 남편을 속이고 떠남같이 너희가 정녕히 나를 속였느니라 여호와의 말이니라

> 렘 31:32 나 여호와가 말하노라 이 언약은 내가 그들의 열조의 손을 잡고 애굽 땅에서 인도하여 내던 날에 세운 것과 같지 아니할 것은 내가 그들의 남편이 되었어도 그들이 내 언약을 파하였음이니라

그러나 아들에게만 아버지가 있는가? 종들에게도 종들의 아버지가 있는 것이다. 종의 때의 아버지는 종들의 아버지를 말하는 것이고 종의 때의 남편은 종들의 남편을 말하는 것이다. 그런 말씀이

있다고 해서 그것을 문자적 고정관념으로 이해하고 구약에 등장하는 여호와 하나님이 아버지이고 우리의 남편이라고 생각하는 것은 잘못된 우(憂)를 범하고 있는 것이다.

III
네 생물의 영광

1. 여호와의 영광

겔 1:22 그 생물의 머리 위에는 수정 같은 궁창의 형상이 펴 있어 보기에 심히 두려우며

겔 1:26-28 그 머리 위에 있는 궁창 위에 보좌의 형상이 있는데 그 모양이 남보석 같고 그 보좌의 형상 위에 한 형상이 있어 사람의 모양 같더라 내가 본즉 그 허리 이상의 모양은 단 쇠 같아서 그 속과 주위가 불 같고 그 허리 이하의 모양도 불 같아서 사면으로 광채가 나며 그 사면 광채의 모양은 비 오는날 구름에 있는 무지개 같으니 이는 여호와의 영광의 형상의 모양이라 내가 보고 곧 엎드리어 그 말씀하시는 자의 음성을 들으니라

위 성구에 보면, 네 생물의 머리 위에는 수정 같은 궁창의 형상이 있고 그 궁창 위에 보좌의 형상이 있다. 또 그 보좌의 형상 위에 사람의 모양과 같은 한 형상이 있다고 했다. 그 형상으로부터 나오는 무지개 같은 광채를 여호와의 영광의 형상의 모양이라고 증거하고 있

다. 즉 네 생물 안의 거룩한 인자가 가지고 있는 영광이 여호와의 영광이라는 것이다. 따라서 네 생물 안에 있는 거룩한 인자가 여호와라는 사실을 알 수 있다.

에스겔 1:5에 보면, 네 생물을 전체적으로 보았을 때 "사람의 형상이라"고 했고, 에스겔 10:4, 10:18에는 거룩한 입장에서 볼 때 네 생물을 '여호와의 영광'이라고 했다. 또 에스겔 1:28에 '여호와의 영광의 형상의 모양'이라고 기술하고 있다.

> 겔 1:5 그 속에서 네 생물의 형상이 나타나는데 그 모양이 이러하니 사람의 형상이라
>
> 겔 10:18 여호와의 영광이 성전 문지방을 떠나서 그룹들 위에 머무르니
>
> 겔 1:28 그 사면 광채의 모양은 비 오는 날 구름에 있는 무지개 같으니 이는 여호와의 영광의 형상의 모양이라 내가 보고 곧 엎드리어 그 말씀하시는 자의 음성을 들으니라

여호와의 영광이라는 말은, 재림 때에 그 영광이 재림주로 온다는 것이다.

요한계시록 1:10-16에 사도 요한이 본 재림주의 모습을 기술하고 있다.

> 계 1:10-16 주의 날에 내가 성령에 감동하여 내 뒤에서 나는 나팔 소리 같은 큰 음성을 들으니 가로되 -(중략)- 일곱 금촛대를 보았는데

촛대 사이에 인자 같은 이가 발에 끌리는 옷을 입고 가슴에 금 띠를 띠고 그 머리와 털의 희기가 흰 양털 같고 눈 같으며 그의 눈은 불꽃 같고 그의 발은 풀무에 단련한 빛난 주석 같고 그의 음성은 많은 물 소리와 같으며 그 오른손에 일곱 별이 있고 그 입에서 좌우에 날선 검이 나오고 그 얼굴은 해가 힘있게 비취는 것 같더라

겔 1:4-5 내가 보니 북방에서부터 폭풍과 큰 구름이 오는데 그 속에서 불이 번쩍번쩍하여 빛이 그 사면에 비취며 그 불 가운데 단 쇠 같은 것이 나타나 보이고 그 속에서 네 생물의 형상이 나타나는데 그 모양이 이러하니 사람의 형상이라

겔 1:27 내가 본즉 그 허리 이상의 모양은 단 쇠 같아서 그 속과 주위가 불 같고 그 허리 이하의 모양도 불 같아서 사면으로 광채가 나며

에스겔 1:4과 1:27에 '단 쇠'가 나오는데 요한계시록 1:15에는 '주석'으로 되어 있다. 공동번역에 보면 에스겔 1:4의 '단 쇠'와 요한계시록 1:15의 '주석'이 모두 '놋쇠'로 나와 있다. 에스겔이 본 네 생물의 모습과 사도 요한이 보고 묘사한 재림주의 모습에 공통점이 있다는 것이다.

2. 정죄의 직분의 영광과 의의 직분의 영광

여호와와 멜기세덱은 다른 사람이 아니라 한 사람이다. 그런데 정죄의 직분으로 구원받는 사람들에게는 그 이름을 여호와로 가르쳐주었고 의의 직분의 영광을 받는 사람들에게는 전능하신 하나님, 멜기세덱으로 그 이름을 가르쳐주었다(출 6:3).

그래서 사도행전 7장에는 시내산 떨기나무에서 모세를 불러낸 여호와 하나님(출 3:4), 즉 구약의 마당을 이끌고 있는 여호와 하나님을 천사라고 말하고 있다(행 7:30, 7:35, 7:53). 그런데 사도행전 7:2-3에는 스데반이 돌에 맞아 죽기 전에 하늘 보좌에 계신 주님을 바라보면서 갈대아 우르에서 아브라함 일가를 불러낸 하나님을 영광의 하나님이라고 증거하고 있다.

출 3:4 여호와께서 그가 보려고 돌이켜 오는 것을 보신지라 하나님이 떨기나무 가운데서 그를 불러 가라사대 모세야 모세야 하시매 그가 가로되 내가 여기 있나이다

행 7:35 저희 말이 누가 너를 관원과 재판장으로 세웠느냐 하며 거절하던 그 모세를 하나님은 가시나무 떨기 가운데서 보이던 천사의 손을 의탁하여 관원과 속량하는 자로 보내셨으니

행 7:2-3 스데반이 가로되 여러분 부형들이여 들으소서 우리 조상 아브라함이 하란에 있기 전 메소보다미아에 있을 때에 영광의 하나님이 그에게 보여 가라사대 네 고향과 친척을 떠나 내가 네게 보일 땅으로 가라 하시니

원형적으로 말한다면 여호와와 멜기세덱은 네 생물 안에 들어있는 동질의 존재인데 자기를 바라보는 신앙의 시선과 차원에 따라서 한 쪽에는 여호와로, 다른 한쪽은 멜기세덱 즉 영광의 하나님으로 가르쳐주었다는 것이다.

그 차이는 이렇게 표현할 수 있다. 여호와는 약속의 자손인 예수님이 때가 차매 이 땅에 오실 때까지(갈 4:4), 즉 예언과 율법의 마침이 되는 세례요한이 등장하기까지만(마 11:13) 그 시대를 책임지는 것이다. 예수께서 율법의 마침을 이루셨다(롬 10:4). 예수님이 오심으로 여호와의 시대는 마감되었다. 그러나 아직 영광의 하나님 멜기세덱의 시대는 남아있는 것이다.

네 생물 안에 들어있는 네 얼굴은 서로 등이 붙어있다(겔 1:10)는 의미로 볼 때 구속사의 입장에서 그들은 두 사람이라는 것을 알 수 있다.

> 겔 1:10 그 얼굴들의 모양은 넷의 앞은 사람의 얼굴이요 넷의 우편은 사자의 얼굴이요 넷의 좌편은 소의 얼굴이요 넷의 뒤는 독수리의 얼굴이니

에스겔 10:1을 보면 그룹들 머리 위 궁창에 남보석 같은 보좌의 형상이 있다. 그리고 에스겔 1:26에는 네 생물의 머리 위에 있는 궁창 위에 보좌의 형상이 있고 보좌의 형상 위에 사람의 모양 같은 한 형상이 있다고 했다. 즉 네 생물 안에 있는, 구속사의 중심이 될 사람의 모습을 묘사하고 있다.

겔 10:1 이에 내가 보니 그룹들 머리 위 궁창에 남보석 같은 것이 나타나는데 보좌 형상 같더라

겔 1:26 그 머리 위에 있는 궁창 위에 보좌의 형상이 있는데 그 모양이 남보석 같고 그 보좌의 형상 위에 한 형상이 있어 사람의 모양 같더라

네 생물의 영광이 여호와의 영광인데 여호와의 영광이 어디에 있는가? 에스겔 1:25에 "그 머리 위에 있는 수정 같은 궁창에서부터 그 말씀하시는 자의 음성이 나더라"고 했고, 또 에스겔 1:28에도 "그 말씀하시는 자의 음성을 들으니라"는 말씀이 있다. 그러니까 네 생물의 머리가 여호와의 영광이라는 것이다.

겔 1:25 그 머리 위에 있는 궁창 위에서부터 음성이 나더라 그 생물이 설 때에 그 날개를 드리우더라

겔 1:28 그 사면 광채의 모양은 비 오는 날 구름에 있는 무지개 같으니 이는 여호와의 영광의 형상의 모양이라 내가 보고 곧 엎드리어 그 말씀하시는 자의 음성을 들으니라

재림의 마당은 일곱 날의 빛과 같다(사 30:26). 그렇기 때문에 일곱 날의 영광을 받으면 여자의 머리는 남자가 되고 남자의 머리는 그리스도가 되고 그리스도의 머리는 하나님이 된다.

고전 11:3 그러나 나는 너희가 알기를 원하노니 각 남자의 머리는 그리스도요 여자의 머리는 남자요 그리스도의 머리는 하나님이시라

그것이 재림의 마당에서 얻는 영광의 세계이다. 재림의 때에는 한 단계씩 더 큰 영광을 받는다.

하나님께서 궁창을 하늘이라 칭하셨다(창 1:8). 네 생물의 모습 중 수정 같은 머리 부분이 바로 궁창이다. 결론적으로 네 생물이 곧 궁창을 주관하는 주인이라는 것이다. 그 궁창 안에 보좌가 있다. 요한계시록 4:3에도 보좌의 모습이 기록되어 있다. 거기에는 남보석이라고 하지 않고 녹보석이라고 표현되어 있다. 보좌의 주변에는 무지개가 둘려져있다. 무지개는 네 생물이 가지고 있는 여호와의 영광이다. 여호와의 영광은 비 오는 날의 무지개와 같고 많은 물소리와 같다고 했다(겔 1:28).

> 계 4:3 앉으신 이의 모양이 벽옥과 홍보석 같고 또 무지개가 있어 보좌에 둘렸는데 그 모양이 녹보석 같더라

네 생물 안에 있는 네 얼굴 중에서 사자는 엘리야, 송아지는 모세를 말씀하고 있다. 신약의 마당에도 모세와 엘리야가 예수께서 아버지의 영광으로 변화 받으셨을 때 변화산에 부름을 받고 등장해서 예수께서 어떻게 별세하실 것을 상론했다. 바로 그들이 재림의 마당에 또 등장한다. 요한계시록 15장에 보면 모세의 노래와 어린 양의 노래가 등장한다.

> 계 15:2-3 또 내가 보니 불이 섞인 유리 바다 같은 것이 있고 짐승과 그의 우상과 그의 이름의 수를 이기고 벗어난 자들이 유리 바다 가에 서서 하나님의 거문고를 가지고 하나님의 종 모세의 노래, 어린

양의 노래를 불러 가로되 주 하나님 곧 전능하신 이시여 하시는 일이 크고 기이하시도다 만국의 왕이시여 주의 길이 의롭고 참되시도다

이렇게 네 생물 속에는 구약의 마당, 신약의 마당, 재림의 마당에 걸쳐서 그리스도의 장성한 형상과 분량으로 자랄 수 있는 두 존재가 이미 자기의 보좌를 가지고 있었다는 것이다. 그들이 바로 여호와의 영광을 나타내는 사람들이다.

3. 네 생물 안에 있는 두 보좌의 주인공은 누구인가?

야고보와 요한의 어머니 살로메가 예수님께 "선생님이 자기 영광의 보좌에 앉을 때 우리 두 아들을 하나는 오른쪽에 하나는 왼쪽에 앉게 해 주소서"라고 요구했다.

마 20:20-23 그때에 세베대의 아들의 어미가 그 아들들을 데리고 예수께 와서 절하며 무엇을 구하니 예수께서 가라사대 무엇을 원하느뇨 가로되 이 나의 두 아들을 주의 나라에서 하나는 주의 우편에, 하나는 주의 좌편에 앉게 명하소서 예수께서 대답하여 가라사대 너희 구하는 것을 너희가 알지 못하는도다 나의 마시려는 잔을 너희가 마실 수 있느냐 저희가 말하되 할 수 있나이다 가라사대 너희가 과연 내 잔을 마시려니와 내 좌우편에

> 앉는 것은 나의 줄 것이 아니라 내 아버지께서 누구를 위하여 예비하셨든지 그들이 얻을 것이니라

또 마가복음에서는 야고보와 요한이 직접 예수님께 간청한 것으로 기록되어 있다(막 10:35-40).

그들이 구한 두 보좌는 어디에 있는가? 그 두 보좌는 그들이 예수님께 구하기 전에 이미 처음부터 네 생물 안에 있었던 것이다.

그 보좌의 주인공이 누구인가? 그 보좌의 주인공으로서 구속사에 뛰어든 인자가 모세와 엘리야이다. 이미 만세 전에 모세와 엘리야가 정해져 있는데 그 자리를 달라고 요구하니까 예수께서 "너희가 말씀을 오해했도다" (마 22:29, 막 12:24)라고 말씀하시지 않고 "아버지 때 아버지께서 정한 자가 앉는다"라고 말씀하신 것이다.

두 보좌의 주인공인 모세와 엘리야가 왜 이 땅에 와야 하는가? 네 생물 안에는 하나님께서 정하신 구속사의 뜻과 그 뜻을 역사하시기 위한 구속사의 청사진, 설계도가 다 들어있다. 그렇기 때문에 하나님께서 만세 전에 계획하신 뜻을 이 땅에 올바로 전하시고 이루시기 위해서는 모세와 엘리야가 하나님께서 정하신 구속사의 뜻을 짊어지고 와야만 하는 것이다. 바로 부활의 도맥과 변화의 도맥을 가르쳐주시기 위해 하나님께서 네 생물 안에 있던 인격체인 모세와 엘리야를 이 땅에 보내신 것이다.

에스겔 9장-10장에 보면 가는 베옷을 입고 서기관의 먹 그릇을 찬 사람이 심판을 하는데(겔 9:1-6) 네 생물이 내어주는 숯불을 받는다. 가는 베옷을 입은 사람이 숯불을 꺼낸 것이 아니다. 한 그룹이

그룹들 사이에서 손을 내밀어 불을 꺼내준 것을 그가 받아서 예루살렘을 심판한다(겔 10:6-7). 숯불을 받았다는 것은 예루살렘을 심판할 수 있는 권세를 받았다는 것이다.

　마지막 때에도 누가 심판을 하는가? 원론적으로 말하면 네 생물이 심판하고 구속사의 입장으로 말하면 인자들이 심판하는 것이다. 바로 그 인자가 네 생물 안에 있었던 것이다.

　요한계시록에 등장하는, 재림의 마당에서 이루어지는 하늘보좌의 영광의 세계는 에스겔 1장-10장에서 말씀하고 있는 네 생물의 영광과 일치하는 부분이 많다.

　에스겔 1장-10장에 보면 하늘 문을 열고 온 네 생물의 거룩한 영광의 모습이 나타나 있다. 네 생물은 무지개를 가지고 있고 궁창을 가지고 있고 궁창 안에 자기의 보좌가 있고 또 바퀴가 있다. 에스겔 1장-10장에 등장하고 있는 네 생물의 모습은 네 생물의 부분적인 모습이 아니라 완전한 완전체의 모습이다.

　겔 10:9-17 내가 보니 그룹들 곁에 네 바퀴가 있는데 이 그룹 곁에도 한 바퀴가 있고 저 그룹 곁에도 한 바퀴가 있으며 그 바퀴 모양은 황옥 같으며 그 모양은 넷이 한결같은데 마치 바퀴 안에 바퀴가 있는 것 같으며 그룹들이 행할 때에는 사방으로 향한 대로 돌이키지 않고 행하되 돌이키지 않고 그 머리 향한 곳으로 행하며 그 온 몸과 등과 손과 날개와 바퀴 곧 네 그룹의 바퀴의 둘레에 다 눈이 가득하더라 내가 들으니 그 바퀴들을 도는 것이라 칭하며 그룹들은 각기 네 면이 있는데 첫 면은 그룹의 얼굴이요 둘째 면은 사람의 얼굴이요 세째는 사자의 얼굴이요 네째는 독수리의 얼굴이더라 그룹들이 올라가니 그들은 내가 그발 강가에서 보던 생물이라 그룹들이 행할 때에는 바퀴도 그 곁에서 행하고 그룹들이 날개를 들고 땅에서 올라가려 할 때에도 바퀴가 그 곁을 떠나지 아니하며 그들이 서면 이들도 서고 그들이 올라가면 이들도 함께 올라가니 이는 생물의 신이 바퀴 가운데 있음이더라

네 생물은 그들이 거룩하게 지키고 보호해드리고 거룩하게 영광을 돌려야 되는 그 영광의 실존적인 인자들을 모시고 함께하고 있는 임마누엘 된 상태라고 말씀할 수 있다.

여기에서 말씀하고 있는 완전한 모습의 네 생물에는 바퀴가 등장하고 있다. 스랍에는 바퀴가 없지만 네 생물은 바퀴가 있다. 바퀴가 있기 때문에 부분적인 대상이 아니라 완전하고 거룩한 영광스러운 존재가 된다. 그러한 온전하고 완전한 존재만이 하늘 문을 열고 올 수 있고, 하늘 문을 닫을 수 있는 권세를 가질 수 있는 것이다.

두 감람나무도 하늘 문을 닫을 수 있는 권세를 가지고 있다(계 11:6). 그렇다면 두 감람나무는 누구인가? 바로 인자화 된 네 생물이다. 재림의 마당에는 두 감람나무만 등장하는 것이 아니라 해를 입은 이 땅의 주이신 아버지가 등장한다. 이렇게 재림의 마당에는 두 사람이 등장하는 것이다.

마지막 재림의 마당에 등장하는 두 사람은 누구인가? 원론적으로 말한다면 그 두 사람이 네 생물이고 그 네 생물을 인자로 말한다면 모세와 엘리야이다. 그들을 가리켜서 이 땅의 주와 주 앞에 섰는 두 감람나무라고 말씀하고 있다(계 11:4). 이들이 네 생물의 실존

적인 거룩한 영광의 모습이다. 그렇기 때문에 에스겔 1:28의 여호와의 영광은 네 생물 안에 들어있는 거룩한 인자를 말하며, 그들이 재림 마당의 주인공인 '이 땅의 주와 주 앞에 섰는 두 감람나무'(계 11:4)가 되는 것이다.

4. 재림 때의 신랑, 신부의 영광

예수께서 마태족보, 누가족보를 통해서 자기의 족보, 자기의 뿌리, 자기의 소속을 분명히 말씀하고 계신다(마 1:1-17, 눅 3:23-38). 예수님은 태초의 말씀이 육신이 되어 이 땅에 오신 분이시다(요 1:14).

성경에서 '해'는 여호와 하나님, 신랑, 즉 말씀이라고 증거하고 있다.

시 19:5 해는 그 방에서 나오는 신랑과 같고 그 길을 달리기 기뻐하는 장사 같아서

시 84:11 여호와 하나님은 해요 방패시라 여호와께서 은혜와 영화를 주시며 정직히 행하는 자에게 좋은 것을 아끼지 아니하실 것임이니이다

그렇기 때문에 예수님은 신랑이시다. 세례요한이 그 말을 멋지게 표현했다. "신부를 취하는 자는 신랑이나 나는 신랑의 음성을 듣고 기뻐하는 그의 친구로다"(요 3:29) 그 말은, 세례요한은 신랑이

신 예수님에게 소속된 사람이라는 의미이다.

마지막 때 이 땅에서 어린 양의 혼인잔치가 이루어진다. 신랑과 신부가 어린 양의 혼인잔치의 주인공들이다.[19]

> 계 19:7-9 우리가 즐거워하고 크게 기뻐하여 그에게 영광을 돌리세 어린 양의 혼인 기약이 이르렀고 그 아내가 예비하였으니 그에게 허락하사 빛나고 깨끗한 세마포를 입게 하셨은즉 이 세마포는 성도들의 옳은 행실이로다 하더라 천사가 내게 말하기를 기록하라 어린 양의 혼인 잔치에 청함을 입은 자들이 복이 있도다 하고 또 내게 말하되 이것은 하나님의 참되신 말씀이라 하기로

창조주이신 예수님과 피조물인 인간은 서로 신랑과 신부라는 짝이 될 수 없다. 초림 당시 예수님을 신랑으로 표현한 것은 예수께서 둘째 아담의 입장으로 이 땅에 오셨기 때문이다. 따라서 종국에 재림의 마당에서 산 자의 신랑과 신부는 피조물 중에서 탄생해야 한다. 그렇기 때문에 여기에서 말씀하고 있는 신랑은 예수님을 말씀하는 것이 아니다. 산 자의 신랑과 신부는 피조물로서 재림의 마당에 등장하는 이 땅의 주와 두 감람나무를 의미한다.

우리도 소속이 있고 뿌리가 있게 마련이다. 따라서 신랑에게 소속된 사람이 있고 신부에게 소속된 사람이 있다. 그러나 신랑의 소속이나 신부의 소속이나 구속사의 전체적인 개념, 원론적인 입장에

---

19) 제 3권 <두 감람나무와 두 촛대, 그들은 누구인가?> 483-512쪽, 벽암 조영래 저, 도서출판 오색이슬

서 보면 다 네 생물에게 소속되어있는 사람들인 것이다.

　네 생물의 머리 위에 있는 궁창 안에 두 보좌가 있다. 그 두 보좌의 주인이 바로 신랑과 신부이다. 그 신랑과 신부는 구약의 마당으로 말하면 모세와 엘리야이다. 재림의 마당에서는 한 사람은 모세로서 해를 입고 이 땅의 주로서 역사하는 분이시고(계 12:1, 11:4), 한 사람은 신부로서 신랑에 의해서 낳아지는 존재인 철장의 권세를 가진 아이, 즉 두 감람나무가 된다(계 12:5, 11:4). 재림의 마당에서 신랑의 보좌의 영광과 신부의 보좌의 영광이 나타나는 순간, 이 땅에는 하늘나라가 이루어지는 것이다.

　네 생물 안에 이미 그런 신랑과 신부의 두 보좌가 있었다는 것이다. 그것을 가리켜서 "네 생물의 머리 위에 수정 같이 맑은 궁창이 있고 궁창 위에 보좌의 형상이 있는데 그 보좌의 형상 위에 사람의 모양 같은 형상이 있다"라고 표현하고 있는 것이다.

> 겔 1:25-26 그 머리 위에 있는 궁창 위에서부터 음성이 나더라 그 생물이 설 때에 그 날개를 드리우더라 그 머리 위에 있는 궁창 위에 보좌의 형상이 있는데 그 모양이 남보석 같고 그 보좌의 형상 위에 한 형상이 있어 사람의 모양 같더라

　다시 말해서 네 생물 안에 본래 신랑과 신부의 두 보좌가 있는데, 그 보좌의 영광이 여호와 하나님의 영광의 형상의 모양이라는 것이다. 네 생물 안에 있는 신랑, 신부의 보좌가 이 땅에서 이루어지고 그 보좌의 영광이 이루어지면 구속사의 세계는 모두 끝이 나는 것이다.

　재림의 마당에서 해를 입은 여인이 광야에서 한 때와 두 때와 반 때를 양육 받고(계 12:14) 살아나시면 그분이 재림주 멜기세덱의

영광을 입는 순간이 되는 것이다. 또 큰 성 길에 누워있는 두 감람나무가 삼 일 반 후에 살아나면(계 11:11) 신부의 보좌의 영광이 나타나는 것이다.

5. 무지개의 영광

네 생물이 인격적인 존재로서 가지고 있는 특징 중의 하나가 무지개이다. 비 온 뒤에 무지개가 나타나는 것처럼 네 생물은 무지개의 영광을 가지고 있다. 이 무지개가 바로 네 생물이 가지고 있는 고유적인 거룩함, 영광이라고 말할 수 있다.

무지개의 영광은 곧 여호와의 영광이다. 창세기 9장에 하나님이 노아와 그 아들들에게 "다시는 홍수로 모든 생물을 멸하지 않겠다"고 언약을 하시고 그 증표로 구름 속에 무지개를 두시겠다는 말씀이 기록되어 있다.

> 창 9:8-17 하나님이 노아와 그와 함께한 아들들에게 일러 가라사대 내가 내 언약을 너희와 너희 후손과 너희와 함께한 모든 생물 곧 너희와 함께한 새와 육축과 땅의 모든 생물에게 세우리니 방주에서 나온 모든 것 곧 땅의 모든 짐승에게니라 내가 너희와 언약을 세우리니 다시는 모든 생물을 홍수로 멸하지 아니할 것이라 땅을 침몰할 홍수가 다시 있지 아니하리라 하나님이 가라사대 내가 나와 너희와 및 너희와 함께 하는 모든 생물 사이에 영세까지 세우는 언약의 증거는 이것이라 내가 내 무지개를 구름 속에 두었

나니 이것이 나의 세상과의 언약의 증거니라 내가 구름으로 땅을 덮을 때에 무지개가 구름 속에 나타나면 내가 나와 너희와 및 혈기 있는 모든 생물 사이의 내 언약을 기억하리니 다시는 물이 모든 혈기 있는 자를 멸하는 홍수가 되지 아니할찌라 무지개가 구름 사이에 있으리니 내가 보고 나 하나님과 땅의 무릇 혈기 있는 모든 생물 사이에 된 영원한 언약을 기억하리라 하나님이 노아에게 또 이르시되 내가 나와 땅에 있는 모든 생물 사이에 세운 언약의 증거가 이것이라 하셨더라

노아에게 언약으로 주신 무지개는 자연계시 속에 나타나는 무지개가 아니다. 그 무지개는 여호와의 영광을 말씀하고 있는 것이다.
그렇기 때문에 요한계시록 4:2-4 말씀에 하나님의 보좌에는 무지개가 있고 또 네 생물이 있고 24보좌가 있는 것이다.

창세기 9:10-17에 무지개를 구름 속에 두었다고 했다. 이 구름과 무지개는 어떤 관계인가? 시편 104편에서 "하나님은 구름을 비롯한 모든 대상들을 하나님의 '사역자'로 쓰신다"는 말씀이 있다.

> 계 10:1-3 내가 또 보니 힘센 다른 천사가 구름을 입고 하늘에서 내려오는데 그 머리 위에 무지개가 있고 그 얼굴은 해 같고 그 발은 불기둥 같으며 그 손에 펴 놓인 작은 책을 들고 그 오른발은 바다를 밟고 왼발은 땅을 밟고 사자의 부르짖는 것같이 큰소리로 외치니 외칠 때에 일곱 우뢰가 그 소리를 발하더라

위 성구에 보면, 구름에 대한 말씀이 나온다. 하늘에서 힘센 천사가 구름을 입고 내려오는데 그 머리 위에 무지개가 있고 그 얼굴은 해 같고 그 발은 불기둥 같다고 묘사하고 있다. 무지개가 있는 구름은 어떤 구름을 말하는 것인가? "그 머리 위에 무지개가 있고"라는 말씀을 깊이 궁구해보면 무지개는 구름을 입은 사람이 가지고 있는 여호와의 영광이라고 말할 수 있다는 것이다.

공동번역 성경에는 시편 68:33-35 말씀이 "병거를 타고 하늘을, 오랜 하늘을 달리시던 이, 그 하느님의 힘찬 고함 소리가 들리지 않느냐? 하느님은 강하시다. 찬양하여라. 그의 영광 이스라엘 위에 높이 떨치고 그의 힘 구름 위에 힘껏 뻗는다. 두려워라. 당신의 성소에서 나오시는 하느님, 이스라엘의 하느님, 당신의 백성에게 크신 힘을 주시니, 하느님, 찬미 받으소서"라고 되어 있다.

> 시 68:33-35 옛적 하늘들의 하늘을 타신 자에게 찬송하라 주께서 그 소리를 발하시니 웅장한 소리로다 너희는 하나님께 능력을 돌릴찌어다 그 위엄이 이스라엘 위에 있고 그 능력이 하늘에 있도다 하나님이여 위엄을 성소에서 나타내시나이다 이스라엘의 하나님은 그 백성에게 힘과 능을 주시나니 하나님을 찬송할찌어다

여자의 머리는 여자의 존귀와 영광을 의미한다(고전 11:10). 베다니 문둥이 시몬의 집에서 한 여자가 옥합을 깨뜨려서 예수님의 발에 향유를 붓고 자기의 머리털로 예수님의 발을 씻겨드렸다(눅 7:37-38). 그것은 사람으로서 할 수 있는 최고의 정성을 예수께 바쳤다고 말할 수 있다.

"그의 힘, 구름 위에 힘껏 뻗는다"는 말은 구름을 입은 사람의 머리 위에 무지개가 있는데 구름 위에 하나님의 능력, 하나님의 권능, 하나님의 영광을 면류관처럼 머리 위에 쓰고 있다는 의미이다.

> 계 10:1-3 내가 또 보니 힘센 다른 천사가 구름을 입고 하늘에서 내려오는데 그 머리 위에 무지개가 있고 그 얼굴은 해 같고 그 발은 불기둥 같으며 그 손에 펴놓인 작은 책을 들고 그 오른발은 바다를 밟고 왼발은 땅을 밟고 사자의 부르짖는 것같이 큰 소리로 외치니 외칠 때에 일곱 우뢰가 그 소리를 발하더라

> 계 12:1-2 하늘에 큰 이적이 보이니 해를 입은 한 여자가 있는데 그 발 아래는 달이 있고 그 머리에는 열두 별의 면류관을 썼더라 이 여자가 아이를 배어 해산하게 되매 아파서 애써 부르짖더라

요한계시록 10:1-3과 요한계시록 12:1-2에는 각각 구름을 입은 천사와 해를 입은 여인이 나온다. 요한계시록에서 천사란 인자화된 천사를 의미한다. 구름을 입은 천사의 머리 위에는 무지개가 있다. 해를 입은 여자는 머리에 무지개가 없는 대신에 열두 별의 면류관을 썼다. 구름을 입은 사람과 해를 입은 여인은 같은 사람이 아니라는 것을 알 수 있다. 요한계시록 10장에 등장하는 존재는 천사인 반면, 요한계시록 12장에 등장하는 해를 입은 여인은 천사가 아닌 인자의 입장으로 등장하고 있기 때문이다. 그러나 여기에는 양면성이 있다. 등장하는 모습은 다르지만 영적인 입장으로 보면 두 사람은 같은 사람이라고 말할 수 있다는 것이다.

창세기 9장에서 하나님께서 "내가 다시는 물로 심판하지 않겠다"는 언약의 증거를 세우기 위해서 구름 속에 무지개를 두셨다고 했다. 그 언약의 증거로 세운 대상이 요한계시록 10:1-3에 나오는 천사, 인자이다.

해는 신랑, 또는 여호와라고 했다(시 19:5, 84:11). 산 자의 입장으로 말한다면 해는 신랑을 말하며, 죽는 자의 도맥을 통해서 말한다면 해는 야훼, 여호와를 말한다.

해를 입은 여인은 열두 별의 면류관을 쓰신 하나님이시다. 시편 150편 전체 내용 중에 '야곱의 하나님'이라는 말씀이 열두 번 나온다(시 20:1, 24:6, 46:7, 46:11, 75:9, 76:6, 81:1, 81:4, 84:8, 94:7, 114:7, 146:5). 그렇기 때문에 야곱의 하나님은 열두 별의 면류관을 쓰신 하나님이라고 설명할 수 있다.

더 적극적으로 표현하면, 이사야 24:13에서 소개한 두 감람나무 역사[20]의 입장으로 보면 해를 입은 여인은 신랑이신 멜기세덱이고, 포도나무 역사[21]의 입장에서 보면 해를 입은 여인은 야훼, 여호와 같은 분이라고 말할 수 있다.

구름을 입은 사람은 하나님께서 무지개 언약을 나타내시기 위해서 언약의 증거자로 보내심을 입은 사람을 말하는 것이다. 그는 하나님이 보내신 사람이다. 그를 보내신 사람은 누구일까? 요한계시록 11:4에 '이 땅의 주와 주 앞에 선 두 감람나무'는 보낸 사람과 보

---

20) 제 3권 <두 감람나무와 두 촛대, 그들은 누구인가?> 29-39쪽, 조영래 저, 도서출판 오색이슬
21) 제 3권 <두 감람나무와 두 촛대, 그들은 누구인가?> 40-51쪽, 조영래 저, 도서출판 오색이슬

내심을 입은 사람이 이 땅에 함께하고 있는 모습이다. 해를 입은 여인은 이 땅의 주이시고 주 앞에 선 두 감람나무는 신부이다.

구름은 하나님의 능력, 권능이라고 말했다. 그렇기 때문에 무지개는 그 사람이 가지고 있는 영광이라고 말할 수 있다. 불기둥 같은 발은 심판할 수 있는 심판의 권세를 말하는 것이다. 따라서 무지개가 있는 사람은 공의로 하나님의 심판을 가장 정직하고 성실하고 완전하게 처리할 수 있는 사람을 의미한다. 무지개는 그런 것이다. 불기둥 같다는 말은 그의 심판은 완전한 심판이라는 것을 의미하는 것이다. 완전한 심판이라는 의미에서 "그의 발은 불기둥 같고 머리 위에는 무지개가 있고"라고 기록되어 있는 것이다. 따라서 그가 물 심판을 하든지, 불 심판을 하든지 그의 심판은 하나님의 공의에 따른 가장 완전한 심판이 되는 것이다.

변화의 산에서 베드로, 야고보, 요한이 예수께서 아버지의 영광으로 변화 되신 모습을 바라보는 가운데 베드로가 조급한 성격을 참지 못하고 두려움 중에 여러 가지 말을 하였다.

그때 구름 속에서 음성이 들렸다. 그 구름은 그냥 구름이 아니라 '빛난 구름'이라고 말씀하고 있다. 빛난 구름 속에서 소리가 나서 세 제자에게 다음과 같은 말씀을 한다. "이는 내 사랑하는 아들이요, 내 기뻐하는 자니 너희는 저의 말을 들으라"고 했다.

> 마 17:5 말할 때에 홀연히 빛난 구름이 저희를 덮으며 구름 속에서 소리가 나서 가로되 이는 내 사랑하는 아들이요 내 기뻐하는 자니 너희는 저의 말을 들으라 하는지라

마치 변화산에서 모세와 엘리야의 한가운데에 있는 주님의 모습, 아버지의 영광으로 변화를 받으신 주님의 모습은 구름 한가운데 있는 무지개와 같은 모습이라고 말씀할 수 있다는 것이다.

무지개는 '오늘날'이라고 외치시는 구름기둥과 불기둥이 역사하는 곳에서만 볼 수 있다. 출애굽기 19:4에 보면 "내가 너희를 독수리의 날개 위에 업어 인도하였다"라는 말씀처럼 독수리가 역사하는 그러한 역사의 현장의 중심에서만 무지개를 볼 수 있는 것이다.

6. 새 예루살렘 성의 영광

마 16:27 인자가 아버지의 영광으로 그 천사들과 함께 오리니 그때에 각 사람의 행한 대로 갚으리라

마 25:31 인자가 자기 영광으로 모든 천사와 함께 올 때에 자기 영광의 보좌에 앉으리니

막 8:38 누구든지 이 음란하고 죄 많은 세대에서 나와 내 말을 부끄러워하면 인자도 아버지의 영광으로 거룩한 천사들과 함께 올 때에 그 사람을 부끄러워하리라

눅 9:26 누구든지 나와 내 말을 부끄러워하면 인자도 자기와 아버지와 거룩한 천사들의 영광으로 올 때에 그 사람을 부끄러워하리라

위 성구들은 예수께서 직접 하신 말씀으로서 "인자가 아버지의 영광으로 올 때 거룩한 천사들과 함께 오신다"고 하는 공통점이 있다. 다시 오시는 주님은 인자(人子)로 오시며, 예수가 아닌 아버지의 영광으로 오시며, 혼자 오시지 않고 '거룩한 천사들'과 함께 오신다는 것이다.

눅 21:27 그때에 사람들이 인자가 구름을 타고 능력과 큰 영광으로 오는 것을 보리라

하지만, 위 성구에서는 '천사' 대신 '구름'을 타고 오신다고 기록되어 있다.

에스겔 1:1에서 네 생물이 하늘 문을 열고 이 땅에 등장한다. 그 네 생물은 개별적인 조직이 아니라 완전한 성(聖) 조직으로서의 영광을 가지고 있기 때문에 그 조직의 특성상 바퀴가 달려있고 그 조직의 머리에는 수정 같은 궁창이 있고 그 곳에 보좌가 있다고 말씀하고 있다.

앞서 설명했듯이 하늘 문을 열고 오는 네 생물은 부분적인 대상이 아니라 네 생물로서의 온전하고 거룩한 모습, 영광스러운 모습이기 때문에 그런 존재만이 구름을 타고 올 수 있다.

네 생물의 개별적인 역사, 부분적인 역사를 보면 스랍으로도 역사했고 그룹으로도 역사했지만 그들은 조직의 부분, 일부이기 때문에 그들 자체를 네 생물이라고 말하지 않는다. 네 생물이라고 말할 수 있는 것은 완전한 여호와의 영광을 나타내고 있는 대상들로서 그러한 존재들만이 공식적으로 하늘 문을 열고 올 수 있다는 것이다.

그러나 개인적으로 천국을 침노하는 입장에서 하늘 문을 드나들 때는 공식적으로 문을 여는 것이 아니라 사적인 입장에서 믿음의 의를 통해서 오고 가는 것이기 때문에 그렇게 오고 가는 자체를 가리켜서 하늘 문을 열고 닫았다고 말씀할 수는 없다는 것이다.

따라서 네 생물로서의 가장 온전하고 거룩한 모습, 영광스러운 모습을 가진 자들이 거룩한 성 조직을 가지고 이 땅에 오는 모습을 가리켜서 "구름을 타고 오신다, 천사들을 데리고 오신다"라고 말씀하는 것이다.

구름을 타고 거룩한 천사들과 함께 오신다는 말은, 오시는 자체 속에서 여호와의 영광, 하나님의 영광을 발하시며 오신다는 것이다. 그 이유는 무엇인가? 오시는 대상 안에는 거룩한 신성조직이 함께 오기 때문에 그를 모시고 오는 신성조직이 침묵하고 오는 것이 아니라 그분의 영광을 세세무궁토록 찬양하는 거룩한 찬양을 통해서 오신다는 것이다.

그렇기 때문에 "주께서 호령과 천사장의 소리와 하나님의 나팔로 친히 하늘로 좇아 강림하신다"(살전 4:16)는 말씀도 있고 "일곱째 천사가 나팔 부는 때에"(계 11:15)라는 말씀도 어느 맥락에서는 하나님의 영광을 찬양한다는 의미가 된다.

그렇다면 성경에 그렇게 온 사람들의 기록이 있는지 그 말씀을 찾아볼 필요가 있다. 정말 그렇게 오시는 것일까? 이미 에스겔서를 통해서 소개한 것처럼 바퀴를 가지고 여호와의 영광의 보좌를 가지고 온 네 생물 자체가 그렇게 이 땅에 온 존재라고 말씀할 수 있다는 것이다.

예수께서는 어떻게 이 땅에 오셨을까? 예수님은 말구유에서 태어나셨다. 예수님은 구름을 타시고 그러한 영광을 받으시면서 오시지는 못했지만 그러나 이런 부분의 말씀을 새겨 볼 필요가 있다. 하나님께서 예수님의 탄생의 영광을 두 무리로 하여금 찬양하게 해주셨다. 한 무리는 동방박사 세 사람이고 또 한 무리는 빈들에서 양을 치고 있던 목자들이었다. 천사들이 그 목동들에게 나타나서 말구유에서 태어나신 예수께 가서 경배 드리게 했다. 그래서 예수께서 탄생하시던 날 밤, 말구유에 누인 아기 예수님께 와서 세 동방박사가 경배를 드렸고(마 2:1-12), 또 빈 들에서 가축을 치던 목동들이 천사의 지시를 받고 예수님께 와서 경배를 드렸다(눅 2:8-20). 영적으로 말하면 예수님 때에도 "지극히 높은 곳에서는 하나님께 영광이요 땅에서는 기뻐하심을 입은 사람들 중에 평화로다"(눅 2:14)라는 찬양이 있었다는 것도 우리가 눈여겨보아야 할 점이다.

또, 예수께서 40일 금식하시고 주리신 후에 성령의 이끌리심을 받아서 마귀에게 세 번 시험을 받으시고 이기셨을 때 "천사들이 나아와서 예수님께 수종드니라"는 말씀이 있다(마 4:1-11). 예수님 때에도 이 땅에 오셔서 역사하실 때 하늘의 천사들이 이 땅의 바라는 자들을 통해서 예수님을 찬양하게 해드리고 경배 드리게 했다는 것도 우리가 생각해 보아야 할 점이다.

엘리야의 경우를 생각해 보면, 엘리야가 하늘 문을 열고 왔는지 표면적으로는 나타나 있지 않지만 그가 기도함으로써 3년 6개월 동안 우로가 내리지 않았다. 엘리야는 우리와 똑같은 성정을 가진 사람인데 그가 기도함으로써 우로를 내리지 못하도록 하늘 문을 닫았다는 것이다(왕상 17:1, 약 5:17-18).

우로는 비 우(雨)자, 이슬 로(露)자이다. 비와 이슬이 내리지 않았다는 것이다. 중동지역, 이스라엘에 내리는 이슬은 우리나라에 내리는 이슬과는 차이가 있다. 그곳에 내리는 이슬은 우리나라의 이슬과 양에 있어서 비교할 수 없을 만큼 많이 내린다고 한다. 그렇기 때문에 그 지역에서는 그렇게 내리는 이슬로 채소를 가꾼다고 한다. 또한 사막지역이다 보니 모래 먼지가 밤새 두껍게 앉는데 그런 먼지가 아침 이슬에 깨끗하게 씻긴다는 것이다.

엘리야는 하늘 문을 열고 닫을 수 있는 권세가 있기 때문에 하늘 문을 닫고 그런 우로를 내리지 못하게 한 것이다. 그리고 마지막에 모든 사역을 마치고 불 말과 불 수레를 타고 하늘로 올라갔다(왕하 2:11)는 내용의 세계를 통해서 볼 때 엘리야도 영적으로 말하면 하늘에서 온 사람이라고 말할 수 있다.

열왕기상 17:1에 보면 그의 출신성분에 대해서 '디셉 사람 엘리야'라고만 기록되어 있다. 엘리야의 아버지가 누구인지, 엘리야의 족보에 대한 것을 알 수 없다. 그렇다고 해서 엘리야가 인자 자체로서 하늘에서 뚝 떨어진 사람은 아니다. 그것은 구속사의 근본을 이루고 있는 창조원리에 합당하지 않은 것이다. 분명히 엘리야도 여인의 태를 통해서 이 땅에 태어난 사람이다. 그러나 영적으로 그가 소속되어 있는 계열의 입장에서 본다면 그도 신앙의 영역, 믿음의 능력, 말씀의 능력을 가진 자로서 하늘 문을 열고 닫을 수 있는 자라고 말할 수 있다는 것이다. 그렇기 때문에 그는 독자적으로 하늘로 다시 올라갈 수 있었다.

결론적으로 누가 천사들의 영광을 받으면서 올 수 있는 사람인가? 누가 구름을 타고 올 수 있는 사람인가? 재림의 마당을 조명해서 살펴본다면, 재림의 마당에서 해를 입은 여인이 오실 때는 흰 구름을 타고 오실까? 아니면 천사들의 나팔소리를 통해서 영광을 받으시면서 오실까? 그러나 그분은 도둑같이 홀연히 오시기 때문에 그렇게 오시지는 않는다(살전 5:2-3, 벧후 3:10, 계 16:15).

> 살전 5:2-3 주의 날이 밤에 도적같이 이를 줄을 너희 자신이 자세히 앎이라 저희가 평안하다, 안전하다 할 그때에 잉태된 여자에게 해산 고통이 이름과 같이 멸망이 홀연히 저희에게 이르리니 결단코 피하지 못하리라

> 벧후 3:10 그러나 주의 날이 도적같이 오리니 그날에는 하늘이 큰소리로 떠나가고 체질이 뜨거운 불에 풀어지고 땅과 그중에 있는 모든 일이 드러나리로다

> 계 16:15 보라 내가 도적같이 오리니 누구든지 깨어 자기 옷을 지켜 벌거벗고 다니지 아니하며 자기의 부끄러움을 보이지 아니하는 자가 복이 있도다

그렇다면 재림의 마당에서 그렇게 오시는 분이 누가 있을까? 거룩한 신성조직을 가지고 오시는 분이 있다. 거룩한 신성조직이 하늘에서 내려오는 것을 성경은 '새 예루살렘 성'이라고 말씀하고 있다. 그 새 예루살렘 성에는 주인이 있다. 그 주인이 오시는 모습을 새 예루살렘 성이라고 표현한 것이다.

계 21:10 성령으로 나를 데리고 크고 높은 산으로 올라가 하나님께로부터 하늘에서 내려오는 거룩한 성 예루살렘을 보이니

그가 올 때 두 가지의 말씀이 다 적용되는 것이다. 천사들의 나팔소리로, 또 흰 구름을 타고 오신다는 것이다. 그렇기 때문에 예수께서 "인자가 아버지의 영광으로 올 때 천사들과 함께 오겠다, 능력의 구름을 타고 오겠다"(마 24:30, 막 13:26, 14:62, 눅 21:27)라고 하셨다. 그것은 바로 강림하시는, 재림하시는 때의 주인의 영광을 신령한 그의 신성조직이 찬양하면서 오시는 모습을 말씀하고 있는 것이다.

천사들의 나팔소리를 타고, 흰 구름을 타고 오는 신성조직은 과연 누구일까? 구속사에 뛰어들어 자기의 할 일을 다 마친 후에 일곱째 날 안식의 처소에서 안식하고 있는 자들을 데리고 오신다는 말인가? 그렇지 않으면 재림의 마당에서 구속사의 세계의 끝을 완성하시는 완성의 과정 안에서 이 땅의 주와 주 앞에 선 두 감람나무에게 소속되어 있는 그의 계열의 사람들을 말씀하는 것일까?
다시 말해서 하늘에서 새 예루살렘 성(계 21:2)이 이 땅에 강림할 때 아브라함, 이삭, 야곱과 함께 천국에서 안식하고 있는 사람들을(마 8:11) 데리고 온다는 말인가? 그렇지 않으면 어린 양의 생명록(계 21:27)에 기록되어 있는 그의 신성조직을 데리고 온다는 것일까?

요한계시록 7:4-8에 보면 14만 4천이 인침을 받는 내용이 전개된다.

계 7:4-8 내가 인 맞은 자의 수를 들으니 이스라엘 자손의 각 지파 중에서 인 맞은 자들이 십사만 사천이니 유다 지파 중에 인 맞은 자가 일만 이천이요 르우벤 지파 중에 일만 이천이요 갓 지파 중에 일만 이천이요 아셀 지파 중에 일만 이천이요 납달리 지파 중에 일만 이천이요 므낫세 지파 중에 일만 이천이요 시므온 지파 중에 일만 이천이요 레위 지파 중에 일만 이천이요 잇사갈 지파 중에 일만 이천이요 스불론 지파 중에 일만 이천이요 요셉 지파 중에 일만 이천이요 베냐민 지파 중에 인 맞은 자가 일만 이천이라

그런데 이 14만 4천 외에 또 셀 수 없는 많은 무리가 있다(계 7:9). 그들은 누구인가? 바로 어린 양의 피에 그 옷을 씻어(계 7:13-14) 정결함을 입은 사람들이다.

계 7:13-14 장로 중에 하나가 응답하여 내게 이르되 이 흰옷 입은 자들이 누구며 또 어디서 왔느뇨 내가 가로되 내 주여 당신이 알리이다 하니 그가 나더러 이르되 이는 큰 환난에서 나오는 자들인데 어린 양의 피에 그 옷을 씻어 희게 하였느니라

이들은 14만 4천과는 별개의 사람들이다. 그러니까 그 신성조직은 14만 4천을 말하는 것이 아니라 어린 양의 생명록에 기록된 사람들을 말하는 것이다. 그들은 재림의 마당에서 승리한 사람들이다.

시 23:5 주께서 내 원수의 목전에서 내게 상을 베푸시고 기름으로 내 머리에 바르셨으니 내 잔이 넘치나이다

그렇게 재림의 마당에서 승리한 자들은 원수의 목전에서 자랑스럽게 상을 주신다고 했는데 거기에서 말하는 원수들은 누구를 말하는가? 바로 제 밭에 뿌려진 가라지들이다(마 13:24-30). 그 가라지들이 보는 앞에서 좋은 씨알들에게 상을 주신다는 것이다. 그렇기 때문에 그들이 "산아, 바위야, 나를 가려다오"(계 6:12-16)라고 하는 것이다. 그때는 그들이 스스로 죽을 수도 없는 때이다. 그런 원수들의 목전에서 어린 양의 생명록에 새롭게 기록된 자들의 영광을 더 영화롭게 해주시기 위해서 그들을 산 자의 계열로 들어 올리셔서 원수들, 가라지들이 보는 앞에서 상을 주신다는 것이다.

어린 양의 신부가 이 땅에 공중 재림의 영광으로 강림할 때 그의 신성조직 속에는 누가 있는가? 야곱의 70가족이 이스라엘이라는 나라를 이룩하는 기초가 되고 근본이 된 것처럼 제 밭에 뿌려졌던 좋은 씨알들이 어린 양의 신성조직이 되는 것이다. 그렇기 때문에 공중 재림 때에는 먼저 잠든 자들을 데리고 오시고 그때까지 신앙의 정절과 순결을 지키며 살아있던 사람들은 살아서 원수들이 보는 앞에서 공중으로 끌어올림을 받는 것이다.

> 살전 4:16-17 주께서 호령과 천사장의 소리와 하나님의 나팔로 친히 하늘로 좇아 강림하시리니 그리스도 안에서 죽은 자들이 먼저 일어나고 그 후에 우리 살아 남은 자도 저희와 함께 구름 속으로 끌어올려 공중에서 주를 영접하게 하시리니 그리하여 우리가 항상 주와 함께 있으리라

제 밭에 뿌려진 가라지들이 보는 앞에서 상급을 주는 것이다. 그

들이 보는 앞에서 잠자는 자들이 부활해서 그리스도와 함께 같이 내려오고 또 그때까지 이 땅에 살아있던 사람들은 순식간에 변화를 받아서 공중으로 끌어올림을 받아서 공중 재림의 영광을 영접하는 것이다.

지금 말씀하고 있는 사람들이 누구인가? 바로 흰 구름을 타고 오신다는 그 구름이고, 천사들의 나팔소리와 함께 오신다는 거룩한 천사들이다. 그러니까 구름과 천사들은 같은 대상들을 표현하고 있는 것인데 그들이 바로 어린 양의 신성조직이 되는 것이다. 다시 말해서 거룩한 천사들과 함께 구름을 타고 온다는 그 구름은 안식에 속해 있던 사람들이 아니라 어린 양의 씨알로 추수를 받은, 거두임을 받은 그들이 어린 양의 거룩한 천사들이 되고 거룩한 구름이 되는 것이다.

그렇다면 해를 입은 여인, 이 땅의 주, 신랑의 영광은 언제 나타나는 것인가? 멜기세덱의 영광은 공중 재림과 동일하게 이루어지는 것인가? 아니면 신랑의 영광은 신부의 영광과 다른 때에 이루어지는 것인가? 그 문제를 짚어볼 필요가 있다.

하늘에서 새 예루살렘 성이 내려올 때 이 땅에서 이 땅의 주가 되시는 재림주 멜기세덱께서 그 영광을 인도해주시는 것이다. 재림주 멜기세덱이 그 영광을 허락하시고 축복하시고 인도하시는 가운데 공중 재림의 영광이 나타나는 것이다. 그러한 공중 재림의 영광이 있기 때문에 예수께서 "그리스도가 여기 있다 혹 저기 있다 하여도 믿지 말라"(마 24:23)고 말씀하신 것이다.

왜 그런가? "그 빛이 동에서부터 서에까지 이르리라"(마 24:27)

고 말씀하신 것처럼 공중 재림의 영광은 일곱 날의 빛이며 거룩한 빛이기 때문이다(사 30:26).

> 마 24:27 번개가 동편에서 나서 서편까지 번쩍임같이 인자의 임함도 그러하리라

그렇기 때문에 지구 반대편에도 그 영광이 비추어지고 동서남북으로 비추어지지 않을 곳이 없다. 하늘까지 그 영광이 다 비추게 되어 있기 때문에 동서남북 어디에서든지 그 영광을 다 보게 되는 것이다.

7. 네 생물 안의 네 가지 육체가 받는 영광

네 생물 안에 있는 네 가지 육체는 이 땅의 제한적인 공간 안에서 존재하는 육체를 말하는 것인가? 그렇지 않으면 하늘과 하늘의 발등상인 이 땅에 존재하는 모든 육체의 존재를 네 가지로 본다는 것인가? 네 가지 육체는 해와 같은 영광, 달과 같은 영광, 별과 같은 영광, 별과 별들의 다른 영광을 받을 수 있는 육체들이다. 네 가지 육체 중 어떤 특정한 육체만 해의 영광을 받는 것이 아니라 네 가지 육체를 가진 자들 중에서 하나님을 기쁘시게 해드릴 수 있는 믿음의 증거를 가진 자들은 누구나 다 해와 같은 영광을 받을 수 있다.

천사들 중에도 거룩한 천사, 택함을 받은 천사가 있다. 그들에게도 그 네 가지의 영광이 다 동일하게 적용되고 해당된다는 의미가 된다.

그래서 요한계시록 21:17에 보면 "천사의 척량이나 사람의 척량이 같다"는 말씀이 기록되어 있는 것이다. 그것은 항상 그렇다는 것이 아니라 각각 그 영광을 받는 과정 안에서만 동일하게 적용받는다는 것이다.

> 계 21:17 그 성곽을 척량하매 일백사십사 규빗이니 사람의 척량 곧 천사의 척량이라

감람나무 열매도 본 가지에 맺히는 열매와 무성한 먼 가지에 맺히는 열매가 있다.

> 사 17:6 그러나 오히려 주울 것이 남으리니 감람나무를 흔들 때에 가장 높은 가지 꼭대기에 실과 이삼 개가 남음 같겠고 무성한 나무의 가장 먼 가지에 사오 개가 남음 같으리라 이스라엘의 하나님 여호와의 말씀이니라

그런데 열매를 맺히는 때가 다르다. 본 가지에 맺히는 열매는 두 감람나무 안에서 한 때, 두 때 안에 맺히는 열매를 말하고, 무성한 먼 가지에 맺히는 열매는 반 때 안에서 맺히는 열매를 말한다. 그 열매들도 똑같이 열매를 맺는 것이 아니다. 거기에도 해와 같은 영광, 달과 같은 영광, 별과 같은 영광, 별과 별들의 다른 영광이 있기 때문에 각각 정해진 때가 있는 것이다.

열매도 영광도 큰 순서대로 이루어지는 것이다. 먼저 별의 영광이 이루어지는 것이 아니다. 사람도 머리가 먼저 생기고 척추가 생기는 것처럼 영광에도 순서가 있다. 해와 같은 영광이 먼저 이루어

진 후에 달과 같은 영광이 이루어지는 것이고, 달과 같은 영광이 이루어져야 별과 같은 영광이 이루어지고, 별과 같은 영광이 이루어져야 별과 별들의 다른 영광이 이루어지는 것이다.

여기에서 네 가지로 구분되는 해와 같은 영광, 달과 같은 영광, 별과 같은 영광, 별과 별들의 다른 영광은 첫째 부활 안에서 이루어지는 영광의 세계를 말한다. 생명의 부활의 세계에서 이루어지는 영광의 내용이 아니다.

그렇기 때문에 해와 같은 영광을 가진 사람들, 즉 아브라함, 이삭, 야곱에게는 '전능하신 하나님, 엘로힘'이라는 이름으로 그들을 대면해주셨다(출 6:3). 그 이유가 무엇인가? 그들은 바로 첫째 부활에 참예할 수 있는 영광을 가진 사람들이기 때문에 그들에게는 산 자의 하나님으로 나타나신 것이다. 산 자의 하나님으로 나타난 이름이 엘로힘, 즉 전능하신 하나님이다(눅 20:38).

그러나 야곱의 70가족으로 이루어진 200만 명의 이스라엘 백성들에게는 하나님께서 여호와라는 이름으로 언약을 맺은 것이다.

그렇다면 영광이 왜 달라지는가? 어떤 기준에 의해서 달라지는지 그 분명한 기준이 있어야 한다. 히브리서 11장에서 "믿음으로써만이 하나님을 기쁘시게 해드릴 수 있다"고 했다.

> 히 11:6 믿음이 없이는 기쁘시게 못하나니 하나님께 나아가는 자는 반드시 그가 계신 것과 또한 그가 자기를 찾는 자들에게 상 주시는 이심을 믿어야 할찌니라

가인과 아벨이 제사를 드릴 때 제사를 드리는 기준이 첫째가 믿

음, 두 번째가 소속, 세 번째가 예물이었다. 네 가지 육체가 가장 큰 영광을 받기 위한 기준은 첫째 누가 하나님을 기쁘시게 해드리느냐는 그 믿음의 분량, 내용에 따라 결정되는 것이다(히 11:4-6). 두 번째는 소속이고 세 번째는 로마서 12:1 말씀처럼 자기 자신을 어떤 제물의 입장으로써 하나님께 바치느냐는 것이다. 즉 믿음, 소속, 예물의 입장으로써 하나님을 어떻게 기쁘시게 해드리느냐에 따라서 그 영광이 달라진다고 말씀할 수 있다.

> 롬 12:1 그러므로 형제들아 내가 하나님의 모든 자비하심으로 너희를 권하노니 너희 몸을 하나님이 기뻐하시는 거룩한 산 제사로 드리라 이는 너희의 드릴 영적 예배니라

하나님의 자녀들은 태어날 때부터 하나님의 씨를 가지고 태어난 사람들이다. 하나님의 씨를 가지고 태어난 사람들은 하나님이 그 씨를 알고 계시기 때문에, 헛되이 땅에서 사라지게 하시지 않는다.

> 요일 3:9 하나님께로서 난 자마다 죄를 짓지 아니하나니 이는 하나님의 씨가 그의 속에 거함이요 저도 범죄치 못하는 것은 하나님께로서 났음이라

위 성구에서 하나님의 씨로 지음을 받은 사람은 죄와 상관이 없기 때문에 "하나님께로서 난 사람은 죄를 짓지 않는다"라고 말씀하고 있다.

그렇다면 그들은 정말 죄를 안 짓는다는 말인가? 이 땅에 뿌리를 박고 살고 있기 때문에 아무리 선인이라고 할지라도 죄짓지 않는 인

간은 하나도 없다고 했다.

> 전 7:20 선을 행하고 죄를 범치 아니하는 의인은 세상에 아주 없느니라

> 롬 3:10 기록한 바 의인은 없나니 하나도 없으며

이 땅에 사는 인생들은 누구나 다 죄를 짓게 마련이다. 위 성구의 말씀처럼 세상에는 의인이 하나도 없고 다 죄인이라는 것이다.

그런데 왜 '하나님께로서 난 자', 하나님의 씨를 가진 자는 죄를 짓지 않는다고 했는가? 하나님의 씨 속에는 하나님의 생명이 들어 있다. 그렇기 때문에 하나님의 씨를 가진 사람은 설사 죄를 짓는다 할지라도 자기의 죄를 깨닫고 뉘우치고 회개한다. 그렇기 때문에 죄를 이겨낼 수 있고 죄에서 벗어날 수 있다는 의미를 말씀한 것이지, 아예 죄를 짓지 않는다는 뜻이 아니다. 피조물 중 어느 누구도 "나는 죄와 상관없다"고 말할 수 있는 존재는 없다. 그러나 하나님께서 그들의 생명 속에 말씀을 주셨기 때문에 결과적으로 하나님께서 속죄의 은총과 은혜와 사랑을 통해서 그들의 죄를 다 용서해주시고 사해주신다는 것이다. 그것이 새 언약의 말씀이다.

> 렘 31:31-34 나 여호와가 말하노라 보라 날이 이르리니 내가 이스라엘 집과 유다 집에 새 언약을 세우리라 -(중략)- 곧 내가 나의 법을 그들의 속에 두며 그 마음에 기록하여 나는 그들의 하나님이 되고 그들은 내 백성이 될 것이라 그들이 다시는 각기 이웃과 형제를 가리켜 이르기를 너는 여호와를 알라 하지 아니하리니 이는 작은 자로부터 큰 자까지 다 나를 앎이니라 내가 그

들의 죄악을 사하고 다시는 그 죄를 기억지 아니하리라 여호와의 말이니라

"내가 그들의 죄악을 사하고 다시는 그 죄를 기억하지 아니하리라"고 하셨다. 노아 때에 인류의 죄를 물어 심판하셨던 것처럼 그렇게 심판하시지 않겠다는 것이다. 결과적으로 보면 죄와 상관이 없는 사람이 되는 것이다.

예를 들면, 제자들은 도망가고 말았지만 우편 강도는 광명한 빛이 떠나는 그 최후의 순간에 십자가 상에서 예수님을 변론해주었다. 그가 하나님의 씨를 가지고 있었기 때문에 예수님이 그 씨를 바라보시면서 빛이 있는 마지막 순간에 그에게 자비와 긍휼을 베풀어주심으로써, 그가 주님을 변론해드리고 낙원에 들어갈 수 있는 은총을 입을 수 있었던 것이다(눅 23:43).

하나님의 씨를 가진 자들은 그들 나름대로 운명적이고 숙명적인 하늘의 길을 걸을 수밖에 없는 사람들이기 때문에 늦게라도 뉘우치고 회개의 열매를 통하여 하늘의 영광을 나타낼 수 있는 그런 십자가를 짊어지고 태어난 사람들이다.

십자가는 태어나서 짊어지는 것이 아니라 태어나면서부터 짊어지고 나오는 것이다. 하나님의 씨를 가진 하나님의 자녀들은 당연히 십자가를 짊어지고 태어난다. 그들은 하나님의 씨를 가지고 태어났기 때문에 그들이 원하든 원하지 않던 그들의 의지와 상관없이 십자가의 길을 걸을 수밖에 없는 것이다.

우편 강도가 예수님을 변론해드린 그 가치는 제자들이 그 어떠한 일을 한 것보다 백 배, 천 배 존귀한 의(義)의 가치가 되는 것이

다. 그렇기 때문에 우편 강도는 "네가 오늘 나와 함께 낙원에 있으리라"(눅 23:43)고 하신 말씀대로 낙원에 첫 번째 들어갈 수 있는 은혜를 입은 것이다. 그런 것들이 의의 존귀한 기준, 가치가 되는 것이다.

이처럼, 재림의 마당의 한 때·두 때·반 때 안에도 포도원의 품꾼을 불러들인 것 같은 정해진 시간, 기준이 있다는 것이다. 그런 기준이 있기 때문에 "나중 온 자에게 먼저 주는 것이 내 뜻이다"(마 20:14)라고 말씀하신 것이다. 그것도 같은 맥락의 말씀이 된다.

세례 요한이 왜 여자가 낳은 자 중에서 제일 큰 사람이 되는가?(마 11:11) 세상 끝에 예수님과 함께 왔기 때문에 가장 큰 자가 된다.

그러나 결과적으로는 세례요한의 영광보다 우편 강도의 영광이 더 크다. 세례요한은 이 땅에 와서 실족했기 때문에 천국에서 가장 작은 자가 되었다(마 11:11). 그렇기 때문에 그는 별과 별들의 영광에 해당되는 대상이 되었다. 그러나 우편 강도는 해와 같은 영광을 가지고 낙원에 들어간 사람이다.

하나님은 자기의 영광을 다른 사람에게 빼앗기지 아니하시고 넘겨주시지 않는다는 말씀을 생각해 본다면 우편 강도의 그 자리는 이미 만세 전에 예비되고 준비된 사람의 자리로서 절대 다른 사람에게는 줄 수 없는 영광의 자리인 것이다.

> 사 42:8 나는 여호와니 이는 내 이름이라 나는 내 영광을 다른 자에게, 내 찬송을 우상에게 주지 아니하리라

역설적으로 말하면 우편 강도는 우편 십자가에 달리기 위해서 십자가의 처형을 받을 수밖에 없는 극악무도한 못된 짓을 다 했다는 것이다. 그가 그렇게 잔혹하고 비정한 비인간적인 최악의 죄를 저지른 것은 누구를 위해서 한 것인가? 우편 십자가에 달리기 위해서 한 일이기 때문에 그가 한 일은 모두 주님을 위해서 한 일이 되는 것이다.

그렇다면 그가 한 짓은 사형에 해당되는 죄인가? 아니면 사형에 해당되지 않는 죄인가?

> 롬 1:29-32 곧 모든 불의, 추악, 탐욕, 악의가 가득한 자요 시기, 살인, 분쟁, 사기, 악독이 가득한 자요 수군수군하는 자요 비방하는 자요 하나님의 미워하시는 자요 능욕하는 자요 교만한 자요 자랑하는 자요 악을 도모하는 자요 부모를 거역하는 자요 우매한 자요 배약하는 자요 무정한 자요 무자비한 자라 저희가 이 같은 일을 행하는 자는 사형에 해당하다고 하나님의 정하심을 알고도 자기들만 행할 뿐 아니라 또한 그 일을 행하는 자를 옳다 하느니라

> 히 6:4-6 한번 비침을 얻고 하늘의 은사를 맛보고 성령에 참예한 바 되고 하나님의 선한 말씀과 내세의 능력을 맛보고 타락한 자들은 다시 새롭게 하여 회개케 할 수 없나니 이는 자기가 하나님의 아들을 다시 십자가에 못 박아 현저히 욕을 보임이라

위의 성구에는 사형에 해당되는 죄의 내용이 들어있다. 우편 강도의 죄가 사형에 해당하는 죄인지, 해당되지 않는 죄인지 판결하기는 만만치 않다. 그러나 은혜의 차원에서 말한다면 우편 강도의 죄

는 사형에 해당되지 않는 죄이다. 물론 율법적으로는 사형당하는 것이 마땅하다. 그러나 야고보서 2:13과 로마서 4:4-8에는 마땅히 사형을 받아야 할 죄임에도 불구하고 사형에 해당되지 않는 죄에 대해서 소개되어 있다.

> 약 2:13 긍휼을 행하지 아니하는 자에게는 긍휼없는 심판이 있으리라 긍휼은 심판을 이기고 자랑하느니라

> 롬 4:4-8 일하는 자에게는 그 삯을 은혜로 여기지 아니하고 빚으로 여기거니와 일을 아니할찌라도 경건치 아니한 자를 의롭다 하시는 이를 믿는 자에게는 그의 믿음을 의로 여기시나니 일한 것이 없이 하나님께 의로 여기심을 받는 사람의 행복에 대하여 다윗의 말한 바 그 불법을 사하심을 받고 그 죄를 가리우심을 받는 자는 복이 있고 주께서 그 죄를 인정치 아니하실 사람은 복이 있도다 함과 같으니라

그렇기 때문에 하나님이 하시는 시종의 세계를 우리가 측량할 수 없다는 것이다.

> 전 3:11 하나님이 모든 것을 지으시되 때를 따라 아름답게 하셨고 또 사람에게 영원을 사모하는 마음을 주셨느니라 그러나 하나님의 하시는 일의 시종을 사람으로 측량할 수 없게 하셨도다

마찬가지다. 재림의 마당의 끝에 광명한 자들과 함께 온 사람들이 있다면 누가 뭐라고 해도 그들이 가장 큰 자가 된다. 광명한 자들

이란 이 땅의 주와 주 앞에 섰는 두 감람나무를 말씀하고 있다. 그들과 함께하고 있는 사람들이 있다면 그 역사의 중심에서 광명한 그 사람들을 위해서 헌신하고 봉사하고 희생한 사람들이 가장 큰 영광을 받는 사람들이 되지 않을까?

제 4장

첫째 날의 창조와
둘째 날 궁창의 세계

I
창세기 1:1-3에 나타난 첫째 날 창조세계의 모습

창 1:1-3 태초에 하나님이 천지를 창조하시니라 땅이 혼돈하고 공허하며 흑암이 깊음 위에 있고 하나님의 신은 수면에 운행하시니라 하나님이 가라사대 빛이 있으라 하시매 빛이 있었고

창세기 첫째 날을 살펴보면 "태초에 하나님이 천지를 창조하시니라"(창 1:1), "땅이 혼돈하고 공허하며 흑암이 깊음 위에 있고 하나님의 신은 수면에 운행하시니라"(창 1:2), 그리고 "빛이 있으라 하시매 빛이 있었고"(창 1:3) 이렇게 세 가지 큰 마디로 이루어져 있음을 알 수 있다.

1. 천지(天地), 흑암과 빛의 창조

이 첫째 날의 말씀을 보면 하나님께서 천지를 창조하신 것은(창 1:1) 분명히 "빛이 있으라 하시매 빛이 있었고"(창 1:3)보다 앞서 있다.

그 점 때문에 성경을 읽는 많은 사람들이 깊은 고민과 근심 속에 빠질 수밖에 없었다. "천지가 먼저 존재한 다음에 빛이 존재한 것일까?"라는 오해의 여지가 생길 수도 있다는 것이다.

그러나 여기서는 우선, "태초에 하나님이 천지를 창조하시니라"는 말씀의 순서대로 하나님이 분명히 그 천지를 먼저 창조하신 것에 의미를 부여해야 한다.

그리고 나서 "땅이 혼돈하고 공허하며 흑암이 깊음 위에 있고 하나님의 신은 수면에 운행하시니라"라고 하였다. 하나님의 신이 왜 수면 위에 운행하실 수밖에 없는가? 천지는 지어졌지만, 아직 만물의 세계, 생명의 세계가 지어지지 않았기 때문이다.

2. '빛이 있으라'하신 그 빛의 의미는 무엇인가?

그렇다면 만물의 세계, 생명의 세계를 지으실 수 있는 분은 언제 등장하시는가? 창세기 1:3에서 "빛이 있으라 하시매 빛이 있었고"라고 하시는 그 빛은 누구인가? "태초에 말씀이 계시니라 이 말씀이 하나님과 함께 계셨으니 이 말씀은 곧 하나님이시니라"(요 1:1)에서 알 수 있듯이, 그 빛은 아버지와 함께 계셨던 태초의 말씀이시다. 그 빛이신 태초의 말씀을 통해 비로소 만물의 세계, 생명의 세계를 지으셨다는 것이다.

다시 말해서 창세기 1:1의 천지창조는 아버지께서 말씀으로 지으신 세계이고 만유의 세계, 생명의 세계는 창세기 1:3에서 '빛이 있으라'하신 그 빛이 지으신 것이다.

하나님께서 태초에 천지를 창조하신 후에 이어서 "땅이 혼돈하고 공허하며 흑암이 깊음 위에 있고 하나님의 신은 수면 위에 운행하시니라"(창 1:2)고 했다. 하나님의 신이 수면 위에 운행하신 것은 아직 구속할 수 있는 구속의 대상, 생명의 세계를 하나님이 짓지 않으셨기 때문이다.

아브라함에게 모리아 한 산을 통해서 이삭을 번제로 바치라고 하셨다. 그 속에는 함축된 많은 내용이 들어있다. 하나님이 그 곳에서 굳이 이삭을 번제물로 바치라고 하신 것은 아브라함의 후손을 통해서 공도로써 자기의 목적을 이루시기 위해서였다(창 18:19).
"하나님의 신이 수면 위에 운행하시니라"는 말씀의 의미는 그렇게 친히 개입하시려고 하는 하나님의 의지를 말한다. 그러나 하나님의 뜻을 아직 결정하지 않으신 상태, 뜻을 세우시기 전의 상태를 의미하는 것이다.
"땅이 혼돈하고 공허하며 흑암이 깊음 위에 있고"라는 말씀의 의미는 땅이 피조세계로서 그 물질의 세계가 흙으로 지어졌다는 것을 말씀하고 있는 것이다. 그 말은 모든 피조세계의 생명체는 물과 흙으로 지어졌다는 것이다. 그래서 "땅이 물로 말미암아 성립되었다"는 말씀이 기록되어 있는 것이다.

> 벧후 3:5 이는 하늘이 옛적부터 있는 것과 땅이 물에서 나와 물로 성립한 것도 하나님의 말씀으로 된 것을 저희가 부러 잊으려 함이로다

왜 하나님의 신이 수면 위에 운행하셨는가?(창 1:2) 하나님께서

아직 만물을 지으실 태초의 말씀을 이 땅에 등장시키지 않으셨기 때문이다. 아버지의 집은 가까이 가지 못할 빛의 세계이며 그 누구도 보지 못하고 볼 수도 없는 분이 계시는 세계이다(딤전 6:15-16). 아무도 그곳에 계시는 하나님을 본 자가 없다. 볼 수도 가까이 할 수도 없는 하나님이셨다.

그런 하나님이 천지를 지으시는 과정(창 1:1)에서 함께 동행하셨던, 독생하셨던 태초의 말씀을 분리(分離)하시고 그에게 영원한 생명과 인격을 주셔서 분가(分家)시키셨다.

> 창 2:24 이러므로 남자가 부모를 떠나 그 아내와 연합하여 둘이 한 몸을 이룰찌로다

> 엡 5:31-32 이러므로 사람이 부모를 떠나 그 아내와 합하여 그 둘이 한 육체가 될찌니 이 비밀이 크도다 내가 그리스도와 교회에 대하여 말하노라

> 요 1:14 말씀이 육신이 되어 우리 가운데 거하시매 우리가 그 영광을 보니 아버지의 독생자의 영광이요 은혜와 진리가 충만하더라

그렇게 태초의 말씀을 분가시키신 모습을 가리켜서 "빛이 있으라 하시매 빛이 있었고 그 빛이 하나님의 보시기에 좋았더라"(창 1:3)라고 말씀하고 있는 것이다. 아버지와 임마누엘의 존재였던 태초의 말씀이 천지를 창조하는 모습을 보시고 장성함을 인정하셔서 창세기 2:24 말씀처럼 태초의 말씀을 마침내 분가시키셨고, 그 태초의 말씀이 아버지가 가르쳐주신 대로 이번에는 만물의 세계, 생명

의 세계를 창조하셨다. 그 모습을 가리켜서 "아버지께서 일하시니 나도 일한다"라고 예수께서 말씀하신 것이다(요 5:17).

그렇다면 태초의 말씀이신 예수님과 아버지는 어떤 관계라고 말씀할 수 있는가? 아버지를 보여 달라는 빌립에게 예수님이 "나를 보고도 아버지를 보여 달라고 하느냐? 내 안에 아버지가 있고 아버지 안에 내가 있다"(요 14:8-11)라고 말씀하셨다. 바로 임마누엘의 관계를 말씀하신 것이다.

아들이 장성하면 부모의 곁을 떠나게 되어있다. 그러면 하나님과 함께 하신 태초의 말씀이신 예수께서 장성해지시는 과정을 어디서 찾을 수 있는가? 그 과정이 곧 "태초에 하나님이 천지를 창조하시니라"(창 1:1)고 하신 말씀이 되는 것이다. 바로 천지를 창조하신 역사의 과정에서 태초의 말씀이신 예수께서 하나님과 함께 동참했기 때문에 그가 분가를 하여 아버지의 뜻대로 일할 수 있는, 아버지의 뜻대로 만물을 지을 수 있는 장성한 분이 되었다는 것이다.

> 요 3:13 하늘에서 내려온 자 곧 인자 외에는 하늘에 올라간 자가 없느니라

위 성구에서 '하늘에서 내려온 자'라는 의미는 창세기 1:1의 사역을 마친 태초의 말씀을 분가시켜서 이 땅에 내려보낸 모습을 말씀하고 있는 것이다. 창세기 1:1의 천지창조는 하나님이 태초의 말씀을 통해서 지으신 것이다. 그렇기 때문에 지으신 분이 부르시면 천지 만물들이 다 하던 동작을 멈추고 그에게 집중하게 되어있는 것이다.

> 사 48:13 과연 내 손이 땅의 기초를 정하였고 내 오른손이 하늘에 폈나니 내가 부르면 천지가 일제히 서느니라

그 이유는 무엇인가? 지으신 이의 신성과 능력이 다 들어있기 때문에(롬 1:20) 천지만물이 다 그의 말씀에 순종하고 따르게 되어있는 것이다. 그리고 그가 이제 구속사의 세계에 하나님의 아들로서 등장하는 모습이 창세기 1:3의 말씀이 되는 것이다.

> 창 1:3 하나님이 가라사대 빛이 있으라 하시매 빛이 있었고

그 빛이 누구인가? "만물이 그로 말미암아 지은 바 되었으니 지은 것이 하나도 그가 없이는 된 것이 없느니라"(요 1:3)고 했다. 즉 창세기 1:1의 천지창조는 아버지께서 말씀으로 지으셨고 만유의 세계는 "빛이 있으라"하신 그 빛이 지으신 것이다.

표면적인 의미로 보면 흑암이 빛보다 앞서 있는 것 같다. 왜냐하면 창세기 1:2에 '흑암이 깊음 위에 있고'의 흑암이 먼저 등장한 다음, 창세기 1:3에 '빛이 있으라 하시매 빛이 있었고'의 빛이 등장하기 때문이다.

그러나 내용면으로 보면 그 빛 이전에 이미 아버지 안에 함께하신 태초의 말씀이 천지를 창조하셨다는 것이다. 그렇기 때문에 창세기 1:3에 나타나고 있는 빛은 아버지 안에서 아버지와 함께하셨던 태초의 말씀이 창세기 2:24의 의미처럼 성자 하나님으로서 독립하여 분가한 그러한 입장이 되는 것이다. 그 빛은 곧 때가 차매 말씀이 육신이 되어 오시게 될, 태초의 말씀이신 예수님을 의미하고 있다.

3. 하나님은 왜 흑암이라는 어두움을 창조하셨을까?

창세기 1:2에 "땅이 혼돈하고 공허하며 흑암이 깊음 위에 있고 하나님의 신은 수면에 운행하시니라"고 했다. 여기에서 혼돈과 공허라는 말은 빛이 없는 세계를 말씀하고 있는 것이다. 빛이 없는 세계에 혼돈, 공허, 흑암이 있었다는 것이다. 그러면 하나님은 왜 땅이 혼돈하고 공허한 세계에 흑암이라는 어두움을 창조하셨을까?

창조의 첫째 날은 저녁으로부터 시작된다. 저녁으로부터 시작해서 다음 날 저녁까지가 하루가 된다. 그 하루 속에서 저녁 다음에는 당연히 어두움이 오는 것이다. 그 밤을 가리켜 예수께서 "내가 빛이다. 빛이 있는 동안에 열심히 일하라. 곧 밤이 오리니 밤이 오면 일할 수 없지 않느냐?"라고 말씀하셨다. 그 일할 수 없는 밤을 가리켜 흑암이라고 말씀하신 것이다.

> 요 9:4 때가 아직 낮이매 나를 보내신 이의 일을 우리가 하여야 하리라 밤이 오리니 그 때는 아무도 일할 수 없느니라

하나님께서 굳이 창조의 세계에 흑암을 두신 저의(底意)는 무엇일까? 창조원리의 입장에서 상대적으로 빛과 흑암을 지으셨기 때문에, 에덴동산 한 가운데 생명나무와 선악을 알게 하는 나무를 둘 수 밖에 없었다(창 2:9). 그렇기 때문에 구속사의 첫 사람이었던 아담은 빛, 또는 흑암을 선택하게 되어있었던 것이다.

하나님은 낮과 밤이 없는 분으로 낮이나 밤이나 동일한 분이시다. 흑암이 아무리 자기 자신을 깊이 숨긴다 할지라도 하나님 앞에서는 드러나지 않을 것이 없다.

흑암을 두지 않았더라면 죄가 존재할 수 있는 근거, 여지가 없기 때문에 죄의 열매를 맺을 수가 없다. 그러나 흑암이 있음으로 말미암아 욕심이 잉태하여 죄가 되고 죄가 장성하여 사망에 이르는 수리성이 성립된다.

> 약 1:14-15 오직 각 사람이 시험을 받는 것은 자기 욕심에 끌려 미혹됨이니 욕심이 잉태한즉 죄를 낳고 죄가 장성한즉 사망을 낳느니라

에덴동산도 같은 입장에서 세 가지로 구분되어 있다. 에덴동산 한 가운데를 중심으로 아래와 위를 구별했다. 마치 땅을 혼돈과 공허와 흑암, 세 단계로 구별해서 만드신 것처럼 에덴동산도 영적으로 말하면 첫째 하늘, 둘째 하늘, 셋째 하늘로 구별하셨다는 것이다. 그렇게 구별하신 이유는 첫째 하늘, 둘째 하늘의 열매는 셋째 하늘에서 완성된다는 것을 가르쳐주기 위해서다. 그런 과정을 거쳐야 하기 때문에 에덴동산을 하늘의 구도의 도장이라고 말씀하고 있는 것이다.

마찬가지로 혼돈과 공허와 흑암이 있는데 여기에서 마지막 흑암은 땅의 한 가운데를 의미한다. 하늘 차원에서는 그것을 "에덴동산 한 가운데 생명나무와 선악을 알게 하는 나무를 두었더라"고 표현하고 있는 것이다.

선악나무를 이기지 못하면 절대 생명나무 열매를 먹을 수 없다. 생명나무 열매를 먹게 하기 위해서 선악나무를 둔 것이다. 밤을 통

과해야만 광명한 새벽별이 있는 새벽을 맞이할 수 있는 것과 같은 이치가 되는 것이다.

선악나무를 만드신 이유, 밤을 만드신 이유는 무엇인가? 창조본연의 세계를 종합적으로 깨닫고 보면 만물의 영장인 사람을 괴롭게 하기 위해서, 해롭게 하기 위해서 만드신 것이 아니다. 만물의 영장인 사람뿐만 아니라 모든 피조물들로 하여금 보다 좋게, 유익하게, 영화롭게 영광스러운 상급, 면류관을 받는 승리자로 만들어주시기 위해서 그러한 창조원리의 상대성을 적용하신 것이다.

그것이 하나님이 정하신 뜻이었다. 그 뜻에 대해서 불평불만을 가질 수도 있을 것이다. 그러나 하나님의 정하신 뜻대로 창조주 하나님이 하시고자 하시면 피조물은 "어떻게 그렇게 하실 수 있습니까?"라고 물을 수 없는 것이다.

> 사 10:15 도끼가 어찌 찍는 자에게 스스로 자랑하겠으며 톱이 어찌 켜는 자에게 스스로 큰 체하겠느냐 이는 막대기가 자기를 드는 자를 움직이려 하며 몽둥이가 나무 아닌 사람을 들려 함과 일반이로다

도끼가 도끼를 들고 찍는 자에게 왜 나를 사용하느냐고 물을 수 없듯이 하나님이 하시고자 하시는 일을 피조물인 사람이 막을 수 없다는 것이다. 그것에 대한 선택은 이 땅에서는 인간 스스로가 선택하는 것이고 궁창의 세계에서는 천사들이 선택하는 것이다.

또 다른 측면에서 빛과 어두움을 지으신 이유를 이렇게 설명할 수 있다. 대화에 대해서 생각해본다면, 상대를 이해하려면 먼저 서로 대화가 있어야 한다. 그렇게 대화를 함으로써 소통이 되고 그 다

음에 이해를 하게 된다. 우리가 이해를 하게 되면 그 다음에 공감을 하게 되어 있다. 이러한 단계가 일반적으로 말하는 대화의 개념이라고 할 수 있다.

하나님은 말씀하시는 하나님이시다. 그렇기 때문에 인간들도 서로 대화하게 만드신 것이다. 그 대화의 원리적인 근거, 근본을 자세히 들여다보아도 첫 번째는 대화, 두 번째가 이해, 세 번째가 공감, 이러한 3단계를 통해 진정한 대화가 이루어지게 만들었다는 것이다.

"그리스도의 말씀을 들음으로써 믿음이 생긴다"(롬 10:17)는 말씀에도 사람다운 사람, 올바른 사람, 긍정적인 사람이라면 그리스도의 말씀을 들음으로써 이해하고 공감해야만 한다. 그렇게 긍정적인 은혜의 차원에서 그리스도에게 소속된 영을 가진 사람이라면 그리스도의 말씀을 들으면 이해가 된다. 그리고 그 이해의 폭이 넓어지면서 공감하게 되고 그 말씀을 인정하게 된다는 것이다.

창세기 1:2에서 말씀하고 있는 흑암, 즉 밤은 빛의 상대적인 존재가 역사할 수 있는 때를 말하는 것이다. 들짐승 중 가장 간교한 뱀이 언제 아담의 가정에 침투했는가? 그 때가 밤이다. 밤이기 때문에 뱀이 아담의 가정을 침범할 수 있었던 것이다. 그 밤은 피조물 중에서 어떤 특별한 존재만이 겪게 되는 것이 아니라, 창조원리에서 빛을 더욱더 영화롭게 영광스럽게 나타내기 위한 상대적인 입장에서 만들어진 밤이기 때문에 그 밤은 창조물 중 그 어느 대상도 지나칠 수 없는, 초월하거나 벗어날 수 없는 밤이 된다.

이스라엘 백성들로 하여금 광야길을 걷게 하신 그 광야길 자체가 무엇인가? 바로 영적으로 말하면 하나님의 의지로써, 하나님의 은혜로써 이스라엘 백성들로 하여금 밤이라는 때의 길을 걷게 하신 것이다. 그렇기 때문에 젖과 꿀이 흐르는 가나안 땅에 들어가기 위해서는 그 누구라도 광야길을 걷지 않고는 들어갈 수 없는 것이다.

둘째 날 궁창의 세계에서 타락의 조짐이 보인 것도 우연한 조짐이 아니라 상대적인 조짐이 나타난 것이다. 첫째 날 빛의 상대적인 입장에서 흑암이 어두움의 존재로 나타났기 때문에 둘째 날 궁창의 세계에서 그러한 결과적인 세계가 펼쳐질 수밖에 없었다.

혹자는 말한다. "하나님이 아예 처음부터 선악나무를 만들지 않으셨다면 인생들이 죄를 짓지 않았을 텐데!"라고 하는 아쉬움을 표현하는 사람들이 있다. 그것은 아주 낮은 차원의 입장에서 하나님의 무궁하신 능력과 영광을 과소평가하기 때문에 그렇게 말하는 것이다.

선악나무의 존재가 등장할 수밖에 없었던 것은, 첫째 날 이미 그러한 상대적인 존재를 하나님이 양립적으로, 동시적으로 같은 맥락의 차원에서 만들었기 때문이다. 그로 인하여 궁창의 세계에 타락이 있었고 궁창의 세계의 타락으로 말미암아 흙으로 사람을 지으시고 그 코에 생기를 불어넣어 생령이 된 아담과 하와에 이르기까지 그 타락의 영향력이 끼치게 되었다는 점을 말씀의 수리성의 차원에서도 올바로 이해하고 분명하게, 정확하게 깨달을 수 있을 것이다.

그렇게 하신 이유는 하나님이 하나님 자신을 더더욱 영화롭게 영광스럽게 나타내기 위해서 또 상대적으로 하나님의 자녀들로 하여금 더 큰 영광, 더 큰 상급을 주시기 위해서다. 다시 말하면 둘째 날 지음 받은 천사들보다 더 큰 영역, 더 큰 능력, 더 큰 상급, 더 큰 영광을 주시기 위해서 하나님이 그런 단계적인 입장을 취하신 것이다.

4. 흑암의 상대적 존재, 네 생물

　흑암의 상대적인 존재는 무엇인가? 여기에서의 흑암은 본질적인 어두움이 생육하고 번성할 수 있는 터를 의미한다. 다시 말하면 죄가 기생할 수 있는 텃밭 같은 의미를 가지고 있는 것이다. 그런 의미를 가지고 있기 때문에 창세기 1:3에 "빛이 있으라 하시매 빛이 있었고 그 빛이 하나님의 보시기에 좋았더라"고 하신 그 빛을 지으시기 전에 먼저 흑암이 존재해있었다는 것을 알아야 한다.

　그것이 곧 상대성이다. 왜 상대성이 필요한가? 그 말은, 경쟁을 통해서 보다 효율적이고 더 거룩한 영광을 얻게 하기 위해서 상대적으로 만물의 세계를 다 그렇게 지으셨다는 것이다.

　그 흑암의 상대적인 존재는 누구인가? 예수님은 창조주이시기 때문에 그 대상이 될 수 없다. 그렇다면 흑암의 상대적인 존재는 누구라고 할 수 있는가? 바로 네 생물이다. 같은 입장과 같은 환경 속에서 서로가 존재해야 상대성이라는 말이 성립되는 것이지 누구는 좋게 짓고 누구는 나쁘게 짓는다면 그것은 상대성이 아니다. 상대성은 공평한 입장에서 출발하고 같은 대열에서 역사하고 경쟁해야 진정한 경쟁상대자라고 말할 수 있다는 것이다.

　네 생물은 창세기 1:1 이전에 만유 바깥에 있는 아버지의 집에서 지어졌고 흑암은 첫째 날 지어졌다. 흑암의 상대적인 대상은 네 생물이라고 말씀할 수 있다.

　여기에서 한 가지 생각해야 할 것은 흑암도 죄가 기생할 수 있는 텃밭이라는 표현을 할 수 있는 것처럼 네 생물도 아직은 구속사의 세계를 주도할 수 있는 완성된 네 생물의 모습은 아니었다는 것이다. 네 생물이 구속사의 세계를 주도할 수 있는 주인공이 되려면 구속사의 세계를 주도할 수 있는 구속사의 내용을 가지고 있어야 한다. 구속사의 세계를 주도할 수 있는 주도적인 내용은 누가 주는 것인가? 바로 "빛이 있으라 하시매 빛이 있었고"라고 하신 태초의 말씀이신 그 빛이 주시는 것이다.

결론적으로 어두움을 만드신 것은 빛의 존재를 더욱 더 영화롭고 영광스럽게 나타내기 위해서다. 스스로 계신 자, 영원부터 영원까지 영원한 생명을 가지신 자가 굳이 자기의 집을 지으신 것은 자기 자신을 더욱더 영화롭게 영광스럽게 나타내시기 위해서, 또 모든 피조물로부터 찬양과 영광을 받으시기 위해서 지으셨다(시 19:1, 사 43:21, 요 17:22-24, 롬 1:20, 11:36, 고전 10:31, 시 73:24-26).

II
둘째 날 궁창의 세계의 창조

> 창 1:6-8 하나님이 가라사대 물 가운데 궁창이 있어 물과 물로 나뉘게 하리라 하시고 하나님이 궁창을 만드사 궁창 아래의 물과 궁창 위의 물로 나뉘게 하시매 그대로 되니라 하나님이 궁창을 하늘이라 칭하시니라 저녁이 되며 아침이 되니 이는 둘째 날이니라

하나님께서 둘째 날 궁창의 세계를 지으시고 하늘의 신령한 자들의 세계, 천군의 세계를 지으셨다. 궁창의 세계의 중심이 되는 대상들은 천사들이라고 할 수 있다.

그들이 존재하고 있는 궁창의 세계는 하늘의 발등상이 되는 지구촌과는 차원이 다른 세계이다. 그렇기 때문에 현존하는 상태로 본다면 그들이 더 높은 차원에 존재하고 우리는 더 낮은 차원에 있다. 존재의 기준, 차원, 입장이 다르다는 것이다. 그들은 영의 세계에서 영의 존재로 지음을 받았기 때문에 이 땅에서는 존재할 수가 없다. 영 자체로는 이 땅에서 살아갈 수 없기 때문이다.

여기에서 영이라는 말은 자기의 고유적인 형상과 모양이 없는 무물질(無物質)로 이루어진 그런 존재만을 말하는 것은 아니다. 사

람들의 개념 속에는 영적이라고 말하면 자꾸 무형의 존재를 생각한다. 산 자는 몸과 혼과 영이 온전히 보존되어있는 존재(살전 5:23)로서 몸과 혼과 영이 온전하게 변화 받은 자를 말한다. 영혼만 있는 존재는 산 자가 아니라 죽은 존재이다. 그렇기 때문에 하늘 천사의 세계가 몸은 없고 영혼만 있는 존재의 세계라고 생각해서는 안 된다는 것이다.

피조세계는 물질로 이루어진 세계이다. 이 땅에 존재하는 것들은 물질로 이루어져있기 때문에 물질이라는 그릇 안에 생명을 담고 있는 존재가 된다. 하늘의 발등상인 지구촌과 궁창의 세계는 차원과 영광이 전혀 다른 세계이다. 그렇다고 해서 궁창의 세계가 물질이 아닌 영광 자체로 이루어진 세계라고는 말할 수 없다.

그 이유는, 그곳도 완전한 세계가 아니기 때문이다. 궁창의 세계도 피조 세계의 일부분이다. 영의 세계에서 자기의 존재가 드러나 있지 않다면 영의 세계의 질서가 존재할 수 없다. 궁창의 세계도 피조세계로서 물질로 이루어진 세계이기는 하지만 그 물질의 성향이 다르다는 것이다.

하늘의 발등상이 되는 지구촌은 우리의 오감(五感)을 통해서 확인할 수 있는 그런 물질과 물체로 이루어진 세계인 반면, 궁창의 세계는 물질이기는 하지만 영적으로 이루어진 물질의 세계라고 말할 수 있다.

물질의 세계도 궁창의 세계와 이 땅의 세계는 차이가 있다. 예를 들어 장미꽃이 이 땅에서는 환경의 지배를 받고 살아갈 수밖에 없지만 신성한 곳인 궁창의 세계에서는 이 땅의 장미꽃과는 전혀 다르다는 것이다. 그 세계는 영원한 세계이고 이 세계는 소멸하는 세계이기 때문에 근본적으로도 차이가 있다는 것이다.

땅 차원에서 말한다면 "믿음은 바라는 것들의 실상이요 보지 못하는 것들의 증거니"라는 히브리서 11:1 말씀은 궁창의 세계를 말씀하는 것이다. 궁창의 세계는 분명히 존재하지만 우리 인간의 눈으로는 볼 수 없는 세계이다. 분명히 존재는 하고 있지만 현대과학으로나 문명의 이기(利器)를 가지고는 궁창의 세계를 볼 수도 없고 갈 수도 없다.

또 궁창의 세계에서 보았을 때 만유 바깥에 있는 아버지의 집은 볼 수도 없고 갈 수도 없는 세계이다. 그렇기 때문에 하늘차원에서 보았을 때 히브리서 11:1은 아버지의 집을 말씀하는 것이다.

이 땅에서는 흙, 사람, 생령의 3단계 수리성의 과정을 통해서 하늘로 올라갈 수 있고 또 하늘에 올라간 사람은 하늘 구도의 도장을 통해서 3일 길을 걸음으로써 아버지의 집에 갈 수 있는 것이다. 즉, 인성적인 차원에서 신앙의 3일 길을 걸음으로써 이 땅에서 궁창의 세계로 올라간 사람이 또 궁창의 세계에서 신성적인 차원에서 구도의 3일 길을 통해서 아버지의 집에 갈 수 있는 것이다.

그런데 마지막 때에는 그 입장이 바뀐다. 그 이유는 무엇인가? 하늘에서 이루어진 뜻대로 이 땅에서 이루어지기 때문에 마지막 재림의 마당에서는 이 땅에서 지상천국이 이루어지는 것이다. 그러니까 하늘의 구도의 도장이 이 땅으로 바뀌는 것이다.

이 땅으로 바뀌는 이유가 무엇인가? 예수님이 하늘에서 이루어진 그 뜻을 이루시기 위해서 이 땅에 태초의 말씀을 두고 가셨기 때문이다. 그 말씀을 입을 사람이 이 땅에 와서 그 말씀을 입고 해를 입은 여인이 되는 것이다(계 12:1). 해를 입은 여인이 철장의 권세를 가진 아이를 낳음으로써(계 12:5) 하늘 보좌가 하늘에서 이루어진 뜻대로 이 땅에서 이루어지는 것이다. 그러므로 궁창의 세계에 있었던 보좌가 이 땅으로 옮겨지는 것이다.

그렇기 때문에 이제는 이 땅에서 궁창에 있는 구도의 도장으로 가는 것이 아니라, 이 땅에서 하늘나라가 이루어지기 때문에 이 땅에서 아버지의 집으로 직접 가는 것이다. 그것을 가리켜서 예수께서 "내 아버지의 집에는 거할 곳이 많도다. 내가 가서 너희의 있을 곳을 예비한 다음에 나 있을 곳에 너희도 있게 하리라"고 말씀하신 것이다.

> 요 14:2-4 내 아버지 집에 거할 곳이 많도다 그렇지 않으면 너희에게 일렀으리라 내가 너희를 위하여 처소를 예비하러 가노니 가서 너희를 위하여 처소를 예비하면 내가 다시 와서 너희를 내게로 영접하여 나 있는 곳에 너희도 있게 하리라 내가 가는 곳에 그 길을 너희가 알리라

그런 의미에서 보면 왜 두 감람나무가 죽어서 3일 반 동안 이 땅에 계셔야 하는지(계 11:7-9), 왜 이 땅의 주, 해를 입은 여인이 큰 독수리의 두 날개를 받고 하늘로 가지 않고 이 땅의 광야 자기 곳으로 가셔서 한 때·두 때·반 때를 양육 받아야 하는지 이해할 수 있을 것이다(계 12:14). 모두 이 땅에 계시는 것이다. 두 감람나무도 죽어서 3일 반 동안 큰 성 길에 누워있는 것이고, 해를 입은 여인도 광야 자기 곳에서 한 때·두 때·반 때 양육을 받는 것이다.

1. 궁창의 세계는 어떻게 지어졌는가?

둘째 날 궁창의 세계를 지으셨다. 그렇다면 둘째 날은 독자적으로 창의적으로 지으신 세계인가? 아니면 어떤 원형이 되는 모델을 보고 지으신 세계인가? 궁창의 세계는 아버지의 집을 보고 지으신 것이다. 그렇기 때문에 궁창의 세계에 있는 모든 것은 다 아버지의 집에 있는 것이다. 모세가 시내산 위에서 하나님이 보여주신 하늘의 모습을 보고 이 땅에 장막을 지은 것처럼 궁창의 세계도 만유 바깥에 있는 아버지의 집을 원형삼아 지으신 것이다.

> 시 19:1 하늘이 하나님의 영광을 선포하고 궁창이 그 손으로 하신 일을 나타내는도다

위 성구에서 손으로 지었다는 말은 아사 창조를 말씀하는 것이고 만유 바깥의 아버지의 집은 바라 창조의 세계를 말씀하는 것이다.

바라 창조와 아사 창조를 설명할 수 있는 사건을 예수께서 직접 보여주셨다. 38년 된 병자에게 "걸으라"고 하시자 말씀과 동시에 그가 걸을 수 있었다(요 5:1-15). 무슨 역사를 하신 것인가? 바로 무에서 유를 창조하신 바라 창조의 역사를 하신 것이다.

제자들이 장님을 데리고 와서 예수님께 물었다. "선생님, 이 자는 자기의 죄로 장님이 되었습니까? 부모의 죄로 장님이 되었습니까?" 당연히 둘 중의 하나라고 생각했는데 예수께서 뜻밖의 말씀을 하셨다. "부모의 죄도 아니고 자기의 죄도 아니고 이는 하늘의 일을 나타내기 위해서 장님이 되었다"라고 하시고 땅의 흙을 조금 집으신 다음 침을 뱉어서 그 침으로 흙을 이겨서 장님의 눈에 발라주시

며 "실로암 못에 가서 씻으라"고 하셨다. 실로암이라는 말은 '보냄을 받았다'라는 뜻이다(요 9:1-7). 그것은 재창조, 즉 아사 창조의 역사이다.

위 내용을 살펴보면 예수님이 이 땅에서 하늘의 역사를 행하시고 하늘의 권능을 베풀고 계시는데, 한 사람에게는 무에서 유를 창조하는 바라 창조의 역사를 하시고 한 사람에게는 재창조의 역사를 하시는 것처럼 보인다. 인간들의 눈에는 그렇게 비추어질 수 있으나 본질적인 의미에서는 이 땅에 존재하고 있는 존재성 안에서 이루어진 하늘의 권능이기 때문에 하늘차원에서 보면 두 가지가 다 재창조라는 것이다. 이 땅의 사람의 입장으로 보면 하나는 아사 창조이고 하나는 바라 창조라고 말할 수 있지만 하늘에서 보면 똑같다는 것이다.

그렇기 때문에 어떤 의미에서는 재창조 속에 바라의 창조도 있고 바라의 창조 속에도 재창조가 있다고 결론을 내릴 수밖에 없다. 굳이 여기부터 여기까지는 재창조이고 또 여기부터 여기까지는 무에서 유를 창조한 세계라고 그렇게 가릴 필요가 없다는 것이다.

그 이유가 무엇인가? 그것은 하나님의 선하신 뜻대로 이루어진 역사의 세계이기 때문이다. 로마서 9:18-21에 보면 "하나님께서 하고자 하시는 자를 긍휼히 여기시고 하고자 하시는 자를 강퍅케 하시느니라"고 하셨고, 또 "토기장이가 진흙 한 덩이로 하나는 귀히 쓸 그릇을, 하나는 천히 쓸 그릇을 만드는 권이 없느냐"라는 말씀이 기록되어 있다.

> 롬 9:18-21 그런즉 하나님께서 하고자 하시는 자를 긍휼히 여기시고 하고자 하시는 자를 강퍅케 하시느니라 혹 네가 내게 말하기를 그

> 러면 하나님이 어찌하여 허물하시느뇨 누가 그 뜻을 대적하느
> 뇨 하리니 이 사람아 네가 뉘기에 감히 하나님을 힐문하느뇨
> 지음을 받은 물건이 지은 자에게 어찌 나를 이같이 만들었느냐
> 말하겠느뇨 토기장이가 진흙 한 덩이로 하나는 귀히 쓸 그릇
> 을, 하나는 천히 쓸 그릇을 만드는 권이 없느냐

하나님의 입장에서 보면 재창조 즉 아사의 창조나, 무에서 유를 창조한 바라의 창조나 모든 것을 공평하게 하신다는 하늘의 대도(大道)의 차원에서 보면 동일하다는 것이다. 공평하게 하신다는 말씀은 평균케 하신다는 것이다.

> 고후 8:13-15 이는 다른 사람들은 평안하게 하고 너희는 곤고하게 하려는 것이 아니요 평균케 하려 함이니 이제 너희의 유여한 것으로 저희 부족한 것을 보충함은 후에 저희 유여한 것으로 너희 부족한 것을 보충하여 평균하게 하려 함이라 기록한 것 같이 많이 거둔 자도 남지 아니하였고 적게 거둔 자도 모자라지 아니하였느니라

그래서 '재창조냐, 바라의 창조냐?' 하는 것에 특별히 큰 의미를 부여할 필요는 없다. 그것은 '알이 먼저냐, 닭이 먼저냐?'라는 식의 논쟁에 불과한 것이다. 어떻게 지으셨던 간에 하나님 한 분이 다 지으신 것이기 때문이다.

또한, 하나님께서 피조세계를 지으실 때 단번에 완전한 세계로 지으신 것이 아니다. 만물의 세계는 어떤 기초적인 원료가 있다 할

지라도 그 원료를 통해서 어떤 대상이 지어지기까지는 반드시 '수리성'이 필요한 것이다.

　하늘의 발등상이 되는 이 땅도 피조세계이다. 그렇기 때문에 이 땅의 세계도 수리성의 과정을 통해서 점진적으로 완성되어가는 세계라는 것을 이해할 수 있을 것이다.

　여기에서 정리해야 할 부분이 있다. 피조물은 완전할 수가 없기 때문에 피조물들이 죄를 짓는 과정을 가리켜서 "욕심이 잉태한즉 죄를 낳고 죄가 장성한즉 사망을 낳느니라"(약 1:15)라고 말씀하고 있다.

　천상의 세계도 그런 과정을 통해서 타락할 수 있는 가능성이 있고 하늘의 발등상이 되는 이 땅의 인생들도 처음부터 완전하게 지음을 받은 존재가 아니기 때문에 그런 과정을 통해서 타락할 가능성이 있는 세계였다는 것이다.

　궁창의 세계에서 루시엘이 영화롭게 지음을 받았다는 것을 소홀히 생각해서는 안 된다. 그가 얼마나 영화롭게 지음을 받은 존재인지 그를 가리켜 "너는 기름 부음을 받은 덮는 그룹임이여 내가 너를 세우매 네가 하나님의 성산에 있어서 화광석 사이에 왕래하였었도다"(겔 28:14)라고 기록되어 있다. 그는 궁창의 세계에서 으뜸가는 존재라고 말할 수 있다. 그런데 으뜸가는 존재로 지음을 받은 그가 결과적으로 교만해져서 타락하고 말았다(겔 28:15-16).

　마찬가지로 여호와 하나님이 하늘의 발등상이 되는 지구촌에 자기의 형상과 모양대로 사람을 지으셨다(창 1:26-27). 흙으로 사람을 지으시고 그 코에 생기를 불어넣어 생령이 된 아담도 여호와 하나님의 기름부음을 받은 자이다(창 2:7).

창 1:26-27 하나님이 가라사대 우리의 형상을 따라 우리의 모양대로 우리가 사람을 만들고 그로 바다의 고기와 공중의 새와 육축과 온 땅과 땅에 기는 모든 것을 다스리게 하자 하시고 하나님이 자기 형상 곧 하나님의 형상대로 사람을 창조하시되 남자와 여자를 창조하시고

창 2:7 여호와 하나님이 흙으로 사람을 지으시고 생기를 그 코에 불어넣으시니 사람이 생령이 된지라

여호와 하나님이 생령인 아담에게 첫 계명, 첫 언약, 첫 율법을 주시고 스스로 선택할 수 있는 자유의지를 주셨다.

창 2:15-17 여호와 하나님이 그 사람을 이끌어 에덴 동산에 두사 그것을 다스리며 지키게 하시고 여호와 하나님이 그 사람에게 명하여 가라사대 동산 각종 나무의 실과는 네가 임의로 먹되 선악을 알게 하는 나무의 실과는 먹지 말라 네가 먹는 날에는 정녕 죽으리라 하시니라

그런데 불행하게도 아담이 하나님이 주신 선택권, 자유의지를 잘못 사용하여 에덴동산에서 쫓겨나고 말았다(창 3:22-24).
하늘에서나 이 땅에서나 동일한 역사의 입장이 되었다는 사실이다.

2. 신령한 천군의 세계, 그 많은 천사들은 어떻게 지어졌는가?

　인류의 첫 번째 조상은 아담이다. 인류의 첫 남자와 첫 여자인 아담과 하와를 통해서 인류의 생명의 기원이 시작되었다고 말할 수 있다.
　물론 아담과 하와 전(前) 시대에도 생물학적, 인류학적, 고고학적인 입장으로 볼 때 원시인, 즉 미개인이 존재해 있었다. 그것은 우리 모두가 잘 알고 있는 사실이다. 그러나 성경적인 입장에서의 첫 사람이 아담이라는 점을 감안할 때 바로 아담이라는 남자와 하와라는 여자를 통해서 인류의 기원이 시작되었다고 말할 수 있다.

　이 땅에서 그렇게 인류의 기원이 시작되었다면 궁창의 세계에서 천사들을 짓는 과정에서도 분명히 천사의 세계가 시작되는 기원, 출발이 있었을 것이다. 이 땅에서 첫 사람이 존재함으로 많은 사람들이 지구촌에 존재하게 된 것처럼 하늘의 천군 세계도 그러한 입장으로 지으셨다는 것을 생각해볼 수 있다는 것이다. 제일 먼저 만들어진 천사의 조상이 있다는 것이다. 그 조상을 통해서 궁창의 세계의 존재들을 다 지은 것이다. 소는 소를 낳고 돼지는 돼지를 낳고 쥐는 쥐를 낳고 사람은 사람을 낳을 수밖에 없다.
　마찬가지로 천군의 세계에서 천사들을 만드는 과정에 있어서도 천사들을 만들 수 있는 원형, 모델이 있게 마련이다. 천사들도 천사들로 지음을 받을 수 있는 분명한 자기의 형상과 모양이라는 자기적 기준이 있어야 한다.

그렇다면 천사의 세계에서 천사의 조상, 원형, 모델은 누가 되는 것인가? 하나님께서 즉흥적으로 "천사들아, 있으라!" 그렇게 말씀으로 천사들을 만드신 것이 아니다. 집을 지으려면 먼저 자리를 정해야 하고, 그 자리가 정해지면 집을 지을 설계를 해야 한다. 보이는 물질의 세계에서도 어떤 대상을 만들기 위해서는 그렇게 철저한 사전적인 준비가 있어야 되는데, 영의 세계의 중심이 될 천군천사들을 만드는데 하나님께서 아무 계획 없이 무질서하게 즉흥적으로 만드시겠는가? 얼마나 철저하게 예비하시고 준비하시겠는가?

야곱이 네 여자를 통해서 이스라엘의 근간을 만들었다. 네 여자를 통해 열두 아들이 태어났고 그 열두 아들을 통해서 야곱의 70가족을 이루었으며 430년 동안 약 200만 명의 인구로 불어나 출애굽하였다. 그리고 하나님께서는 시내산을 통해 그들과 율법의 언약을 맺으셨다. 야곱의 70가족이 열두 지파로 확장됨으로써 열두 지파에 소속되어있는 사람들로 구성된 이스라엘 백성들을 탄생시킨 것이다.

이렇게 모든 시작의 근원을 살펴보면 항상 첫 사람으로부터 시작된다는 것을 알 수 있다. 이 땅에서 수리성을 통해서 생육, 번성, 충만 되어가는 인류의 모습이 하늘에서도 적용된다. 물론 영광의 차원은 다르지만 동일한 말씀에 의해서 이루어졌다는 것이다.

그런 입장에서 천사의 세계의 조상은 누구인가? 바로 그 조상을 통해서 궁창의 세계의 모든 존재들을 지은 것이다. 한 마디로 천사들이 그에 의해서 지어졌다는 것이다. 하늘에서 천사의 조상이 될 수 있는 첫 존재, 그가 바로 네 생물이라는 것이다.

네 생물은 앞서 증거했듯이 둘째 날 궁창의 세계에서 지음을 받은 존재가 아니다. 피조물이면서도 창세기 1:1이전에 만유 바깥에 있는 아버지의 집에서 지음을 받은 존재이다.

예수님이 하나님의 비밀이 된 것처럼(골 :1:27, 2:2-3) 네 생물을 지으셨을 때 네 생물 안에 궁창의 세계를 지을 수 있는 각종 보배, 보화를 감추어놓으셨다. 그 감추어놓은 보배, 보화가 네 생물 안에 있는 사람의 육체, 짐승의 육체, 세의 육체, 물고기의 육체, 네 가지 육체이다(고전 15:39).

그들은 네 가지의 육체를 만들 수 있는 재료가 된다. 그래서 하나님께서 네 생물 안에 있는 재료를 통해서 궁창의 세계에 필요한 대상들을 지으셨고, 또 하늘의 발등상이 되는 지구촌의 구속사 세계에 필요한 대상들을 지으신 것이다.

궁창의 세계는 물질이기는 하지만 신성적인 물질로 이루어졌고 이 땅은 인성적인 물질로 이루어진 세계라고 말할 수 있다. 그래서 네 생물 속의 사람의 육체가 가지고 있는 인성을 취해서 이 땅에 있는 사람을 만들었고 또 그 사람의 육체가 가지고 있는 신성을 취해서 궁창의 세계에 있는 천군 천사들을 지었다. 그것이 궁창의 세계에 있는 천군 천사들과 이 땅에 있는 사람들과의 차이점이 되는 것이다.

여호와 하나님이 태초의 말씀이신 예수님이 아니라는 사실을 우리는 알고 있다. 예수님이 오시기 전에 후견인, 청지기, 몽학선생의 입장으로 네 생물이 여호와 하나님으로서 구속사를 대신 진행한 것이다(갈 3:24, 4:2-3). 그 여호와 하나님이 흙으로 사람을 지으시고 코에 생기를 불어넣어 생령인 아담을 만들었을 뿐만 아니라(창 2:7) 천사들도 지었다.

이렇게 보면 사람의 조상도 아담이 아니라 네 생물이라고 하는 것이 더 정확한 표현이 된다.

야곱의 70가족이 430년 동안 200만 명이라는 이스라엘 백성들의 숫자를 이룬 것처럼 천군의 세계도 첫 천사를 통해서 하나님이 필요로 하시는 모든 천사들을 탄생하게 하셨다.

자전거를 만드는 공장에 가보면 자전거를 만드는데 필요한 모든 기구와 부품을 찍어내는 기본적인 틀, 원형이 있다. 그 원형을 통해서 계속적으로 100개, 1,000개, 10,000개의 자전거를 조립할 수 있는 각종 부품을 찍어낼 수 있다.

그렇다면 하나님이 궁창의 세계에서 천사를 만드실 때 천사들도 그렇게 만드셨을까? 하나님이 열 마디의 말씀[22]으로 6일의 창조의 세계를 이루셨다고 하시는데 말씀으로 "천사들아, 있으라!"하시매

---

22) ①법, 율법(시119:1, 18, 29, 34, 44, 51, 53, 55, 61, 70, 72, 77, 85, 92, 97, 109, 113. 126, 136, 142, 150, 153, 163, 165, 174 →25회 ② 증거(시119:2, 14, 22, 24, 31, 36, 46, 59, 79, 88, 95, 99, 111, 119, 125, 129, 138, 144, 146, 152, 157, 167, 168→23회 ③판단, 규례(시119:7, 13, 20, 30, 39, 43, 52, 62, 75, 84("국문"), 91, 102, 106, 108, 120, 121("의"), 132("베푸시던 대로"), 137, 149, 156, 160, 164, 175→23회 ④율례(시119:5, 8, 12, 16, 23, 26, 33, 48, 54, 64, 68, 71, 80, 83, 112, 117, 118, 124, 135, 145, 155, 171→22회 ⑤말씀(시119:9, 16, 17, 25, 28, 42, 43, 49, 57, 65, 74, 81, 89, 101, 105, 107, 114, 130, 139, 147, 160, 161, 169→23회 ⑥법도(시119:4, 15, 27, 40, 45, 56, 63, 69, 78, 87, 93, 94, 100, 104, 110, 128, 134, 141, 159, 168, 173→21회 ⑦계명(시119:6, 10, 19, 21, 32, 35, 47, 48, 60, 66, 73, 86, 96, 98, 115, 127, 131, 143, 151, 166, 172, 176→22회 ⑧도, 길(시119:3, 14, 27, 30, 32, 33, 37→7회 ⑨말씀(약속)(시119:11, 38, 41, 50, 58, 67, 76, 82, 103, 116, 123, 133, 140, 148, 154, 158, 162, 170, 172→19회 ⑩진리(성실)(시119:30, 43, 75, 86, 90, 138, 142, 151, 160→9회
구속사 시리즈 제 7권 〈영원한 만대의 언약 십계명〉 156-198쪽, 박윤식 저, 도서출판 휘선

천사들이 하나님이 필요로 하시는, 원하시는 숫자로 순식간에 만들어진 것일까? 그렇지 않다. 천군의 세계에 필요한 천사의 숫자는 마치 하나님이 자전거를 찍어내듯이 한 시간에 몇 천 대, 몇 만 대씩 대량으로 뽑아내는 것이 아니다. 이 땅에서처럼 천사들도 하늘의 법도와 율례와 규례에 의해서 탄생된 것이라고 말할 수 있다.

신학은 둘째 날 창조된 궁창의 세계에 있는 모든 천군 천사들은 말씀으로 창조되었기 때문에 한꺼번에 동시적으로 지음을 받았다고 주장하고 있다. 그러나 하늘의 창조원리나 이 땅의 창조 이치는 영광이 다를 뿐이지, 원리적으로는 같다. 예를 들면 살구나무 꽃이 하룻밤 사이 동시적으로 피는 것 같지만 그들도 다 순서대로 피는 것이다. 본 가지의 꽃이 피기 시작하고 본 가지에 꽃이 피면 옆 가지도 꼭대기부터 순서대로 꽃이 피는 것이다. 자연계시에서 보여주는 세상의 이치나 하늘세계의 이치는 원리적으로는 같은 것이다.
천군의 세계도 모든 천사들이 말씀으로 일시에 지어진 것이 아니다. 궁창의 세계도 영원성, 상대성, 수리성, 절대성, 완전무결성이라는 5가지의 창조원리에 의해서 지음을 받는 것이지 동시적으로 지음을 받은 것이 아니라는 것이다.

다수가 하나를 이루는 단체에는 조직이 필요하다. 또 조직을 다스릴 수 있는 통제기관이 필요하다.
이스라엘 백성들의 구조도 열두 지파를 세우고 또 별도의 레위 지파를 세워서 레위 지파로 하여금 하나님을 섬기게 했다. 진군을 할 때 열두 지파는 뱀 진으로 진행하게 했고 장막을 치고 정착할 때에는 속 4진과 겉 4진, 8진법으로 진을 치게 했다. 동쪽은 유다, 잇

사갈, 스불론 지파, 남쪽은 르우벤, 시므온, 갓 지파, 서쪽은 에브라임, 므낫세, 베냐민 지파, 북쪽에는 단, 아셀, 납달리 지파, 이렇게 각 지파에 소속되어 있는 사람들로 하여금 그들 계열에 따라 고유적인 미션, 명령, 직분을 주었다. 즉 여러 사람이 단체를 이루는 과정에서는 조직이 있어야 하고 또 조직을 유지하기 위한 질서가 있어야 하고, 율례, 규례, 법도가 있어야 하는 것이다.

하늘 세계도 마찬가지다. 열두 지파가 있듯이 천사의 조직에도 열두 천사장이 있어서 이 열두 천사장이 열두 지파에 소속된 천군들을 지휘하고 통제하고 이끌어가는 것이다. "찬 물도 위아래가 있다"는 속담처럼 위계(位階)가 있어야 한다. 동시에 지어놓으면 위계가 서지 않는다. 그 조직의 지휘체계를 위해서, 관리를 위해서 차등을 두어서 차례차례로 짓게 했다는 것이다. 그래야 전체를 통제하며 다스릴 수 있고 지휘할 수 있고 명령할 수 있는 체계적인 조직이 생기며 질서가 이루어지는 것이다.

민수기에 보면 20세 이상부터 각 지파별로 명수를 세어 군대조직을 만들고 또 그 군을 통제할 수 있는 통제기능을 만들기 위해서 천부장, 백부장, 십부장을 세웠다.

새의 세계에도 그런 조직이 있다. 조류 중에서 그런 조직을 잘 보여주는 것이 까마귀이다. 아무리 독수리가 조류의 왕이라고 해도 혼자서는 까마귀 떼를 쉽게 이기기 어렵다. 그 이유가 무엇인가? 까마귀는 조직력이 강하기 때문이다. 까마귀는 4대를 섬길 줄 아는 새라는 것이다. 까마귀는 자기 부모, 심지어 세상 말로 할아버지, 증조할아버지까지도 섬길 줄 아는 새라고 해서 효조(孝鳥)라고 부르기도

한다. 이렇게 조류 중에도 자기들의 윗 조직을 인정하고 따르고 복종하는 새도 있다.

새의 세계도 그러한데 하물며 하늘의 세계에서는 그런 조직을 지휘하고 이끌어갈 수 있는 통제력이 더 막강하다는 것이다. 그곳은 인간 세상과 다르다. 거기에서는 불순종하면 그 자리에서 무저갱으로 들어간다.

> 유 1:6 또 자기 지위를 지키지 아니하고 자기 처소를 떠난 천사들을 큰 날의 심판까지 영원한 결박으로 흑암에 가두셨으며

그렇기 때문에 천군의 세계의 지휘력, 통제력은 더 무서운 것이다. 세상 말로 규율이 엄하다는 것이다. 통제권, 지휘권을 만들기 위해, 기관의 조직을 온전하게 하기 위한 순서에 따라서 지음을 받게 하는 것이다. 한꺼번에 일률적으로 "만 명의 천사야, 지어져라!" 하는 것이 아니다. 인간이 낳고, 낳고 하는 것처럼 비록 천군의 세계에서는 '낳고'라는 개념의 본질이 다르기는 하지만 그렇게 천사의 세계도 이 땅에서 인간사를 통해 이루어지는 세계와 동일하다는 것이다.

그렇기 때문에 네 생물이 고유적으로 가지고 있는 네 가지 육체 중 사람의 육체의 신성을 통해서 궁창의 세계에 필요한 천사들을 만들기 시작했다는 것이다. 그래서 먼저 열두 천사장을 만들고 열두 천사장에게 각자 그에게 소속된 계열의 천사들을 지을 수 있는 능력을 주어서 그들로 하여금 자기에게 소속된 천사들을 만들어가게

한 것이다. 마치 '낳고, 낳고'가 이어지는 것처럼 그렇게 차등와 균등을 주어서 지음을 받음으로 말미암아 조직이 이루어지고 질서가 이루어지고 질서를 유지하기 위한 지휘계통, 명령이 나타나게 된 것이다.

그런 의미에서 본다면 궁창의 세계도 그 세계가 이루어지고 하나님이 바라시고 원하시는 그 영광의 정점까지 완성되는 데에는 유구한 세월이 흘렀을 것은 자명한 사실이다. 억 단위가 될지 조 단위, 경 단위가 될지 그것은 하나님만이 아시는 일이다. 그런 세계를 가리켜서 인간들이 우주의 기원이 단지 몇 백 억년이라고 주장하는 것은 억측이라고 말할 수 있지 않을까?

III
루시엘

1. 루시엘의 타락, 그는 왜 하나님과 비기려고 했는가?

> 겔 28:13 네가 옛적에 하나님의 동산 에덴에 있어서 각종 보석 곧 홍보석과 황보석과 금강석과 황옥과 홍마노와 창옥과 청보석과 남보석과 홍옥과 황금으로 단장하였었음이여 네가 지음을 받던 날에 너를 위하여 소고와 비파가 예비되었었도다

궁창의 세계에서 가장 영화롭게 지음을 받은 존재는 루시엘이었다. 그는 하나님의 영광을 덮는 그룹으로서 하나님이 열 가지 보석으로 영화롭게 단장해주셨다. 그를 위해서 소고와 비파까지 예비해 놓으셨다고 기록되어 있다.

그런 루시엘이 '하늘의 발등상이 되는 낮고 천한 흙 차원의 인생들을 하나님께서 후사로 세우시고자 하시는구나! 하나님이 천상에서 나를 이렇게 영화롭게 지어주었는데 나도 저들을 통해서 하나님

이 이루시고자 하시는 구속사의 세계를 이룰 수 있는 것이 아닌가!' 라는 욕심이 생기기 시작했다.

그렇다고 루시엘이 처음부터 사단, 마귀로 지음 받은 것은 아니다. 그는 10가지 보석, 즉 10마디의 말씀으로 지음을 받은 가장 지혜로운 지혜의 천사장이었다. 그런 그가 "욕심이 잉태한즉 죄를 낳고 죄가 장성한즉 사망을 낳느니라"는 수리성의 3단계를 통해서 욕심이 많음으로 교만해지고 무역이 풍성함으로 죄의 존재가 된 것이다.

> 겔 28:15-16 네가 지음을 받던 날로부터 네 모든 길에 완전하더니 마침내 불의가 드러났도다 네 무역이 풍성하므로 네 가운데 강포가 가득하여 네가 범죄하였도다 너 덮는 그룹아 그러므로 내가 너를 더럽게 여겨 하나님의 산에서 쫓아 내었고 화광석 사이에서 멸하였도다

유다서에 보면 분명히 '지위와 처소'라는 각 천사들의 영역이 있는데 루시엘이 자기 욕심 때문에 그 영역을 벗어난 것이다.

> 유 1:6 또 자기 지위를 지키지 아니하고 자기 처소를 떠난 천사들을 큰 날의 심판까지 영원한 결박으로 흑암에 가두셨으며

"돈을 사랑함이 일만 악의 뿌리"라고 했다. 돈은 유익한 것이지만 그 돈이 많음으로 미혹을 받아 자기의 생명을 찌른 것과 같은 이치이다.

> 딤전 6:10 돈을 사랑함이 일만 악의 뿌리가 되나니 이것을 사모하는 자들이 미혹을 받아 믿음에서 떠나 많은 근심으로써 자기를 찔렀도다

루시엘이 교만해져서 "하나님이 하시려는 것을 나도 할 수 있다"라는 욕심이 생겨 하늘 한 가운데에 하나님처럼 자기의 자리를 만들려고 하는 돌이킬 수 없는 죄를 짓고 완전 타락하고 말았다. 그 결과 "아침의 아들 계명성이여 너는 어찌 그리 찍혀 떨어졌는고"(사 14:2)라는 말씀처럼 찍혀 떨어지고 말았다.

'찍혔다'는 말은 하나님이 친히 개입하셔서 더 이상 보실 수가 없으므로, 더 이상 참으실 수가 없으므로, 더 이상 간과하실 수가 없으므로 그를 개인적으로 지적하셔서 천상의 세계에서 가장 낮은 곳으로 찍어내어 내쫓아버리셨다는 것이다.

그런 그가 다시 기사회생(起死回生)을 했다. 그의 심복 중 하나인 들짐승 중에 가장 간교한 뱀을 하늘의 구도의 도장인 에덴동산에 보내서 생령으로서 3일 길을 걷고 있는 아담을 무릎 꿇게 함으로써 찍혀 떨어졌던 그가 다시 한 번 기사회생할 수 있었다는 것이다.

그가 예수님을 세 번 시험하는 과정에서 "네가 내게 절하면 내가 넘겨받은 이 영광을 네게 주리라"(눅 4:6)고 말했다. 아담이 구도의 길에서 승리했더라면 하나님의 후사인 멜기세덱이 될 수 있었다. 그런 아담이었는데 옛 뱀을 통해서 아담을 타락시킴으로써 '진 자는 이긴 자의 종'(벧후 2:9)이라는 말씀처럼 생령인 아담이 가지고 있던 모든 영광을 넘겨받은 것이다. 그렇기 때문에 그는 본래보다도 더 큰 영광을 가지게 되었다.

하나님의 후사라는 의미는 무엇인가?

더 큰 영광이라는 의미는 무엇인가? 천상의 세계의 천사들은 하나님의 후사가 될 자격이 없다. 하늘의 발등상이 되는 지구촌, 이 땅에 있는 존재들이 하나님의 후사가 될 수 있다. 그렇기 때문에 천상의 세계에 있는 그들이 하나님의 후사가 될 자격을 얻으려면 창조의 길, 여인의 길을 따라 하늘의 발등상이 되는 이 땅에 와야 한다. 이 땅의 구도의 도장을 통해서만이 다시 천상의 세계로 회귀(回歸)할 수 있는 것이다.

창조의 길, 여인의 길을 통해서 이 땅에 오지 못한 천사들은 절대 하나님의 후사가 될 수 없다. 하나님의 후사(後嗣)[23]라는 말은 하나님을 대신하여 하나님이 지으신 세계를 지키고 다스리는 사람을 말한다, 지구만을 다스린다는 의미가 아니다. 궁창의 세계뿐만 아니라 하나님이 지으신 전 우주를 지키고 다스릴 수 있는 존재를 말하는 것이다.

> 히 1:1-2 옛적에 선지자들로 여러 부분과 여러 모양으로 우리 조상들에게 말씀하신 하나님이 이 모든 날 마지막에 아들로 우리에게 말씀하셨으니 이 아들을 만유의 후사로 세우시고 또 저로 말미암아 모든 세계를 지으셨느니라

우주는 스스로 생긴 것이 아니다. 지은이가 있기 때문에 존재하는 것이다. 바로 하나님이 지으신 그 세계를 하나님의 후사가 되는 사람들이 다스리게 되는 것이다.

---

23) 후사(後嗣): 대(代)를 잇는 자식, 표준국어대사전, 두산동아

그런데 하나님의 후사가 되려면 하나님이 지으신 세계를 다스릴 수 있는 능력이 있어야 하고 그런 능력을 부여받으려면 그가 다스리고자 하는 세계가 어떤 세계인지 정확하게 알고 있어야 한다. 그런 사람이 되려면 하나님이 지으신 창조세계의 원리와 법도, 규례와 율례를 깨달아야 한다. 깨닫지 못하는 사람은 하나님의 후사로서 받을 수 있는 거룩한 영광에 참예하지 못한다.

붉은 용은 하나님의 후사에 도전할 수 없는 존재였는데, 도전할 수 있는 길을 얻었다. 바로 자기의 수족과 같은 옛 뱀을 통해서 하나님의 후사가 될 수 있는 존재로 선택 받은 첫째 아담의 영광을 빼앗았기 때문이다. 이렇게 하여 붉은 용이 하나님의 후사가 될 수 있는 자격을 얻게 되었으므로 이제는 정식으로 도전할 수 있게 된 것이다.

마태복음 13:24-30에 보면 예수께서 비유를 베풀어 가라사대 "천국은 좋은 씨를 제 밭에 뿌린 사람과 같으니 사람들이 잘 때에 그 원수가 와서 곡식 가운데 가라지를 덧뿌리고 갔더니"라는 말씀이 기록되어 있다. 저녁에 종이 제 밭에 좋은 씨를 뿌렸는데 밤중에 마귀가 가라지를 뿌렸다. 종이 "제가 뽑을까요?"라고 하자, "뽑지 말라. 추수 때까지 함께 자라게 두어라"고 하였다.

> 마 13:24-30 예수께서 그들 앞에 또 비유를 베풀어 가라사대 천국은 좋은 씨를 제 밭에 뿌린 사람과 같으니 사람들이 잘 때에 그 원수가 와서 곡식 가운데 가라지를 덧뿌리고 갔더니 싹이 나고 결실할 때에 가라지도 보이거늘 집 주인의 종들이 와서 말하되 주여 밭에 좋은 씨를 심지 아니하였나이까 그러면 가라지가

어디서 생겼나이까 주인이 가로되 원수가 이렇게 하였구나 종들이 말하되 그러면 우리가 가서 이것을 뽑기를 원하시나이까 주인이 가로되 가만 두어라 가라지를 뽑다가 곡식까지 뽑을까 염려하노라 둘 다 추수 때까지 함께 자라게 두어라 추수 때에 내가 추수꾼들에게 말하기를 가라지는 먼저 거두어 불사르게 단으로 묶고 곡식은 모아 내 곳간에 넣으라 하리라

종이 가라지를 뽑으면 그 거룩한 땅에 가라지는 존재할 수 없다. 그런데 하나님은 왜 뽑지 못하게 하셨을까? 뽑지 못하게 하신 영적 의미는 무엇인가? 하나님이 뽑지 못하게 하셨을 때는 사단, 마귀가 주장할 수 있는 정당한 이유를 인정하고 계신 것이다.

그 이유는 무엇인가? 처음 지음을 받았을 때는 지혜의 천사장이 하나님의 후사가 될 수 있는 길이 없었다. 그러나 그가 들짐승 중에 가장 간교한 뱀을 통해서 첫째 아담으로부터 하나님의 후사가 될 수 있는 자격을 빼앗아왔기 때문에 이제 붉은 용도 정당하게 하나님의 후사가 될 수 있는 길에 도전할 수 있게 된 것이다. 그들이 그런 도전권을 가지게 되었기 때문에 가라지를 뽑지 말라고 한 것이다.

그 도전 속에 꼭 등장하는 인물이 있다. 바로 뱀이다. 루시퍼도 뱀을 통해서 역사했다. 세상에도 나쁜 짓을 하는 여자를 꽃뱀이라고 말한다. 그래서 마지막 때도 옛 뱀, 마귀, 사단이 온다. 붉은 용 안에는 아담을 타락시킨 역사의 장본인으로 옛 뱀이 있다. 아담의 가정을 타락시켰듯이 붉은 용이 마지막 때도 무섭게 역사하게 되어 있다.

요 8:44 너희는 너희 아비 마귀에게서 났으니 너희 아비의 욕심을 너희도 행하고자 하느니라 저는 처음부터 살인한 자요 진리가 그 속에 없으므로 진리에 서지 못하고 거짓을 말할 때마다 제 것으로 말하나니 이는 저가 거짓말장이요 거짓의 아비가 되었음이니라

위 성구에서 보듯이, 그들은 진리에 서지 못하고 오직 입만 벌리면 자기 합리화를 시키고 거짓을 말한다.
이사야 9:15-16에 "머리는 장로요 꼬리는 선지자라"는 말씀이 있다.

사 9:15-16 머리는 곧 장로와 존귀한 자요 꼬리는 곧 거짓말을 가르치는 선지자라 백성을 인도하는 자가 그들로 미혹케 하니 인도를 받는 자가 멸망을 당하는도다

뱀은 꼬리에 능력을 가지고 있기 때문에 모세에게 지팡이를 던지게 하고 그것이 뱀이 되었을 때 꼬리를 잡으라고 하였던 것이다 (출 4:4). 꼬리를 잡았다는 말은, 뱀이 가진 능력을 짓누르고 억압했다는 의미이다. 그렇기 때문에 모세에게 꼬리를 잡히는 순간, 뱀이 다시 지팡이가 된 것이다. 그 뱀은 진짜 자연계시 속, 생태계에 존재하는 뱀을 말하는 것이 아니다.
예수님이 서기관과 바리새인들에게 "뱀들아, 독사의 새끼들아!"라고 말씀하셨고, 세례 요한도 그렇게 말했다.

마 23:31-33 그러면 너희가 선지자를 죽인 자의 자손 됨을 스스로 증거함이로다 너희가 너희 조상의 양을 채우라 뱀들아 독사의 새끼들아 너희가 어떻게 지옥의 판결을 피하겠느냐

그런 뱀들이 자기의 목적을 달성하고 이용하기 위해서 욕심과 사심과 탐심을 가진 인간들을 찾는다. 그래서 "머리는 장로요 꼬리는 선지자"라고 말씀하고 있는 것이다.

2. 죄의 원조가 된 루시엘

궁창의 세계에서 지혜의 천사장인 루시엘이 문제를 일으켰다. 그는 하나님의 말씀대로 순종하지 못하고 하나님과 비기려고 했던 것이다. "당연히 나 정도면 하나님을 대신할 사람이 아닌가?"라고 그가 교만해져서 하나님을 대적하고 말았다.

뱀이 하와에게 뭐라고 했는가? "그 열매를 따먹으면 하나님처럼 된다"고 했다. 그것은 꾸며댄 말이 아니다. 가상적인 인물을 말하는 것이 아니라 뱀이 여자에게 말할 때는 루시엘을 생각하고 말한 것이다.

붉은 용은 어두움의 세력 중에서 가장 큰 권세를 가지고 있는 중심인물로서 그를 가리켜 죄의 원조라고 말할 수 있다. 그의 본질에 관해서 "너 아침의 아들 계명성이여 너는 어찌 그리 찍혀 떨어졌는고"(사 14:12)라고 기록하고 있다.

> 사 14;12 너 아침의 아들 계명성이여 어찌 그리 하늘에서 떨어졌으며 너 열국을 엎은 자여 어찌 그리 땅에 찍혔는고

그는 천상의 세계에서 하나님과 비기려고 했던 자이다. "하나님이 할 수 있는 일을 나도 할 수 있다"고 자기가 해보려고 했다는 것이다. 그래서 들짐승 중 가장 간교한 뱀을 하와에게 보내서 하나님의 후사가 되기 위해서 구도의 길을 걷고 있는 아담을 타락시킴으로써 아담이 가졌던 영광을 빼앗아간 것이다.

"자녀가 장성하면 부모 곁을 떠난다"(창 2:24)는 말은 독자적으로 자기 가계, 한 가정을 이룬다는 의미이다. "너는 어찌 그리 땅에 찍혔는고"라는 위 성구의 내용을 믿음으로 살펴보면 "너는 내게서 떠나 네가 바라고 원하는 대로, 독자적으로 하고 싶은 대로 하라"고 하나님께서 루시엘을 출가시켜서 내어보내셨다는 것이다.

그렇기 때문에 "하나님처럼 된다"는 말은 궁창 아랫물에서 자기의 하늘을 가지고 하나님처럼 역사하고 있는 루시퍼를 말하고 있는 것이다. 그곳에서는 루시퍼가 하나님 격이기 때문에 그도 자기를 추종하고 따르는, 자기에게 소속된 자들로 이루어진 나름대로의 천군을 가지고 있다. 에스겔 28:4-5에 "네 큰 지혜와 장사함으로 재물을 더하고"라는 말과 에스겔 28:16에 "네 무역이 풍성하므로"라는 말은, 루시퍼와 내통하여 함께 무역하는 자들, 또는 같은 소속이 되어 그 줄을 잡은 자들이 많았다는 것을 의미한다.

> 겔 28:4-5 네 지혜와 총명으로 재물을 얻었으며 금, 은을 곳간에 저축하였으며 네 큰 지혜와 장사함으로 재물을 더하고 그 재물로 인하여 네 마음이 교만하였도다

> 겔 28:16 네 무역이 풍성하므로 네 가운데 강포가 가득하여 네가 범죄하였도다 너 덮는 그룹아 그러므로 내가 너를 더럽게 여겨 하나님의 산에서 쫓아 내었고 화광석 사이에서 멸하였도다

그래서 뱀이 "우리 주인 루시퍼가 궁창 아랫물에 자기 하늘을 가지고 하나님처럼 지금 역사하고 있다. 너도 따먹으면 그렇게 된다!"라고 말했기 때문에 하와가 거침없이 선악나무 열매를 따먹은 것이다.

빌라도가 예수님을 십자가에 달겠다고 그를 내어달라는 백성들의 소리에 져서 예수님을 내어주고 말았다. 빌라도도 예수님으로 인해서 양심의 가책을 많이 받았다. 더군다나 빌라도의 아내가 "저 옳은 사람에게 아무 상관도 하지 마옵소서. 오늘 꿈에 내가 그 사람을 인하여 애를 많이 썼나이다"(마 27:19)라고 말을 했기 때문이다.

"저희의 소리가 이긴지라"(눅 23:23)는 말은, "자기를 왕이라고 하는 자를 인정한다면 당신은 가이사의 신하가 아니다"(요 19:12)라고 하는 백성들의 압박에 빌라도가 지고 말았다는 것이다. 그 말에 빌라도가 할 수 없이 예수님을 내어주었다(요 19:16.)

마찬가지다. 뱀이 "선악과를 따먹으면 하나님 같이 된다"(창 3:5)고 유혹하는 소리에 하와가 완전히 넘어가서 하와 자신도 거침없이 선악과를 따먹고 아담에게도 주어서 먹게 하였던 것이다(창 3:6).

3. 왜 궁창을 중심으로 윗물과 아랫물로 나누었는가?

> 창 1:6-8 하나님이 가라사대 물 가운데 궁창이 있어 물과 물로 나뉘게 하리라 하시고 하나님이 궁창을 만드사 궁창 아래의 물과 궁창 위의 물로 나뉘게 하시매 그대로 되니라 하나님이 궁창을 하늘이라 칭하시니라 저녁이 되며 아침이 되니 이는 둘째 날이니라

둘째 날 궁창의 세계를 지으시고 궁창의 세계를 다스리는 과정에서 문제가 발생했기 때문에 궁창을 중심으로 윗물과 아랫물로 구별하셨다. 위 성구에 "궁창을 하늘이라 칭했다"는 말씀이 나온다.

하늘을 중심으로 윗물과 아랫물로 구별되는 분리의 핵심은 무엇인가? 궁창의 세계를 분리할 때도 그곳을 분리할 수 있는 기준이 있게 마련이다. 십자가가 곧 선악을 분리하고 알곡과 가라지를 분리하고 양과 염소를 분리하는 분리의 기준, 근거가 되는 것이다. '궁창을 중심으로'라는 말은, 궁창에 선과 악의 법을 만들어 놓으셨다는 것이다. 그래서 선의 법은 생명나무가 되고 악의 법은 선악나무가 되는 것이다. 법이 생긴 이상은 법을 중심으로 옳고 그름, 선과 악을 가려야 한다.

루시엘이 타락함으로 말미암아 에덴동산에 하나님을 대적하는 세력, 반대하는 조직이 생겼다. 그래서 궁창의 세계를 윗물과 아랫물로 구별한 것이다.

그런데 이 땅의 문제와 하늘의 문제는 한 가지 뚜렷한 차이점이 있다. 영의 세계에서는 한 번의 죄가 결코 용서받을 수 없는 죄가 된

다. 아담도 한 번의 죄로 찍혀 떨어졌고 모세도 한 번의 죄로 가나안 땅에 들어가지 못했다.

> 히 6:4-6 한번 비침을 얻고 하늘의 은사를 맛보고 성령에 참예한 바 되고 하나님의 선한 말씀과 내세의 능력을 맛보고 타락한 자들은 다시 새롭게 하여 회개케 할 수 없나니 이는 자기가 하나님의 아들을 다시 십자가에 못 박아 현저히 욕을 보임이라

루시엘이 처음부터 죄를 지은 것이 아니다. 그가 "하나님이 하시는 일을 나도 할 수 있다"라고 도전을 했다. 그것을 성경에서는 "하나님과 비기려고 했다, 하나님의 자리에 앉았다"(사 14:13-14, 겔 28:2)라고 말씀하고 있다. 그러다가 궁창을 중심으로 윗물과 아랫물로 분리한 아랫물로 떨어진 것이다.

> 사 14:13-14 네가 네 마음에 이르기를 내가 하늘에 올라 하나님의 뭇 별 위에 나의 보좌를 높이리라 내가 북극 집회의 산 위에 좌정하리라 가장 높은 구름에 올라 지극히 높은 자와 비기리라 하도다

> 겔 28:2 인자야 너는 두로 왕에게 이르기를 주 여호와의 말씀에 네 마음이 교만하여 말하기를 나는 신이라 내가 하나님의 자리 곧 바다 중심에 앉았다 하도다 네 마음이 하나님의 마음 같은 체할지라도 너는 사람이요 신이 아니어늘

그때 궁창의 세계를 다스리는 자는 누구였을까? 바로 여호와 하나님, 즉 네 생물이었다. 그런 대상으로 지음을 받았다는 증거는 무

엇인가? 그것은 하나님이 주신 신임장으로서 네 생물 안에 있는 네 얼굴, 네 가지 육체의 존재들이 그 증거가 된다.

예수님이 하나님의 비밀이듯이(골 1:27, 2:2-3) 네 생물이 예수님의 비밀이고 네 생물 안에 있는 네 가지의 내용물은 네 생물이 가지고 있는 비밀이 되는 것이다.

하나님이 비록 피조물이기는 하지만 네 생물, 즉 여호와 하나님으로 하여금 궁창의 세계를 지키고 다스리게 하셨다. 궁창의 세계를 다스리는 과정에서 루시엘의 타락으로 문제가 발생했기 때문에 궁창의 세계를 윗물과 아랫물로 구별하신 것이다.

4. 윗물과 아랫물, 정결한 짐승과 부정한 짐승의 세계

그렇게 궁창을 중심으로 윗물과 아랫물로 구별된 세계가 있었기 때문에 하나님이 빛의 자녀들과 어두움의 자녀들을 구별하시고 그들을 때에 맞게 이 땅에 보내시고 있는 것이다.

레위기에 보면 부정한 짐승과 정결한 짐승이 나온다. 율법적으로 아랫물에서 보내진 자는 부정한 짐승, 윗물에서 보내진 자는 정결한 짐승이라고 말한다. 부정한 짐승은 아랫물에서 온 것이기 때문에 먹지 못한다.

궁창의 세계에서 이 땅에 그렇게 온 대상들이 있기 때문에 이 땅에는 하늘의 별과 같은 자녀들도 있고 바다 모래와 같은 자녀들도 있다. 그렇기 때문에 "아직 태어나지도 않았는데 에서는 미워했고 야곱은 사랑했다"(말 1:2-3)는 말씀이 성립되는 것이다. 따라서 로마서 9장에 아직 태어나서 선악을 행하기도 전에 착한 사람, 나쁜 사람으로 구별되는 것은 보내는 대상이 각각 다르기 때문에 그렇게 구별된다는 것을 원리적으로 깨달을 수 있을 것이다.

> 롬 9:11 그 자식들이 아직 나지도 아니하고 무슨 선이나 악을 행하지 아니한 때에 택하심을 따라 되는 하나님의 뜻이 행위로 말미암지 않고 오직 부르시는 이에게로 말미암아 서게 하려 하사

이미 궁창의 세계에서 타락이 있었기 때문에 이 땅에도 당연히 타락이 있을 수밖에 없다. 하늘의 발등상이 되는 이 땅위에서도 하늘에서 나타났던 대로 진행되었다고 말씀할 수 있다는 것이다.

이런 말씀의 내용들이 바로 신묘막측한 하나님의 경륜이 되는 것이다. 예레미야 1장에서 하나님이 "내가 너를 복중에 짓기 전에 너를 알았고 네가 태에서 나오기 전에 너를 구별하였고 너를 열방의 선지자로 세웠노라"(렘 1:5)는 말씀이 기록되어 있다.

하나님이 우리를 어미의 복중에서 지으실 때, 지으시는 그 세계가 너무도 신묘막측하고 오묘하고 신비하다는 것이다.

> 시 139:13-16 주께서 내 장부를 지으시며 나의 모태에서 나를 조직하셨나이다 내가 주께 감사하옴은 나를 지으심이 신묘막측하심이라 주의 행사가 기이함을 내 영혼이 잘 아나이다 내가 은밀

한 데서 지음을 받고 땅의 깊은 곳에서 기이하게 지음을 받은 때에 나의 형체가 주의 앞에 숨기우지 못하였나이다 내 형질이 이루기 전에 주의 눈이 보셨으며 나를 위하여 정한 날이 하나도 되기 전에 주의 책에 다 기록이 되었나이다

'신묘막측하다'는 말은 표면적으로는 하나님이 인간의 생명을 어떻게 지으시는지, 그 지으시는 세계가 감히 헤아릴 수 없을 정도로 신기하고 오묘하다는 의미도 있지만, 영적으로 말하면 전생에 하나님의 세계에 함께하고 있던 사람들을 이 땅에 불러들이시는 역사의 세계가 신기하고 오묘하다는 방향으로 설명하는 것이 바람직하다는 것이다.

그렇기 때문에 말라기 1:2-3에도 "에서와 야곱이 아직 태어나서 선과 악을 행하지 않았음에도 불구하고 에서는 미워했고 야곱은 사랑했다"라고 한 것이다. 즉 에서는 이 땅에 태어나기 전에 이미 하나님께 미움을 받는 대상이었고 야곱은 이미 하늘세계에서 하나님께서 기뻐하시는 사람이었다는 것이다. 이 땅의 삶 이전에 이미 전생이 존재하고 있었다는 사실을 이 말씀을 통해 우리는 알 수 있다.

궁창을 중심으로 윗물과 아랫물로 나눈 것이다. 윗물은 타락하지 않은 세계, 아랫물은 타락한 세계이다. 그런 세계가 이미 존재하고 전개되고 있었기 때문에 사랑하는 사람들을 지명하여 부를 수도 있고 미워하는 사람들을 지명하여 부를 수도 있다는 사실을 알아야 한다(사 43:1).

사 43:1 야곱아 너를 창조하신 여호와께서 이제 말씀하시느니라 이스라엘아 너를 조성하신 자가 이제 말씀하시느니라 너는 두려워 말라 내가 너를 구속하였고 내가 너를 지명하여 불렀나니 너는 내 것이라

Ⅳ
신령한 존재들의 구도의 도장

1. 궁창의 세계에 신령한 존재들의 구도의 도장을 세우신 목적은 무엇인가?

지구촌에 주님의 몸 된 교회가 존재하는 것처럼 하늘에도 셋째 하늘에 에덴동산이라는 구도의 도장이 있다. 그 하늘의 구도의 도장에서 아담이 타락했고 루시엘도 그곳에서 타락한 것이다.

둘째 날 궁창의 세계는 빛의 세계가 아니라 영의 세계이다. 둘째 날을 지으신 내용을 살펴보면 하나님께서 처음부터 둘째 날을 죄가 있는 세계로 만드시지는 않았다는 것을 알 수 있다. 루시엘이 타락하는 과정을 살펴보면 처음부터 타락한 것이 아니라 야고보서 1:15에 "욕심이 잉태한즉 죄를 낳고 죄가 장성한즉 사망을 낳으니라"는 말씀처럼 수리성의 3단계 과정을 거쳤다는 사실에서 찾아볼 수 있다. 그의 욕심이 죄를 낳고 죄가 장성함으로 사망에 이르는 저주의 대상이 되었기 때문이다.

궁창의 세계는 아담에게 하신 말씀처럼 자유의지를 가지고 선택한 결과에 따라서 결과가 달라지는 공통점이 있다. 루시엘도 그런 과정을 통해서 죄를 지었다.

그런 의미에서 궁창의 세계는 신령한 영적 존재들이 걷는 구도의 도장이라고 말할 수 있다. 따라서 이 땅에 '오늘날'이라는 구도의 도장이 있는 것처럼, 궁창의 세계에도 '오늘날'이라는 구도의 도장이 분명히 존재해 있었다는 것을 알 수 있다.

그러나 그 구도의 도장에서는 천사들이 그곳을 관리하는 운영자로서 소속은 되어있지만 그들 자신이 구도의 길을 걷는 것은 아니다.

왜 궁창의 세계에 구도의 도장을 만든 것인가? 그곳은 이 땅에서 올라간 사람들이 걸어야 될 구도의 도장인 것이다. "세례 요한 이후 천국은 침노를 받는다"(마 11:12)라고 했다. 장성한 믿음을 가진 사람들로 하여금 하늘의 구도의 도장을 걷게 하는 것이다. 인류의 시조 아담도 하늘의 구도의 도장에서 실패하고 말았다.

그러면 '하나님께서는 그러한 구도의 도장을 폐쇄하신 것일까?'라는 생각도 해보아야 한다. 본방 이스라엘 백성들에게서 포도원을 빼앗아서 열매 맺는 백성에게 주겠다고 하셨다(마 21:33-43). 포도원이 구도의 도장이다. 열매 맺는 백성들에게 포도원을 주시겠다는 말은 열매 맺지 못하는 백성에게는 이 땅에서나 하늘에서나 구도의 도장을 알지 못하게 하고 구도의 길을 걷지 못하게 하신다는 것이다. 알지 못하게 하시니까 구도의 길을 걷지 못하는 것이다. 그 말은, 이 땅에 있는 포도원을 빼앗긴 사람들은 이 땅의 구도의 도장은 물론 하늘의 구도의 도장을 걸을 수 있는 기회도 다 빼앗았다는 것이다. 그렇기 때문에 그들에게는 절대 두 번 다시 기회를 주시지 않는다. 그래서 그룹들과 두루 도는 화염검으로 생명나무의 길을 지키게 하신 것이다(창 3:24).

시내산에서 모세를 통해서 율법을 주시기 전까지는 율법을 주지 않았기 때문에 죄가 죄로 인정받지 못했다.

> 롬 5:12-14 이러므로 한 사람으로 말미암아 죄가 세상에 들어오고 죄로 말미암아 사망이 왔나니 이와 같이 모든 사람이 죄를 지었으므로 사망이 모든 사람에게 이르렀느니라 죄가 율법 있기 전에도 세상에 있었으나 율법이 없을 때에는 죄를 죄로 여기지 아니하느니라 그러나 아담으로부터 모세까지 아담의 범죄와 같은 죄를 짓지 아니한 자들 위에도 사망이 왕 노릇 하였나니 아담은 오실 자의 표상이라

위 성구에 기록된 말씀대로 율법이 있기 전에도 죄는 있었다. 만약 죄가 없었다면 모세가 율법을 받기까지 아담의 후손들은 죄 없는 후손이라고 말할 수 있다. 그러나 아담 자신이나 아담의 후손들도 율법을 받기까지 죄를 짓고 살았다.

그 죄는 어디에 속한 죄인가? 성경은 그 사실을 이렇게 말씀하고 있다. "모세를 통해서 이스라엘 백성들이 율법을 받기까지 지은 모든 죄는 율법이 없었기 때문에 죄가 죄로써 성립되지 않았다"(롬 5:13)

그렇다고 그들이 죄인이 아니라는 소리는 아니다. 성경은 그 부분에 대한 비답을 "아담은 오실 자, 예수님의 표상이다"(롬 5:14)라고 말씀하고 있다는 것이다.

분명히 하나님이 아담에게도 에덴동산에서 구도의 길을 걷게 해 주시고 그에게 원시언약, 계명을 주셨다. "에덴동산 각종 나무 열매는 임의로 먹되 선악을 알게 하는 나무 열매는 먹지 말라. 먹으면 정녕 죽으리라"(창 2:17)는 언약을 주시지 않았다면 아담은 천상의 세계에서 구도의 길을 걸을 수 있는 자격이 없다. 그러나 언약을 주셨기 때문에 아담은 성경적인 인류의 첫 사람으로서 자기 후손에 대한 모든 책임을 지고 구도의 길을 걸어야 했다.

그런데 아담이 그 언약에 불순종함으로 에덴동산에서 쫓겨났다. 아담의 후손은 가인의 계열과 셋의 계열이 있다. 그들이 죄인이 되지 않으려면, 죄에서 벗어나려면 어떻게 해야 하는가? 아담이 지은 죄에 도전해서 승리해야 그 죄에서 벗어날 수 있다. 즉, 아담의 후손들이 아담처럼 천상의 구도의 도장에 도전을 해야 한다.

도전을 해야 하는데 어떤 문제가 생겼는가? 바로 천상으로 나아갈 수 있는 길을 닫아버렸다(창 3:24). 왜 닫으셨는가? 아담에게 "너는 흙이니 흙으로 돌아가라"(창 3:19)라고 하셨다. 그 저주의 말씀대로 흙 차원으로 돌아갔기 때문에 그 후손들은 아담이 지은 세계를 알 수도 없고 깨달을 수도 없는 미개한 신앙의 차원이 되었다. 그래서 하나님이 그 길을 열어놔 봐야 아무도 그 세계에 도전할 만한 자격을 갖춘 사람이 없기 때문에 닫아버리신 것이다.

아담의 후손들은 이 땅에서 아담이 지은 본질적인 죄와 허물을 그대로 모두 짊어지고 있었지만 그 길을 회복할 수 있는 정상적인 도전의 길은 찾을 수가 없었던 것이다.

"네가 이마에 땀이 흘러야만 채소를 먹을 수 있다"(창 3:18-19)는 말은, 최선을 다해야만 겨우 채소를 먹을 수 있다는 말씀이다. 채소를 먹는다는 말은 초보적인 신앙의 기초는 이룰 수 있다는 뜻이다.

그들은 아담의 후손으로서 원죄, 유전죄를 짊어지고 태어났지만 자기들이 무슨 죄를 짊어지고 있는지조차 모른다. 율법은 죄를 깨닫게 하는 것(롬 3:19-20, 7:7)이라고 했는데 하나님이 자기의 죄를 깨달을 수 있는 법을 아직 주시지 않았기 때문이다.

> 롬 3:19-20 우리가 알거니와 무릇 율법이 말하는 바는 율법 아래 있는 자들에게 말하는 것이니 이는 모든 입을 막고 온 세상으로 하나님의 심판 아래 있게 하려 함이니라 그러므로 율법의 행위로 그의 앞에 의롭다 하심을 얻을 육체가 없나니 율법으로는 죄를 깨달음이니라

그 죄를 깨닫게 하는 법을 아브라함의 7대 후손인 모세 때에 와서 주신 것이다. 아담으로부터 율법을 주시기 전까지의 시대가 있었다. 그 시대는 법을 주시지 않았기 때문에 본인들이 어떤 법에 저촉을 받고 어떤 법에 의해서 어떤 죄를 짊어지고 있는지 그것을 깨달을 수가 없었던 시대였다.

이 말씀은 "노아 때 물로 심판 받은 사람들이 자기들이 왜 죽는지 그것을 아무도 깨닫는 자가 없었다"라는 말씀과 같은 상황이다.

> 마 24:39 홍수가 나서 저희를 다 멸하기까지 깨닫지 못하였으니 인자의 임함도 이와 같으리라

아담으로부터 모세가 율법을 받기까지의 사람들은 아담의 후손으로 태어났다는 그 죄 때문에 심판을 받아 죽을 수밖에 없다. 그렇지만 그 죄를 깨닫는 법을 그들에게는 아직 주시지 않았다. 그래서

예수님이 그들에게만은 자비와 긍휼을 베풀어주셨다는 것이다. 그렇기 때문에 성경은 아직 법을 받지 못하고 그 시대에 살고 있었던 그들을 가리켜서 오실 자의 표상인 첫째 아담에게 속한 자들이라고 말씀하고 있다.

> 롬 5:14 그러나 아담으로부터 모세까지 아담의 범죄와 같은 죄를 짓지 아니한 자들 위에도 사망이 왕 노릇 하였나니 아담은 오실 자의 표상이라

하나님은 공의의 하나님이시다. 공평하시고 정직하신 하나님이시다. "내가 기뻐하는 것은 너희가 명철하여 내가 인애의 하나님, 공평하신 하나님, 정직하신 하나님이라는 것을 아는 것이다"라고 하셨다.

> 렘 9:24 자랑하는 자는 이것으로 자랑할찌니 곧 명철하여 나를 아는 것과 나 여호와는 인애와 공평과 정직을 땅에 행하는 자인줄 깨닫는 것이라 나는 이 일을 기뻐하노라 여호와의 말이니라

하나님은 인자(仁慈), 인애(仁愛), 공평(公平), 정직(貞直)하신 하나님이시다. 그래서 예수님이 노아 때 물로 심판 받은 사람들을 살려주신 것이다. 그들은 아담의 후손으로 태어났다는 자체만으로 심판을 받은 것이기 때문에 억울한 입장이라고 할 수 있다. 그렇기 때문에 그들은 비록 노아 때 패괴하고 강포한 시대의 사람들이었지만 가인의 계열이 아닌 셋의 계열에 한해서는 하나님이 그들에게 자비와 긍휼을 베풀어주셨다. 그래서 예수님이 잠드시고 스올에 들어

가서서 3일 동안 노아 때 물로 심판받은 사람들에게 천국 복음을 전하셨던 것이다.

> 벧전 3:19-20 저가 또한 영으로 옥에 있는 영들에게 전파하시니라 그들은 전에 노아의 날 방주 예비할 동안 하나님이 오래 참고 기다리실 때에 순종치 아니하던 자들이라 방주에서 물로 말미암아 구원을 얻은 자가 몇 명뿐이니 겨우 여덟 명이라

이것이 위 성구에서 말씀하신 것처럼 노아 때 물로 심판 받은 대상들에게 왜 예수님이 복음을 전하셔야만 했는지 그 이유가 된다.

2. 구도의 도장을 통해서 목적을 이루신 하나님이 어떤 영광의 세계를 펼치실 것인가?

구도의 도장을 통해서 하나님이 이루시고자 하는 목적의 세계를 완성하신다면 그 후에 과연 하나님이 어떤 영광의 세계를 펼치실 것인가?

세상 말에도 '다다익선(多多益善)'[24]이라는 말이 있다. 좋은 것은 "많으면 많을수록 더 좋다"는 뜻이다. 길과 진리와 생명이 있는 별들의 세계가 많을수록 하나님께 드리는 영광과 존귀와 감사가 더 충만해질 수밖에 없다.

---

24) 사기(史記), 회음후열전(淮陰侯列傳)에 나오는 말, 고사성어, 두산백과

시편 148:4에 보면 "하늘과 하늘도 찬양하며 하늘 위에 있는 물들도 하나님을 찬양할찌어다"라는 말씀이 나온다. 궁창의 세계와 우리가 살고 있는 이 지구촌은 지금 길과 진리와 생명(요 14:6)으로 연결되어 있다. 그래서 지구촌에서 하나님께 영광을 돌리면 궁창의 세계에 있는 신령한 존재들이 우리의 기도와 찬양을 받아서 하나님께 영광을 돌린다. 그렇다면 이렇게 진행되는 역사가 지구뿐만 아니라 온 우주에 있는 별들에도 이루어져 모두가 길과 진리와 생명이 되어서 하나님께 영광을 돌린다면 더더욱 좋은 일이 아니겠는가? 이사야 43:21에 "내가 내 백성을 지은 것은 나에게 찬송을 부르게 하려 함이라"고 지으신 목적을 말씀하셨다.

그렇다면 회복되기 전에도 셀 수 없이 많은 별들에게 각각의 이름을 붙여주시고 항상 그들의 이름을 불러주신(시 147:4) 하나님께서 구속사의 세계가 이루어지고 본래대로 하나님의 영광의 세계가 회복되면 그들을 통해서 더더욱 하나님께 영광을 찬양하게 하신다는 것은 너무도 당연한 일이다.

그렇다면 길과 진리와 생명이 없는 무한대의 별들 속에 누가 길과 진리를 만들어 놓고 누가 생명의 세계를 펼쳐놓을 것인가?

하나님의 원대하시고 주도면밀한 섭리의 세계를 살펴본다면 분명히 구속사의 세계를 통해서 이루신 하나님의 후사들로 하여금 우주에 있는 모든 별들에게 길과 진리와 생명을 주시고자 하신다. 그렇게 우주에 떠있는, 생명체가 존재하지 못하는 별들의 세계가 길과 진리와 생명으로 가득 차서 살아있는 생명의 세계가 이루어진다면 하나님의 영광이 더더욱 거룩하게 나타날 것이 아닌가!

하나님께서 필요 없는 대상을 지으실 리가 없다. 불필요한 것을 왜 지으시겠는가? 뭔가 목적과 필요가 있기 때문에 그 많은 별들의 세계를 지으신 것이다. 그러면 그 별들의 세계를 누가 생육, 번성, 충만, 지키고 다스릴 것인가? 그런 존재가 있다면 그 별들이 다 길과 진리와 생명이 있는 살아있는 별들이 된다는 것이다. 그 별들이 다 하나님께 찬양과 경배와 영광을 드림으로써 어느 하나 빈자리 없이 하나님의 거룩하신 영광의 세계를 우주의 대 합창, 우주의 대 오케스트라의 연주로 찬양하게 될 것이다. 그러기 위해서 시편 147편 말씀처럼 그 많은 별들을 지으신 것이라고 말씀할 수 있다.

> 시 147:4 저가 별의 수효를 계수하시고 저희를 다 이름대로 부르시는도다

3. 하나님이 피조세계를 지으실 때 광야길, 십자가의 길을 걷게 하신 이유는 무엇인가?

마귀는 절대 스스로 부활하지 못한다. 부활은 오직 하나님의 고유적인 권한이다. 예수님의 영도 아버지가 살려주셨다. 그렇기 때문에 "육체로는 죽임을 당하시고 영으로는 살리심"을 받으셔서 영으로 노아 때 죽은 영혼들에게 가신 것이다(벧전 3:18-19).

하나님이 이러한 고유권한을 가지고 계시기 때문에 피조물의 세계를 더욱더 영화로운 존재, 영광스러운 존재(빌 3:20-21)로 만들어주시기 위해서 하나님은 처음부터 천상의 세계나, 흙 차원의 세계나 십자가의 길, 광야길을 걷게 하신 것이다. 그런 후에 영생의 길을 걷게 하신다.

예수님은 이 땅에 오셔서 사생의 길, 공생의 길, 영생의 길, 이렇게 3일 길을 걸으셨다. 창조주 하나님께서 피조세계를 지으실 때, 예수님이 친히 걸으셨던 그 3일 길을 아담에게도 처음부터 걷게 하는 것이 하나님의 뜻이었다.

물론 아담에게 자유의지를 주시고 선택할 수 있는 원시계명을 주셨다. 아담이 선악나무 열매를 따먹지 않고 생명나무 열매를 따먹었다면 영생할 수 있었다. 그러나 뱀의 유혹에 넘어간 하와가 준 선악나무 열매를 먹고 타락하고 말았다. 하늘 차원의 신령한 존재가 유혹을 하는데 흙 차원의 존재가 넘어가지 않을 수 없었다는 것이다. 본질적으로 흙 차원인 인생들보다 궁창에 있는 천사들이 더 뛰어난 지혜와 능력을 가진 존재이기 때문에 생령인 아담조차도 그들을 이길 수가 없었다는 것이다.

이 땅에서도 마찬가지다. 자기 시대에 있어서는 세상의 자녀들이 약속의 자녀들보다 더 지혜롭다는 말씀이 누가복음 16:8에 기록되어 있다.

> 눅 16:8 주인이 이 옳지 않은 청지기가 일을 지혜 있게 하였으므로 칭찬하였으니 이 세대의 아들들이 자기 시대에 있어서는 빛의 아들들보다 더 지혜로움이니라

결과적으로 광야길을 걷게 하시고 십자가의 길을 걷게 하시고 영생의 길을 걷게 하시는 것이 처음부터 정해 놓으신 뜻이었는데 아담이 유혹을 이기지 못하고 타락하고 만 것이다.

그렇게 하신 이유는 무엇인가? 창조주 하나님의 말씀과 능력과 권능 앞에 모든 피조물들이 무릎 꿇게 하기 위해서다.

고전 1:29 이는 아무 육체라도 하나님 앞에서 자랑하지 못하게 하려 하심이라

피조물들이 지은 죄는 예수님이 십자가 상에서 흘리신 보혈의 능력이 아니고는 결코 죄 사함을 받지 못한다. 스스로는 절대 근본적인 죄 문제를 해결할 수 없다는 것이다. 따라서 예수님이 십자가 상에서 하신 칠언의 말씀이 아니고는 또 "나는 부활이요 생명이니 나를 믿는 자는 죽어도 살겠고"(요 11:25)라고 하신 말씀처럼 하나님이 주시는 부활의 말씀을 받지 않고는 절대 부활할 수 없다.

히브리서 1장에 천상천하에서 가장 아름다운 이름은 예수님이라고 했다. 천상천하에 그보다 더 아름답고 존귀한 이름이 없다(히 1:3-4). 오직 그 이름으로써만 피조세계를 완전한 세계로, 거룩하고 영광된 세계로 완성할 수 있기 때문에 그 이름이 가장 뛰어난 이름이라는 것이다. 오직 그 이름만이 가장 존귀한 이름이고 그보다 더 존귀한 이름은 없다는 것이다(빌 2:5-11).

그렇기 때문에 예수님이 십자가를 앞두고 수요일 날 침묵하시고 마지막 저녁 때 "너희는 땅에 있는 자를 아비라 칭하지 말고 랍비, 선생이라 칭하지 말고 지도자라 칭하지 말라"고 하셨다. 오직 그리스도만이 너희 아비, 선생, 지도자라고 말씀하셨다(마 23:8-10).

이 땅에 말씀이 육신이 되어 오신 예수님만이 가장 아름다운 이름이며 가장 존귀한 이름이며 가장 능력 있는 이름이다. 그를 통하지 않고는 죄 문제를 해결할 수 없다. 그분의 능력을 입지 않고는 우리가 부활과 변화를 입을 수가 없다. 그렇기 때문에 그분은 가장 아름다운 이름, 가장 존귀한 이름, 가장 거룩한 능력과 권능을 가지신 분이시다. 여기서 거룩하다는 말은 점도 없고 흠도 없고 티도 없다는 의미이다. 그래서 데살로니가전서 5:23, 레위기 20:7, 데살로니가전서 4:3에 '거룩'이 하나님의 뜻이라고 했다.

> 살전 5:23 평강의 하나님이 친히 너희로 온전히 거룩하게 하시고 또 너희 온 영과 혼과 몸이 우리 주 예수 그리스도 강림하실 때에 흠없게 보전되기를 원하노라

> 레 20:7 너희는 스스로 깨끗케 하여 거룩할찌어다 나는 너희 하나님 여호와니라

> 살전 4:3 하나님의 뜻은 이것이니 너희의 거룩함이라 곧 음란을 버리고

그의 이름이 가장 거룩하신 이름이기 때문에 그 이름을 통해서만이 타락한 피조물의 세계를 가장 아름답고 존귀하고 가장 능력 있고 거룩하게 만들 수 있는 것이다. 또 그의 지혜가 아니고는 절대 하나님의 비밀을 알 수 없다. 그리스도 자신이 하나님의 비밀이기 때문에 그리스도의 영을 받지 않고는, 그의 지혜를 받지 않고는 인류를 통해서 하나님이 구속하신 구속사의 세계를 알 수 없다.

그렇기 때문에 우리는 오직 그에게만 소망을 가져야 한다. 그래서 예수님을 영광의 소망이라고 말씀했다. 오직 그분만이 우리의 소망이 되신다.

> 골 1:26-27 이 비밀은 만세와 만대로부터 옴으로 감취었던 것인데 이제는 그의 성도들에게 나타났고 하나님이 그들로 하여금 이 비밀의 영광이 이방인 가운데 어떻게 풍성한 것을 알게 하려 하심이라 이 비밀은 너희 안에 계신 그리스도시니 곧 영광의 소망이니라

또 예수님만이 죄악된 이 세상을 이기셨다. 그렇기 때문에 "내가 세상을 이긴 믿음을 너희에게 주노니 너희도 세상을 이기라"고 하셨다. 믿음으로써만 세상을 이길 수 있다.

> 요일 5:4-5 대저 하나님께로서 난 자마다 세상을 이기느니라 세상을 이긴 이김은 이것이니 우리의 믿음이니라 예수께서 하나님의 아들이심을 믿는 자가 아니면 세상을 이기는 자가 누구뇨

가장 아름다운 이름, 가장 존귀한 이름, 가장 능력 있는 이름, 가장 거룩한 이름, 가장 지혜 있는 이름, 가장 큰 소망을 가질 수 있는 이름을 가지고 계셨기 때문에 그 분이 가장 약한 것들을 택하셔서 가장 강한 것들을 부끄럽게 하시고, 가장 천한 것들을 택하셔서 가장 존귀한 자들을 부끄럽게 하시고, 가장 미련한 자를 택하셔서 가장 지혜로운 자들을 부끄럽게 하시는 능력의 하나님이시다(고전 1:26-29).

그렇기 때문에 타락의 길에서 구원의 세계로 인도하시고 회복하시고자 하시는 하나님의 구속의 은총, 십자가의 구속의 은총을 생각해본다면 우리를 위해서 십자가를 지신 예수님이야말로 정말 우리의 하나님이라고 믿어질 수밖에 없다.

다시 말하면 십자가를 지시지 않고 영광의 하나님으로 나타나셔서 우리로 하여금 그분을 믿게 하는 것보다 예수님이 우리와 같은 성정을 가지고 여인의 길을 통해 이 땅에 오셔서 우리와 동류의 인생으로서 사생, 공생, 영생의 길을 걸으셨기 때문에 그 분이야말로 "십자가는 사랑의 확증이다"(롬 5:8)라는 말씀대로 열 달 배앓이해서 낳는 우리 부모보다 더 큰 아픔으로 우리를 낳아주신 하나님이라는 사실을 믿을 수밖에 없다는 것이다.

4. 처음부터 세우신 하나님의 뜻은 무엇인가?

천군의 세계에서는 루시엘의 타락이 있었고 하늘의 발등상이 되는 이 땅에서는 흙 차원의 세계를 대표하는 아담의 타락이 있었다. 이 문제를 깊이 궁구해보면, 이것이 구속사의 세계의 첫 출발의 입장이라고 말할 수 있다.

피조물이 짓는 죄는 피조물 스스로 해결할 수 없다. 오직 창조주 하나님의 피로써만이 그것을 해결할 수 있는 것이다. 하나님은 우리에게 신성과 능력과 영원성을 주셨다.

롬 1:20 창세로부터 그의 보이지 아니하는 것들 곧 그의 영원하신 능력과 신성이 그 만드신 만물에 분명히 보여 알게 되나니 그러므로 저희가 핑계치 못할찌니라

전 3:11 하나님이 모든 것을 지으시되 때를 따라 아름답게 하셨고 또 사람에게 영원을 사모하는 마음을 주셨느니라 그러나 하나님의 하시는 일의 시종을 사람으로 측량할 수 없게 하셨도다

인간은 천상에 있는 존재나 이 땅에 있는 존재나 영원을 사모하는 마음, 불멸성을 가지고 있다. 비록 유황불에서 고통을 받을지언정 절대 인간의 혼은 죽는 존재가 아니다.

그런 영원성을 가지고 있는 인간들이 하나님의 형상과 모양을 닮은 진정한 하나님의 자녀가 되기 위해서는 부활과 변화를 받아야 한다. 영원한 생명과 영원한 하나님의 형상과 모양, 인격을 가지기 위해서는 부활과 변화의 과정을 거쳐야 한다. "나를 믿는 자는 죽어도 살겠고 무릇 살아서 나를 믿는 자는 영원히 죽지 아니하리니 이것을 네가 믿느냐(요 11:25-26)"는 말씀처럼 부활과 변화는 창조주 하나님만이 가지고 계시는 고유적인 권한인 것이다.

하나님은 왜 그런 방편을 택하셨을까? 천상의 세계에도 죄가 있었고 흙 차원의 세계에도 죄가 있다. 그 죄를 피조물 스스로 해결할 수 있는 지혜와 능력을 가졌다면 그들이 하나님께 굴복하기는 고사하고 당연히 루시엘처럼 하나님과 항상 비기려고 하는 입장을 취할 수밖에 없을 것이다.

피조물이 해결할 수 없는 이 죄의 문제를 하나님이 무엇으로 해결하려고 하셨는가? 예수님의 피로써 죄 문제를 구속하신 것이다. 예수님의 피가 아니면 원죄, 유전죄, 자범죄를 해결할 수 없다. 천사들과 인간들이 스스로 자기 죄를 해결할 수 있는 지혜와 능력을 가졌다면 하나님께 결코 무릎 꿇지 않을 것이다.

하나님은 피조물들의 연약함과 부족함과 모자람을 아시고 그들이 지을 수밖에 없는 그 모든 죄와 허물들을 창조주의 피로써만이 해결할 수 있기 때문에 십자가를 지시는 방편을 선택하신 것이다. 하나님이 '이처럼 우리를 사랑하사'(요 3:16) 십자가의 구속의 은총을 통해서 구속사의 첫 발을 떼어놓으셨는데 이것을 가리켜 "이 지혜는 만세와 만대로부터 감추어왔던 지혜다"(고전 2:8)라고 말씀하고 있다.

그 지혜를 누가 알지 못했다는 것인가? 천상의 세계의 천사들도 알지 못했고 흙 차원의 세계의 인생들도 하나님이 하시고자 하시는 시종의 세계, 즉 구속사의 세계를 처음부터 알지 못했다는 것이다(전 3:11). 그것을 알지 못하게 하시다가 언제 드러낸다는 것인가? 마지막 때 드러낸다는 것이다.

성경에는 인봉된 말씀이 있고 감추었던 지혜가 있다고 말씀하고 있다. 그런 인봉되고 감추었던 지혜의 말씀들이 언제 나타나겠는가? 잠언 15:23에 "때에 맞는 말이 얼마나 아름다운고"라는 말씀이 있다. 감추어졌던 지혜, 인봉되었던 말씀이 때에 맞게 인이 떼어짐으로 그 말씀이 나타나게 되어 있고 감추었던 지혜의 말씀이 드러나게 되어 있다는 것이다.

그렇기 때문에 마지막 때일수록 당연히 깊은 말씀이 나오게 되어 있다. 하지만 깊은 말씀을 알지 못하는 인간들은 그 말씀을 소개하고 드러내면 자기들이 모르는 말씀을 하니까 대번 이단이라고 하는 것이다. 그러나 논리적으로 보아도 당연히 마지막 때가 되면 비사로 이르지 않고 아버지에 대한 것을 밝히 말씀할 수밖에 없는 것이다.

> 요 16:25 이것을 비사로 너희에게 일렀거니와 때가 이르면 다시 비사로 너희에게 이르지 않고 아버지에 대한 것을 밝히 이르리라

하나님의 말씀은 이 땅에서 다 이루어져야 한다. 이것이 처음부터 감추었던 하나님의 지혜이다. 그 내용의 세계를 깊이 탐구해보면, 하나님이 아무도 모르게 그런 지혜를 가지시고 이미 처음부터 그렇게 뜻을 세워놓으셨다는 것이다.

감추인 지혜를 통해서 멜기세덱이 어떤 존재라는 것을 우리에게 보여주시고 재림의 마당에서 해를 입은 여인으로 하여금 철장의 권세를 가진 아이를 하늘보좌로 올린다면 그가 하늘전쟁을 통하여 궁창의 세계에 있는 윗물과 아랫물을 하나로 통일하여 궁창의 세계를 회복할 수 있다(계 12:5-9). 그것이 만세 전에 감추어놓았던 하나님의 지혜라는 것이다(고전 2:7).

하나님이 세우신 뜻은 무엇인가? 아담의 타락으로 말미암아 빼앗긴 영광의 세계를 회복하시고자 예수님이 둘째 아담으로 말씀이 육신이 되어 이 땅에 오셨다.

예수님은 이 땅에 오셔서 사생, 공생, 영생의 3일 길의 삶을 사셨

다. 여기서 부활하신 후 영생의 40일의 삶을 가리켜서 영광의 주(고전 2:8)라고 말씀하는 것이다. 바로 영광의 주, 하나님 아들과 방불한 하늘의 대제사장 멜기세덱으로서 이 땅에 40일 계시면서 문을 열지 않고도 벽을 통과하는 산 자의 영광된 모습을 우리에게 친히 보여주셨다(눅 24:36-43, 요 20:19).

예수님은 창조주 하나님이시다. 그러나 멜기세덱은 피조물이다. 하나님이신 예수께서 멜기세덱이 되시기 위한 목적으로 그 길을 걸으신 것이 아니다. 피조물인 사람으로서는 아무도 그 길을 걸을 수 없기 때문에 창조주 하나님이신 예수께서 인자로 오셔서 자기를 비고 낮추어 그 길을 어떻게 걸어야 하는지 몸소 보여주신 것이다. 그분만이 우리에게 그 길을 보여주실 수 있는 유일한 분이시고 그분만이 그 길을 걸으실 수 있는 유일한 분이시다. 예수님이 보여주신 그 길을 통해서 우리는 인자가 어떻게 멜기세덱이 될 수 있는지 그 비의를 알게 되었다.

하나님이 예수님에게 그 길까지 걷도록 명하신 것이 겟세마네 동산의 기도이다. 예수께서 "내 원대로 마시옵고 아버지의 뜻대로 행하시옵소서"(마 26:39, 26:42, 막 14:36, 눅 22:42-44)라고 땀방울이 핏방울이 되도록 기도하셨다. 그것이 아버지의 뜻이었기 때문이다.

그렇기 때문에 "영광의 주인 줄 알았더라면 그를 십자가에 못 박지 아니하였으리라"(고전 2:8)는 말씀은 예수님이 영광의 주인 사실을 모르고 그를 십자가에 못 박아 죽였다는 단순한 의미가 아니다. 그 말씀 속에는 지금 설명한 내용이 다 들어있는 것이다. 그렇기 때문에 하나님이 하시는 시종의 세계를 아무도 알지 못하게 하셨다는 것이다(전 3:11).

이와 같이 하나님의 섭리 속에 진행되는 역사의 세계인데 우리가 무슨 할 말이 있겠는가? 할 말이 없으니까 사도 바울이 "내가 나 된 것은 하나님의 은혜로 되었다"라고 일축한 것이다. 그러면서 또 한 편으로는 "나로 하여금 자고하지 않게 하기 위해서 내게 사단의 가시를 박아 주셨다"라고 말씀하고 있는 것이다.

> 고전 15:10 그러나 나의 나 된 것은 하나님의 은혜로 된 것이니 내게 주신 그의 은혜가 헛되지 아니하여 내가 모든 사도보다 더 많이 수고하였으나 내가 아니요 오직 나와 함께 하신 하나님의 은혜로라

> 고후 12:7 여러 계시를 받은 것이 지극히 크므로 너무 자고하지 않게 하시려고 내 육체에 가시 곧 사단의 사자를 주셨으니 이는 나를 쳐서 너무 자고하지 않게 하려 하심이니라

5. 부활의 신비 (왜 죽음이 존재하는가?)

> 고전 15:12-16 그리스도께서 죽은 자 가운데서 다시 살아나셨다 전파되었거늘 너희 중에서 어떤 이들은 어찌하여 죽은 자 가운데서 부활이 없다 하느냐 만일 죽은 자의 부활이 없으면 그리스도도 다시 살지 못하셨으리라 그리스도께서 만일 다시 살지 못하셨으면 우리의 전파하는 것도 헛것이요 또 너희 믿음도 헛것이며 또 우리가 하나님의 거짓 증인으로 발견되

리니 우리가 하나님이 그리스도를 다시 살리셨다고 증거하였음이라 만일 죽은 자가 다시 사는 것이 없으면 하나님이 그리스도를 다시 살리시지 아니하셨으리라 만일 죽은 자가 다시 사는 것이 없으면 그리스도도 다시 사신 것이 없었을 터이요

왜 부활이 있어야 하는가? 인간들이 죄를 지어서 사망의 결과가 이루어졌기 때문인가?

약 1:15 욕심이 잉태한즉 죄를 낳고 죄가 장성한즉 사망을 낳느니라

롬 6:23 죄의 삯은 사망이요 하나님의 은사는 그리스도 예수 우리 주 안에 있는 영생이니라

예수께서 '나는 부활이요 생명이다'(요 11:25-26)라고 말씀하셨다. 부활과 생명은 하나님이 가지신 거룩하고 고유한 권능이다. 죽음이 있으므로 부활이 생긴 것이 아니다. 창조의 길을 통해서 이 땅에 태어난 존재는 누구나 한 번은 이 땅의 생을 마감하는 마지막 길을 거치게 되어 있다(히 9:27).

사람들은 이렇게 생각한다. 원래는 부활이 없었는데 우리가 죄를 지음으로 말미암아 죽게 되었고 예수님이 십자가를 통해서 사망의 권세를 깨시고 부활하심으로 우리가 부활 받을 수 있게 되었다는 그런 개념으로 생각하고 있다.

그러나 예수님은 처음부터 부활이요 생명이시다(요 11:25-26). 그렇기 때문에 설사 아담이 선악나무 열매를 따먹지 않고 생명나무

열매를 따먹어서 죄와 상관없는 존재가 되었다 할지라도 이 땅에서 영원히 산다고 오해해서는 안 된다. 이 땅에 태어난 이상 어느 누구나 하나님이 정해주신 수명대로 살다가 하늘에 올라가야 한다.

부활은 죄로 인한 죽음 때문에 있는 것이 아니라 구속사의 세계를 이루시고, 완성하시는 하나님이 갖고 계신 최고의 무기, 능력, 권능이 된다. 죄 때문에 우리가 죽었다가 부활을 받아야 한다는 그런 뜻이 아니다.

그래서 수명이 정해진 것이다. 족장시대에 가장 많이 산 사람이 므두셀라로 969세를 살았다. "하루가 천년 같고 천년이 하루 같은 이 한 가지 사실을 잊지 말라"(벧후 3:8)는 의미는 사람이 이 땅에서 살아갈 수 있는 나이가 이미 정해져 있다는 것이다.

사람은 이 땅에 태어난 이상 반드시 죽었다가 부활해서 하늘로 올라가야 한다. 죽는다는 것은, 이 땅에서의 모든 삶의 기록, 흙에 기록된 모든 정보를 지우고 가는 것을 말한다. 만약에 지우고 가지 않는다면 이 땅에서의 내 어머니와 아버지가 사후의 세계에서도 또 내 어머니, 내 아버지가 된다. 그것은 말도 안 되는 소리이다. 그래서 이 땅, 흙에 기록된 모든 기록을 지워버리는 것이 바로 죽음이다.

그렇기 때문에 죄 때문에 죽는다고 생각하면 안 된다. "알이 먼저냐, 닭이 먼저냐?"고 세상 사람들이 말하고 있지만 죄로 인한 죽음 때문에 부활이 생긴 것이 아니라 부활이 있음으로써 죽음이 존재하게 된 것이다.

궁창의 세계는 피조세계이기는 하지만 죽음이 없는 세계이다. 죽음이 없는 세계라고 해서 그들이 창조권을 가지고 있는 것은 아니다. 그들도 심판의 대상이다. 그러나 하늘의 발등상이 되는 이 땅에 있는 피조물들은 한 번 태어나면 죽는 것이 정해진 이치이고 필연적인 것이다(히 9:27).

아담이 선악나무 열매를 따먹지 않고 생명나무 열매를 따먹었다고 할지라도 이 땅에 태어난 그의 후손들은 영생불사(永生不死)의 존재가 아니다. 이사야 65장 말씀처럼 이 땅에서 산 자의 세계가 이루어진다고 해서 죽음이 없다는 그런 뜻이 아니다. 산 자의 세계에도 죽음이 있지만 그러나 생명의 수한(壽限)이 죄로 말미암아 나타난 생명의 수한과는 본질, 근본이 다르다는 것이다.

이 땅에 산 자의 세계가 이루어지면 사람의 수(壽)가 나무의 수한(壽限) 같다고(사 65:22) 말씀하고 있다. 여기서 말하는 나무의 수한은 "하루가 천 년 같고 천 년이 하루 같은 이 한 가지 사실을 잊지 말라"(벧후 3:8)고 하는 천 년을 말씀하고 있는 것이다. 그렇기 때문에 "백 세가 못 되어 죽는 자는 저주 받은 자이고 백세가 되어 죽는 자는 어린 아이와 같다"(사 65:20)는 말씀이 기록되어 있는 것이다.

이 땅에 태어난 이상 죄와 상관없이 한 번은 다 죽어야 한다는 것이다(히 9:27). 죽어서 부활의 과정을 거쳐서 하늘로 올라가게 되어 있는 것이다. 그렇기 때문에 부활은 죄 때문에 생긴 것이 아니다. 부활이 있기 때문에 하늘의 발등상이 되는 이 땅에 태어난 사람은 필연적으로 이 땅에서 생을 마감해야 하는 것이다.

궁창의 세계의 신령한 존재인 천군천사들은 죽음이 없기 때문에 그런 부활이 없다. 그러나 그들보다 비천한 삶을 살고 있는 하늘의 발등상이 되는 이 땅의 사람들에게는 부활이 있다는 것이다.

이 땅에서 우리의 삶은 어떤 삶인가? "사람의 혼은 위로 올라가고 짐승의 혼은 아래로 내려간다"(전 3:21)는 말씀처럼 부활은 본래 우리의 원형으로 돌아가는 것이라고 말할 수 있다. 삶의 내용은 각각 다르지만 누구나 다 그렇게 살다가 가는 것이다.

말씀의 원리적 입장에서 "짐승의 혼은 아래로 내려간다"(전 3:21)는 말은 "너는 흙이니 흙으로 돌아가라"(창 3:19)는 말씀과 같다.

> 전 3:21 인생의 혼은 위로 올라가고 짐승의 혼은 아래 곧 땅으로 내려가는 줄을 누가 알랴

아래로 내려가는 혼은 하나님을 알지 못하는 짐승과 같은 본능적인 생명을 말하는 것이다. 반면 위로 올라가는 혼은 본능적인 짐승의 차원은 벗어나 그래도 양심의 가책을 느낄 수 있는 사람이라고 말할 수 있다. 그래서 "중심, 양심이 뜨거워진다"는 말씀이 성경에 기록되어 있다(시 39:3, 렘 20:9).

우리의 입장에서 우리가 가야할 곳은 윗물도 아니고 아랫물도 아니다. 즉 첫째 하늘도 아니고 둘째 하늘도 아니고 셋째 하늘이다. 그런데 궁창의 세계는 무엇을 가지고 들어가야 하는가? 그리스도의 영이 없는 사람은 그리스도인이라고 할 수 없다. 그래서 "너희 안에 그리스도의 영이 있는지 확증하라"는 말씀이 있는 것이다(고후 13:5).

예수님이 십자가 상에서 물과 피를 한 방울도 남김없이 이 땅에

떨치셨다는 말은 영원한 생명이 되시는 피와 물을 우리에게 아낌없이 다 주셨다는 말이다.

그렇기 때문에 예수님의 물과 피를 공급받지 않고는 절대 궁창의 세계로 올라가지 못한다. 우리가 주님의 물과 피를 공급받기 위해서는 본질적인 입장에서는 예수님이 주시는 것이지만 실제적인 내용에 있어서는 그것을 공급하는 자들이 따로 예정되고 준비되어 있다는 것을 알 수 있다.

에스겔 9장에 보면 먹 그릇을 찬 서기관에게 예루살렘을 심판하라고 하시며 네 생물 중에 손이 나타나서 숯불을 준다는 말씀이 있다. 네 생물도 많은 신령한 눈을 가지고 있고(계 4:6), 재창조의 손, 심판의 손을 가지고 있다.

사실 하나님이 이처럼의 사랑으로써 도무지 언약을 체결할 수 없는 상대인 인간들과 언약을 맺고 계시지만, 실질적으로 언약을 맺는 주인공들은 하나님 자신이 아니라 하나님을 대신한 신령한 인격적인 존재라는 것이 잘 나타나 있다.

예를 들어 모세가 여호와 하나님과 대면하고 언약을 맺고 있는 것처럼 구약에는 소개가 되어 있지만 실제로는 여호와 하나님이 거룩한 천사였다고 신약에서는 설명하고 있다(행 7:30, 7:35, 7:38, 7:53). 궁극적으로는 하나님이 주시는 사랑, 은혜, 언약이지만 그러나 그것을 실제로 행하는 자는 하나님께 소속된 대행자, 즉 네 생물이고 구약의 마당에서는 그가 여호와 하나님으로 역사한 것이다.

지금 우리에게 절대적으로 필요한 은혜의 내용을 하나님께서 주시고 있다. 하지만 실질적으로 전해주시는 분은 하나님 안에 있는, 하나님께 소속된 능력의 손, 재창조의 손, 심판의 손, 많은 눈들을 가지고 있는 존재들이 "하나님의 명령이 내게는 영생의 말씀이다"(요 12:50)라고 예수님이 말씀하신 것처럼 영생이 되시는 하나님의 명에 의해서 모든 것을 진행하고 이루고 있다는 점이 요한계시록 10:5-8에 잘 나타나 있다.

> 계 10:5-7 내가 본 바 바다와 땅을 밟고 섰는 천사가 하늘을 향하여 오른손을 들고 세세토록 살아 계신 자 곧 하늘과 그 가운데 있는 물건이며 땅과 그 가운데 있는 물건이며 바다와 그 가운데 있는 물건을 창조하신 이를 가리켜 맹세하여 가로되 지체하지 아니하리니 일곱째 천사가 소리내는 날 그 나팔을 불게 될 때에 하나님의 비밀이 그 종 선지자들에게 전하신 복음과 같이 이루리라

다니엘 12:5-7에도 강물 위에 있는 자와 양쪽 강둑에 다리를 벌리고 서 있는 자가 있다.

> 단 12:5-7 나 다니엘이 본즉 다른 두 사람이 있어 하나는 강 이편 언덕에 섰고 하나는 강 저편 언덕에 섰더니 그중에 하나가 세마포 옷을 입은 자 곧 강물 위에 있는 자에게 이르되 이 기사의 끝이 어느 때까지냐 하기로 내가 들은즉 그 세마포 옷을 입고 강물 위에 있는 자가 그 좌우 손을 들어 하늘을 향하여 영생하시는 자를 가리켜 맹세하여 가로되 반드시 한때 두때 반때를 지나서 성도의 권세가 다 깨어지기까지니 그렇게 되면 이 모든 일이 다 끝나리라 하더라

모세도 하나님께 소속된 자로서 하나님을 대행하는 존재로 왔기 때문에 하나님이 미리암과 아론을 책망하는 가운데 "그는 또 여호와의 형상을 보겠거늘"(민 12:8)이라고 말씀하셨던 것이다. 모세는 이 땅에 오기 전에 이미 여호와의 영광의 형상 속에 있던 사람이었다(겔 1:26). 네 생물은 여호와의 원형이 되는 존재로서 여호와가 네 생물이라는 것을 이해할 수 있을 것이다. 모세는 네 생물 속에서 송아지의 인격체로 있던 존재였다.

V
천군의 세계의 천사들은 어떤 존재들인가?

1. 천사는 어떤 존재인가?

우리는 천사를 생각할 때 하나님의 영광 안에서 우리보다 더 뛰어난 존재로 지음을 받았다고 생각한다. 그러나 히브리서 1:14에 보면 천사들은 우리의 종이라고 기록되어 있다.

> 히 1:14 모든 천사들은 부리는 영으로서 구원 얻을 후사들을 위하여 섬기라고 보내심이 아니뇨

천사는 하나님의 후사가 되는 사람들을 받들며 섬기라고 보낸 존재이다. 고린도전서 6:3에 보면 하나님의 후사가 되는 사람들이 천사를 심판한다는 말씀이 있다.

> 고전 6:3 우리가 천사를 판단할 것을 너희가 알지 못하느냐 그러하거든 하물며 세상 일이랴

현실적인 입장으로 보면 지구촌에 살고 있는 인간들은 궁창의 세계에 존재하는 천사들보다 월등 낮은 존재이다. 하나님이 사람으로 오신 예수께서도 이 땅에 머무르시는 동안에 잠시 잠깐은 천사보다 낮은 존재였다는 말씀이 히브리서에 기록되어 있다.

> 히 2:7-9 저를 잠간 동안 천사보다 못하게 하시며 영광과 존귀로 관 씌우시며 만물을 그 발 아래 복종케 하셨느니라 하였으니 만물로 저에게 복종케 하셨은즉 복종치 않은 것이 하나도 없으나 지금 우리가 만물이 아직 저에게 복종한 것을 보지 못하고 오직 우리가 천사들보다 잠간 동안 못하게 하심을 입은 자 곧 죽음의 고난 받으심을 인하여 영광과 존귀로 관 쓰신 예수를 보니 이를 행하심은 하나님의 은혜로 말미암아 모든 사람을 위하여 죽음을 맛보려 하심이라

천사란 누구인가? 천사의 정의에 대하여 예수께서 정확하고 올바른 정의를 내려주셨다. 마가복음 12:18-25에 부활이 없다고 주장하는 사두개인들이 예수님께 와서 물어보는 장면이 있다.

> 막 12:18-25 부활이 없다 하는 사두개인들이 예수께 와서 물어 가로되 선생님이여 모세가 우리에게 써 주기를 사람의 형이 자식이 없이 아내를 두고 죽거든 그 동생이 그 아내를 취하여 형을 위하여 후사를 세울찌니라 하였나이다 칠 형제가 있었는데 맏이 아내를 취하였다가 후사가 없이 죽고 둘째도 그 여자를 취하였다가 후사가 없이 죽고 세째도 그렇게 하여 일곱이 다 후사가 없었고 최후에 여자도 죽었나이다 일곱 사람이 다 그를 아내로 취하였으니 부활을 당하여 저희가 살아날 때에 그중에

주 아내가 되리이까 예수께서 가라사대 너희가 성경도 하나님의 능력도 알지 못하므로 오해함이 아니냐 사람이 죽은 자 가운데서 살아날 때에는 장가도 아니가고 시집도 아니가고 하늘에 있는 천사들과 같으니라

이스라엘 계대법에는 형이 후사가 없이 죽으면 동생이 형수와 잠을 자서 얻은 자식으로 형의 후사를 삼을 수 있었다.[25] 위 성구에 기록된 내용을 보면 칠 형제가 있었는데 맏형이 죽음으로 후사를 얻기 위하여 둘째에 이어서 일곱째까지 줄줄이 형수와 잠을 잤는데 후사를 얻을 수 없었다. 그러면 부활이 되었을 때 이 형수는 누구의 아내가 되느냐고 예수님께 여쭈어본 것이다. 그러자 예수께서 뭐라고 하셨는가? "너희가 성경도, 하나님의 능력도 알지 못하므로 오해함이 아니냐 사람이 죽은 자 가운데서 살아날 때에는 시집도 아니가고 장가도 아니가고 하늘에 있는 천사와 같으니라"고 하셨다. 예수님이 생명의 부활로 부활 받는 사람들은 천사와 같은 존재라고 직접 증거하시고 있는 것이다.

---

25) 계대법, 계대 결혼법 또는 수혼법-한 여인의 남편이 아들이 없이 죽었을 경우에 그 시동생이 형수를 아내로 맞아 죽은 자의 가문이 끊어지지 않게 하는 혼인법을 말한다(신 25:5-10). 이스라엘에서 수혼법이 실시된 이유는 각 지파나 가문에 할당된 재산이 다른 가문으로 넘어가지 않게 하려는 동기와 자식이 없는 과부에게 자신의 신변을 보호하려는 희망으로 만들어진 제도적 장치였다.

2. 첫째 부활과 생명의 부활은 어떻게 다른가?

그러면 첫째 부활과 생명의 부활은 어떻게 다른가? 생명의 부활로 변화 받은 사람과 첫째 부활, 즉 의인의 부활로 변화 받은 사람의 권세와 능력과 영광은 전혀 다르다.

이 땅의 인간들은 생육, 번성, 충만하기 위해서 즉 생존번식을 위해 인간이 가지고 있는 육체를 통해서 후손을 생산해야 한다. 그렇기 때문에 당연히 남녀가 한 몸을 이루는 결혼이라는 인습적인 테두리 안에서 살아갈 수밖에 없다. 이 땅의 사람들은 결혼을 통해서만 후손을 번성시킬 수 있기 때문이다.

만약에 하늘의 세계에서도 이 땅에서처럼 남녀가 결혼해서 천사의 세계가 이루어진다면 당연히 족보가 생기게 된다. 그렇게 낳고 낳는 계열이 그 세계의 질서가 되고 그 질서의 세계에서 하나의 권위를 이루게 된다. 즉 권위를 이룬다는 말은 계급이 생긴다는 것이다. 그런데 그 계급이 말씀에 의해서 생기는 것이 아니라 번식에 의해서 아버지가 있게 되고 그 위에 증조할아버지, 또 그 위에 고조할아버지가 생긴다는 것이다.

그러나 하늘의 세계는 영원한 세계이기 때문에 그런 일이 있을 수 없다. 그 세계도 피조세계이기 때문에 물질의 세계이기는 하지만 변질되지 않는 완전한 물질의 세계라는 것이다. 완전한 물질의 세계를 가리켜 부활의 세계, 변화의 세계라고 말할 수 있다. 물질이 어떻게 변질되지 않을 수 있는가? 그것은 물질의 세계이면서도 오직 부활과 변화를 통해서 그 물질이 변질되지 않는 영원불변한 물질로 변화되기 때문이다.

> 계 20:4-5 또 내가 보좌들을 보니 거기 앉은 자들이 있어 심판하는 권세를 받았더라 또 내가 보니 예수의 증거와 하나님의 말씀을 인하여 목 베임을 받은 자의 영혼들과 또 짐승과 그의 우상에게 경배하지도 아니하고 이마와 손에 그의 표를 받지도 아니한 자들이 살아서 그리스도로 더불어 천년 동안 왕노릇하니 (그 나머지 죽은 자들은 그 천 년이 차기까지 살지 못하더라) 이는 첫째 부활이라

위 성구는 부활에 참예하는 하나님의 후사들을 말씀하고 있다. 하나님의 후사들은 천사들의 주인이 될 수 있다. 그 이유는 무엇인가? 그들은 영육 간에 부활한 몸을 가지고 있지만 천사들은 부활의 몸을 가지고 있지 못하기 때문이다. 그들이 부활의 몸을 가지려면 이 땅에 와야만 한다. 이 땅에 와야만 죽어서 부활의 몸으로 하늘로 올라갈 수 있기 때문이다.

> 고전 6:3 우리가 천사를 판단할 것을 너희가 알지 못하느냐 그러하거든 하물며 세상 일이랴

천사들도 이 땅에 온 자들은 부활의 대상이 될 수 있다. 그러나 그들은 생명의 부활의 대상이기 때문에 그들은 하나님의 후사를 받드는 종의 존재들이 되는 것이다.

부득이한 경우 하나님이 구속사의 경륜의 세계를 위해서 이 땅에 천사들을 보내시기도 한다. 그런 천사들이 이 땅에 여인의 길, 창조의 길을 통해서 인자로 오기 때문에 이 땅에 온 사람들의 전생이 있는 것이다.

3. 사람과 그에 소속된 천사, 누가 먼저 태어나는가?

궁창에 있는 천군의 세계는 사실 우리 모두가 알 수 있는 그런 내용의 세계가 아니다. 모르니까, 알 수 없으니까 아예 그런 말은 입에 담지도 못하고 생각하지도 않는다. 신학은 "천사들은 말씀으로 창조했기 때문에 그 세계는 말씀과 동시에 이루어진 세계이다"라고 주장하고 있다. 정말 천군의 세계는 하나님이 말씀으로 일시에 창조하신 것일까?

요한계시록에 보면 새 예루살렘 성의 규격이 나오고 "천사의 규빗이 사람의 규빗과 같다"는 말씀이 기록되어 있다.

> 계 21:16-17 그 성은 네모가 반듯하여 장광이 같은지라 그 갈대로 그 성을 척량하니 일만 이천 스다디온이요 장과 광과 고가 같더라 그 성곽을 척량하매 일백사십사 규빗이니 사람의 척량 곧 천사의 척량이라

사실 천사들은 시공간의 개념이 우리와는 본질적으로 다르다. 그런데 왜 전혀 다른 그들이 사용하는 척량을 사람의 규빗과 같다고 했는가?

"천사의 규빗과 사람의 규빗이 같다"는 그 '사람'은 바로 믿음의 사람을 말하는 것이다. 믿음으로 사용하는 시간은 궁창의 세계에서 천사들이 사용하는 시간과 같다는 의미이다. 궁창의 세계에서 천사들이 사용하는 시간과 낮고 천한 이 땅에서 인생들이 사용하는 시간

은 다르다. 그러나 낮고 천한 인생들이라 할지라도 믿음으로 사용하는 시간은 궁창의 세계에서 천사들이 사용하는 시간과 같다는 것이다. 그런 의미에서 하늘이나 이 땅에서 적용되는 세계의 사건들이 본질적으로는 다 같다는 것이다. 믿음의 역사는 믿음의 시간을 통해서 이루어진다. 그 믿음의 시간을 '호라'라고 한다.

이 땅에서 인류의 시조를 통해서 인류가 탄생되었다면 분명히 천군의 세계에서도 그런 세계가 이루어졌을 것이다. 그것을 어떻게 알 수 있는가? 만유를 지으신 하나님이신 예수님이 "하늘에서 이루어진 뜻대로 이 땅에서 이루어지이다"(마 6:10)라고 주기도문으로 가르쳐주시고 있지 않은가?

하나님이 만물을 지으실 때 적용하신 다섯 가지 창조 원리가 있다. 영원성, 상대성, 수리성, 절대성, 완전무결성이 그것이다. 하나님이 사람들에게 영원성을 주셨다(전 3:11).

또 사람들을 지으실 때 상대성으로 지으셨다. 여기서 상대성이라는 것에는 이런 의미가 있다. 나와 상대적인 존재가 있다는 것이다. 나는 이 땅에 살고 있고 나와 상대적 존재는 하늘에 있다. 그 존재는 나의 천사이다. 이렇게 사람은 각자 자기의 고유적인 천사가 상대적으로 있는 것이다.

그렇기 때문에 예를 들어서 어떤 A라는 사람이 아무개를 야단치면 영의 세계에서는 그 아무개를 담당하는 천사가 A가 야단치는 내용을 면밀히 분석한다. 옳게 야단을 치는지 그릇된 의미에서 잘못 야단치는지를 분별한다. 만약 A라는 사람이 자기의 주인을 부당하게 책망하면 그의 천사가 하늘에서 "A가 우리 주인 아무개를 그릇되게 책망을 합니다" 그렇게 참소를 한다는 것이다.

우리 모두 각자에게는 다 나의 천사가 있다는 것이다. 한 천사가 열 명, 백 명을 담당하는 것이 아니라 각 사람마다 각각의 천사가 있다. 그것이 상대성이다. 그렇게 창조의 세계에서 원리적으로 지어진 것이다.

예를 들어 아담 이후의 후손들을 900억이라고 하자. 그렇다고 미리 천사 900억을 만들어놓고 어떤 사람이 태어나면 "야, 너는 저 사람의 천사야"라고 주는 것이 아니다.

주종관계에서는 종이 되는 존재를 먼저 만들지 않는다. "보내심을 입은 자가 보내신 자보다 크지 못하다"(요 13:16)라고 했다. 보내신 자가 큰 사람이다. 종이 주인보다 먼저 태어날 수는 없다. 다시 말하면 사람이 태어나면 그 사람의 천사가 아울러 하늘에서도 상대적으로 동시에 태어나게 되어 있는 것이다.

> 마 18:10 삼가 이 소자 중에 하나도 업신여기지 말라 너희에게 말하노니 저희 천사들이 하늘에서 하늘에 계신 내 아버지의 얼굴을 항상 뵈옵느니라

궁창의 세계에 본래 있는 천사들은 어느 개인에게 소속된 천사가 아니라 궁창의 세계의 조직을 위한 천군들이다. 그렇다면 각자 개인에게 소속된 천사들은 어떤 존재들인가?

네 생물 속에는 사람의 육체, 짐승의 육체, 새의 육체, 물고기의 육체, 네 가지의 육체가 있다. 네 생물 안에 있는 사람의 육체는 인성과 신성을 가지고 있는 존재이다. 그의 인성과 신성을 가지고 이 땅의 인간들과 하늘의 천사들을 만들었다. 즉 그가 가지고 있는 인성

을 가지고 이 땅의 사람을 만들었고 그가 가지고 있는 신성의 일부를 가지고 궁창의 세계에 있는 천사들을 만들었다. 그렇기 때문에 하늘에 있는 천사들은 하늘에 두고 온 나의 신성이라고 말할 수 있고 다른 말로 나의 분신(分身)이라고 말할 수 있다는 것이다.

그렇기 때문에 우리가 벗어놓고 온 우리의 신성의 일부가 하늘에 존재하고 있다는 것이다. 우리가 벗어놓고 온 그 신성이 곧 우리 각자의 고유적인 천사라는 것이다. 우리에게는 각자 고유의 천사가 있다. 그렇기 때문에 그들이 우리에게 나타나고 있는 모든 상황을 점검하고 확인해서 하늘에 있는 천사들의 계열을 통해서 항상 하나님께 보고하는 것이다.

요한복음 7:37-39에 보면 예수님이 "목마른 자들아 내게로 오라 내가 값없이 주겠다"라고 하시는 말씀 중 괄호 안에 "아직 영광을 받지 못함으로 성령이 함께 계시지 아니하시더라"는 말씀이 기록되어 있다.

> 요 7:37-39 명절 끝날 곧 큰날에 예수께서 서서 외쳐 가라사대 누구든지 목마르거든 내게로 와서 마시라 나를 믿는 자는 성경에 이름과 같이 그 배에서 생수의 강이 흘러나리라 하시니 이는 그를 믿는 자의 받을 성령을 가리켜 말씀하신 것이라 (예수께서 아직 영광을 받지 못하신 고로 성령이 아직 저희에게 계시지 아니하시더라)

예수님이 승천하시자 "자녀가 장성하면 부모 곁을 떠나 자기 가정을 이룬다"(창 2:24, 엡 5:31)는 말씀처럼 예수님 안에 있던 예수님의 영이 영광을 입으심으로써 보혜사 성령, 진리의 성령이 되었다.

예수님은 말씀이 육신이 되어 이 땅에 오신 분이시다(요 1:14). 예수님의 영이 예수님 안에서 사생, 공생, 영생의 길을 함께 걸으시며 장성한 영이 되어서 새로운 성령의 인격체로 독립하신 것이다. 그렇게 독립해서 나온 성령이 성령의 하나님이 되시는 것이다.

여기서 말하는 진리의 성령은 인격적인 성령을 말하는 것이다. "진리는 땅에서 솟아나고 의는 하늘에서 하감한다"(시 85:11)는 말씀이 있다. 무형의 존재가 아니라 인격과 몸을 가지고 있는 유형의 성령이라는 뜻이다. 예수님의 영은 그렇게 거룩한 인격적 존재인 진리의 성령이 되어 성령의 하나님이 되신 것이다.

우리 인생들은 어떤가? 우리도 우리의 영을 가지고 있다. 중생이 된 사람 혹은 이미 중생 이상의 성화(聖化)의 길에 들어선 사람은 영이 있다. 짐승은 몸과 혼만 있다(전 3:21). 성경적인 사람, 중생이 된 사람은 몸과 혼과 영이 있다(살전 5:23). 영혼이 있기 때문에 우리의 영혼이 각자 우리들의 고유적인 천사가 될 수 있는 본질, 재료, 근본이 되는 것이다.

그 말의 의미 속에는 천사는 말씀으로 창조된 것이 아니다. 즉 무에서 유로 창조된 존재가 아니라 우리의 영혼을 재료 삼아서 만들어진 존재라는 것을 말씀하고 있는 것이다. 사람의 몸속에 있는 영혼을 재료로 해서 만들었기 때문에 그의 소속은 그 사람에게 한정되어 소속되어 있는 것이다.

여섯째 날, 구속사의 최초의 사람으로 지음을 받은 아담을 시작으로 해서 노아, 아브라함을 통해서 이루어지는 산 자의 도맥이 있다. 그 도맥을 통해서 멜기세덱 지파가 탄생된다. 멜기세덱 지파 사람들은 하나님의 아들의 기업을 받을 수 있는 하나님의 후사, 하나님의 자녀가 되는 사람들을 말한다.

마지막 때는 그런 멜기세덱 지파가 이 땅에서 탄생되기 때문에 개인에게 소속된 천사들은 하나님의 후사가 될 수 있는 자녀들을 받들며 섬기는 존재가 된다. 따라서 그런 자녀들이 탄생되면 그들의 재료를 받아서 그들에게 소속된 개인적인 천사들이 탄생되는 것이다.

새로운 천군조직은 어떻게 이루어지는가? 하나님의 후사로서 구속사의 세계에 등장하는 인자들을 통해서 새로운 천사들이 나타나는 것이다. 그렇기 때문에 개인에게 소속된 천사들은 하나님의 후사들이 가지고 있는 그들의 고유적인, 영적인 품성을 통해서 지음을 받는 존재라고 말할 수 있다. 그런 천사들을 만들기 위해서 하늘의 발등상이 되는 지구촌에 하늘에 있는 하나님의 자녀들을 이 땅에 보내시고, 그들의 신성의 일부를 가지고 그들의 천사를 만드신 것이다.

그렇기 때문에 각자의 천사는 하나님의 후사가 되는 사람에게 소속된 종으로서 하나님의 후사를 받들며 섬기라고 지음을 받은 천사가 되는 것이다(히 1:14).

신학은 천사들이 말씀으로 무에서 유로 창조된 존재라고 말한다. 만약 천사들이 그렇게 창조되었다면 한 마디로 그 천사들은 사람보다 더 높은 존재가 된다. 그렇다면 "그들이 사람보다 더 귀하게 만들어졌는데, 더 존귀하게 지음을 받았는데 왜 천사들이 사람들에게 심판을 받는 대상들이 된다는 말인가?"라는 모순을 드러내게 된다.

고전 6:3 우리가 천사를 판단할 것을 너희가 알지 못하느냐 그러하거든 하물며 세상 일이랴

히 2:16 이는 실로 천사들을 붙들어 주려 하심이 아니요 오직 아브라함의 자손을 붙들어 주려 하심이라

하나님의 후사들에게는 각자의 천사가 있다. 그렇다고 "내 영으로 그런 각자의 천사를 만들었다면 나는 영이 없는 사람이 되는 것이 아닐까?" 그렇게 오해하면 안 된다. 천사를 만들기 위해서 그들의 영혼을 다 빼간다는 것이 아니다. 십일조의 의미처럼 그들의 영혼의 십분의 일을 사용해서 우리들 각자의 천사를 만드는 것이다. 하나님께 물질만 십분의 일을 바치는가? 마음과 영과 믿음의 십분의 일도 바치는 것이다. 그들로 하여금 그렇게 십분의 일을 바치게 해서 바친 그들의 영혼을 가지고 그들의 천사들을 만드는 것이다. 그래서 비록 이 땅에서 태어나 비천한 존재인 사람들, 그런 존재이기는 하지만 하나님의 후사가 되는 사람들을 통해서 마지막 때 천사들을 심판하게 하시는 것이다(고전 6:3).

출애굽기 21장에 "종은 상전의 금전임이니라"라는 말씀이 기록되어 있다.

출 21:20-21 사람이 매로 그 남종이나 여종을 쳐서 당장에 죽으면 반드시 형벌을 받으려니와 그가 일일이나 이일을 연명하면 형벌을 면하리니 그는 상전의 금전임이니라

위 성구의 의미를 깊이 궁구해보면 우리 개인의 천사는 나의 존재의 일부가 된다는 말이다. 각자 개인의 천사는 각자 영혼의 십분의 일을 가지고 그의 천사를 만드는 것이다. 그렇기 때문에 고유적인 자기 천사가 있는 것이다. 미리 천사를 한꺼번에 만들어놓고 누가 태어나면 "너는 누구 천사야!" 그렇게 주는 것이 아니다. 그렇게 준다면 그는 나의 천사가 아니다. 내 영혼의 일부로 만들기 때문에 나의 천사가 되는 것이다. 그런 천사가 우리 각자에게 다 있다는 것이다.

그 천사들은 구속사의 세계에 소속되어있는 하나님의 자녀들을 위한 천사들이다. 이미 궁창의 세계에 존재하고 있는 기존의 천사들이 아니라 새 지파를 위해서 새롭게 탄생되는, 하나님의 후사들에게 소속되어있는 천사들을 말하는 것이다.

궁창의 세계에 존재하고 있는 일반 천사들은 개인에게 소속된 천사들이 아니라 그들은 천군의 조직 속에 소속되어있는 천사들이다.

그러나 개인에게 소속된 천사들은 하나님의 구속사의 세계를 통해서 구속받는 하나님의 후사들을 위한 천사들이다. 그들을 가리켜서 "하나님의 후사를 받들며 섬기라고 보낸 종"(히 1:14)이라고 말씀하고 있고 또 출애굽기 21:21에 "종은 상전의 금전임이니라"고 기록되어 있는 것이다. 각자 나에게 소속된 나의 천사들은 내가 드리는 기도의 향, 찬양의 향, 예배의 향을 다 받아가지고 하나님 앞으로 가는 것이다.

> 계 8:3-4 또 다른 천사가 와서 제단 곁에 서서 금 향로를 가지고 많은 향을 받았으니 이는 모든 성도의 기도들과 합하여 보좌 앞 금단에 드리

고자 함이라 향연이 성도의 기도와 함께 천사의 손으로부터 하나
님 앞으로 올라가는지라

그러나 천사들은 궁창의 세계에만 존재할 수 있지 아버지의 집에는(요 14:2-3) 갈 수 없다. 아버지의 집은 어떤 세계인가? 이 땅에 있는 사람이 이 땅의 몸을 가지고 궁창의 세계에 가면 순식간에 그의 존재가 없어지는 것처럼 만유 바깥으로 나가는 순간, 천사들도 그렇게 된다. 그렇기 때문에 승천하신 주님께서는 만유 안에서 영광을 받으시기 위해서(고전 15:27-28) 에덴동산 한가운데 오른쪽 보좌에 계시는 것이다. 주님께서 아버지 집으로 가신다면 누군가 우리가 드리는 영광을 갖다 드려야 하는데 그 아버지의 집은 우리의 천사들도 갈 수 없는 곳이기 때문에 그 영광을 주님께서 받으실 수가 없다. 아버지의 집은 우리가 변화 받은 생령이 되었을 때 그리스도께서 우리를 인도하셔서 데리고 가셔야만 갈 수 있는 곳이지 아무나 갈 수 있는 곳이 아니다.

예수님이 우편 보좌에 계신 것은 영광을 받으시기 위해서 만유 안에 계신 것이다. 만유 바깥으로 가시면 천사들조차 그곳에 갈 수 없기 때문에 영광을 돌릴 수 없다. 만유 안에 계시기 때문에 우리 각자의 천사가 우리의 기도와 찬양, 모든 것을 갖다 드려서 우편보좌에 계신 주님께 영광을 돌릴 수 있는 것이다.

엡 4:6 하나님도 하나이시니 곧 만유의 아버지시라 만유 위에 계시고 만유를 통일하시고 만유 가운데 계시도다

> 고전 15:27-28 만물을 저의 발 아래 두셨다 하셨으니 만물을 아래 둔다 말씀하실 때에 만물을 저의 아래 두신 이가 그 중에 들지 아니한 것이 분명하도다 만물을 저에게 복종하게 하신 때에는 아들 자신도 그 때에 만물을 자기에게 복종케 하신 이에게 복종케 되리니 이는 하나님이 만유의 주로서 만유 안에 계시려 하심이라

4. 궁창의 천사들에게는 씨가 있는가?

궁창의 세계의 중심에 있는 사역자들은 천사들로서 궁창의 세계의 주인공들이다. 그들도 지음을 받은 피조물들이다. 그렇다면 천사들이 가지고 있는 천사적인 생명, 인격 안에는 분명히 고유적인 그들의 씨가 있게 마련이다. 그러나 궁창의 세계에서 지음을 받은 천사들에게는 씨를 주지 않으셨다. 그 이유는 무엇인가? 씨가 없는 생명은 고유적인 생명이 아니라 말씀하신 이의 뜻대로 행할 수밖에 없는 생명의 존재라는 것이다. 그렇기 때문에 천사들은 씨가 없는 존재들이다.

어떤 학자들[26]은 네피림(창 6:4, 민 13:33))은 천사와 사람이 한 몸을 이룸으로써 태어난 존재라고 말한다. 그러나 천사와 사람이 한 몸을 이룬다는 것은 창조원리를 무시한 말이다(마 22:30).

---

26) 호프만(Hoffman, Delitzsch)은 '네피림'을 하늘로부터 떨어진 타락한 천사들의 후손을 가리킨다고 주장한다. 심지어 튜크(Tuch)나 크노벨(Knobel) 같은 학자들은 이들을 '괴물'(monster) 또는 '신동'(神童)으로 보고 있다. 호크마 종합주석

하나님께서 창조하신 씨의 세계가 창세기 셋째 날에 기록되어 있다.

> 창 1:11-13 하나님이 가라사대 땅은 풀과 씨 맺는 채소와 각기 종류대로 씨 가진 열매 맺는 과목을 내라 하시매 그대로 되어 땅이 풀과 각기 종류대로 씨 맺는 채소와 각기 종류대로 씨 가진 열매 맺는 나무를 내니 하나님의 보시기에 좋았더라 저녁이 되며 아침이 되니 이는 세째 날이니라

씨의 종(種), 종[27]이라는 말은 각각 자기의 계열을 의미하는 것이다. 나무에도 여러 종류의 나무가 있지만 하나의 과(科), 속(屬)에 같은 여러 유형의 종들이 소속, 종속되어 있는 것이다. 나무에 접을 붙일 때 접을 붙이는 대상들은 같은 속에 들어있는 종끼리만 가능하다.

짐승들은 다른 과(科)에 속한 짐승들과 교배할 수 없다. 그것이 가능하다면 천사들과 사람들이 관계를 해서 자식을 낳을 수 있고 사람과 짐승이 관계를 해서 짐승 같은 후손을 탄생시킬 수 있다는 결론이 이루어진다. 그러나 하나님은 창조원리, 근본의 입장으로도 절대 그렇게 만물의 세계를 혼탁하게 짓지 않으셨다는 것이다.

네피림을 원리적으로 설명한다면, 하늘에 있는 천사들이 창조의 길, 여인의 몸을 통해서 이 땅에 오는 대상들이 있다. 그들은 전생(前生)은 천사였으나 창조원리의 길을 통해서 이 땅에 왔기 때문에 이 땅에 사람으로 태어나는 것이다. "장자는 기력의 시작이다"는 말

---

27) 종(species, 種)은 생물 분류의 기초 단위(최소개체)를 형성하며 유사한 종이 모여서 속(屬)을 이룬다, 엣센스국어사전, 민중서림

씀처럼(신 21:15-17, 창 49:3) 창조원리의 길을 통해서 이 땅에 온 그 사람과 본래 이 땅에 있던 사람이 결혼해서 낳는 첫 사람은 본래 이 땅에 있었던 사람들끼리 결혼한 사람과는 다르게 우수한 사람이 태어날 수 있다. 그렇게 태어난 사람들을 가리켜서 네피림이라고 말하는 것이다. 신학적인 네피림과 원리적인 네피림은 개념적으로 차이가 있는 것이다.

5. 성경에서도 전생(前生)을 말하고 있다.

하나님이 구속사의 경륜의 세계를 위해서 이 땅에 천사들을 보내시기도 한다. 그런 천사들이 이 땅에 여인의 길, 창조의 길을 통해서 인자로 오기 때문에 이 땅에 온 사람들의 전생이 있는 것이다.

예레미야 1:5 말씀을 보아도 "태중에 짓기 전에 내가 너를 알았고"라는 전생의 내용이 잘 나타나 있다.

> 렘 1:5 내가 너를 복중에 짓기 전에 너를 알았고 네가 태에서 나오기 전에 너를 구별하였고 너를 열방의 선지자로 세웠노라 하시기로

궁창에 존재하는 모든 인격적인 신령한 대상들을 전체적으로 천사라는 개념으로 말한다면, 궁창에 있을 때 우리들은 천사들이었다.

창세기 셋째 날, 씨를 만드셨다. 씨 가진 열매 맺는 과목을 만들기 전에 풀과 채소를 만드셨다고 기록되어 있다. 그러니까 씨에도 계층적으로 분리될 수 있는 씨를 만들었다는 것이다.

창 1:11 하나님이 가라사대 땅은 풀과 씨 맺는 채소와 각기 종류대로 씨 가진 열매 맺는 과목을 내라 하시매 그대로 되어

궁창에 존재하는 모든 인격적인 신령한 대상들을 천사라는 개념으로 말한다면 그 중에서 이 땅에 오는 존재들은 어떤 대상인가? 하나님이 인류를 통해서 구원하시고자 하시는 구속사의 대상은 바로 아브라함의 후손이라고 기록되어 있다. 아브라함의 후손만이 구원을 받는 것이다. 따라서 아브라함을 떠나서는 구원받지 못한다(갈 3:29, 히 2:16).

그렇기 때문에 궁창에 존재하고 있는 신령한 인격적인 대상들도 이 땅에 와야만 한다. 첫 번째 온 사람들은 아담의 후손으로 온 것이다. 이미 씨를 만드시는 가운데 예비하시고 준비해놓으셨던 그런 대상들이 이 땅에 무엇으로 오는가? 아담 때는 아담의 후손, 노아 때는 노아의 후손, 아브라함 때는 아브라함의 후손으로 온 것이다.

이것을 가리켜 이렇게 표현할 수 있다. 믿음으로 이루어지는 구속사의 섭리적 윤회라고 말할 수 있다. 처음부터 그렇게 만드신 것이다. 그러니까 사람의 혼은 위로 올라가고 짐승의 혼은 올라가지 못한다. 여기에서 사람과 짐승은 진짜 생물학적인 사람과 짐승을 말하는 것이 아니다. 믿음으로 정해놓으신 짐승과 사람의 기준을 통해서 그렇게 말씀하고 있는 것이다. 그러니까 믿음이 없는 사람은 절대 하늘에 올라가지 못한다. 믿음이 없는 사람은 사람이 아니라 짐승이라는 것이다. "믿음으로써만이 하나님을 기쁘시게 해드릴 수 있다"고 했다.

> 히 11:6 믿음이 없이는 기쁘시게 못하나니 하나님께 나아가는 자는 반드시 그가 계신 것과 또한 그가 자기를 찾는 자들에게 상 주시는 이심을 믿어야 할찌니라

그러니까 하나님을 기쁘시게 해드릴 수 있는 믿음이 큰 사람만이 하늘에서 큰 상급, 큰 영광을 받을 수 있는 존재라는 것이다.

우리는 이제 하나님의 경륜 속에 들어있는 섭리적 윤회를 알아야 한다. 그렇기 때문에 우리가 가야 할 그 곳, 궁창을 본향이라고 말하는 것이다. 나그네로 잠시 이 땅에 머물다 가는 입장에서 자기가 태어나서 사는 곳을 고향이라고 말하지만 본향이라는 말은 본래 우리가 존재하여 머물러서 살았던 곳, 본래의 세계를 말한다. 바로 우리가 가야할 하늘 세계를 본향이라고 말한다(히 11:14-16). 그렇게 우리가 하늘에서 이 땅에 오고 이 땅에서 다시 그 세계로 가는 것이다. 이것이 섭리적 윤회의 길이다. 윤회(輪回)라는 말은 불교용어만은 아니다. 윤회라는 말은 본래 있던 곳으로 다시 돌아간다는 소리이다. 그러나 믿음이 없는 사람들은 절대 가지 못한다.

VI
생명나무의 등장

1. 생명나무는 언제 궁창의 세계에 등장하셨는가?

> 창 2:9 여호와 하나님이 그 땅에서 보기에 아름답고 먹기에 좋은 나무가 나게 하시니 동산 가운데에는 생명나무와 선악을 알게 하는 나무도 있더라

"에덴동산 한 가운데 생명나무와 선악을 알게 하는 나무를 두었더라"고 했다. 그렇다면 과연 생명나무는 언제 궁창의 세계에 등장하신 것인가? 루시엘이 타락하고 나서 생명나무가 에덴동산 한가운데 등장한 것일까? 아니면 타락하기 전에 등장한 것일까?

생명나무가 에덴동산 한 가운데 등장하기 전에 선악나무가 먼저 궁창의 세계에 등장해 있었다는 사실을 우리가 인지해야 한다. 두 나무가 똑같이 동시에 에덴동산 한 가운데 등장한 것이 아니라 먼저 선악나무가 등장했다.

이는 마치 아합 왕 때 이세벨이 등장하자 하나님께서 호렙산 굴

속에 엘리야를 예비하여 등장시키신 것처럼 선악나무가 궁창의 세계를 먼저 선점을 하고 우선권을 가지게 되자 그것을 바라보시는 하나님께서 생명나무를 예비하셨다는 것이다. 엘리야와 이세벨의 관계성을 통하여 우리에게 그런 관점을 상징적으로 보여주는 것이라고 말씀할 수 있다.

왜 선악나무 열매를 따먹으면 죽는다고 아담에게 미리 말씀하셨을까? 그것은 하나님이 스스로 공도를 지키지 못하신 것이라고 말할 수 있다. 그렇다면 그것을 아시는, 참되시고 의로우시고 거룩하신 하나님의 입장에서 왜 그렇게 말씀하신 것일까? 그 의미를 깊이 궁구해보면 생명나무가 등장하기 전에 이미 선악나무가 궁창의 중심의 자리에 앉았다. 윗물과 아랫물로 분리하기 전에 궁창의 중심에 앉아서 그가 선점한 우선권을 가지고 궁창의 세계를 지배했기 때문에 이미 선악나무는 궁창의 세계에서 어떤 나무라는 것이 공개되었다는 점을 염두에 두어야 한다.

그러자 하늘의 발등상이 되는 이 지구촌에서 구속사의 첫 사람인 아담을 부르시고 그에게 선택권을 주신 것이다. 선악나무는 처음부터 궁창의 세계에 있었던 존재로서 그 세계에서 막강한 위력을 발휘하고 있는 반면, 생명나무는 구속사의 첫 사람을 만드시고 부르시는 역사의 현장에 이제 처음 등장하는 분이시다. 그렇기 때문에 하나님이 공정성을 유지하시기 위해 처음으로 등장한 생명나무를 "이 나무는 이런 나무이다!"라고 말씀하시지 않고 상대적으로 이미 존재해있었던 선악나무의 본래의 모습을 지적해서 "선악나무를 따먹으면 정녕 죽으리라"고 말씀하신 것이다. 그리고 예수님은 '때가 차매'(갈 4:4) 이 땅에 오시기까지 하늘 구도의 도장에서 생명나무로 계셨던 것이다.

2. 생명나무는 눈에 보이는 유형의 나무인가?

생명나무는 에덴동산에서 보이는 나무인가? 보이지 않는 나무인가? 에스겔 31:9에 보면 "에덴동산의 나무들이 서로 투기를 한다"는 내용이 기록되어 있다.

> 겔 31:9 내가 그 가지로 많게 하여 모양이 아름답게 하였더니 하나님의 동산 에덴에 있는 모든 나무가 다 투기하였느니라

나무들이 시기, 질투를 한다는 의미는 그 나무들이 고유적으로, 본질적으로 가지고 있는 아름다움을 자랑하려고 하기 때문에 서로 시기하고 질투한다는 것이다.

에덴동산 한가운데 생명나무는 있었지만 그 나무는 보이는 유형의 나무일까? 보이지 않는 무형의 나무일까? 말씀은 무형인가? 유형인가? 사람의 입에서 사람이 생각하는 대로 말이 나오기는 하지만 그 말은 무형의 존재이기 때문에 보이지 않는다.

생명나무는 나무라고 표현은 되어 있지만 그 나무는 눈에 보이는 나무가 아니다. 생명나무는 에덴동산 한가운데 있기는 하지만 유형의 나무가 아니라 무형의 나무였다. 그렇다면 정말 없을 무(無), 형체가 없기 때문에 보이지 않는다는 뜻인가? 그렇지 않으면 다른 차원의 입장에서 보이지 않는다는 것인가? 사람이 청력으로 들을 수 있는 소리의 한계가 있고 눈, 시각으로 볼 수 있는 빛의 한계가 있다. 생명나무는 존재하는 나무이기는 하지만 너무도 거룩한 영광의 빛으로 이루어진 나무이기 때문에 인간의 눈으로는 볼 수 없는 거룩한 나무이다. "말씀 안에 빛이 있고 빛 안에 생명이 있다"라고 했다.

> 요 1:4 그 안에 생명이 있었으니 이 생명은 사람들의 빛이라

레위기 17:11에 "피에 생명이 있으므로 죄를 사한다"고 기록되어 있다.

> 레 17:11 육체의 생명은 피에 있음이라 내가 이 피를 너희에게 주어 단에 뿌려 너희의 생명을 위하여 속하게 하였나니 생명이 피에 있으므로 피가 죄를 속하느니라

생명나무는 인간의 눈에는 무형적인 나무로 비춰지지만 내용면으로 보면 가장 거룩하고 영광스러운 빛으로 된 나무라고 말할 수 있다. 따라서 에덴동산 한 가운데 있는 생명나무와 선악나무는 인자로서 등장한 것이 아니라 인자로서의 인성, 속성, 장차 이루어질 신성을 가지고 있는 나무로서 등장한 것이다.

하와가 에덴동산 한 가운데 있는 두 나무를 바라본다. 분명히 생명나무와 선악을 알게 하는 나무가 있다. 그런데 생명나무에 대한 하와의 반응은 전혀 표현되지 않고 있다. 선악나무에 대해서는 "먹음직, 보암직, 탐스럽기도 한지라"(창 3:6)고 했다. 먹음직, 보암직, 탐스럽기도 한 나무라는 표현은 선악나무의 인성을 보고 한 말이다. 그런데 왜 하와의 눈에는 선악나무의 인성이 보였을까?

빌라도가 예수님을 놓아주려고 애썼다. 그런데 "이스라엘 백성들의 소리가 이긴지라"(눅 23:23)라고 했다. 빌라도를 이긴 소리의 내용이 무엇인가? "자기 스스로를 왕이라고 하는 자를 그대로 둔다

면 그것은 가이사 황제에게 패역한 짓을 하는 것이다!"(요 19:12, 19:15)라는 그 말에 빌라도가 기어이 손을 들고 말았다.

마찬가지다. 하와를 이긴 소리가 있었다. "그 열매를 먹으면 하나님 같이 된다"(창 3:5)는 소리가 이겼기 때문에 이미 하와가 선악나무를 따먹겠다는 마음의 결심을 한 것이다. 그런 마음의 결심이 섰기 때문에 생명나무는 아예 쳐다보지도 않은 것이다. 세상 말에 "콩깍지가 씌운다"는 말이 있다. 콩깍지가 씌우면 그 남자, 그 여자 외에는 아무도 보이지 않는다. 하와도 그런 심정이 된 것이다. 그렇기 때문에 하와는 옆에 있는 생명나무는 아예 쳐다보지도 않았다. 이미 뱀에게 마음이 점령당했고 뱀의 소리가 그를 이겼기 때문에 하와는 생령의 존재이면서도 생령의 눈으로 선악나무를 보지 못했다. 다시 말하면 뱀이 준 사상으로, 뱀이 준 말로 선악나무를 보았기 때문에 먹음직, 보암직, 탐스럽기도(창 3:6) 한 선악나무의 인성이 보였다는 것이다. 그렇기 때문에 하와는 믿음으로 열매를 따먹지 못하고 뱀이 준 사상으로 뱀이 유혹한 유혹의 소리로 선악나무 열매를 따먹은 것이다.

그렇다면 생령의 세계에서 어떻게 선악나무가 인성을 가지고 있었을까? 이미 앞서 궁창의 세계에서 지음을 받은 존재들은 거룩한 신성으로 지음을 받았다는 사실을 증거했다. 그런데 어떻게 하와의 눈에 비춰진 선악나무가 먹음직, 보암직, 탐스럽기도 한 고유적인 자기 인성을 가지고 있었을까?

아담을 짓기 전에 루시엘은 이미 찍혀 떨어진 존재였기 때문에 그의 거룩한 신성을 빼앗긴 상태였다. 그렇기 때문에 하와가 본 것은 무엇인가? 루시엘이 화광석 사이를 거닐던 하나님의 영광을 덮는 그룹으로서의 영광을 빼앗긴 이후에 나타난 결과적인 현상, 즉 먹음직, 보암직, 탐스럽기도 한 그의 인성으로서의 모습을 본 것이다.

3. 아담은 언제 에덴동산에 등장했는가?

이미 궁창의 세계에서 타락이 있었기 때문에 궁창을 중심으로 윗물과 아랫물이 구별되었다. 아담을 지었을 때는 궁창의 세계가 이미 윗물과 아랫물로 구별되어있던 때였다. 그때 여섯 째 날 지음을 받은 아담을 에덴동산 한 가운데로 인도한 것이다.

평면도의 입장에서 궁창을 중심으로 한 가운데를 보면 꼭지점이 된다.

> 겔 43:12 전의 법은 이러하니라 산꼭대기 지점의 주위는 지극히 거룩하리라 전의 법은 이러하니라

그 꼭지점이 에덴동산 한 가운데가 되는 것이다. 따라서 그 꼭대기는 셋째 하늘, 궁창을 말하는 것이다. 예수께서도 성전 꼭대기로 불려 올라가서 마귀에게 세 번 시험을 받으셨는데 그 내용에도 성전 꼭대기라는 말이 나온다(눅 4:9). 모세가 죽기 전에 비스가 산꼭대기에서 하나님의 은혜로 마치 줌 인(zoom in)[28]카메라로 보는 것

---

28) zoom in =카메라의 사각(寫角)을 광각측에서 망원측으로 변화(화상을 확대)시키는 것. 반대로 사각을 광각측으로 바꾸어 화상을 축소시키는 것을 줌 아웃이라 한다, 전자용어사전, 성안당

처럼 젖과 꿀이 흐르는 가나안 땅 400km를 동서남북으로 바라보게 했다. 멀리서 아득하게 둘러본 것이 아니다. 하나님이 은혜의 차원에서 이스라엘 백성들이 어떻게 가나안 땅에서 생활하게 될지 모세에게 확실하게 보게 해주시고, 알게 해주셨다는 것이다(신 34:1-4).

바로 그 에덴동산에 아담이 등장한 것이다. 하늘의 발등상이 되는 땅 차원에서 하나님이 아담을 데리고 오셔서 "에덴동산을 생육, 번성, 충만케 하라. 지키고 다스리라"(창 1:28, 2:15)고 하셨다. 그러자 에덴동산의 나무들이 기절초풍할 수밖에 없었다. 저 낮고 천한, 하늘의 발등상이 되는 지구에서 흙 차원의 인생을 불러다가 자기들의 지도자로 세워놓았으니 얼마나 놀랐겠는가? 놀란 그들이 아담에 대한 정보와 내용의 세계를 알아보기 위해서 들짐승 중 가장 간교한 뱀을 보내서 아담의 가정을 탐색하게 한 것이다.

하나님은 아담이 타락할 것을 모르셨을까? 이미 알고 계셨다. 그러나 알고 계신다고 해서 하나님이 편법을 쓰시거나 사전적인 선택을 하신다면 하나님은 공의의 하나님, 정직하신 하나님이 아니시다. 아시면서도 하나님께서는 공의에 따라서 정직한 기준을 가지고 역사를 하셔야 하기 때문에 에덴동산에서 아담에게 '선악나무 열매를 먹으면 정녕 죽는다'(창 2:17)는 원시계명, 첫 율법을 주신 것이다. 그것을 이겨야만 하나님이 그에게 생명나무에 관한 비밀을 주실 수가 있는 것이다. 그것을 이기지 못하면 생명나무의 비밀을 주시지 않는다. 생명나무 열매를 따먹지 못하게 하신다는 것이다.

4. 루시엘은 과연 에덴동산 한 가운데 생명나무와 함께 있었을까?

에덴동산 한가운데 생명나무와 선악을 알게 하는 나무를 두었다고 했다. 우리는 선악나무를 루시엘이라고 생각하고 있다. 그러면 진짜 하나님이 에덴동산 한 가운데 있는 생명나무 옆에 루시엘을 두신 것일까? 이 문제를 짚고 넘어가야 한다.

생명나무는 빛의 본체, 영광의 본체가 되신다. 그렇기 때문에 신학자들의 주장처럼 빛과 어두움을 한 자리에 두었다는 의미가 아니다. 빛과 어두움을 한 자리에 두었다면 디모데전서 6:15-16 말씀과는 맞지 않는다. 생명나무는 누구나 볼 수 있는 분이 아니고 알 수도 없고 만질 수도 없고 함께 거할 수도 없는 분이시기 때문이다.

그렇다면 빛의 본체가 되시는 생명나무 옆에 죄의 원조가 되는 타락한 루시엘을 상징한 선악나무를 두었다는 의미는 무엇인가? 창세기 1:2에서 "땅이 혼돈하고 공허하며 흑암이 깊음 위에 있고 하나님의 신은 수면에 운행하시니라"는 말씀과 상응하는 말씀이라고 할 수 있다. 그것은 빛과 어두움이 실존하는 상대적인 입장으로 생명나무와 선악나무를 한 가운데 두었다고 말씀한 것이다.

생명나무와 선악나무를 에덴동산 한 가운데 두게 하신 것은 구속사의 첫 시작을 선택하기 위한 방편이었다. 그것은 생명나무와 선악나무의 공존의 사실로 구속사의 세계를 펼치시기 위한 선택적인 방법을 제시한 것이지 그들이 인자로서 등장한 것은 아니다. 다시 말하면 하나님이 하나님의 뜻을 펼치시기 위해서 두 나무를 한 곳에 두게 하시고, 그 나무를 통해서 구속사의 세계의 첫 시작을 선택하기 위한 방편으로써 그렇게 하신 것이다.

　지성소 법궤 안에는 첫째 돌비가 있었고 두 번째 만나가 있었고 세 번째 아론의 싹 난 지팡이가 있었다(히 9:3-4).
　법궤 속에는 십계명이 들어있었다. 십계명은 하나님의 거룩하신 말씀의 임재를 상징하고 있는 성물이다. 생명나무는 에덴동산에 무형의 존재로 있었다. 그런데 그 무형의 존재 옆에 진짜 타락한 루시엘을 잡아다가 같이 있게 한다면 어떻게 될까? 그것은 말이 되지 않는다. 창세기 3:24에 보면 타락한 아담을 에덴동산에서 쫓아내시고 생명나무를 따먹지 못하도록 화염검을 가진 그룹으로 하여금 지키게 하셨다. 이 내용을 깊이 궁구해보면 말이 안 된다는 것을 알 수 있다.

　에덴동산 한가운데 선악을 알게 하는 나무를 두었다는 말은 루시엘을 두었다는 것이 아니다. 법궤 속에 들어있는 십계명이 하나님의 거룩하신 말씀의 임재를 상징하는 성물이 되는 것처럼 죄가 가지고 있는 모든 속성을 나타내는 죄의 상징물을 생명나무 옆에 두었다는 것이지 타락한 루시엘을 생명나무 옆에 두었다는 것은 절대 아니다.
　만약 타락한 루시엘이 생명나무 옆에 있다면 큰일 난다. 그렇다면 그가 손쉽게 생명나무 열매를 따먹을 수 있었을 것이다. 선악나무가 생명나무 열매를 따먹는다면 그에게 하나님의 창조권을 다 부여하는 것이 된다. 그렇기 때문에 있을 수 없는 일이다.

　생명나무와 선악을 알게 하는 나무를 에덴동산 한 가운데 두셨다는 말은 그 나무를 통해서 구속사 세계의 첫 시작을 선택하시기 위한 방편으로써 그렇게 하신 것이지 예수님과 루시엘을 한 자리에 두었다는 것이 아니다. 그러니까 에덴동산 한 가운데 있는 생명나무와 선악을 알게 하는 나무는 인자로서 등장시킨 것이 아니라 인자로서의 인성, 속성, 장차 이루어질 신성을 가지고 있는 나무로써 등장시킨 것이다.

5. 선악나무에 먹음직, 보암직, 탐스럽기까지 한 열매가 열린다는 것은 무슨 뜻일까?

선악나무에 먹음직, 보암직, 탐스럽기까지 한 열매가 열린다는 것은 무슨 뜻일까? 생명나무 옆에 둔 선악나무는 죄의 속성을 가진 나무로 하나님이 죄의 열매를 열매 맺게 한 나무이다. 아론의 죽은 지팡이에 하룻밤 사이 싹이 나고 꽃이 피고 열매를 맺었다(민 17:8). 성경에는 그 열매에 대한 자세한 설명이 나와 있지는 않지만 하나님의 말씀의 능력, 하나님의 주권적인 은혜로 말미암아 그렇게 아름답게 꽃이 피고 열매가 맺은 것이다. 그것을 이해한다면 생명나무와 선악을 알게 하는 나무를 한 곳에 두었다는 의미를 이해할 수 있을 것이다. 아론의 싹 난 지팡이에 열매를 맺게 하신 것처럼 죄의 속성을 가진 선악나무에 꽃이 피고 열매를 맺게 하신 것이다.

하나님이 지혜의 천사장을 열 가지 보석으로 치장해주고 소고와 비파를 예비해주셨다(겔 28:13). 그는 영화롭게 지음을 받은 존재이다.

그러나 생명나무는 영광을 받으시기 위해서 이 땅에 오셔서 역사하셔야만 하는 길이 남아있다. 그분은 아직 열매를 가지고 있지 않다. 그런 생명나무를 보니까 아직 순도 안 나고 꽃도 피지 않았고 열매도 맺지 않았다. 영광을 받으시면 천상천하에 가장 존귀하고 거룩하고 아름다운 나무가 생명나무라는 것을 히브리서 1:3-4에서 말씀하고 있다. 볼 수도 없고, 가까이할 수도 없고, 만질 수도 없고 함께할 수도 없는 그런 나무(딤전 6:16)인데 아직 영광을 받지 못했으니까 당연히 초라하게 보일 수밖에 없다. 그러니 하와가 먹음직, 보암직, 탐스럽기까지 한 선악나무 열매에 손이 가서 따먹은 것이다.

왜 죄를 짓는가? 죄가 징그럽고 끔찍하다면 누가 죄를 짓겠는가? "몰래 훔쳐 먹는 떡이 더 맛있다"는 세상 말이 있다. 인간이 볼 때 죄는 표면적으로 아름답고 매력적으로 보인다는 것이다. 바로 선악나무는 그런 나무를 의미하는 것이다.

제 5장

구속사의 시작과 끝, 네 생물

I
여호와 하나님은 성부 하나님인가?

구속사의 입장에서 보면 사실 성경 전체가 멜기세덱의 말씀이라고 할 수 있다. 구약의 마당은 여호와 하나님이 역사하시는 마당이고 신약의 마당은 예수님이 역사하시는 마당이고 재림의 마당은 이 땅의 주, 즉 재림주 멜기세덱이 역사하시는 마당이다.

신학적으로는 여호와 하나님을 '만군의 주'라고 한다. '만군의 주(主)'라는 의미는 많은 주(主)들이 있지만 그중에서 으뜸이 되는 주(主)라는 개념으로, 여호와 하나님을 그렇게 이해하고 믿기 때문에, 신학은 구약의 마당을 성부의 마당, 즉 아버지의 장이라고 증거하고 있다.

구약은 창조주 하나님, 아버지께서 창조하신 창조의 세계의 첫 시작의 마당이라는 그런 개념으로 이해하고, 믿고 지금도 그렇게 가르치고 있다. 그러나 놀랍게도 성경을 자세히 살펴보면 여호와 하나님은 신학적으로 증거하고 있는 창조주 하나님이 아니다. 오히려 성경 속에는 여호와 하나님도 피조물이라는 것을 드러내 증거하고 있다. 이것이 참 하나님의 말씀이다.

구약에서 모세에게 역사한 사람은 여호와 하나님이었다. 그러나 신약에서는 그를 천사라고 밝히 증거하고 있다.

> 행 7:30 사십 년이 차매 천사가 시내산 광야 가시나무떨기 불꽃 가운데서 그에게 보이거늘

> 행 7:38 시내산에서 말하던 그 천사와 및 우리 조상들과 함께 광야 교회에 있었고 또 생명의 도를 받아 우리에게 주던 자가 이 사람이라

> 갈 3:19 그런즉 율법은 무엇이냐 범법함을 인하여 더한 것이라 천사들로 말미암아 중보의 손을 빌어 베푸신 것인데 약속하신 자손이 오시기까지 있을 것이라

> 갈 4:8 그러나 너희가 그 때에는 하나님을 알지 못하여 본질상 하나님이 아닌 자들에게 종 노릇 하였더니

갈대아 우르에 살고 있는 아브라함 가(家)를 불러낸 사람이 여호와 하나님이라고 창세기 12:1에 기록되어 있다. 그런데 사도행전 7:2-3에서 스데반은 그 여호와 하나님을 천사가 아닌 영광의 하나님으로 호칭하고 있다. 스데반이 돌 탕에 맞아 죽을 때 '영광의 하나님'이라고 증거한 그 존재는 여호와 하나님이었다.

> 창 12:1 여호와께서 아브람에게 이르시되 너는 너의 본토 친척 아비 집을 떠나 내가 네게 지시할 땅으로 가라

행 7:2-3 스데반이 가로되 여러분 부형들이여 들으소서 우리 조상 아브라함이 하란에 있기 전 메소보다미아에 있을 때에 영광의 하나님이 그에게 보여 가라사대 네 고향과 친척을 떠나 내가 네게 보일 땅으로 가라 하시니

또 출애굽기 6:3에서는 "내가 아브라함, 이삭, 야곱에게는 전능하신 하나님, 엘로힘으로 가르쳐주되 그들에게는 여호와라고 말하지 않았다"고 했다.

출 6:3 내가 아브라함과 이삭과 야곱에게 전능의 하나님으로 나타났으나 나의 이름을 여호와로는 그들에게 알리지 아니하였고

"마음이 청결한 자는 하나님을 볼 것이며(마 5:8) 사특한 자에게는 주의 거스리심을 보이시리니"(시 18:26)라는 말씀의 원리적인 근거와 이치처럼 같은 존재이지만 그 대상을 바라보는 사람의 신앙의 관점, 신앙의 분량에 따라서 죽어서 생명의 부활로 구원받을 수밖에 없는 사람들에게는 그 이름을 여호와로 가르쳐주었고, "나는 부활이요 생명이니 나를 믿는 자는 죽어서도 살겠고 살아서 나를 믿는 자는 영원히 죽지 아니하리니"(요 11:25-26)라는 말씀처럼 산 자의 믿음을 가진 사람들에게는 멜기세덱으로 가르쳐주었다는 것이다.

예수님은 때가 차매 이 땅에 말씀이 육신이 되어 오셨다. 그 전까지는 예수님이 인자로서 등장하신 적이 없다. 그렇기 때문에 요한복음 3:13에 "인자 외에는 거기서 온 자가 없다"고 말씀하고 있는 것이다.

한편, 네 생물은 예수님이 오시기 전에 수백, 수천 번 궁창의 세계에, 또 이 땅에 오르락내리락 하고 있었다. 그러나 네 생물은 인자가 아닌 생물로서 하나님의 뜻, 하나님의 명령을 구현하고자, 지휘하고자 들락거린 것이지 인자로서 온 것은 아니다. 여호와 하나님이 아브라함에게 인자로 등장하기도 하고(창 18:1), 삼손의 아버지 마노아에게 나타난 천사도 사람의 모습이었지만(삿 13:10-20), 그들은 여인의 태를 통해서 창조의 길로 온 인자가 아니라 천사의 길을 통해 사역의 기간 동안만 나타났던 존재라고 할 수 있는 것이다.

무형의 존재로서는 구속사의 세계를 완성할 수 없다. 구속사의 세계를 통해서 하나님의 뜻을 펼치시고 하나님의 영광을 이루시기 위해서는 꼭 인자로 와야 한다는 것이다. 그렇기 때문에 예수님이 말씀이 육신이 되어 인자로서 구속사의 세계에 뛰어드신 것이다(요 1:14).

그러면 예수님 전에 구속사의 세계에 뛰어든 존재는 누구인가? 이것만 깊이 생각해보아도 예수님이 이 땅에 말씀이 육신이 되어 오시기 전에 등장했던 다른 존재들, 즉 여호와 하나님, 멜기세덱은 예수님과 별개의 존재라는 것을 자연스럽게 알 수 있다. 그런 사실을 모르기 때문에 구속사의 세계를 역사한 사람이 다 예수님이라고 생각하고 있는 것이다.

종말론적 구속사 시리즈 제 1권부터 제 4권까지가 사실은 멜기세덱을 증거한 말씀이다. 다시 말하면 제 1권부터 제 4권까지 올바로 읽고 이해하고 깨닫고 믿음으로써 은혜 안에서 같은 세계를 공감해야만 우리들이 멜기세덱이 누구인지 전체 윤곽을 알 수 있고 믿을 수 있다는 것이다. 네 권 중에서 어느 한 부분만 가지고는 멜기세덱을 잘 이해할 수 없는 것이다.

왜 제 4권 '네 생물, 그들은 누구인가?'가 멜기세덱을 증거하는 종말론적 구속사 시리즈의 마지막 순서에 나오는 것일까? 네 생물 속에 감추신 존재가 멜기세덱, 여호와 하나님의 본질이고 근본이고 원형이 되기 때문이다. 네 생물이 여호와 하나님으로 역사하기도 하고 멜기세덱으로도 역사한 것이다. 여호와 하나님과 멜기세덱은 같은 존재인데 그분을 대하는 사람의 믿음의 분량에 따라서 출애굽기 6:3 말씀처럼 그분의 이름이 달라지는 것이다.

> 출 6:3 내가 아브라함과 이삭과 야곱에게 전능의 하나님으로 나타났으나 나의 이름을 여호와로는 그들에게 알리지 아니하였고

마찬가지다. 요한계시록 19:11-16에 재림주의 다양한 별칭이 기록되어 있다. 많은 이름을 가지신 그 분도 사실은 한 사람인 것이다. 우리가 예수님의 생애를 깊이 궁구해보아도 예수께서 사생, 공생, 영생의 세 마당을 걸으실 때, 사생(私生) 때는 부모에게 효도하시고 가족의 생계를 위해서 열심히 일하는 마리아와 요셉의 아들로 지내셨고, 공생(共生) 때에는 인류의 구속을 위해서 십자가를 지시는 아름다운 이름인 예수로 역사하셨고, 영생(永生) 때에는 영광의 주, 멜기세덱으로 역사하셨다. 마찬가지다. 재림의 마당에서도 예수님처럼 사생, 공생, 영생의 길을 걸으시는 재림주의 이름이 때로는 해를 입은 여인, 때로는 이 땅의 주, 때로는 마지막 재림의 영광을 입고 오시는 재림주 멜기세덱으로서 그 이름이 시대에 따라서 달라지는 것이다.

여기서 한 가지 주목해야 할 것은, 네 생물 속의 인격체들은 첫째 날 이전에 지음을 받은 존재들이지만 완전한 자로서의 영광을 받기 위해서는 그들도 이 땅에서 예수께서 걸으셨던 3일 길을 걸어야 하는 것이다. 그것은 누구를 막론하고 절대 열외가 없다. 그 이유가 무엇인가? 아버지의 집에서 아들로서 충성했던 예수님 자신도 하나님이시면서도 이 땅에 오셔서 3일 길을 걸으셨기 때문에 그 집에 있던 사환, 종들도(히 3:5) 주인이 걸으셨던 그 길을 이 땅에서 걸어야 하는 것이다.

그렇기 때문에 그들도 이 땅 인류구원의 역사 속에 때에 맞게 등장해야만 하는 것이다.

II
아담을 창조한 '우리'는 누구인가?

1. 사람의 형상과 모양은 네 생물 안에 있었다

창세기 1:26-27에 "우리의 형상을 따라 우리의 모양대로 우리가 사람을 만들고"라는 말씀이 기록되어 있다. '우리의 형상과 모양'은 독생하신 하나님이신 예수님을 말씀하고 있는 것이 아니라 네 생물 속에 있는 사람의 육체를 말씀하고 있는 것이다.

> 창 1:26-27 하나님이 가라사대 우리의 형상을 따라 우리의 모양대로 우리가 사람을 만들고 그로 바다의 고기와 공중의 새와 육축과 온 땅과 땅에 기는 모든 것을 다스리게 하자 하시고 하나님이 자기 형상 곧 하나님의 형상대로 사람을 창조하시되 남자와 여자를 창조하시고

신학적으로는 위 성구에서 '우리'라는 존재를 하나님이라고 말한다. 성부, 성자, 성령이니까 하나님께서 '우리'라는 복수로 말씀을 하는 것이라고 주장하고 있다. 그렇기 때문에 일반적으로 기독교인

들은 '우리의 형상과 모양'이라는 말을 하나님의 형상과 모양이라고 생각해서 우리가 예수님의 형상과 모양대로 지음을 받았다고 믿고 또 그렇게 말하고 있다. 이것이 예수님 이후 지금까지 2천년 동안 신학에서 보편적으로 주장하고 있는 말씀이다.

그것이 과연 맞는 말일까? 인류의 첫 조상이 되는 아담을 지으셨을 때 "에덴동산 한 가운데에는 생명나무와 선악을 알게 하는 나무도 있더라"는 말씀이 기록되어 있다.

> 창 2:8-9 여호와 하나님이 동방의 에덴에 동산을 창설하시고 그 지으신 사람을 거기 두시고 여호와 하나님이 그 땅에서 보기에 아름답고 먹기에 좋은 나무가 나게 하시니 동산 가운데에는 생명나무와 선악을 알게 하는 나무도 있더라

생명나무가 에덴동산 한 가운데 계셨다. 그런데 그 생명나무는 아직 누구나 볼 수 있는 존재, 우리와 똑같은 형상과 모양을 가진 인격적인 존재로 계시지 않았다는 사실을 앞서 언급한 바 있다. 그렇기 때문에 그런 상태를 가리켜서 생명나무라고 말씀하고 있는 것이다.

그렇다면 예수님 이전에 아담 창조의 바탕이 될 수 있는 인간의 형상과 모양을 가진 존재가 성경에 어디 있을까 찾아보니 그것이 존재하고 있었다는 것이다. 고린도전서 15:39에 보면 예수님을 제외하고 사람의 인격적인 형상과 모양을 가진 존재가 바로 네 생물 안, 네 가지 육체 중에 존재하고 있었다. 그 외에는 성경 어느 곳에도 사

람의 형상과 모양이 들어있는 육체가 존재한다는 말씀이 없다. 오직 네 생물 안에 사람의 육체가 들어있다는 것이다.

> 고전 15:39 육체는 다 같은 육체가 아니니 하나는 사람의 육체요 하나는 짐승의 육체요 하나는 새의 육체요 하나는 물고기의 육체라

그렇다고 네 생물이 스스로 계신 자, 창조주는 아니다. 그들은 피조물이지만 장차 창조의 길을 통해서 영광을 얻을 수 있는 존재로 처음부터 지어졌기 때문에 빛의 세계에 유일하게 존재할 수 있는 거룩한 대상이 된 것이다.

"우리의 형상과 모양대로 사람을 만들자"에서 '우리'는 네 생물 안에 있는 여호와의 영광의 존재를 말하는 것이다. 그 여호와의 영광의 형상의 모양 속에 인자가 있다는 사실을 앞서 살펴보았다.

네 생물 안에 네 가지 육체가 들어 있다. 창세기 1:26의 '우리의 형상과 우리의 모양'은 네 생물 안에 들어 있는 '사람의 육체'의 형상과 모양을 의미하는 것이다. 그래서 사람의 육체의 형상과 모양을 따라서 여호와 하나님이 인류 구속사의 첫 사람인 아담을 만들었다. 창조주 하나님께서 직접 만드신 것이 아니다.

> 창 2:7 여호와 하나님이 흙으로 사람을 지으시고 생기를 그 코에 불어넣으시니 사람이 생령이 된지라

이런 의미를 깨닫고 본다면 구속사의 세계를 시작한 사람은 바로 네 생물, 여호와 하나님, 멜기세덱이라는 것을 알게 된다. 또한 여호와 하나님과 창조주 하나님은 별개의 대상이었다는 것을 알 수 있

을 것이다.

이렇게 정리할 수가 있다. 아버지의 집은 아버지 스스로 지으신 것이고, 만유의 세계는 만유의 주로서 말씀이 육신이 되어 오신 예수께서 지으신 세계이고, 만유의 세계 안에서 구속사의 세계를 펼친 것은 여호와 하나님이 역사하신 것이다.

그러니까 창세기 2:7에서 여호와 하나님이 흙으로 사람을 지으시고 그 코에 생기를 불어넣어 생령, 즉 산 영인 아담을 만들었다는 것은 여호와 하나님이 무(無)에서 흙이라는 본질적인 재료를 가지고 최초의 사람을 지었다는 뜻이 아니다.

아담 이전에도 이미 생물학적인 사람들은 존재하고 있었다. 원시 세계에서 점차 지구환경에 적응하면서 생존한 사람들이 있었다. 그러한 원시인들이 수만, 수십 만 년 전부터 지구에 존재했다는 과학적 증거가 발견되기도 한다.

그런 존재들의 씨가 이 땅에서 존재할 수 있었던 것은 그들의 씨는 셋째 날 만들어졌다는 것이다(창 1:11-12). 셋째 날 씨를 만들고, 이 땅에 그 생명의 기원이 되는 씨를 뿌렸다. 그 뿌려진 생명들이 원시세계를 거쳐서 점점 지구의 환경에 적응하는 과정을 거치게 된다. 예를 들면 구석기 시대, 신석기 시대 등, 여러 시대를 거쳤다는 것이다. 지구 환경에 뿌려진 생명들이 점차 그 환경에 잘 적응해나가면서 점차 문명화 되어가고 문화적으로도 눈을 뜨며 발전하게 되었다는 것이다.

그렇게 흙같이 사는 인생들 속에서 여호와 하나님이 아담이라는 한 사람을 택했다는 것이다. 그런 의미에서 여호와 하나님이 흙으로 사람을 지으시고 그 코에 생기를 불어넣어 생령을 만드셨다고 말씀하고 있는 것이다(창 2:7).

그러니까 하나님이 인간의 생명을 비롯하여 모든 생명의 씨알을 셋째 날 만드시고 넷째 날, 다섯째 날, 여섯째 날 그 생명의 씨알들을 하늘의 발등상이 되는 지구촌에 뿌렸다. 뿌리고 나서 오랜 세월 동안 인류가 지구 환경에 적응해나가면서 변화되어 온 역사의 시간이 분명히 있었다는 것이다.

그 역사 속에서 여호와 하나님이 구속사의 첫 사람으로 한 사람을 택해서 구속사의 세계를 펼치기 시작했다. 그가 바로 여섯째 날 흙으로 사람을 지으시고 그 코에 생기를 넣는 수리성의 단계를 거쳐서 생령이 된 인류의 시조 아담인 것이다. 그것은 마치 바울과 베드로가 믿음으로 아들을 낳았다고 하는 의미처럼(고전 4:15, 벧전 5:13) 흙 차원의 사람을 존귀한 사람으로 만들었다는 의미가 되는 것이다.

여호와 하나님이 흙으로 사람을 만들고 그 코에 생기를 불어넣어서 산 영인 생령을 만들어 그를 동방의 에덴으로 인도하셔서 그로 하여금 에덴동산을 지키고 다스리고 생육, 번성, 충만케하라고 하셨다.

그때 창조주 하나님은 어디 계셨는가? 에덴동산 한가운데 계셨다. 그렇다면 창조주 하나님이신 말씀이 육신이 되어 오신 예수님과 여호와 하나님은 근본이 다르다는 것을 자연히 알게 된다. 즉 여호와 하나님은 피조물이고 말씀이 육신이 되어 오신 예수님은 창조주 하나님이시다. 즉 여호와 하나님과 창조주 하나님은 전혀 다른 존재로 구별되는 별개의 존재임을 알게 된다.

결론적으로 말한다면 우리 인간은 네 생물 안에 있는 사람의 육체의 형상과 모양대로 지음을 받았다는 것이다. 그렇다면 우리의 본향은 어디가 되는가? 바로 네 생물이 우리의 본향이 되는 것이다. 아브라함이 우리의 조상인 것처럼 네 생물 속에 있던 사람의 육체가 우리의 근본이며 조상이 된다는 것이다.

2. 아담은 언제 지어진 것일까?

왜 노아가 비둘기를 저녁 때 내보냈을까?(창 8:11) 왜 성경은 저녁부터 시작해서 다음날 저녁까지를 하루라고 정했을까? 그 의미를 깊이 궁구해본다면 아담이 여섯째 날 언제 지음을 받았는지 추론해 볼 수 있을 것이다. 저녁이 하루의 첫 시작이기 때문에 저녁 때 지음을 받았다는 것이다. 거기서 말씀하고 있는 저녁은 자연계시적인 크로노스의 시간을 말하는 것이 아니라 믿음의 차원에서 본 시간을 의미하는 것이다. 믿음의 시간인 호라의 시간을 통해서 아담이 지음을 받은 순간이 저녁때라고 말씀하는 것이다. 자연계시적 시간은 저녁부터 하루가 시작되지 않고 자정을 중심으로 시작되고 있다.

그러나 믿음의 시간은 저녁부터 시작된다. "믿음으로 좇아 하지 않는 모든 것은 죄가 된다"(롬 14:23)는 말씀처럼 여호와 하나님이 아담을 믿음으로 지었다는 것이다. 믿음으로 흙 차원의 인생을 사람 차원으로 중생시키고 중생된 사람을 거듭 성화와 영화의 과정을 통해서 생령으로 만드셨다. 그것이 구속사의 세계를 펼치시는 믿음의 첫 역사의 시간이라는 것을 말씀하고 있는 것이다.

여섯째 날이 시작되는 시간을 창조 후 6천 년째라고 말하는 것은 명백히 잘못된 것이다. 아담으로부터 시작되는 구속사의 시간을 6천 년으로 정한 것이다. 아담으로부터 시작된 구속사의 세계가 6천 년이라면 아담이 구속사의 첫 사람으로 지음을 받은 존재라는 결론에 이르게 된다.

여섯째 날 아담을 짓기 전에도 전(前) 시간이 있었다. 첫째 날 태초의 창조세계는 인간의 문명의 이기로는 절대 계측할 수 없는 영원한 시간이다. 둘째 날, 셋째 날도 마찬가지다. 여섯째 날 아담 창조 전에 있었다는 그 시간은 6천 년의 시간에 종속되는 시간이 아니다. 구속사의 시간과 별다른 자연계시적인 시간이 수만 년, 수천 만 년, 수십 억 년이 있었다는 뜻이다.

여섯째 날 여호와 하나님이 사람을 지으시고 "보시기에 심히 좋았더라"(창 1:31)고 하셨다. 그렇다면 사람을 제일 늦게 지으셨다는 말인데 정말 지구촌 안에 만물들이 생육, 번성, 충만해가는 과정 속에서 만물의 영장이 되는 사람의 흔적은 없었다는 말인가?

사람이 여섯째 날 지음을 받은 존재라면 만물을 다스릴 수 있는 고유적인 능력을 받을 자격이 없다. 인간이 만물을 다스릴 수 있는 만물의 영장이라는 존귀를 가지려면 만물보다 뛰어난 생존력을 가져야 하고, 만물보다 뛰어난 지혜를 가져야 하고, 만물보다 뛰어난 능력을 가져야 한다. 그러기 위해서는 짐승의 육체, 새의 육체, 물고기의 육체가 이 땅, 지구촌에 탄생하는 순간부터 사람의 육체를 가진 존재도 이 땅에서 그들과 함께 공존하며 살아가야 한다.

그 말의 의미가 무엇인가? 이미 하나님은 세 가지 육체를 이 땅에 보낼 때 인간의 생명의 씨도 함께 보내셨다는 것이다.

우리는 이미 네 생물 속에 있는 네 가지 육체 중에 사람의 육체가 있었고, 그의 형상과 모양을 모델로 해서 사람이 지음 받았다는 것을 증거 받았다. 네 생물 안에 네 가지 육체 중에서 제일 먼저 존재한 것이 사람의 육체이다. 사람의 육체가 유일무이하게 하나님의 후사가 될 수 있는 본질, 근본을 가지고 있기 때문에 하나님이 처음부터 그렇게 뜻을 세우셨다. 그렇기 때문에 사람이 만물을 다스릴 수 있는 만물의 영장이 되는 것이다. 이 땅에서 사람의 육체를 가진 아담이 여섯째 날 하나님의 부르심을 받은 성경적인 최초의 사람이 되어 있듯이 하늘에서도 사람이 가장 먼저 존재한 대상이었다는 것을 네 생물의 입장을 통해서 말씀을 하고 있는 것이다.

또한, 사람의 씨도 여섯째 날 뿌린 것이 아니다. 만물과 함께 짐승의 육체, 새의 육체, 물고기의 육체, 그들의 생명의 씨를 땅에 뿌릴 때 사람의 씨도 이 땅에 함께 뿌려졌다는 것이다. 그 네 가지 육체의 씨가 이 땅에 뿌려짐으로써 지구상에 존재하는 모든 만물들과 함께 처음부터 인간들도 생존해 있었다는 것이다. 지구촌에 사람이 살아갈 수 있는 최소한의 환경을 만들어놓으시고 물을 다스리는 천사를 통해서 얼음 덩어리에 네 가지 육체의 생명의 씨를 넣어서 이 땅에 보냈다.[29] 그 얼음을 통해서 생명의 씨가 지구촌에 들어와 사람의

---

29) 미국 아이오와 대학의 루이스 프랭크 박사는 원래 물은 이 지구의 물질이 아니라 우주에서 얼음 덩어리로 날아온 것이라고 주장했다. 물은 답을 알고 있다-에머토 마사루 저
*미국 아이오와 주립대학교의 물리학교수 루이스 프랭크가 미국 지구물리연합회의에서 발표하기를 '작은 집 채만한 눈 덩어리로 구성된 혜성이 매일 수천 개씩 지구 대기권으로 떨어진다. 그 혜성들은 지구 대기권으로 들어와 녹아서 수증기로 변한다'라고 했다.

육체, 짐승의 육체, 새의 육체, 물고기의 육체라는 네 가지 육체로 지구촌에 존재하게 되었다.

우리가 그것을 이해한다면 사람이 여섯째 날 지음을 받았다는 오해가 지적될 수 있다는 것이다.

여섯째 날 흙, 사람, 생령이라는 수리성의 3단계 과정을 거쳐서 아담이 지음을 받았다고 해서 생물학적 인간의 존재가 여섯째 날 태어난 것은 아니다. 여섯째 날 지어진 아담은 생물학적, 고고학적, 인류학적으로 말할 때의 첫 사람이 아니라 말씀의 차원에서 성경적인 첫 사람을 말하는 것이다. 하나님의 은혜를 통해서 하나님의 부르심을 입고 하나님의 말씀을 들은 첫 사람을 뜻하는 것이다. 인류의 조상인 아담 이전에도 지구촌에는 원시인이기는 하지만 수백 만 년 전부터 사람이 만물들과 함께, 짐승들과 함께 존재하고 있었다.

생각해 보라. 원시인이기는 하지만 고고학적으로 인류의 조상이 되는 존재들이 지구상에 출현한 것만 해도 6백 만 년 전인데 어떻게 인류의 조상 출현이 6천 년 밖에 되지 않는가? 믿는 성도들이 말하는 것처럼 천지창조 이후 현재까지 그 창조의 세계는 6천 년에 이루어진 역사가 아니라는 것이다. 고고학적으로 따져보아도 인간의 두개골이 발견된 것 중에서 가장 오래된 인류 화석은 600만-700만 년 전에 살았을 것으로 추정되는 사헬란트로푸스[30]가 있고 그 외에도

프랭크는 '우리는 매분 20개, 즉 3초마다 어떤 물체가 지구로 떨어지는 것을 발견합니다. 그 물체는 침실 두 개가 있는 작은 집 크기이며 무게는 20톤에서 40톤에 이르지요'라고 말했다. 프랭크는 미 항공우주국(NASA)의 극지방에 위치한 인공위성 카메라로 이 혜성을 포착했다, EPOCHTIMES, 대기원시보 과학부기사
30) 사헬란트로푸스 차덴시스[Sahelanthropus Tchadensis]중앙아프리카의 차드에서 600~700만 년전의 지층을 통해 발견된 초기 인류화석, 두산백과

네안데르탈인[31], 크로마뇽인[32] 등의 화석인류의 흔적이 남아있다는 것을 우리는 알고 있다.

---

31) 네안데르탈인[Neanderthal man]네안데르탈인의 특징을 가진 최초의 네안데르탈인은 35만 년 전 유럽에 나타났으며, 13만 년 전에 이르러서 완전한 네안데르탈인이 출현했다, 두산백과
32) 크로마뇽인[Cro-Magnon man]1868년 프랑스 남서부 레제지(Les Eyzies)의 크로마뇽 동굴에서 맨 처음 발견된 화석 인류로 (Homo sapiens sapiens)분류된다. 1만~4만 5천 년 전의 후기 구석기 시대에 살았으며 뛰어난 수준의 동굴 벽화 등을 남겼다, 두산백과

III. 네 생물을 통해서 본 인류의 생명의 기원

1. 인류의 생명의 기원은 어떻게 시작되었는가?

> 벧후 3:5 이는 하늘이 옛적부터 있는 것과 땅이 물에서 나와 물로 성립한 것도 하나님의 말씀으로 된 것을 저희가 부러 잊으려 함이로다

위 성구에 보면 "땅이 물에서 나와 물로 성립되었다"고 기록되어 있다.

지구 과학자들에 의하면 지구상에서 본래 물위에 떠오른 육지는 한 덩어리였는데 오랜 세월동안 지각변동에 의해서 대륙이 갈라지기 시작해서 오늘날 오대양 육대주로 형성된 것이라는 대륙이동설[33]을 주장하고 있다. 그러면 그 수면에 떠오르는 대륙의 모습이 있었을 것이다.

예레미야 31:27에 보면 여호와 하나님이 사람의 씨와 짐승의 씨를 이 땅에 뿌렸다.

---

[33] 대륙 이동설: 지금으로부터 약 3억 년 전에 한 덩어리였던 대륙(판게아)이 분리되고 이동하여 현재와 같은 대륙 분포가 되었다는 학설, 베게너 주장, 다음백과

렘 31:27 여호와께서 가라사대 보라 내가 사람의 씨와 짐승의 씨를 이스라엘 집과 유다 집에 뿌릴 날이 이르리니

여호와 하나님이 하늘의 발등상이 되는 지구촌에 처음으로 사람의 씨와 짐승의 씨를 뿌리셨다면 대륙이 이동하여 오늘날과 같은 오대양(五大洋) 육대주(六大洲)가 된 곳에 처음부터 씨를 뿌리신 것은 아니라는 것이다. 어느 한 장소에 사람의 씨와 짐승의 씨를 뿌렸는데 그 사람과 짐승이 각자 생존을 위해서 자기들이 살아갈 수 있는 좋은 환경을 찾아 점진적으로 대이동을 했다고 말할 수 있다는 것이다.

그렇다면 하나님이 사람의 씨와 짐승의 씨를 최초로 뿌린 곳이 어디일까? 제일 먼저 뿌린 곳에 인간의 생명체가 존재했을 것이다.

지구의 중심은 어디인가? 예루살렘이 지구의 중심이고 예루살렘의 중심은 예루살렘 성전이고 예루살렘 성전의 중심은 지성소이고 지성소의 중심은 법궤이다. 다시 말하면 구속사의 세계를 펼치시는데 필요한 결정적인 핵과 같은 구심점이 있다는 것이다.

그곳이 가장 귀한 장소이기 때문에 하나님의 형상과 모양을 닮은 인간의 씨를 그곳에 최초로 뿌리신 것이다. 그곳이 하나님이 구속사를 통해서 이루시고자 하시는 첫 출발점이 된 것이다.

창세기 2:19에 보면 사람만 흙으로 지은 것이 아니다. 짐승도 사람을 만든 흙으로 지었다고 했다.

> 창 2:19 여호와 하나님이 흙으로 각종 들짐승과 공중의 각종 새를 지으시고 아담이 어떻게 이름을 짓나 보시려고 그것들을 그에게로 이끌어 이르시니 아담이 각 생물을 일컫는 바가 곧 그 이름이라

이것은 무엇을 의미하는가? 사람의 씨를 뿌린 날 짐승의 씨도 함께 뿌렸다는 것을 증거할 수 있는 말씀이 된다.

사람의 씨와 짐승의 씨를 동시에 뿌렸다면 그 짐승들은 어느 짐승을 말하는 것인가? 자연계시적인 입장에서 그들이 어떤 짐승인지 욥기에 잘 나타나 있다. 욥기 39장-41장에 하나님이 욥을 책망하시는 가운데 하마, 악어, 타조, 말 등의 짐승이 소개된다(욥 39:13, 39:19, 40:15, 41:1).

그 사람의 씨와 짐승의 씨를 최초에 뿌린 장소가 어디라는 것인가? 하나님께서 최초에 생명의 씨를 뿌리셨다면 아무데나 뿌리셨을까? 바로 모리아 한 산, 약속의 자녀를 바친 그곳에 최초의 원시인, 미개인의 첫 사람을 짐승의 씨와 함께 뿌렸다고 말씀하고 있는 것이다.

젖과 꿀이 흐르는 가나안 땅을 가리켜 성경은 "그들을 위하여 찾아 두었던 땅"이라고 소개하고 있다.

> 겔 20:6 그 날에 내가 그들에게 맹세하기를 애굽 땅에서 인도하여 내어서 그들을 위하여 찾아 두었던 땅 곧 젖과 꿀이 흐르는 땅이요 모든 땅 중의 아름다운 곳에 이르게 하리라 하고

가나안 땅을 그렇게 표현하시는 하나님의 저의는 무엇인가? 그곳은 지구 팔만 리 땅덩어리 중에서 가장 아름다운 땅, 가장 거룩한

땅이라고 말할 수 있다(출 3:8). 그런 땅이기 때문에 그곳에 하늘나라를 이루시려고 했다. 그곳은 하늘에서 이루어진 뜻대로 이 땅에서 천국을 이루시고자 하시는, 하나님이 만세 전에 예비하시고 찾아두었던 땅이라고 말씀하고 있는 것이다.

그렇다면 그곳은 어떤 구속사의 비밀과 암호가 묻혀 있는 장소이기에 하나님께서 만세 전에 예비하시고 준비해두었던 땅이라고 하셨을까?

하나님이 아브라함에게 약속의 자녀인 이삭을 모리아 한 산에서 번제로 바치라고 하셨다(창 22:2). 그곳은 의미 없는 장소를 말하는 것이 아니라 지구의 중심을 말하는 것이다. 그래서 그곳에 솔로몬 성전, 스룹바벨 성전, 헤롯 성전, 세 번의 성전을 짓게 하셨다. 얼마나 중요한 구속사의 비밀과 암호를 가진 장소이기에 그곳에 세 번씩이나 성전을 짓게 한 것일까?

표면적으로 드러난 사실로는 아브라함으로 하여금 하나님이 이삭을 바치게 한 장소라고 지적할 수 있지만 감추어진 사실로 본다면 하나님이 제일 먼저 그곳에 사람의 씨와 짐승의 씨를 뿌린 장소라고 말할 수 있다는 것이다. 미개한 인간들이었지만 그들이 번성함에 따라 자기들에게 알맞은 환경, 생존할 수 있는 지역을 찾아서 인간들이 대이동을 시작하였다. 그것은 고고학적으로도 증명되는 말씀이기도 하다. 그렇게 자기들이 살기 좋은 적절한 환경의 서식처를 찾아서 인류의 이동이 시작되었던 것이다.

2. 사람의 씨와 짐승의 씨를 뿌린 사람은 누구인가?

> 렘 31:27 여호와께서 가라사대 보라 내가 사람의 씨와 짐승의 씨를 이스라엘 집과 유다 집에 뿌릴 날이 이르리니

사람의 씨와 짐승의 씨를 뿌렸다는 말은, 씨를 통해서 그 후손들을 태어나게 할 수 있는 암컷과 수컷을 이 땅에 뿌렸다는 것이다. 뿌렸다는 의미는 무엇인가?

남녀 관계를 통해서 씨를 주고받을 수 있고 주고받은 씨로 말미암아 사람의 육체가 탄생된다는 것이다. 그 원리를 근거로 헤아려본다면, 과연 인류 최초의 사람이 이 땅에서 어떻게 태어났는지 그 점을 우리가 생각해보지 않을 수 없다. 분명히 남녀가 존재했기 때문에 그 후손이 생긴다는 것은 명백한 사실이다. 그러면 최초의 남녀는 어떻게 생긴 것일까? 알이 부화해서 생명이 탄생되는 씨와 사람의 씨는 다르다. 예를 들면, 포유류에 해당하는 짐승들은 알을 낳아서 부화시키는 것이 아니라 생명 자체를 분만해서 낳는 것이기 때문에 더더욱 이 땅에 최초로 존재하는 사람의 생명체는 다른 짐승, 다른 생물의 입장과 다를 수밖에 없다.

그렇다면 그들이 어떻게 지구에 최초로 존재한 것일까? 최초로 등장한 남녀의 생명체는 어떻게 그 장소에 등장한 것일까?

창세기 2:7에 흙, 사람, 생령의 3단계 과정이 기록되어 있다. 흙을 본질로, 근원으로 해서 여호와 하나님이 이 땅에서 사람을 지으셨다는 의미가 무엇인지 우리가 찾아보아야만 한다. 여호와 하나님이 흙으로 사람을 지으셨다는 그 흙은 우리가 밟고 다니는 그런 흙

이라고 말할 수 없다. 분명히 그 흙은 어떤 형상과 모양을 이루어나 갈 수 있는 원천과 근본이 되는 상대적인 흙이라는 사실을 우리는 이해해야 한다.

우리가 생명의 근원에 대한 학설 중 가장 가능성이 높은 것을 찾자면, 모든 생명체들이 궁창의 세계에서 하늘의 발등상이 되는 이 땅에 오는 과정은 얼음덩어리 속에 넣어져서 온다는 것이 가장 유력한 학설이다. 그 얼음덩어리를 통해서 생명체를 이동시켰다는 것이다. 그것이 A라는 곳에서 B로 이동시킬 수 있는 가장 적절한 이동수단과 방법이 된다는 것은 어느 정도 공감이 될 것이다.

짐승도 마찬가지다. 어떤 대상을 막론하고 처음 시작하는 존재의 출발점이 있었기 때문에 짐승의 세계도, 사람의 세계도 시작되었다고 말할 수 있는 것이다.

앞서 기술했듯이 "우리의 형상과 모양대로 사람을 만들자"(창 1:26)라는 형상이 네 생물 속에 있었다. 네 생물 속에 형상이 있었기 때문에 그 형상을 근거로 해서 사람을 만들었다고 할 수 있다. 그리고 창세기 2:7에 보아도 "여호와 하나님이 흙으로 사람을 지으시고 그 코에 생기를 불어넣어 생령이 된지라"고 되어 있다. 원리적인 입장에서 여호와 하나님이 네 생물이라는 것을 생각해본다면 이 땅에 최초의 씨를 뿌린 사람이 누구라는 말인가?

"천국은 제 밭에 좋은 씨를 뿌린 것과 같다"(마 13:24-30)고 했다. 좋은 씨는 주인이 뿌린 것이 아니라 종이 뿌린 것이다. 거기에서 말한 종은 그냥 평범한 입장에서 청지기격인 사람을 말하는 것이 아니다. 그는 하나님 집에서 사환으로 충성했던 모세와 같은 구속사의 의미를 가진 종이라고 말할 수 있다. 그는 자기가 뿌린 씨에 대해서 책임질 수 있는 사람이다. 주인에게 "제가 가라지를 뽑으오리이까"라고 말할 수 있는, 가라지를 뽑을 수 있는 능력을 가진 종을 말한다. 그런 종이 누구인지, 가장 가까운 실존적인 대상을 생각해보아도 그는 네 생물이라고 말씀할 수 있다는 것이다.

"우리의 형상과 모양대로 사람을 만들자"라는 말씀을 근거로 한다면 여호와 하나님이 최초에 이 땅으로 사람을 보냈다는 것이다. 생물학적인 최초의 사람을 이 땅에서 낳았다는 뜻이 아니다. 시편 2:7에 "오늘날 내가 너를 낳았다"라는 말은 '오늘날'이라는 하나님이 친히 역사하시는 카이로스 시간을 통해서 그리스도의 장성한 형상과 분량으로 자란 사람, 산 자, 즉 하늘의 대제사장격인 하나님 아들과 방불한 대상을 낳았다는 말이다. 그런 대상이 아니고는 "오늘날 내가 너를 낳았다"라고 말할 수 없는 것이다.

> 시 2:7 내가 영을 전하노라 여호와께서 내게 이르시되 너는 내 아들이라 오늘날 내가 너를 낳았도다

우리는 평범하게 창조 원리의 길, 즉 부모님을 통해서 이 땅에 태어난 존재이지, '오늘날'이라는 카이로스 시간을 통해서 하나님 아들과 방불한 제사장으로 태어난 존재가 아니다.

네 생물이 네 생물 안에 있는 사람의 육체의 형상을 가지고 열악한 환경을 극복하고 적응해나갈 수 있는 최초의 인간을 이 땅에 뿌렸다. '지으시고'(창 2:7)라는 말은 '낳았다'(시 2:7)는 말과 다르다. '지으시고'라는 말은 어떤 생명체를 일단 이 땅에 이끌고 와서 그를 조정하고 개조해서 이 땅에서 살아갈 수 있도록 그를 통해서 역사하

셨다는 의미로서 '데리고 왔다'라는 개념이 더 강하다. 즉 이미 존재하던 대상을 이 땅에 데리고 와서 이 땅에서 살아가도록 그를 지었다는 쪽으로 설명할 수 있다는 것이다. 그런 입장에서 본다면 그 지으신 대상은 이 땅의 재료를 가지고 지었다는 의미가 아니라 네 생물 안에 이미 가지고 있던 '형상'을 근거로 해서 이 땅에 맞는 '모양'으로 만들었다는 것이다.

아무리 뛰어난 능력을 가진 천사라 할지라도 열악한 지구 환경 속에 들어오면 이 땅에서 살아갈 수 없다. 하물며 천사도 아닌 이 땅에 최초로 지음을 받은 생명체, 인류라면 더욱 그러하다. 지극히 열악한 환경 속에서 살아갈 수 있도록 네 생물 안에 있던 형상을 근거로 해서 환경에 적응해서 살아갈 수 있는 모양으로 그를 지었다는 것이다.

에스겔 1:1에 보면, 네 생물은 스스로 하늘 문을 열고 올 수 있는 존재이기 때문에, 또 이미 자기 안에 네 가지 육체를 가지고 있기 때문에 자기가 가진 네 가지 육체의 형상을 가지고 이 땅에서 살아갈 수 있는 형상과 모양을 가진 대상을 뿌릴 수 있었다는 것이다.

다니엘 7장에 보면 짐승이 이 땅에 인자의 길로 오는 모습이 잘 표현되어 있다. 전생(全生)을 가진 자가 이 땅에 오려니까 하늘에서 가지고 있는 신성을 하나하나 떼어내야 한다. 떼어낸 최종적인 모습이 사람이다. 그리고 그가 갈 때는 사람의 입장에서 날개가 생기고 다시 본래의 모습대로 갖추어져야 본래의 곳으로 갈 수 있는 것이다.

이것이 네 생물이 자기 속에 있는 형상을 가지고 이 땅에 살아갈 수 있는 존재를 짓는 과정이다. 누가 최초에 이 땅에 사람의 씨와 짐승의 씨를 뿌렸는가? 네 생물 속에 들어있는 여호와의 영광이 되는 여호와 하나님이 뿌린 것이다.

3. 브니엘, 에바다, 아담 창조의 세계

성경에는 놀라운 말씀이 있다. 아담의 세계 이전에 브니엘, 에바다라는 창조의 세계가 있었다는 것이다.

예수님이 십자가 상에서 3일 길을 걸으셨다. 골고다 언덕에 세 십자가가 있었다. 세 십자가가 있다는 말은, 창조의 영역으로 말한다면 세 창조가 있다는 것을 의미한다. 그렇기 때문에 인류의 조상도 아담, 노아, 아브라함이라는 세 인류의 조상이 존재하는 것이다.

성경에 세 창조의 세계에 대한 말씀이 어디 있는가? 아담 이전의 세계를 '에바다'라고 하고 에바다 이전의 세계를 '브니엘'이라고 한다.

야곱이 얍복강에 남아서 어떤 사람과 씨름해서 이겼다. 그 사람이 "네 이름을 다시는 야곱이라 부를 것이 아니요 이스라엘이라 부를 것이니"(창 32:24-28)라고 하였다. 그때 어떤 사람과 씨름한 그 사람의 얼굴을 야곱이 보았다고 해서 그곳을 '브니엘'이라고 했다. 자기가 씨름한 사람이 하나님이라는 것이다. 브니엘(Peniel)[34]은 히브리어로 '하나님을 대면하여 보았다'는 뜻이다.

---

34) '하나님의 얼굴'이란 뜻. 야곱이 천사와 씨름하여 하나님의 큰 은혜를 체험한 장소. 하나님과 대면하고서도 죽지 않았다 하여 야곱이 붙인 지명이다(창 32:30), 라이프성경사전

> 창 32:30 그러므로 야곱이 그 곳 이름을 브니엘이라 하였으니 그가 이르기를 내가 하나님과 대면하여 보았으나 내 생명이 보전되었다 함이더라

우리들 생각에 "인간이 어떻게 하나님과 씨름을 할까?"라고 생각할 수 있다. 그런데 성경을 자세히 보면 하나님의 사람과 같이 씨름을 할 뿐만 아니라 함께 대면해서 식사도 하고, 이야기도 나눈 사실이 기록되어 있다(창 18:1-15).

또 마가복음 7장에 보면 예수님이 귀머거리이며 혀가 어눌한 자를 고치실 때 그의 귀와 혀에 손을 대고 하늘을 우러러 탄식하시며 "에바다!"라고 부르짖으셨다.

> 막 7:34 하늘을 우러러 탄식하시며 그에게 이르시되 에바다 하시니 이는 열리라는 뜻이라

'에바다'는 '열리라'는 뜻이다. 사람들은 예수님이 그 사람의 장애를 고쳐주시기 위해서 그렇게 외치신 것이라고 단순하게 생각하지만 구속사의 시작과 끝을 보시는 예수께서는 아담 이전에 그와 같은 창조의 세계가 있었기 때문에 전(前) 창조의 세계를 바라보시면서 그렇게 외치신 것이다.

시작과 끝, 처음과 나중이 있기 때문에 시작한 자로 하여금 끝을 맺게 하시고 처음 시작한 사람을 마지막 사람으로 등장시키는 것이 알파와 오메가의 세계를 주관하시고 섭리하시는 하나님의 거룩한 뜻이라고 말씀할 수 있다.

그렇기 때문에 생명의 기원이 시작되어 그 세계가 대단원의 막을 내리는 역사가 단 한 번만 있었던 것이 아니다. "땅 위에 사람 지으셨음을 한탄하사 노아로 하여금 그 세대를 심판하게 하셨다"(창 6:6-7)는 내용을 보아도 분명히 원시적인 세계에도 노아 때와 같은 그런 시대가 또 있었다는 것이다.

그런데 원시적인 시대는 인간이 지구촌에서 철저하게 환경의 지배를 받고 살아야 하는 그런 시대였기 때문에 수단과 방법을 가리지 않고 생명을 보존하고 인류를 온 땅에 퍼뜨리게 하는 것이 하나님의 의중이었다고 말씀할 수 있다. "생육, 번성, 충만하라"는 말씀은 구속사의 세계에서 아담에게도 적용되었고(창 1:28) 노아에게도 적용된 말씀이었다(창 9:1). 하물며 열악한 환경, 아주 어려운 조건 속에서 연약한 인간의 생명이 환경을 이겨내면서 종족보존을 한다는 것은 결코 쉬운 일이 아니었을 것이다.

> 창 1:28 하나님이 그들에게 복을 주시며 그들에게 이르시되 생육하고 번성하여 땅에 충만하라, 땅을 정복하라, 바다의 고기와 공중의 새와 땅에 움직이는 모든 생물을 다스리라 하시니라

> 창 9:1 하나님이 노아와 그 아들들에게 복을 주시며 그들에게 이르시되 생육하고 번성하여 땅에 충만하라

따라서 하나님이 그들에게 주신 최초의 목표 또한 생명을 보존하고 번성하는 것이었다. 그것이 처음 그들에게 향한 하나님의 생각, 의지이셨다는 것이다. 그런 그들이 점점 지구의 환경에 적응해 나가면서 어느 정도 미개한 상태에서 깨어나고 또 환경을 개척해나

갈 수 있는 어느 과정, 단계에 이르렀을 때 하나님께서는 당연히 인간들로 하여금 또 다른 차원의 세계를 향하여 질주해나갈 수 있는 소망을 갖게 해주셨던 것이다.

그러나 여기에서 한 가지 전제해야 할 것은 새 시대를 열기 위해서는 전 시대를 심판하는 것이 하나님의 뜻이라는 점이다. 즉 아담 이전의 창조의 세계에도 한 단계의 창조의 과정만 있었던 것이 아니라 또 다른 단계의 창조의 과정이 더 있었다는 것이다.

마가복음 7:34에서 '하늘을 우러러 탄식하시며'라는 말은, 노아 때로 말하면 죄악된 인간을 지으신 것에 대해 한탄하셨다는 말씀과도 일치한다(창 6:6). 그렇기 때문에 마치 노아 때 하나님이 인간 지으심을 한탄하시며 물 심판을 작정하셔야만 하는 심정과도 같다는 것이다.

'에바다'라고 외치시자, 귀머거리가 듣고 어눌한 자의 혀가 풀려 말을 하게 되었다. 분명히 귀먹어서 듣지 못하고 말 못하는 그런 시대가 인류의 기원 속에 있었다는 것이다. "하늘을 우러러 탄식하셨다"는 말은, 듣지도 못하고 말할 수도 없어서 하나님께 여쭈어볼 수도 없고 구할 수도 없는 그 시대의 아픔을 바라보시며 예수께서 탄식하신 것이다.

에바다, 브니엘, 아담 시대는 곧 세 창조의 의미를 담고 있는 암호와 같은 것이다. 그렇기 때문에 예수님이 세 십자가 중에서 반드시 한가운데에 달리셔야만 되는 이유가 거기에 있는 것이다. 물론 그 시대의 사람들은 미개인이라 짐승과 같은 사람들이라고 말할 수밖에 없지만 하나님의 영광이 일곱 날의 빛과 같이 되는 순간에는 그들도 짐승의 차원에서 사람의 차원으로 구원의 대상이 될 수 있기 때문에 예수님이 십자가를 통해서 그 길을 이루어놓으신 것이다.

다시 말해서 좌편 강도가 짐승의 시대를 상징하는 사람이라고 한다면 우편 강도는 사람의 시대를 상징하는 사람이라 할 수 있다는 것이다. 그렇기 때문에 예수님이 우편강도에게 은혜를 입혀주셔서 생기를 주심으로 말미암아 그가 낙원에 들어갈 수 있는 존재가 되고 우편강도가 그런 영광의 존재가 됨으로써 짐승 같았던 좌편 강도가 우편강도를 통해서 사람 차원의 존재가 되는 것이다.

이사야 42:18-20, 56:10에 보면 하나님이 자기 종들을 세 가지로 구분해서 말씀하셨다. 하나는 눈 뜬 장님인 소경, 또 하나는 귀머거리, 또 하나는 벙어리라고 했다. 이 말씀의 내용 속에는 인류의 기원이 시작된 이래 인류의 유형을 세 가지 차원으로 말씀할 수 있다는 것이다.

사 42:18-20 너희 귀머거리들아 들으라 너희 소경들아 밝히 보라 소경이 누구냐 내 종이 아니냐 누가 나의 보내는 나의 사자 같이 귀머거리겠느냐 누가 나와 친한 자 같이 소경이겠느냐 누가 여호와의 종 같이 소경이겠느냐 네가 많은 것을 볼찌라도 유의치 아니하며 귀는 밝을찌라도 듣지 아니하는도다

사 56:10 그 파숫군들은 소경이요 다 무지하며 벙어리개라 능히 짖지 못하며 다 꿈꾸는 자요 누운 자요 잠자기를 좋아하는 자니

세례 요한의 제자들이 와서 예수님에게 "우리가 선생님 말고 다른 이를 기다리오리까?"라고 물었을 때, 다음과 같은 말씀을 하셨다.

> 마 11:2-5 요한이 옥에서 그리스도의 하신 일을 듣고 제자들을 보내어 예수께 여짜오되 오실 그이가 당신이오니이까 우리가 다른 이를 기다리오리이까 예수께서 대답하여 가라사대 너희가 가서 듣고 보는 것을 요한에게 고하되 소경이 보며 앉은뱅이가 걸으며 문둥이가 깨끗함을 받으며 귀머거리가 들으며 죽은 자가 살아나며 가난한 자에게 복음이 전파된다 하라

예수님이 말씀을 하시는 이 내용 속에도 세 창조의 의미가 들어있다. 제일 첫 번째가 브니엘이고 두 번째가 에바다, 세 번째가 아담 창조의 세계이다.

① 브니엘 창조의 시대

브니엘은 어떤 시대인가? 만물 속에는 하나님의 신성과 능력이 들어있다(롬 1:20). 원시인들, 미개인들은 만물 속에 들어있는 신성과 능력을 다 하나님 얼굴 같이, 하나님 같이 우상으로 받들며 섬겼다. 천둥소리만 들어도 "신이 노해서 소리를 친다"고 생각하였다. 원시시대에는 자기들이 두려움을 느끼는 모든 대상들, 자기들보다 뛰어나다고 생각하는 모든 대상들, 즉 해와 달과 별들, 하다못해 소의 뿔만 보아도 하나님의 얼굴을 보는 것처럼, 신을 대면하는 것처

럼 그렇게 두려워했다는 것이다. 인류 역사의 과정에서 첫 번째 창조의 세계인 브니엘이 그런 세계였다.

십자가의 3일 길이라는 말은 무엇인가? 앞서 소개했듯이 전 시대를 마감하기 위해서는 심판을 해야 한다. 따라서 심판의 기준을 세워야 한다. 노아가 심판의 기준의 의가 된 것처럼 브니엘 시대를 마감하고 에바다 시대를 열려면 반드시 브니엘 시대를 청산해야 한다.

② 에바다 창조의 시대

두 번째 시대는 '에바다'이다. '에바다'는 '열리다'라는 뜻인데 여기서 '열리다'라는 말은 하늘 문이 열린다는 뜻이 아니다. 인간의 지혜, 깨달음, 인간의 두뇌가 최소한 만물 속에 들어있는 신성과 능력의 세계를 보는 것에 족하지 않고 그 속을 분석하고 들여다보는 세계를 '에바다'의 세계라고 말씀하고 있는 것이다.

전도서 1:8에 만물의 탄식소리가 나온다. 따라서 '에바다'는 만물의 탄식소리를 눈으로 보는 입장이 아니라 이제는 귀로 들을 수 있는 시대를 말한다. 처음에는 보는 시대였다. '열리다'라는 말은 보던 시대에서 보고 들을 수 있는 시대로 차원이 바뀌었다는 것을 말씀하고 있는 것이다. 그래서 예수님이 귀와 혀를 손가락으로 꾹 누르시고 "에바다!"라고 외치신 것이다. 귀를 열리게 해서 보고 듣고 깨닫게 하셨다는 것이다.

③ 아담 창조의 시대

아담의 시대는 보고 들을 수 있는 시대를 마감하고 이제는 땅차원이 아니라 하늘 차원으로 그 시대가 바뀐 것이다. 그래서 하나님이 흙으로 사람을 지으시고 그 코에 생기를 불어넣어 생령이 되게 하신 후 그를 동방의 에덴인 셋째 하늘나라로 부르셨다.

인류의 시대를 브니엘, 에바다, 아담, 세 시대로 구분한 것처럼 구속사의 세계에도 마찬가지로 적용된다. 첫 번째 인류의 조상인 아담, 두 번째 노아, 세 번째 아브라함까지 3대를 통해서 압축된 내용으로 구속사의 세계가 펼쳐지고 있다.

아담 창조의 시대는 불행한 시대이다. 비록 족장시대에는 므두셀라를 포함한 족장들이 천 년에 가까운 수명을 살았지만 아담이 타락하자 아담에게 "너는 흙이니 흙으로 돌아가라. 네가 얼굴에 땀 흘려 노력해야만 여간 채소를 먹을 수 있다"(창 3:19)라고 했다. 채소를 먹는다는 것은 가장 초보적인 신앙을 말한다.
그리고 노아 때는 보는 시대였다. 노아가 포도주에 취하여 벌거벗어 그것을 봄으로써 문제가 된 것이다. 그 다음에 아브라함 시대는 듣는 시대이다.

"천지가 없어지기 전에는 율법의 일점일획이라도 없어지지 아니하고 다 이루리라"(마 5:18)고 말씀하고 있다. 율법은 죄를 깨닫게 하는 것이기 때문에 율법 자체로는 구원 받지 못한다. 그런 율법도 천지보다 귀하다는 것이다. 그런데 비록 원시인이라 할지라도 생명의 첫 씨가 없었다면 아담은 존재하지 못한다. 그 씨로 말미암아 이루어진 사람들의 계보에 이어서 인류 구속사의 첫 사람인 아담이 탄생된 것이다. 아담은 인류학적인 생명의 첫 시작이 아니라 구속사의 첫 사람이다. 여호와 하나님이 최초에 인간이라는 형상의 씨를 뿌려줌으로써 그들의 계열, 계보를 통해서 아담에 이르기까지 많은 인생들이 지구촌 안에 존재해 있었다. 그 세계를 일컬어서 브니엘, 에바다, 아담 창조의 세계라고 말씀하고 있는 것이다. 아담 창조만 있는 것이 아니라 전(前) 창조의 세계가 있었다는 것이다.

전 창조의 세계가 아무리 미개한 원시인들의 세계라 할지라도 그들은 인류의 생명의 기원이 되는 첫 사람들이었다. 그들이 없었다면 아담이 존재할 수 없고 오늘날의 우리들도 존재할 수 없다. 그렇기 때문에 우리는 그 세계를 망각하고 살고 있지만 그들의 생명의 씨를 뿌린 하나님 입장에서는 아무리 원시적인 미개한 생명이라 할지라도 오늘날 우리의 근본이 되는 사람들이기 때문에 그들을 외면하지 아니하시고 그들까지도 생각해주시고, 권념해주신다는 것이다.

예수께서 "천지기 없어지기 전에는 율법의 일점일획이라도 반드시 없어지지 아니하고 다 이루리라"(마 5:18)고 하셨다. 하물며 오늘에 이르기까지 만물의 영장이 되는 우리의 길이 되어준 그들을 예수님은 잊지 않으신다는 것이다. 그렇기 때문에 예수께서 십자가 상에서 3일 길을 걸으신 것이다.

히 6:4-6 한번 비침을 얻고 하늘의 은사를 맛보고 성령에 참예한 바 되고 하나님의 선한 말씀과 내세의 능력을 맛보고 타락한 자들은 다시 새

롭게 하여 회개케 할 수 없나니 이는 자기가 하나님의 아들을 다시 십자가에 못 박아 현저히 욕을 보임이라

위 성구의 핵심은 무엇인가? 창조의 하늘이 바뀌기 위해서는 하나님 아들이 십자가를 져야만 새 창조의 세계를 이룰 수 있다는 것이다. 그렇기 때문에 세 창조의 세계가 있다면 말씀이 육신이 되어 오신 예수께서 세 번의 십자가를 지셔야 한다는 말인데 그렇게 할 수는 없다. 그렇기 때문에 아담의 창조 속에 세 창조를 함께 묶어서 히브리서 9:26에 "자주 고난을 받으시지 않고 단 번에 십자가를 지시기 위해 세상 끝에 나타나셨다"라고 말씀하고 있는 것이다.

> 히 9:26 그리하면 그가 세상을 창조할 때부터 자주 고난을 받았어야 할 것이로되 이제 자기를 단번에 제사로 드려 죄를 없게 하시려고 세상 끝에 나타나셨느니라

아담의 시대에 등장하는 아담, 노아, 아브라함, 세 인류의 조상은 세 창조의 세계를 한 장소로 묶어놓은 구속사의 마당이 된다. 구속사 세계의 바깥에는 미개한 원시 인류의 세계가 있었다.

이사야 42:18-20에 하나님의 종들이 귀머거리, 소경이라고 기록되어 있는 것은, 아무리 말씀을 가르쳐보았자 그들은 소경, 귀머거리이기 때문에 하나님의 말씀을 수용하지 못한다는 것이다.

미개하게 살던 원시시대에도 그런 대상들의 세계가 있었다는 것이다. 하나님께서는 미개한 그들의 생명까지도 긍휼히 여기셔서 예수님이 세상 끝에 오셨을 때 그 창조의 세계를 한 군데로 묶어서 아

담의 창조 안에 인류의 세 조상을 선택하여 부르셔서 단 한 번의 십자가를 통해서 그들을 구속하시려고 하셨다. 그들까지도 구속사 세계 안으로 끌어들이셔서 그들도 구속사의 세계에 참여시키시기 위해서 아담 안에 두 번째 인류의 시조인 노아를 등장시키시고 세 번째 인류의 시조인 아브라함을 등장시키신 것이다. 그것이 하나님의 원대하신 구속사의 뜻이었다.

인류의 시작과 끝의 전체적인 과정은 브니엘, 에바다, 아담, 3단계로 나누어지는데, 예수님이 둘째 아담으로 오셔서 첫째 아담이 상실한 세계를 회복하셨다.

마찬가지로 멜기세덱도 멜기세덱의 영광을 회복하는 과정에 있어서 아담 이전의 세계와 그 이전의 세계까지도 책임져야 할 의무가 있는 것이다. 예수님이 자기가 창조하신 세계에 대해서, 또 만물의 중심이자 하나님의 후사로 세운 아담에 대해서 책임을 지신 것처럼 비록 짐승 같은 차원의 육체를 가진 인간이기는 하지만 인류의 시작, 기원이 되는 그들의 생명을 뿌린 네 생물이 여호와 하나님으로서, 멜기세덱으로서 거기에 대한 책임을 져야 한다는 것이다.

그 이유는 무엇인가? 멜기세덱이 바로 여호와 하나님으로서, 네 생물로서 이 땅 지구촌에 사람의 씨와 짐승의 씨를 뿌려 인류의 생명의 기원을 시작한 존재이기 때문이다. 예수님이 첫째 아담이 상실한 영광의 세계를 짊어지고 십자가를 짊어지신 것처럼, 네 생물도 거기에 대한 마땅한 책임을 짊어져야 한다는 것이다. 네 생물, 여호와 하나님, 나아가서 멜기세덱이 "나는 알파와 오메가(계 1:8), 나는 알파와 오메가 처음과 나중(계 21:6), 나는 알파와 오메가, 처음과 나중, 시작과 끝(계 22:13)"이라는 3일 길을 걸어야 하는 이유가 거기에 있는 것이다.

이렇게 멜기세덱이 3일 길을 걷는다는 말은 세 창조의 세계를 회복한다는 것을 의미하고 있는 말씀이다. 예수님이 자기가 창조하신 세계에 대해서, 또 만물의 중심이자 하나님의 후사로 세운 아담에 대해서 책임을 지시기 위해서 십자가 상에서 3일 길을 걸으신 것처럼 비록 짐승 같은 차원의 육체를 가진 인간이기는 하지만 인류의 시작, 기원이 되는 그들의 생명을 뿌린 네 생물도 뿌린 자로서 여호와 하나님으로서, 멜기세덱으로서 전(前) 창조에 대한 책임을 져야 한다는 것이다.

마태복음 13:24-30의 씨 뿌리는 비유의 말씀에서 씨를 뿌린 사람이 주인에게 "뽑기를 원하시나이까?"라고 물었다. "뽑지 말고 추수 때까지 함께 자라게 두라"고 하였다. 뿌린 사람은 거두어야 될 책임도 있는 것이다.

짐승 같은 사람의 육체가 재림의 마당에서 일곱 날의 영광의 빛으로 바뀌는 때에 그들은 사람의 육체로 거듭나는 대상이 된다. 어쨌든 그런 시작으로부터의 전 과정을 거쳐서 마지막에 그들의 혼도 짐승 차원에서 사람의 영혼의 차원으로 구원시켜주시기 위해서 예수님이 십자가 상에서 3일 길을 걸으신 것이다. 또 예수님이 사생, 공생, 영생의 3단계 과정을 걸으신 것처럼 멜기세덱도 이 땅에서 해를 입은 여인, 이 땅의 주, 재림주 멜기세덱이라는 3단계 과정의 3일 길을 분명히 걸어야 하는 것이다.

요한계시록 11:8에서 두 감람나무의 죽음이 "영적으로 하면 저희 주께서 십자가에 못 박히신 애굽이라고도 하고 소돔이라고도 하는 그곳에서 죽은 것과 같다"라고 한다면 이 땅의 주도 영적으로 하면 당연히 예수님과 같은 죽음의 의미를 가지고 죽는 사람이라고 말할 수 있다는 것이다. 그렇기 때문에 재림의 마당에서 예수님처럼 보이는 세 십자가의 길을 걷지는 않지만 영적으로 하면 멜기세덱도 세 창조의 의미를 짊어지고 세 십자가의 길을 걷는 사람이라고 말씀할 수 있는 것이다.

4. 족장시대

아담의 창조에서 하나님은 왜 구속사의 세계를 펼치시는 가운데 제일 먼저 족장시대를 펼치셨을까? 그 점을 짚고 넘어갈 필요가 있다.

하나님이 족장시대에 왜 사람들의 수명을 나무 수한처럼 길게 하셨을까? 아담이 타락하자 하나님이 에덴동산에서 아담과 하와를 이 땅으로 내쫓으셨지만, 하나님이 아담을 통해서 본래 이루시고자 하셨던 창조세계의 목적을 이 땅의 인간들에게 보여주실 필요가 있었다. 따라서 그러한 산 자의 시대가 있었다는 것을 인생들에게 알려주시기 위해서 아담 타락 이후에 족장의 시대를 보여주신 것이다.

아담은 생령으로서 하늘 차원의 길을 걷게 한 최초의 사람이었다. 아담으로 하여금 이 땅에서 구도의 길을 걷게 하신 것이 아니다. 흙으로 사람을 지으시고 그 코에 생기를 불어넣어 생령이 된 아담을 하늘 에덴동산으로 불러들이셨다.

아담이 에덴동산에서 이긴 자로서 새 이름을 받아 멜기세덱이 되었다면 산 자인 인류의 시조로 이 땅에서 구속사의 세계를 펼치게 되어 있었다. 그런데 아담이 타락하여 그 목적이 상실되고 말았다. 아담 창조의 세계에서는 이 땅에서 생령으로 지음을 받은 아담에 대한 하나님의 뜻은 무엇이었는지, 또 아담을 통해서 이루시고자 하셨던 산 자의 세계의 의미와 뜻은 무엇이었는지 그것을 아담 이후 10대에 걸친 사람들에게 보여주시고자 했던 것이다. 그에 반해서, 노아나 아브라함은 구속사의 세계에서 그들이 은혜를 받은 자로서 '이 땅에서' 구도의 길을 걷는 최초의 구도자로 택함을 받았다는 것이다. 그것이 첫째 아담과의 차이점이라고 말할 수 있다.

족장시대를 통하여 보여주신 산 자의 세계

분명히 구속사의 첫 머리에 사람이 나무수한 같이 살던 시대가 있었다면, 처음과 나중이라는 입장에서 마지막 때도 이 땅에 그런 시대가 도래한다고 할 수 있는 것이다. 이사야 65장에 산 자의 세계가 펼쳐지고 있다. "백세에 죽는 자가 아이겠고 백세에 못되어 죽는 자는 저주 받은 것이리라"(사 65:20)는 말씀이 있다. 마지막 때도 분명히 이런 족장시대가 펼쳐지게 된다는 의미를 표현한 말씀이라고 할 수 있다.

그러나 950세를 향수한 노아 때로부터 인간의 수명이 점차적으로 줄어들고 있다(창 9:29). 그 부분을 이렇게 지적할 수 있다. 아담이 비록 하늘에서 쫓겨난 자이기는 하지만 잠시나마 생령으로 머물러 있었던 본질적 존재 의미를 갖고 있었기 때문에 하나님이 생령의 세계, 산 자의 세계가 어떠한 세계인가를 그의 후손들에게 보여주시고 가르쳐주시기 위해서 잠정적으로 이 땅에 족장의 세계를 펼치시며 보여주신 것이다.

요한계시록 12:1에 보면 해를 입은 여인이 등장한다. 해를 입은 여인은 분명히 인자로서 해를 입은 사람이다. 그런데도 해를 입은 여인의 역사는 하늘의 이적이라고 말씀하고 있다.

> 계 12:1 하늘에 큰 이적이 보이니 해를 입은 한 여자가 있는데 그 발 아래는 달이 있고 그 머리에는 열두 별의 면류관을 썼더라

물론 아담도 생령으로서의 영광을 모두 상실한 채 쫓겨나 이 땅에 살고 있었다. 하나님이 아담이 실패했다고 해서 아담을 통해서 본래 이루시고자 하시는 하나님의 뜻을 포기하신 것은 아니다. 그 후손을 통해서 상실한 본래의 목적, 옛 영광을 다시 회복하시고자 하시는 하나님의 의지가 살아 역사한다는 것을 족장시대를 통해 보여주시고자 하신 것이다.

족장시대를 통해 보여주신 결과적인 내용이 재림의 마당의 해를 입은 여인이다. 마지막 재림의 마당에서 산 자의 도맥을 통해서 산 자의 시대를 이루시고자 하시는 마지막 구속사의 주인공이 바로 해를 입은 여인이다.

그렇다면 족장시대를 통해서 하나님이 우리에게 보여주시고자 하시는 본래의 산 자의 영광의 세계는 그 결과가 어떤 모양으로 나

타날 것인지, 그 점을 우리가 생각해보아야 한다.

족장시대의 대표적인 의인들은 7명이었다. 셋, 에녹, 노아, 아브라함, 이삭, 야곱, 사라이다. 족장이 남자만으로 이루어진 것이 아니라 거기에 여자 한 명이 들어있다. 그 여자가 일곱 번째 족장이다. 하나님이 우리에게 7대 족장을 보여주셨다는 것은 산 자의 세계를 통해서 하나님이 이루시고자 하시는 본래의 목적을 우리에게 제시하시면서 보여주신 것이라고 말씀할 수 있다.

요한계시록 4:4에 나오는 24보좌, 24장로는 구약과 신약의 마당에 소속된 장로이다. 재림의 마당에는 열두 보좌, 열두 장로가 없고 그 대신 일곱 금 촛대와 일곱별이 있다. 요한계시록 1:20에 "촛대는 교회이고 별은 사자다"라고 기록되어 있다.

> 계 1:20 네 본 것은 내 오른손에 일곱 별의 비밀과 일곱 금 촛대라 일곱 별은 일곱 교회의 사자요 일곱 촛대는 일곱 교회니라

교회 안에는 사자만 있는 것이 아니라 하나님이 기름 부으신 제사장이 있다. 일곱 교회의 제사장은 족장시대의 일곱 족장과 같은 사람들을 말한다. 일곱 족장과 같은 사람들이 그 교회를 치리하는 하나님이 기름 부으신 제사장들이다.

족장시대에 7대 족장이 있었다면 마지막 때에도 하늘에서 이루어진 뜻대로 이 땅에서 산 자의 세계가 이루어지는 것이다. 그러면 마지막 때 족장들과 같은 의인들이 당연히 기름 부으신 제사장으로서 등장하게 되어 있다. 그것이 처음과 나중이 같은 영광의 모습이

라고 말씀할 수 있다. 따라서 처음의 세계를 통해서 하나님이 이루시고자 하셨던 의중을 보여주심으로써 "하나님은 이미 지난 것을 다시 찾으시느니라"(전 3:15)는 말씀처럼 하나님은 처음에 보여주신 그 세계를 마지막 때 정녕코 이루신다는 것이다.

7대 족장 중에 사라가 들어있다. 그 7대 족장에 여자가 들어있기 때문에 재림의 마당의 역사는 여자들이 구심점이 되고, 그 역사를 가리켜 신부의 역사라고 말씀할 수 있는 것이다.

이 7대 족장은 한 시대 안에서 선택된 의인들이 아니라 아담, 노아, 아브라함 시대까지 세 시대를 통해서 이루어진 대표적인 의인들이라는 것이다.

> 슥 3:9 만군의 여호와가 말하노라 내가 너 여호수아 앞에 세운 돌을 보라 한 돌에 일곱 눈이 있느니라 내가 새길 것을 새기며 이 땅의 죄악을 하루에 제하리라

위 성구에서 "한 돌에 일곱 눈이 있느니라"는 말은 세 시대를 통해서 하나님이 부르시고 세워주신 일곱 의인들이 이 세상을 두루 살피시는 하나님의 눈과 같은 존재라고 말씀할 수 있다. 하나님이 마지막 때에도 그와 같은 사람들을 통해서 세상을 살피는 눈이 되게 하고 세상을 심판하는 눈으로 세우시고자 하는 것이다. 이것이 하나님의 의지였다는 것이다.

그렇기 때문에 마지막 때 "죄와 상관없이 자기를 바라는 자들에게 두 번째 나타나시리라"(히 9:28)고 말씀하고 있는 것이다. 마지

막 구원은 첫째 부활, 즉 의인의 부활이다. 따라서 의인의 부활로 의인을 구원시키는 그런 역사의 시대가 당연히 도래할 수밖에 없는 것이다.

아담, 노아, 아브라함, 세 시대를 통해서 하나님이 7대 의인을 세우신 것은 마지막 재림의 마당에서 일곱 촛대와 일곱 별의 시대를 이미 계시적으로 예언한 말씀이 되면서 일곱 촛대와 일곱 사자와 7대 족장들을 통해서 이루시고자 하시는 산 자의 세계의 거룩한 영광을 잠정적으로 보여주시는 놀라운 말씀이 되는 것이다

족장시대를 구속사의 입장에서 처음과 나중이라는 틀에 맞추어 정리한다면 시작과 끝이 처음과 나중이 되는 것이다. 원인과 결과는 서로 떼려야 뗄 수 없는, 하나로 완성되는 과정이 된다. 그래서 창세기에 나오는 족장시대의 그림자를 통해서 재림의 마당에서도 의인들을 중심으로 한, 일곱 촛대와 일곱 별이 펼치는 산 자의 세계가 이루어지는 결과적인 모습이 탄생되는 것이다.

특히 족장시대를 보면 한 시대를 통해서 일곱 족장을 만든 것이 아니라 아담, 노아, 아브라함 세 시대를 통해서 7대 의인을 만들었다. 그들이 구속사의 세계에서 가장 중요한 중심인물들이다. 그렇기 때문에 7대 족장을 통해서 산 자의 세계를 이루시고자 하시는 동일한 역사가 그 세계의 시작과 끝을 이루는 역사라고 말할 수 있다는 것이다.

노아를 통해서 이루어진 세계가 세 번째 인류의 조상인 아브라함에게 그 바톤이 넘어갔다. 아브라함이 구속사의 청사진을 멜기세덱으로부터 떡과 포도주의 언약을 통해서 받고, 여호와 하나님으로

부터 횃불언약을 통해서 받음으로써 결과적으로 산 자의 도맥을 통해서 그 세계가 이루어졌다고 말씀할 수 있는 것이다. 그 이루어진 세계를 재림의 마당에서 실존적인 주인공들을 등장시켜서 인자의 역사로써 그 영광을 이루시고자 하시는 것이 처음과 나중, 시작과 끝으로 연결되어 있는 족장시대이며 산 자의 세계라는 것이다.

세상 사람들은 하나님, 주님, 그리스도는 우리 눈에 현실적으로 보이지 않는 존재, 만져볼 수도 없고 함께할 수도 없는 존재라고 생각하기 때문에 무형의 존재이며 이 땅에 계시는 것이 아니라 하늘에 계신다는 의식 속에서 신앙생활을 하고 있다.

재림의 마당은 이 땅에서 하늘나라의 마지막 영광의 역사가 이루어지는 마당이기 때문에 무형적인 존재가 들어설 공간은 하나도 없다. 실존적인 역사의 주인공들이 이 땅에 등장해서 마지막 끝을 이루고 있는 이때에 아직도 보이지 않는 하나님, 하늘에 계신 하나님, 보이지 않는 하늘의 역사, 영의 역사라는 생각은 모두 "살았다 하는 이름은 가졌으나 죽은 자"(계 3:1)의 생각이며 의식이라는 점을 우리가 인식해야 한다.

재림의 마당은 하늘에 있는 자들이 모두 이 땅에 모이게 되어 있다. 요한계시록의 붉은 용도 이 땅에 오고 하늘의 전쟁에서 패한 사단, 마귀 그의 졸개들도 이 땅에 쫓겨 온다.

그런데 우리 믿는 성도들만 마치 하늘의 역사는 보이지 않는 무형의 신이신 하나님이 역사하시는 것처럼 착각하고 있다. 오늘날의 성도들의 그 모습이야말로 너무도 비참한 모습이라고 말할 수 있다. 그래서 예수께서도 그와 비슷한 말씀을 하신 것이다. "내가 만일 하나님의 손을 힘입어 귀신을 쫓아내는 것이면 하나님의 나라가 이미 너희에게 임하였느니라"(눅 11:20)고 지적하셨다.

지금 이 땅에는 올 수 있는 사람은 다 왔고 등장해야 될 사람도 다 등장했고 부를 수 있는 사람도 다 불렀다. 함께할 수 있는 사람도 다 함께하고 있다. 그것이 재림의 마당에서 이루어지는 오늘날의 역사이다. 분명히 "이기는 자에게는 감추었던 만나를 주고 흰 돌을 주는"(계 2:17) 재림의 마당이라는 것을 우리가 인정한다면 그 재림의 마당에 분명히 오늘날의 역사가 있다는 것이다. 오늘날의 역사에 등장하는 사람들이 그 역사의 주인공이면서 그 역사가 곧 하늘나라를 이루고 있는 사람들의 모습이라고 말씀할 수 있다는 것이다. 그러니까 이 땅에 등장해야 할 사람들은 다 모인 것이다.

성경에 보면 종말론적으로도 예수께서 "천사들을 보내어 동서남북에 흩어져 살고 있는 하나님의 택한 백성들을 다 불러서 인도한다"라는 말씀을 하셨다.

> 마 24:31 저가 큰 나팔 소리와 함께 천사들을 보내리니 저희가 그 택하신 자들을 하늘 이 끝에서 저 끝까지 사방에서 모으리라

창세기에 나오는 족장시대는 산 자의 시대를 우리에게 보여주는 하나의 본보기라고 말할 수 있다. 그러한 본보기를 창세기 가장 머리 부분에 제시한 하나님의 저의 속에는 그 족장시대를 마지막 때 다시 회복하신다는 뜻이 들어있는 것이다.

족장들은 향수(享壽), 누릴 향(享), 목숨 수(壽), 즉 자기 생애를 다 누리고 죽었지만 마지막 산 자의 세계는 죽음이 없는 영원한 족장시대를 의미하는 것이다. 그런 시대를 인류의 세 번째 시조인 아

브라함에게 주신 산 자의 도맥을 통해서 마지막 때 이루시겠다는 하나님의 결연한 의지를 보여주시고자 족장시대의 산 자의 도맥의 내용을 아브라함으로 하여금 그 사명의 십자가로 짊어지게 하신 것이다.

그렇기 때문에 아브라함에게 떡과 포도주의 언약을 주셨고 횃불 언약을 주신 것이다(창 14:17-20, 15:1-21). 두 가지 언약은 그 어떤 언약보다 우선적이며, 중심적이며 또 가장 실존적인 영광의 언약을 말씀하는 것이다. 그렇기 때문에 "하나님의 미리 정하신 언약을 사백삼십 년 후에 생긴 율법이 없이 하지 못한다"는 말씀이 제시되어 있는 것이다(갈 3:17).

그 산 자의 도맥의 중심, 재림의 중심에 일곱 교회와 일곱 사자가 있다는 말씀은 족장시대를 통하여 보여준 그림자의 세계를 마지막 재림의 때에 실존적인 영광의 세계로 이루시겠다는 것을 우리에게 보여주시는 것이다. 또한 그것이 구속사의 거룩한 마지막 하늘의 역사임을 보여주시는 말씀이 된다.

IV
구속사의 의미로 본 예표의 사람

스가랴 3:8에 보면 '예표의 사람'이 나온다.

> 슥 3:8-10 대제사장 여호수아야 너와 네 앞에 앉은 네 동료들은 내 말을 들을 것이니라 이들은 예표의 사람이라 내가 내 종 순을 나게 하리라 만군의 여호와가 말하노라 내가 너 여호수아 앞에 세운 돌을 보라 한 돌에 일곱 눈이 있느니라 내가 새길 것을 새기며 이 땅의 죄악을 하루에 제하리라 만군의 여호와가 말하노라 그 날에 너희가 각각 포도나무와 무화과나무 아래로 서로 초대하리라 하셨느니라

1. 예표의 사람은 누구인가?

예표의 사람이라는 말씀의 내용은 단순하고 쉬운 말씀이 아니다. 쉽게 말할 수 있는, 생각할 수 있는, 표현할 수 있는 단어가 아니다.

예표의 사람은 누구인가? 스가랴 3:8-10 내용을 보면 예표의 사람은 하나님의 뜻대로 순종해야 되는 절대적인 순종을 짊어지고 있는 사람이라는 뜻이다.

예표적인 사람을 예를들어 설명하면 "동산 가운데에는 생명나무와 선악을 알게 하는 나무도 있더라"(창 2:9)는 말씀에서 한가운데 있는 생명나무를 대표적인 예표의 사람이라고 말할 수 있다. 하늘에서는 생명나무이지만 때를 따라 아름답게 하시고 때를 따라 역사하시는 하나님께서 '때가 차매' 예정하신 때에 예수라는 사람으로 이 땅에 오셨다. 그렇게 이 땅에 오시기 전 하늘에서 존재했던 생명나무를 예표적인 사람이라고 말할 수 있다는 것이다.

> 갈 4:4 때가 차매 하나님이 그 아들을 보내사 여자에게서 나게 하시고 율법 아래 나게 하신 것은

하나님도 그렇게 예표적인 대상이라고 표현할 수 있는데 피조물들이야 더더욱 예표적인 사람에 합당한 자들이 아닐까? 다윗도 예표의 사람이고 아브라함도 예표의 사람이 된다. 다시 말하면 그들은 "하나님의 은사와 부르심에는 후회하심이 없느니라"는 로마서 11:29 말씀처럼 이 땅에 보낸 사람들이다.

> 롬 11:29 하나님의 은사와 부르심에는 후회하심이 없느니라

로마서 9:18에도 같은 맥락의 말씀이 있다.

롬 9:18 그런즉 하나님께서 하고자 하시는 자를 긍휼히 여기시고 하고자 하시는 자를 강퍅케 하시느니라

네 생물은 영원한 빛과 사랑과 거룩함과 영광이 넘치는 아버지의 집에 사환으로 지음을 받은 존재이기 때문에 하나님께서 그를 지으실 때에는 아예 영원히 후회하지 않을 완전한 자, 완전한 인(印)으로서 지으셨다는 것이다(롬 11:29). 그런 사람을 가리켜서 예표의 사람이라고 한다(슥 3:8). 이들은 예표의 사람인데 틀림없이 내 말을 들을 사람, 하나님의 말씀에 절대적으로 순종할 수 있는 사람으로 지으셨다는 것이다. 예표적인 사람은 절대 불순종해서는 안 되는 사람들이다. 그들은 하나님께서 책임져 주시는 사람들이다.

예수님도 하늘에서는 하나님이셨지만 자기를 비어 종의 형체를 가져 사람들과 같이 되었고 자기를 낮추시고(빌 2:7) 이 땅에 여인의 길을 통해서 오셨다. 그렇게 오신 이상 이 땅에서 무엇을 이루셔야 하는가? 하늘에서 하나님으로 계셨던 영광을 이 땅에서 이루셔야 한다. 그래야 산 자의 하나님뿐만 아니라 죽는 자의 하나님도 되시는 것이다.

이 땅은 산 자들이 사는 세상이 아니라 죽는 자들이 사는 세상이다. 그래서 예수님도 이 땅에 오신 이상은 로마서 1:4 말씀처럼 사망의 권세를 깨시고 부활하심으로써 부활의 능력과 권세를 가지시고 이 땅에서 하나님 아들로 인정을 받으시고 영광을 받으셔야만 한다. 그것처럼 네 생물 안에 있는 보좌의 주인공도 마지막 때 이 땅에 와서 하나님 아들과 방불한 하늘의 제사장으로서의 영광을 받아야 한다. 이 땅의 주 앞에 섰는 두 감람나무는 피조물이기 때문에 인류

를 위해서는 십자가를 지지 못한다 할지라도 도둑같이 오신 재림주를 위해서는 십자가를 질 수 있는 유일한 사람이 된다. 그 이유가 무엇인가? 그는 처음부터 그분과 동행했던 사람이기 때문이다.

2. 예표적인 사람을 만드시는 이유는 무엇인가?

하나님께서 하늘에 있는 뜻의 사람들을 예표의 사람으로 만드시는 이유는 어디에 있는 것일까? 생명나무이신 하나님께서 이 땅에 예수라는 인자로 오신 것은 단순히 한 가지 목적, 즉 인류를 구원하시기 위해서 이 땅에 오신 것만은 아니다. 인류를 구원하심으로써 예수님 자신이 이 땅에서 로마서 1:4 말씀처럼 "성결의 영으로는 죽은 가운데서 부활하여 능력으로 하나님의 아들"이 되시는 것이다.

예수님은 하늘에서는 당연히 하나님이시지만 이 땅에는 처음부터 그분이 하나님이라는 사실을 믿는 자는 없다. 예수께서 이 땅에 말씀이 육신이 되어 오셔서(요 1:14) 자기 자신을 증거하시고 소개하시는 구속사의 경륜의 과정을 통해서 사람들이 그를 믿게 되는 것이다.

> 고전 12:3 그러므로 내가 너희에게 알게 하노니 하나님의 영으로 말하는 자는 누구든지 예수를 저주할 자라 하지 않고 또 성령으로 아니하고는 누구든지 예수를 주시라 할 수 없느니라

그러한 결과로 예수님은 하늘에서뿐만 아니라 하늘의 발등상이

되는 이 땅에서도 하나님이 되셨다. 다시 말해 예수님은 사망의 권세를 깨시고 부활하심으로써 산 자의 하나님뿐만이 아니라 죽는 자의 하나님도 되셨다는 뜻이다. 바로 그러한 영광을 입으시기 위해서 이 땅에 오신 것이다.

그러한 영광을 이루시는 길이 멜기세덱 반차이다. 예수님은 멜기세덱 반차를 따라 이 땅에 오셨다. 약속의 자녀, 성령의 자녀, 산 자들이 이 땅에 여인의 길을 통해서 창조의 길을 통해서 오는 길을 가리켜서 멜기세덱 반차라고 하는 것이다. 멜기세덱 반차라는 길이 따로 구별되어 있는 것은 아니다. 같은 길인데 멜기세덱 반차로 오는 사람도 있고 부정모혈로 오는 사람도 있는 것이다.

멜기세덱과 여호와 하나님은 같은 존재인데 그들을 믿는 사람들의 믿음의 색깔과 차원에 따라서 멜기세덱이 될 수도 있고 여호와 하나님이 될 수도 있는 것과 같은 맥락이라고 할 수 있다.

멜기세덱 반차라고 해서 여인의 길이 아닌 다른 길을 통해서 온다는 것이 아니다. 멜기세덱 반차나 아론의 반차 모두 이 땅에 오는 사람들은 여인의 길을 통해서 온다. 그러나 오는 사람들이 다르므로 멜기세덱 반차를 통해서 오는 사람들이 있고, 또 아론의 반차를 통해서 오는 사람들이 있다는 것이다. 결론적으로 산 자들이 오는 길을 가리켜 멜기세덱 반차라 하고, 죽는 자들이 오는 길을 가리켜 아론의 반차라고 말할 수 있다.

하나님께서 하늘에 있는 존재들을 예표의 사람으로 만드시는 이유는 무엇인가? 그들을 더욱더 영화롭게 영광스럽게 해주시기 위해서 그들을 예표적인 사람으로 만드신 것이다. 그렇기 때문에 그들

자신이 주님처럼 하늘에서뿐만이 아니라 이 땅에서도 영화로운 존재가 되기 위해서는 예표의 사람들로 이 땅에 오지 않으면 안 되는 것이다.

3. 예표적인 사람은 구속사의 세계에 동참할 수 있는 대상이다.

히브리서 3:5에 "모세는 장래의 말할 것을 증거하기 위하여 하나님의 온 집에서 사환으로 충성하였고"라고 기록되어 있다. 그렇게 사환으로 충성해야만 되는 사명을 하나님이 부여해주셨기 때문에 하나님의 집에서 사환으로 충성한 것처럼, 모세가 이 땅에 와서 광야의 지도자, 율법의 아버지로서 이스라엘 백성들을 '오늘날'이라는 산 자의 역사에 동참시켰다.

모세처럼 이 땅에 오기 전에 이 땅에 때에 맞게 등장해서 하나님의 일을 할 수 있도록 구속사의 세계에 동참할 수 있는 대상으로 준비되어 있는 사람을 예표적인 사람이라고 하는 것이다. 모세는 예표의 대상으로서 하나님의 집에서 온 사람이다.

하나님이 만유 바깥에 스스로 계신 자의 집을 지으셨다. "믿음은 바라는 것들의 실상이요 보지 못하는 것들의 증거니"(히 11:1)라고 하신 그 말씀처럼 그 세계는 완전하고 거룩하고 영광된 세계이다. 그 세계는 그림자가 없는 실존의 세계, 실체의 세계이기 때문에 절대 누구를 막론하고 죄를 가진 자는 들어 갈 수 없다. 영육 간에 완전히 부활되고 변화 받은 자만이 갈 수 있는 세계이다. 부족한 인간들이나 부족함이 있는 대상들은 아버지의 집을 관리할 수 없고, 머무를 수 없고, 함께할 수 없는 영광의 세계이기 때문에 처음부터 아버지의 집을 관리할 수 있는 예표의 대상들을 지으신 것이다.

아브라함에게 나타난 멜기세덱이 어떻게 높은 것을 알 수가 없었다(히 7:4). 히브리서 7:1-4 말씀을 통해서 '처음부터 그렇게 지음을 받은 사람이구나!'라고 느껴지기 시작했지만 신약의 마당에 등장하는 그들의 모습과 또 마지막 재림의 마당에 등장하는 모세와 엘리야를 통해서 그들이 어떤 사역을 하고 있다는 것을 알게 되고, 하나님의 영광을 위해서 처음부터 그들은 그렇게 지음을 받은 예표적인 존재라는 것을 비로소 알 수 있게 된 것이다.

사도 바울도 그런 사람이었다. 아나니아가 예수님께 고하기를 "그가 얼마나 믿는 성도에게 해를 끼쳤는지 아십니까?"라고 하자 "걱정하지 말라. 그가 이방의 그릇이 되어서 하나님의 복음을 짊어지고 많은 고난을 받고 큰일을 할 것이다. 그는 그렇게 지음을 받은 사람이다"라고 하셨다. 하나님이 처음부터 바울을 이방의 그릇으로 지으셨다는 것이다(행 9:13-16).

네 생물은 그런 존재였다. 처음부터 네 생물이 가지고 있는 영광이 하나님 아들과 방불한 제사장, 즉 멜기세덱으로 지어졌다는 것이다. 그렇기 때문에 그가 아브라함을 통해서 구속사의 세계를 펼칠 수 있는 것이다.

예표적인 사람들은 구속사의 세계에 처음부터 동참할 수 있는 것이다. 그렇게 동참할 수 있는 대상들을 예표의 사람이라고 한다.

모세와 엘리야는 예표의 사람들로 그들의 소속은 네 생물이다. 즉 예표의 대상으로 지음을 받은 표상이 네 생물이다. 구약 때는 사자와 송아지로 역사했다. 그리고 신약에 와서 변화의 산에 등장한 그들은 그리스도의 인성과 신성을 닮은 인격적인 대상으로 아버지의 영광으로 변화 받으신 예수님 앞에 나타났다.
　구속사의 입장에서 예수께서 메시아로서 3일 길을 걸으셨다면 아버지의 집에서 거룩한 천사였던 그들도 하나님의 뜻을 가진 거룩한 존재로서 이 땅에서 메시아가 걸어야 할 3일 길을 통해서 메시아 차원의 존재가 될 수 있는 것이다.

　네 생물은 하나님께서 창조 역사를 하시는 가운데 가장 먼저 피조물로 지음을 받은 자로서 하나님의 구원역사에 처음부터 동참하고 있었다는 사실을 분명히 알게 되었다. 네 생물의 존재는 처음부터 있었다는 것이다.
　실체의 그림자는 율법이다(히 10:1). 그림자와 실체는 영광 면에서 다를 뿐, 내용에 있어서는 같다고 말씀할 수 있다. 그런 의미에서 본다면 예수님은 하나님의 비밀이 되고(골 1:27, 2:2) 그 예수님 안에 들어있는 각종 보배, 보화가 바로 네 생물이라는 것을 알 수 있다.

　그렇다면 그가 어떻게 그러한 존재로 지음을 받았을까? 처음에 지음을 받았을 때에는 네 생물이 어떤 존재인지, 어떤 대상인지 아무도 알지 못했다. 지음을 받은 그들은 구속사의 세계가 완성되는 결국에 어떤 영광의 대상으로 나타날 것인가?

V
큰 광명과 작은 광명

1. 창세기 넷째 날 큰 광명과 작은 광명을 만드셨다.

> 창 1:14-16 하나님이 가라사대 하늘의 궁창에 광명이 있어 주야를 나뉘게 하라 또 그 광명으로 하여 징조와 사시와 일자와 연한이 이루라 또 그 광명이 하늘의 궁창에 있어 땅에 비취라 하시고 (그대로 되니라) 하나님이 두 큰 광명을 만드사 큰 광명으로 낮을 주관하게 하시고 작은 광명으로 밤을 주관하게 하시며 또 별들을 만드시고

창세기 넷째 날에 보면 큰 광명으로 하여금 낮을 주관하게 하시고 작은 광명으로 하여금 밤을 주관하게 하셨다. 요한계시록 22:16에 보면 예수님은 아침을 여는 광명한 새벽별이시다.

> 계 22:16 나 예수는 교회들을 위하여 내 사자를 보내어 이것들을 너희에게 증거하게 하였노라 나는 다윗의 뿌리요 자손이니 곧 광명한 새벽별이라 하시더라

그래서 예수님이 낮을 주관하시고 작은 광명으로 하여금 밤을 주관하게 하셨다. 표면적으로 말하면 큰 광명은 해를 말하고 작은 광명은 달을 말하는 것이다. 그러니까 달과 별들로 하여금 밤을 주관하게 하시고 해를 통해서 낮을 주관하게 하셨다.

시편 19:5, 84:11에 보면 해는 신랑으로 표현되고 있다. 그 말씀의 의미 속에는 빛의 세계는 신랑, 해이신 예수님이 낮을 주관하시고, 달을 의미하는 작은 광명으로 하여금 밤을 주관하게 하신다는 것이다.

생명의 부활로 구원받는 대상은 누구인가? 누가복음 20:35-36에 생명의 부활로 구원을 받는 사람들은 천사와 동등하다는 내용이 기록되어 있다.

"믿음의 결국은 영혼의 구원을 받음이라"(벧전 1:9)는 말씀처럼 영혼구원을 받는 사람들은 생명의 부활의 대상들로서 그들은 천사가 된다. 천사들은 낮에 속한 사람이 아니라 밤에 소속된 사람들이다. 그리고 첫째 부활을 받는 사람들은 낮에 속한 사람들이다.

예수께서 십자가 상에서 잠드신 후 부활하시기까지 3일 동안 스올에 들어가셔서 노아 때 물 심판으로 죽은 영혼들에게 천국복음을 전하셨다.

> 벧전 3:19-21 저가 또한 영으로 옥에 있는 영들에게 전파하시니라 그들은 전에 노아의 날 방주 예비할 동안 하나님이 오래 참고 기다리실 때에 순종치 아니하던 자들이라 방주에서 물로 말미암아 구원을 얻은 자가 몇명뿐이니 겨우 여덟 명이라 물은 예수 그리스도의 부활하심으로 말미암아 이제 너희를 구원하는 표니

> 곧 세례라 육체의 더러운 것을 제하여 버림이 아니요 오직 선한 양심이 하나님을 향하여 찾아가는 것이라

> 벧전 4:6 이를 위하여 죽은 자들에게도 복음이 전파되었으니 이는 육체로는 사람처럼 심판을 받으나 영으로는 하나님처럼 살게 하려 함이니라

물은 구원의 표라고 했다. 출애굽 1세대는 모세의 인도 아래 홍해를 건넜다. 이스라엘 백성들은 그 사실을 모르고 홍해를 건넜지만 그들이 홍해를 건널 때 고린도전서 10:1-2 말씀처럼 모두 단체로 세례를 받았던 것이다.

> 고전 10:1-2 형제들아 너희가 알지 못하기를 내가 원치 아니하노니 우리 조상들이 다 구름 아래 있고 바다 가운데로 지나며 모세에게 속하여 다 구름과 바다에서 세례를 받고

그들은 육으로는 죽었으나 영으로는 살리심을 받은 사람들이다. 노아 때 물 심판 받은 사람들은 생명의 부활로 구원을 받는 사람들이기 때문에 천사가 된 존재들로서 작은 광명에 소속된 자들이다. 그들은 작은 광명에 소속된 사람들이기 때문에 작은 광명이 자기에게 소속된 그들을 위해서 십자가를 짊어질 수 있는 것이다. 모세와 아론이 출애굽한 광야 1세대를 위해서 죽어야 하는 이유가 거기에 있는 것이다.

모세는 누구인가? 바로 네 생물 속에 있던 인격체가 이 땅에 온 사람이다. 그렇기 때문에 생명의 부활로 구원을 받는, 물로 세례를

받은 광야 1세대들을 누가 책임져야하는가? 작은 광명 같은 모세가 책임을 져야 하기 때문에 모세가 그들을 위해서 죽지 않으면 안 되는 것이다. 그래서 이스라엘 자손이 애굽 땅에서 나온지 40년 5월 1일에 아론이 죽고(민 33:38), 같은 해 11월 1일에 모세가 죽었다는 사실을 기억할 것이다(신 1:3).

2. 네 생물 안의 큰 광명과 작은 광명

모세의 시체를 마귀가 가지고 가지 못했다(유 1:9). 모세는 예수님의 그림자로써 부활을 한 사람이기 때문이다. 모세가 엘리야와 다른 점이 무엇인가? 엘리야는 부활로 올라가지 않고 변화해서 올라간 사람이고 모세는 부활해서 올라간 사람이다. 데살로니가전서 4장에 보면 부활과 변화 중에서 어떤 것이 영광이 더 크다고 했는가? "살아 남아있는 자도 자는 자보다 결단코 앞서지 못한다"(살전 4:15-17)라고 했다. 즉 변화보다 부활의 영광이 더 큰 것이다. 그렇기 때문에 모세와 엘리야의 관계적인 입장, 사역적인 입장에서 말한다면 모세가 이 땅의 주가 되고 엘리야가 두 감람나무가 되는 것이다(계 11:4).[35]

하늘에서 하나님이셨던 예수님이 죽는 자들에게도 하나님이 되시기 위해 이 땅에 오셨다. 산 자의 하나님뿐만 아니라, 죽는 자들의

---

35) 제 3권 <두 감람나무와 두 촛대, 그들은 누구인가> 252-253쪽, 294-299쪽, 벽암 조영래 저, 도서출판 오색이슬.

하나님도 되시기 위해서 유한적인 이 세상, 하늘의 발등상이 되는 지구촌에 오셔서 십자가를 지신 것처럼, 네 생물 안의 보좌의 주인공이었던 '이 땅의 주'와 '이 땅의 주 앞에 선 두 감람나무'도 이 땅에 와서 그런 과정을 통해서 하나님 아들과 방불한 인격체로서 승리의 구도의 길을 걷게 하심으로써 하나님께서 그들을 메시아적인 인격으로 탄생시키시는 것이다.

> 마 20:20-21 그 때에 세베대의 아들의 어미가 그 아들들을 데리고 예수께 와서 절하며 무엇을 구하니 예수께서 가라사대 무엇을 원하느뇨 가로되 이 나의 두 아들을 주의 나라에서 하나는 주의 우편에, 하나는 주의 좌편에 앉게 명하소서

예수님의 열두 제자 중 야고보와 요한의 어머니인 살로메가 예수님에게 질문한 내용이다. 또는 야고보와 요한이 예수님에게 직접 다음과 같이 여쭈었다고 기록된 성경 말씀도 있다. "주의 영광 중에서 우리를 하나는 주의 우편에 하나는 좌편에 앉게 하여 주옵소서"라고 요청한 것이다(막 10:35-40).

그 말을 듣고 예수께서는 사두개파 사람들에게 하신 것처럼 "너희가 성경도 하나님의 능력도 알지 못하므로 오해함이 아니냐?"(마 22:29, 막 12:24)라고 하지 않으셨다. 좌우편 보좌에 앉을 자가 있다는 것은 인정하시면서 "그 자리에는 누가 앉든 간에 아버지가 정한 자가 앉는다"(마 20:23)라고 말씀하셨다. 오른쪽 보좌, 왼쪽 보좌에 앉는 사람은 아버지가 정한 사람이 앉는다는 것이다. 그 아버지는 마지막 때 재림의 마당에 등장하는 해를 입은 여인을 말씀하는 것이다(계 12:1).

그때 그 두 사람이 입는 영광이 넷째 날 지어진 큰 광명과 작은 광명의 영광이다. 본서 제 3장에서 이미 이 보좌에 앉을 사람이 네 생물 안에서 정해져 있다는 점을 밝힌 바 있다.[36] 그 보좌의 주인공은 인자로서 구속사에 뛰어든 모세와 엘리야이다. 즉, 이 땅의 주와 주 앞에 선 두 감람나무라고 할 수 있다.

3. 큰 광명과 작은 광명이 먼저 존재해 있었다는 것을 알았다면 루시엘이 타락할 수 있었을까?

넷째 날 큰 광명과 작은 광명을 만드시고 큰 광명으로 하여금 낮을 주관하게 하시고 작은 광명으로 하여금 밤을 주관하게 하셨다. 그러나 거기에는 우리가 깊이 생각해야 할 점이 있다.

"욕심이 잉태한즉 죄를 낳고 죄가 장성한즉 사망을 낳느니라"는 말씀처럼 죄의 존재를 탄생시켰던 둘째 날 궁창의 세계에서는 아직 큰 광명과 작은 광명이 없었다는 것이다. 큰 광명과 작은 광명이 아직 없었기 때문에 상대적인 입장으로 표현을 한다면 루시엘이 교만해지고 방자해지고 죄의 원흉으로 치닫을 수밖에 없었다. 세상 속담에 "호랑이가 없는 산에 토끼가 왕 노릇 한다"는 말이 있다.

낮을 주관하는 큰 광명과 밤을 주관하는 작은 광명의 존재가 아직 지음을 받기 전이었기 때문에 루시엘이 그렇게 교만할 수밖에 없었다는 것이다.

---

36) 본서 제 3장 <여호와의 영광의 형상의 모양> 223-227쪽

첫째 날 "땅이 혼돈하고 공허하며 흑암이 깊음 위에 있고"(창 1:2)의 그 혼돈과 공허와 흑암은 어떤 곳인가? 빛이 임할 수 없는 곳이다. 빛이 임할 수 없는 곳이라는 의미는 그 부분에 있어서만큼은 빛과 상관이 없는 영역을 말한다.

예를 들어 말하면 태양계에도 지구를 제외하고는 생명체가 있는 별이 없다. 생명이 존재하지 않는 곳에는 굳이 빛이 임재할 필요가 없다. 그러니까 "땅이 혼돈하고 공허하고 흑암이 깊음 위에 있고"라는 그 땅에는 빛이 임할 수 없는 곳이다. 빛이 능력이 없어서 임할 수 없다는 뜻이 아니라 임할 필요성이 없다는 것이다. 빛이 임해야 할 대상이 아니라는 것을 말씀하고 있는 것이다. 빛이 임할 수 없는 곳이라면 상대적으로 어두움이 존재할 수 있다는 의미로 이해할 수 있을 것이다.

> 출 14:20-21 애굽 진과 이스라엘 진 사이에 이르러 서니 저 편은 구름과 흑암이 있고 이 편은 밤이 광명하므로 밤새도록 저 편이 이 편에 가까이 못하였더라 모세가 바다 위로 손을 내어민대 여호와께서 큰 동풍으로 밤새도록 바닷물을 물러가게 하시니 물이 갈라져 바다가 마른 땅이 된지라

그렇기 때문에 성경을 자세히 살펴보면 흑암과 광명의 차이점이 두드러지게 잘 나타나 있다. 출애굽 당시 독 안에 든 쥐와 같이 이스라엘 백성들이 홍해를 건너지 못하고 갇혀있었다. 이스라엘 백성들이 결국 "모세여! 애굽에 매장지가 없으므로 당신이 우리를 이끌어 내어 이 광야에서 죽게하느뇨"(출 14:11-12)라고 원망했다. 그러자 하나님이 애굽은 흑암으로, 이스라엘 백성들은 광명으로 분리해서

지켜주셨다. 그렇기 때문에 흑암에 있던 애굽 군대가 광명한 빛의 능력 안에서 보호받고 있던 이스라엘 백성들을 공격하지 못했다. 그 틈을 이용해서 모세로 하여금 받은바 명령대로 지팡이를 든 손을 내밀어 홍해를 가르게 했다(출 14:21).

욥기에 흑암이라는 의미를 가진 말씀이 기록되어 있다.

> 욥 24:16-17 밤에 집을 뚫는 자는 낮에는 문을 닫고 있은즉 광명을 알지 못하나니 그들은 다 아침을 흑암같이 여기니 흑암의 두려움을 앎이니라

> 욥 30:26 내가 복을 바랐더니 화가 왔고 광명을 기다렸더니 흑암이 왔구나

상대적으로 광명이 있는 곳은 말씀이 있다는 것이다. 루시엘이 광명의 존재를 몰랐기 때문에 궁창의 세계에서 교만해질 수밖에 없었고, 그 교만이 장성해져서 죄가 되고 나중에 사망에 이르는, 죄의 열매를 맺는 대상이 되고 말았다.

그가 만약에 광명의 존재를 알았더라면 함부로 나서지 못한다. 자기 위에 어른이 있다는 것을 알면 조심할 수밖에 없지만 자기보다 큰 자가 없다는 사실을 스스로 인정했기 때문에 그가 교만해져서 하나님이 하시는 일을 "나도 할 수 있다. 내가 못할 것이 어디 있느냐?"라고 했던 것이다.

그가 그렇게 장담할 수 있었던 것은 무엇인가? 그가 어느 정도는 하나님이 하시고자 하시는 구속사의 세계를 알고 있었다는 것이다.

만일 그가 구속사의 세계를 전혀 모른다면 하나님이 하시고자 하시는 것을 나도 할 수 있다고 말할 수 없다. 그래서 "나는 기름 부음을 받은 자로서 궁창의 세계를 주관할 수 있는 자가 아니냐?"라고 생각한 것이다.

루시엘은 궁창에서 영광을 덮는 그룹이었다. 하나님의 영광을 덮는 그룹이라는 그 의미 자체에서도 느껴질 수 있는 것이 무엇인가? 하나님의 영광을 덮고 있는 자로서 법궤 안에 있는 내용을 어느 정도는 알고 있었다는 것이다. 그것이 바로 루시엘이 교만해질 수 있었던 동기가 된 것이다. "나보다 더 큰 자가 없으니까 나도 차원이 낮고 천한 하늘의 발등상이 되는 흙으로 지음 받은 인간들을 통해서 하늘에서 이루어진 뜻대로 이 땅에서 이루시고자 하시는 하나님이 하시려는 세계, 지상천국을 만들 수 있어!"라는 의미가 함축되어있는 말씀이 "하나님과 비기려했다, 하나님의 자리에 앉았다"라는 표현으로 성경에 기록되어 있다는 것이다.

> 겔 31:3-14 볼찌어다 앗수르 사람은 가지가 아름답고 그늘은 삼림의 그늘 같으며 키가 높고 꼭대기가 구름에 닿은 레바논 백향목이었느니라 -(중략)- 그 나무가 크고 가지가 길어 모양이 아름다우매 하나님의 동산의 백향목이 능히 그를 가리우지 못하며 잣나무가 그 굵은 가지만 못하며 단풍나무가 그 가는 가지만 못하며 하나님의 동산의 아무 나무도 그 아름다운 모양과 같지 못하였도다 내가 그 가지로 많게 하여 모양이 아름답게 하였더니 하나님의 동산 에덴에 있는 모든 나무가 다 투기하였느니라 그러므로 나 주 여호와가 말하노라 -(중략)- 이는 물가에 있는 모든 나무로 키가 높다고 교만치 못하게 하며 그 꼭대기로 구름에 닿지 못하

게 하며 또 물 대임을 받는 능한 자로 스스로 높아 서지 못하게 함이니 그들을 다 죽는 데 붙여서 인생 중 구덩이로 내려가는 자와 함께 지하로 내려가게 하였음이니라

위 성구에 보면 애굽 왕 두로를 물가에 심긴 큰 백향목으로 비유했다. 그런데 그가 자라서 구름에 닿았다는 것이다. "잣나무가 그 굵은 가지만 못하고 단풍나무가 그 가는 가지만 못하다"라고 기록되어 있다. 그래서 에덴동산에 있는 모든 나무들이 투기했다. 그런데 하나님께서 그 나무를 베어버리셨다. "물 대임을 받는 어떤 나무라도 자기 스스로 구름에 닿기를 원하는 나무는 내가 무참히 찍어버리리라"고 하셨다. 이는 아무도 하나님 앞에 교만하지 못하게 하기 위해서다(고전 1:26-29). 오직 구름에 닿을 수 있는 나무는 하나님의 신과 능으로써만 이루어지게 하신다는 것이다(슥 4:6).

> 슥 4:6 그가 내게 일러 가로되 여호와께서 스룹바벨에게 하신 말씀이 이러하니라 만군의 여호와께서 말씀하시되 이는 힘으로 되지 아니하며 능으로 되지 아니하고 오직 나의 신으로 되느니라

4. 넷째 날 광명의 정체는 무엇인가?

땅에 있는 나무가 구름에 닿았다는 말은 무슨 뜻인가? 야곱이 라반의 집으로 도망갈 때 땅에서 만들어진 사닥다리가 하늘에 닿는 것을 보았고 천사들이 오르락내리락하고 있었으며 그 꼭대기에는 여

호와 하나님이 계셨다. 하늘에 닿은 사닥다리는 멜기세덱 반차를 말하는 것이다.

> 창 28:10-12 야곱이 브엘세바에서 떠나 하란으로 향하여 가더니 한 곳에 이르러는 해가 진지라 거기서 유숙하려고 그곳의 한 돌을 취하여 베개하고 거기 누워 자더니 꿈에 본즉 사닥다리가 땅위에 섰는데 그 꼭대기가 하늘에 닿았고 또 본즉 하나님의 사자가 그 위에서 오르락 내리락하고

넷째 날 광명은 어떤 광명을 말하는 것인가? 그 사닥다리가 이 땅에서 만들어져 세워졌다. 그러면 사닥다리가 스스로 만들어지는 것인가? 누군가 만든 그 사닥다리를 하늘 구름에 닿게 세운 것이다. 그 나무는 어떤 나무를 말하는가? 바로 감람나무를 말하는 것이다. 그러니까 어떤 나무든 절대 감람나무가 아니고는 하늘에 닿을 수가 없는 것이다. 하나님께서 정하신 나무가 아니면 어떤 나무라도 하늘에 닿으려고 하면 하나님이 무참히 순찰자를 보내서 밑동을 싹둑 잘라버리고 만다(단 4:10-23). 그들이 건방지게 닿으려고 하자 애굽 왕 바로도 그렇게 잘린 것이고, 바벨론 느부갓네살도 그렇게 잘린 것이다.

마찬가지다. 이 땅에 스스로 자기가 메시아라고 주장하는 사람들이 얼마나 많은가? 그들이 누구인가? 스스로 하늘 구름에 닿으려고 하는 나무들이다. 그런데 그 나무들 중에서 닿은 자가 있는가? 하늘 구름에 닿았다는 말은 하나님의 신과 능에 의해서 완성된 인격자를 말하는 것이다.

그래서 제 3권 '두 감람나무와 두 촛대, 그들은 누구인가?' 서문 (序文)에 "자칭, 자신들이 하늘에서 메시아 차원으로 이 땅에 왔노라 소리치는 자들아! 너희들은 너희들의 신분, 하늘에서 온 너희들의 뿌리, 족보를 대어보라! 누구든지 감람나무가 되고 싶은 사람, 진실로 자기가 감람나무가 되려고 하는 사람은 먼저 성경에 기록된 자기 족보, 근거를 댄 후에 너희가 스스로 너희를 예언해보라! 성경에 기록된 대로 내가 죽었다가 3일 반 만에 살아나겠다. 그렇게 예언을 하고 예언을 한 대로 그 날짜에 맞추어서 며칠 만에 살아난다면 그가 진짜 감람나무이다. 그렇지 못하면 가짜다!"라는 내용을 쓴 것이다.

지금까지 자기가 메시아라고 주장했던 자들 중에서 죽었다 살아난 사람이 있는가? 내가 언제 죽어서 어떻게 살아나겠다고 예언한 사람도 없을 뿐더러 스스로 메시아라고 주장하다가 죽은 자 중에서 살아난 자도 한 명도 없었다.

5. 셋째 날 만들어진 씨들과 넷째 날 큰 광명, 작은 광명의 관계

> 창 1:11-13 하나님이 가라사대 땅은 풀과 씨 맺는 채소와 각기 종류대로 씨 가진 열매 맺는 과목을 내라 하시매 그대로 되어 땅이 풀과 각기 종류대로 씨 맺는 채소와 각기 종류대로 씨 가진 열매 맺는 나무를 내니 하나님의 보시기에 좋았더라 저녁이 되며 아침이 되니 이는 세째 날이니라

셋째 날 구속사의 대상이 되는 씨를 만들었다. 그리고 넷째 날 큰 광명과 작은 광명을 만들었다. 어느 의미에서는 구속의 대상과 구속주를 셋째 날과 넷째 날에 만들었다는 것이다. 그 구속주가 바로 큰 광명과 작은 광명이다. 큰 광명으로 하여금 낮을 주관하게 하시고 작은 광명으로 하여금 밤을 주관하게 하셨다.

하나님께서 셋째 날을 만드실 때 이미 씨를 구별하시고 선별하셨다. 왜 씨를 구별하시고 선별하실 수밖에 없었는가? 바로 둘째 날 루시엘의 타락을 보셨기 때문에 "보시기에 좋았더라"고 말씀하시지 못했다. 그렇기 때문에 궁창을 중심으로 윗물과 아랫물이 분리된 것처럼 셋째 날, 씨를 지으실 때 당연히 좋은 씨와 가라지로 분리할 수밖에 없었다.

궁창을 중심으로 타락하지 않은 천군의 세계와 타락한 천군의 세계를 선별했다. 그것이 둘째 날의 내용이다. 따라서 하나님이 당연히 씨를 구별하실 수밖에 없었던 것이다. 씨를 구별해놓으시고 넷째 날 그 씨들을 통해서 이루시고자 하시는 하늘나라의 두 보좌를 만드신 것이다. 그것이 큰 광명과 작은 광명이다.

야고보, 요한의 어머니 살로메가 "선생님이 보좌에 앉으실 때 우리 두 아들을 하나는 왼쪽에 하나는 오른쪽에 앉게 해주소서"라고 간청한 두 보좌는 아버지 때 이루어진다는 것이다. 아버지의 때에 이루어지는 두 보좌는 두 감람나무가 가지고 있는 두 촛대를 의미하는 것이다.

큰 광명과 작은 광명이 넷째 날 지음을 받았지만 그들이 그 영광을 입으려면 이 땅에서 입어야 한다. 그렇기 때문에 큰 광명과 작은 광명이 영광을 입기 위해서는 종말론적인 입장에서 여섯째 날 이 땅에서 그 영광을 입게 되는 것이다.

6. 이 땅의 주가 이루시는 큰 광명과 작은 광명

그렇다면, 재림의 마당의 아버지인 이 땅의 주의 입장에서 본 큰 광명과 작은 광명은 누구일까? 예수께서 두 보좌에 앉을 사람은 아버지가 정하신다고 하셨을 때의 아버지는 마지막 때 재림의 마당에 등장하는 해를 입은 여인을 말씀하는 것이다(계 12:1).

아버지의 때에 이루어지는 두 보좌의 의미가 바로 두 감람나무가 가지고 있는 두 촛대를 말씀하는 것이다.

재림의 마당의 주인공은 이 땅의 주와 주 앞에 선 두 감람나무이다. 이 땅의 주는 신랑이시고 두 감람나무는 신부이다. 신부의 보좌는 어떻게 이루어지는가? 두 감람나무에게는 두 감람나무에게 소속되어있는 두 촛대가 있다.

> 계 1:20 네 본 것은 내 오른손에 일곱 별의 비밀과 일곱 금 촛대라 일곱 별은 일곱 교회의 사자요 일곱 촛대는 일곱 교회니라

위 성구에 일곱 금 촛대와 일곱 별이 기록되어 있다. 촛대는 교회를 말하고 별은 교회의 사자를 말한다. 두 감람나무에게는 그에게 소속되어 있는 두 촛대가 있다. 그 두 촛대는 일곱 교회에 소속된 촛

대가 아니라 두 감람나무에게 소속되어있는 감람나무 자신의 촛대를 말한다. 촛대는 교회라고 했다. 따라서 두 촛대는 신부 앞에 있는 두 교회, 즉 보좌를 말하는 것이다. 그렇기 때문에 신랑의 보좌에 큰 광명과 작은 광명이 있는 것처럼 신부의 보좌에도 큰 광명과 작은 광명이 있다.

아브라함이 구약의 마당, 신약의 마당, 재림의 마당, 세 마당을 위해서 세 가지의 제물을 바쳐드렸다. 제물이 있다는 것은 그 제물을 받는 사람이 있다는 의미가 된다. 그 제물을 하나님께서 받으셨기 때문에 "쪼갠 고기 사이로 횃불이 지나갔다"는 것이다(창 15:17-18).

재림의 마당의 제물은 산비둘기와 집비둘기 새끼(창 15:9-10, 레 1:14)로 제물이 둘이다. 그 제물은 아버지께 바쳐지는 제물이다. 산비둘기와 집비둘기 새끼는 하나님께서 선택하신 기름 부은 자들로서 두 제물이 광명한 자가 되는 것이다.

그렇다면 두 제물을 받으시는 분은 누구인가? 그분이 바로 근원적인 본래의 광명이시다. 그 말의 의미는, 의의 태양은 오직 하나이기 때문에 그 의의 태양을 가리켜서 본래의 광명이라고 말할 수 있다.

VI
네 생물이 주관하는 재림 마당의 다시 복음의 역사

성경 말씀은 다 어디에서 이루어져야 하는가? 하늘에서 이루어져야 할 말씀이 아니라 구속의 대상인 아브라함의 후손을 통해서 일점일획 모두 이 땅에서 이루어져야 할 말씀이다. 성경에 기록된 말씀이 이루어져야 세상 끝이 오는 것이다.

아브라함이 구약의 마당, 신약의 마당, 재림의 마당을 위한 때에 맞는 제물로써 하나님께서 기뻐하시는 산제사를 드렸다. 그렇기 때문에 분명히 세 마당에는 시작하는 자로 하여금 끝을 맺게 하는 역사의 주인공, 때의 주인공들이 꼭 등장해야 된다. 때에 맞는 말씀의 비밀을 가진 주인공의 도움을 받지 않고는 절대 마지막 재림의 마당에서 이루어지는 구속사의 꽃, 열매를 맺지 못하고 마지막 재림의 마당에서 이루어지는 새 창조, 새 역사의 중심에 들어갈 수가 없다.

요한계시록 6장에 보면 어린 양이 하나님의 보좌에서 인을 떼어 주실 때마다 네 생물 중에 하나가 "오라!"고 외친다. 그 말은 "시작하라! 시작해도 좋다!"라고 외치는 말씀이다. "추수할 것은 많되 일

군은 적으니 그러므로 추수하는 주인에게 청하여 추수할 일군을 보내어 주소서 하라"(마 9:37-38)고 예수님이 말씀하셨다. 그러나 일곱 인, 일곱 나팔, 일곱 대접의 비밀을 모르는 사람은 절대 마지막 때 이한 낫을 가진 금 면류관, 의의 면류관을 쓴 추수꾼의 자격을 부여받을 수 없고 자격자가 되지 못한다.

> 계 14:14-15 또 내가 보니 흰 구름이 있고 구름 위에 사람의 아들과 같은 이가 앉았는데 그 머리에는 금 면류관이 있고 그 손에는 이한 낫을 가졌더라 또 다른 천사가 성전으로부터 나와 구름 위에 앉은 이를 향하여 큰 음성으로 외쳐 가로되 네 낫을 휘둘러 거두라 거둘 때가 이르러 땅에 곡식이 다 익었음이로다 하니

우리가 재림의 마당에서 재림주 멜기세덱께서 역사하시는 새 창조, 새 역사의 중심에 설 수 있는 역사의 증인들이 되기 위해서는 일곱 인, 일곱 나팔, 일곱 대접을 주도하는 중심적인 인물이 되는 네 생물의 비밀을 정확하게 알아야 하지 않겠는가?

일곱 인, 일곱 나팔, 일곱 대접의 역사는 한 사람이 하는 것이 아니다. 인을 떼어주는 사람이 따로 있고 나팔을 부는 사람이 따로 있고 대접을 쏟는 사람도 따로 있다.

인은 누가 떼어주는가? 열 가지 재앙, 기사이적으로 애굽을 칠 때 여호와 하나님이 말씀하심으로 인이 떼어지는 것이다. 나팔은 누가 부는가? 이스라엘 역사에 보면 나팔은 제사장이 부는 것이다. 나팔은 아브라함의 후손, 구속사의 중심에 서있는 인자(人子), 사람이 부는 것이다. 그러면 대접의 재앙은 누가 내리는가? 우리 인간의 눈

에는 보이지 않지만 말씀의 권세와 능력을 가지고 천사들이 하는 것이다. 그것이 대접의 역할이다. 여호와 하나님이 말씀하신 대로 모세와 아론이 기도함으로써 대접의 재앙이 쏟아지는 역사가 이루어진다. 그렇게 마지막 때에도 일곱 인, 일곱 나팔, 일곱 대접의 역사가 이루어지는 것이다.

모세 때에는 여호와 하나님이 했지만 마지막 때에는 누가 그 역사를 하는가? 요한계시록 10:11에 보면 "네가 많은 백성과 나라와 방언과 임금에게 다시 예언하여야 하리라"는 말씀이 기록되어 있다.

> 계 10:8-11 하늘에서 나서 내게 들리던 음성이 또 내게 말하여 가로되 네가 가서 바다와 땅을 밟고 섰는 천사의 손에 펴놓인 책을 가지라 하기로 내가 천사에게 나아가 작은 책을 달라 한즉 천사가 가로되 갖다 먹어 버리라 네 배에는 쓰나 네 입에는 꿀 같이 달리라 하거늘 내가 천사의 손에서 작은 책을 갖다 먹어버리니 내 입에는 꿀같이 다나 먹은 후에 내 배에서는 쓰게 되더라 저가 내게 말하기를 네가 많은 백성과 나라와 방언과 임금에게 다시 예언하여야 하리라 하더라

하나님께서는 왜 작은 책의 내용으로 많은 백성과 나라와 방언과 임금들에게 다시 복음으로 전하라고 하셨을까? 다시 복음은 무엇인가? 다시 복음에 대해서는 어느 누구도 언급한 사람이 없다. 언급하지 못하는 다시 복음을 많은 백성과 나라와 방언과 임금들에게 전하라고 하신 것이다. 이미 알고 있는 내용이라면 굳이 그것을 다

시 전하라고 말씀하실 필요가 없다. 지금까지 알지 못했던 새로운 부분, 새로운 말씀이기 때문에 다시 전하라고 하신 것이다. 그렇다면 다시 전하라고 하신 작은 책의 내용은 무엇인가? 바로 멜기세덱이다.

1. 다시 복음과 영원한 복음

요한계시록에 들어있는 내용 중에서 이 땅의 주와 주 앞에 섰는 두 감람나무와 관련되어 있는 내용을 가리켜서 중간계시, 특별계시, 별도로 삽입된 계시라고 말한다. 다시복음은 이 중간계시와 관련된 복음이다. 요한계시록 10:11, 14:6에는 '다시 복음'과 '영원한 복음'이라는 두 가지의 복음이 등장하고 있다.

> 계 10:11 저가 내게 말하기를 네가 많은 백성과 나라와 방언과 임금에게 다시 예언하여야 하리라 하더라

> 계 14:6 또 보니 다른 천사가 공중에 날아가는데 땅에 거하는 자들 곧 여러 나라와 족속과 방언과 백성에게 전할 영원한 복음을 가졌더라

영원한 복음은 전 세계적으로 이루어질, 본래 처음부터 예언되었던 말씀이다. 그러나 다시 복음은 중간계시, 또는 작은 책의 말씀이라고 하는데 이 말씀은 전 세계적으로 임하는 말씀이 아니다. "천국은 제 밭에 좋은 씨를 뿌린 사람과 같으니"(마 13:24-30)라고 하

신 천국이 이루어질 제 밭에 해당되는 말씀이다. 그 제 밭에서 하늘나라가 이루어지기 위해서는 첫째, 제 밭이라는 천국이 이루어져야 할 거룩한 땅이 있어야 하고 또 백성이 있어야 한다. 거룩한 땅과 백성, 또 그들을 다스릴 수 있는 하나님의 주권이 있어야 한다. 하나님의 주권이라는 말은 땅의 법이 아니라 하늘의 법도를 말한다.

모세가 이스라엘 백성들과 시내산에서 언약을 맺을 때에도 번제와 화목제를 여호와께 드리고 피를 양푼에 담아 반은 단에 뿌리고 백성들에게도 피를 뿌리고 이스라엘 백성들과 언약을 맺었다(출 24:4-8). 그 언약을 맺는 가운데 나타나는 하나님의 주권이 율법과 계명이다. 그것이 그들의 주권이고 하늘의 법도이기 때문에 이스라엘 백성들은 율법과 계명을 지켜야 한다. 하늘나라가 이루어지기 위해서는 제 밭이라는 거룩한 땅과 백성이 있어야 하고 하나님의 주권이 되는 율법과 계명, 이 세 가지 조건이 갖추어져야 이 땅에서 하늘나라가 이루어지는 것이다.

2. 제 밭에는 누가 등장하는가?

제 밭에는 하나님의 주권으로 그 땅을 다스릴 수 있는 왕이 등장해야 한다. 그 왕을 가리켜 이 땅의 주(계 11:4)라고 말한다. 예수님도 세상 끝에 오셔서 이 땅의 주, 만왕의 왕이 되셨다.

마찬가지다. 재림의 마당에도 분명히 천국이 이루어질 제 밭에 그러한 왕이 등장하는 것이다. 그를 가리키는 다양한 별칭이 성경에 기록되어 있다(계 19:11-16). 메시야가 걸어야 될 3일 길의 차원에서 본다면 해를 입은 여인으로 먼저 등장하고(계 12:1), 해를 입은 여인이 또 이 땅의 주로서 역사하고(계 11:4), 그가 자기만이 아는 광야로 가서 한 때·두 때·반 때를 양육 받음으로써(계 12:6) 재림주 멜기세덱의 영광으로 나타나는 것이다.

> 계 19:11-16 또 내가 하늘이 열린 것을 보니 보라 백마와 탄 자가 있으니 그 이름은 충신과 진실이라 그가 공의로 심판하며 싸우더라 그 눈이 불꽃 같고 그 머리에 많은 면류관이 있고 또 이름 쓴 것이 하나가 있으니 자기 밖에 아는 자가 없고 또 그가 피 뿌린 옷을 입었는데 그 이름은 하나님의 말씀이라 칭하더라 하늘에 있는 군대들이 희고 깨끗한 세마포를 입고 백마를 타고 그를 따르더라 그의 입에서 이한 검이 나오니 그것으로 만국을 치겠고 친히 저희를 철장으로 다스리며 또 친히 하나님 곧 전능하신 이의 맹렬한 진노의 포도주 틀을 밟겠고 그 옷과 그 다리에 이름 쓴 것이 있으니 만왕의 왕이요 만주의 주라 하였더라

위 성구에 보면 그분은 다양한 이름을 가지고 있다. 그런 분이 이 땅에서 제 밭을 통해서 하늘나라를 이루신다는 것이다.

그렇다면 그분 앞에는 누가 존재해야 하는가? 하나님의 백성들이 있어야 한다. 그래서 천국이 이루어질 제 밭을 가리켜서 영적 이스라엘이라고 말씀하는 것이다. 그러한 나라를 하나님이 아무도 모르게 이 땅에 오셔서 자기가 원하는 자들을 통해서 혼자 이루시는 것이 아니다. 그 나라를 이루시기 위해서 사전적으로 그 나라를 이룰 수 있는 기초, 근거, 터를 통하여 동일한 말씀의 역사(벧후 3:7)가

오래 전부터 진행되어 왔다는 것이다.

마태복음 21:43에 "하나님의 나라를 너희는 빼앗기고 그 나라의 열매 맺는 백성이 받으리라"고 말씀하시며 본방 이스라엘 백성이 빼앗긴 포도원을 열매 맺는 백성에게 주시겠다고 하셨다. 그 포도원은 노아가 만들었던 포도원이다.

> 창 9:20-21 노아가 농업을 시작하여 포도나무를 심었더니 포도주를 마시고 취하여 그 장막 안에서 벌거벗은지라

그 포도원을 열매 맺는 백성들에게 주시겠다는 말씀의 뉘앙스 속에도 천국이 이루어지는 하늘나라의 역사는 마지막 때 하나님이 아무도 모르게 뚝딱 역사하시는 것이 아니라 처음부터 그 역사는 시작되었다는 그런 의미의 내용을 담고 있는 말씀이다.

그렇기 때문에 그런 역사의 세계를 이사야 선지자가 예언한 것이다. "세계 민족 중에 이런 일이 있으리니 감람나무를 흔듦 같고 포도를 거둔 후에 주움 같은 역사를 하신다"는 것이다.

> 사 24:13 세계 민족 중에 이러한 일이 있으리니 곧 감람나무를 흔듦 같고 포도를 거둔 후에 그 남은 것을 주움 같을 것이니라

> 사 17:6-7 그러나 오히려 주울 것이 남으리니 감람나무를 흔들 때에 가장 높은 가지 꼭대기에 실과 이 삼개가 남음 같겠고 무성한 나무의 가장 먼 가지에 사 오개가 남음 같으리라 이스라엘의 하나님 여호와의 말씀이니라 그 날에 사람이 자기를 지으신 자를 쳐다보겠으며 그 눈이 이스라엘의 거룩하신 자를 바라보겠고

마지막 때에 재림 마당에서 포도나무 역사와 감람나무의 역사, 두 가지의 역사가 병행되어 이루어진다는 말씀을 암시적으로 예언한 말씀이다. 포도나무 역사는 본방 이스라엘 백성들을 통해서 역사되었지만, 영적 이스라엘 나라에 있는 사람들을 통해서도 포도를 거둔 후에 주움과 같은 포도나무 역사를 하시겠다는 의지가 담긴 예언의 말씀이다.

하지만, 재림의 마당의 본래 역사의 중심은 감람나무 역사이다. 그런데 그 감람나무 역사가 재림의 마당에 홀연히 임해서 재림 전의 사람들과 아무 관련 없이 이루어지는 역사가 아니라는 것이다. 하나님께서 인류의 세 번째 시조이자 믿음의 조상인 아브라함을 통해서 역사하시는 그 마당 안에서 아브라함이 창세기 14:17-20에서는 떡과 포도주의 언약으로 축복을 받았고, 창세기 15:1-21에서는 횃불언약으로 축복을 받았다.

아브라함을 통해서 구속사의 세계를 펼치시는 역사의 중심에서 가장 중요한 두 가지의 언약이 떡과 포도주의 언약과 횃불언약이다. 그리고 세 번째 언약은 430년 후에 이스라엘 백성들을 출애굽 시켜서 시내산 앞에 장막을 치게 하고 모세를 시내산에 부르셔서 맺으신 율법과 계명의 언약이다.

갈라디아서 3:17에 보면 430년 후에 모세에게 준 율법이 430년 전에 아브라함과 맺은 떡과 포도주의 언약, 횃불언약보다 절대 앞서지 못한다고 했다.

> 갈 3:17 내가 이것을 말하노니 하나님의 미리 정하신 언약을 사백 삼십 년 후에 생긴 율법이 없이 하지 못하여 그 약속을 헛되게 하지 못하리라

위 성구는 율법의 언약보다 횃불언약이 더 중요하고 더 의미가 크고 더 영광이 큰 언약이라는 것을 암시하고 있는 예언적인 말씀이다. 횃불언약을 맺은 후 4대의 주인공이었던 요셉이 자기가 죽으면 해골을 메고 나가라는 유언을 남긴다(창 50:25, 출 13:19, 히 11:22). 아브라함으로부터 7대인 모세와 8대인 여호수아를 통해서 요셉의 관을 이스라엘 백성들이 40년 광야길을 걷는 동안 메고 다녔고, 젖과 꿀이 흐르는 가나안 땅을 점령하고 열두 지파에게 기업을 나누어주기까지 16년이 걸려 비록 죽은 해골이었지만 4대 만에 가나안 땅에 들어간 것이다. 실로 56년 동안 요셉의 해골을 메고 다녔다. 이스라엘 백성들이 귀중하게 메고 다녔던 그 첫째가 법궤이고 두 번째가 요셉의 해골이었다.

그랬기 때문에 이스라엘 백성들이 젖과 꿀이 흐르는 가나안 땅에 들어갈 수 있었고 가나안 땅에 들어감으로써 하나님께서 만세 전에 준비해두었던 땅을 회복할 수 있었다. 다윗과 솔로몬 시대에 와서 하나님이 아브라함에게 언약하신 횃불언약의 내용대로 젖과 꿀이 흐르는 가나안 땅을 완전히 점령하고 회복할 수 있었다.

그러한 터 위에서 세상 끝에 예수님이 이 땅에 오셔서 십자가 상에서 "다 이루었다"(요 19:30)는 여섯 번째 말씀대로 본방 이스라엘 백성들을 통해서 젖과 꿀이 흐르는 가나안 땅에 있는 포도원에서 포도나무 역사를 마치신 것이다.

"포도를 거둔 후에 남은 것을 주움 같은 역사"(사 24:13)라는 말은 하나님이 구원의 수를 평균케 하시려고(고후 8:9-15) 이방의 남은 수에도 포도를 거둔 후에 남은 것을 주움과 같은 포도나무 역사를 단행하시는 것이다. 그들은 감람나무 역사를 알지 못하기 때문에 감람나무가 누구인지조차 알지 못한다. 그렇기 때문에 이사야 17:6에는 감람나무에 맺힌 열매가 본 가지에 3개, 무성한 먼 가지에 5개로 기록되어 있다. 그래서 감람나무에는 8개의 열매가 맺히는데 8개의 열매를 맺히게 하는 분이 하나님이라는 것이다(사 17:7). 그런 역사의 세계가 재림의 마당에서 완성되는 핵심적인 구속사의 마지막 부분이기 때문에 누군가 그 부분을 짊어지고 많은 백성과 나라와 방언과 임금들에게 다시 복음을 전해야만 하는 것이다(계 10:11).

3. 왜 다시 복음을 전해야 하는가?

> 계 10:11 저가 내게 말하기를 네가 많은 백성과 나라와 방언과 임금에게 다시 예언하여야 하리라 하더라

왜 다시복음을 전해야 하는가? 일반적으로 하나님을 믿는 백성들은 재림의 마당을 통해서 기다리는 사람이 재림 예수라고 믿고 있다. 그런데 정말 재림의 마당에 재림 예수가 오시느냐 하면 그렇지 않다는 것이다. 재림 예수가 아니라 재림주 멜기세덱이 온다는 것이다. 그렇기 때문에 다시복음을 전해야 되는 이유가 거기에 있는 것이다. 요한복음 5:43 말씀처럼 예수께서 재림 예수가 아니라 자기 이름으로 친히 다른 사람을 보내신다는 것이다. 그것을 많은 성도들에게 가르쳐 주어야 한다.

> 요 5:43 나는 내 아버지의 이름으로 왔으매 너희가 영접지 아니하나 만일 다른 사람이 자기 이름으로 오면 영접하리라

왜 자기 이름으로 다른 사람을 보내야 하는가? 예수님은 지금 오른쪽 보좌에 계신다. "네 원수가 네 발등상 앞에 무릎 꿇기까지" 오른쪽 보좌에서 영광을 받기 위해서 기다리시는 것이다(눅 20:43, 행 2:35, 히 1:13, 10:13).

> 히 1:13 어느 때에 천사 중 누구에게 내가 네 원수로 네 발등상 되게 하기까지 너는 내 우편에 앉았으라 하셨느뇨

> 히 10:13 그 후에 자기 원수들로 자기 발등상이 되게 하실 때까지 기다리시나니

하나님이 피조물인 여인의 태를 통해서 오신다는 그 자체가 십자가이다. 우주만물을 열 마디 말씀으로 창조하신 그분이 피조물인 여인의 자궁을 통해서 이 땅에 오신다는 자체가 말이 안 되는 것이다. 인류를 구원하시기 위해서 십자가를 지시기 위하여 한 번 자신을 비고 낮추셔서 이 땅에 오셨다(빌 2:7). 그 이상은 오실 수 없다. 그렇기 때문에 히브리서 9:26에 "자주 고난을 받지 않기 위해서 세상 끝에 오셨다"는 말씀이 기록되어 있는 것이다.

> 히 9:26 그리하면 그가 세상을 창조할 때부터 자주 고난을 받았어야 할 것이로되 이제 자기를 단번에 제사로 드려 죄를 없게 하시려고 세상 끝에 나타나셨느니라

그럼에도 불구하고 하나님을 믿는 백성들은 재림 예수가 오신다고 믿는 것이다. 그래서 하나님께서 다시 복음을 통해서 재림 예수가 아니라 재림주 멜기세덱이 오신다는 것을 전하라는 것이다. 다시 복음을 주신 이유가 거기에 있는 것이다.

4. 예언된 작은 책은 어떤 책인가?

> 계 10:8-11 하늘에서 나서 내게 들리던 음성이 또 내게 말하여 가로되 네가 가서 바다와 땅을 밟고 섰는 천사의 손에 펴 놓인 책을 가지라 하기로 내가 천사에게 나아가 작은 책을 달라 한즉 천사가 가로되 갖다 먹어버리라 네 배에는 쓰나 네 입에는 꿀 같이 달리라 하거늘 내가 천사의 손에서 작은 책을 갖다 먹어버리니 내 입에는 꿀 같이 다나 먹은 후에 내 배에서는 쓰게 되더라 저가 내게 말하기를 네가 많은 백성과 나라와 방언과 임금에게 다시 예언하여야 하리라 하더라

그렇다면 다시복음을 전할 수 있도록 예언된 작은 책은 어떤 것인가? 분명히 마태복음 5:17에 "율법을 폐하러 온 것이 아니라 완전하게 이루러오셨다"고 기록되어 있다. "천지는 없어지나 율법의 일점일획도 없어지지 않는다"(마 5:18)는 말씀의 의미는 우리가 살고 있는 지구 땅덩어리보다 율법이 더 귀하다는 것이다. 그 이유가 무엇인가? 율법도 하나님이 주신 것이기 때문이다.

그런데 하물며 율법이 아닌 하나님의 말씀으로 예언된 성경의

모든 말씀들이 한 말씀도 땅에 떨어지지 않고 이 땅에서 이루어진다는 것은 너무나 당연한 것이다. 완전하게 이루러 오셨다는 그 말씀의 의미는 성경에 예언된 모든 말씀이 이 땅에서 완전하게 다 이루어져야만 한다는 것이다.

그런데 성경 말씀을 이루기에는 한계가 있다. 왜냐하면 성경 말씀 속에 들어있는 예언된 모든 말씀들을 우리가 알지 못한다는 것이다. 성경 안에는 감추었던 말씀, 인봉된 말씀이 있다. 그 인을 누가 떼어주기 전에는 그 말씀 속에 감추어진 구속사의 비밀과 암호를 풀어낼 수 없다. 풀어낼 수 없는 성경 말씀이기 때문에 "아비들, 조상들에게 물어보라"(신 32:7)고 기록되어있는 것이다. 왜 물어보라고 했는가? 우리가 알 수 없는 말씀, 인봉된 말씀, 감추어진 말씀들이 너무 많기 때문이다.

그러면 누군가 그 말씀들을 다 찾아서 밝히 드러내야 하지 않겠는가? 그런데 지금까지 예수님 이후 성경 속에 인봉되었던, 감추었던 말씀들을 밝히 드러낸 사람이 있는가? 드러내지 못했다. 이미 공개된 말씀만을 가지고 심도 있게 파헤치고 깊이 궁구해서 공개된 부분에 대해서만큼은 목자들이 달인(達人)이 되어 있다. 달인이 되어 있음에도 불구하고 인봉된 말씀, 감추었던 말씀에 대해서는 아무도 말하는 자가 없다. 그 점이 문제이다. 신명기 32:7 말씀처럼 아비들, 조상들, 어른들에게 물어보아야 한다.

> 신 32:7 옛날을 기억하라 역대의 연대를 생각하라 네 아비에게 물으라 그가 네게 설명할 것이요 네 어른들에게 물으라 그들이 네게 이르리로다

문제는 그들에게 물어보려고 하는데 그들은 이미 다 잠들어 있다. 그런데도 물어보라는 이유가 무엇인가? 그들은 육신으로는 죽었으나 아벨처럼 산 자의 믿음을 가지고 지금도 믿음으로 소리치고 있기 때문이다(히 11:4). 아브라함의 신앙고백처럼 육신은 죽었으나 영으로는 살리심을 받은 그들의 거룩한 영혼들이 하나님이 낙원에 예비하신 '거룩한 한 성'에 다 머물러 있다(히 11:13-16).

그들에게 물으려면 그곳에 가서 일일이 그것을 다 물어서 수집해야 한다. 그들 각자가 "나를 통해서 이루어지는 하나님의 경륜"[37]으로 받은 고유적인 노하우를 짊어지고 있기 때문이다.

> 골 1:25 내가 교회 일군 된 것은 하나님이 너희를 위하여 내게 주신 경륜을 따라 하나님의 말씀을 이루려 함이니라

그러나 낮은 자는 절대 높은 자에게 물어볼 수 없다. 에스더에 '금홀'(에 4:11, 5:2)이 기록되어있는 의미는 무엇인가? 영의 세계에서는 낮은 자가 높은 자에게 물어보지 못한다. 높은 자가 낮은 자를 불러주어야 한다.

그렇기 때문에 예수님도 모세와 엘리야를 부르시기 위해서 다볼산에서 아버지 영광으로 변화 받으신 후에 부르신 것이다. 아버지의 영광으로 변화 받으셨기 때문에 모세와 엘리야를 부르실 수 있었다. 역설적으로 말하면 아버지 왕권을 받은 아버지 영광으로 변화 받지 못하면 이 땅에서는 예수님도 모세와 엘리야를 부르지 못한다는 의

---

37) 바울이 밝힌 5가지 경륜은 때에 찬 경륜(엡 1:9), 은혜의 경륜(엡 3:2), 비밀의 경륜(엡 3:9), 믿음 안에 있는 하나님의 경륜(딤전 1:4), 나를 통해서 이루어지는 경륜(골 1:25)이다.

미도 들어있는 것이다.

　신명기 32:7에 그런 말씀이 기록되어 있다고 해서 그 말씀을 붙잡고 "내가 모세를 불러서 정말 마귀가 모세의 시체를 가지고 갔는지, 부활했는지 못했는지 물어 보아야겠다" 그런다고 절대 대답해주지 않는다. 그 이유는 하늘나라 영의 세계에서는 낮은 자가 높은 자를 부를 수도 없고 물을 수 있는 권리도 없다.

　그들에게 물어보려면 그들에게 말씀의 능력으로 인정받고 그들에게 엎드려 절을 받을 수 있는, 그들이 경외하며 존경할 수밖에 없는 거룩한 위치에 있는 사람만이 그들에게 물을 수 있다.

　그렇다면 그런 사람이 이 땅에 있을까? 재림의 마당에 그런 존재로 등장한 사람이 바로 해를 입은 여인이다. 해를 입었다는 그 의미를 이제 잘 이해할 수 있을 것이다. 시편 84:11, 19:5에 보면 해는 여호와 하나님, 신랑이라고 말씀하고 있다.

　말씀이 육신이 되어 오셨던 예수님이 잠시 이 땅에서 우리의 신랑으로 계셨다. 하지만, 하늘에 올라가신 그분은 이제 우리의 신랑이 아니시다. 하늘로 올라가신 그분은 본래 태초의 말씀이신 하나님이시다. 그분은 태초의 말씀으로 다시 원위치 되신 것이다(요 1:1). 그 분이 이 땅에 예수라는 이름을 가지고 오셨기 때문에 예수라는 그 이름이 우리의 입에 배어있지만 오른쪽 보좌에 계신 그분은 하나님이시다. 말씀이 육신이 되어 오셨다가 생을 마감하시고 다시 말씀으로 돌아간 하나님이신데, 하나님을 믿는 백성들은 마치 그분이 영원히 예수님인 것처럼 착각하고 있다.

밤에 찾아온 니고데모에게 "내가 땅의 일을 말해도 믿지 못하는데 하늘의 일을 말한다면 믿겠느냐?"(요 3:12)라고 하셨다. 또 빌립이 "아버지를 보여주소서"라고 요구했을 때, "너는 나를 보고도 아버지를 보여 달라고 하느냐?"(요 14:8-9)라고 반문하셨다.

그 말씀 속에 숨은 의중이 무엇이겠는가? "너희가 태어나서 장성해지면 자기 짝을 찾아서 가정을 이룬다. 가정을 이루면 자식을 생산한다. 자식을 생산하면 그 자녀들이 너희를 아버지, 어머니라고 부른다. 너희도 그렇게 할 줄 알면서 왜 나는 꼭 예수로만 있어야 되느냐? 왜 나는 하나님 아들로만 있어야 되느냐?"라는 뜻으로 말씀하신 것이다.

예수님은 하나님이시다. 그럼에도 불구하고 하나님 아들이라고 말을 했어도 "네가 참람되다. 우리와 똑같은 성정을 가진 인간이 어떻게 하나님 아들이라고 말하느냐 그것은 하나님과 동등 됨을 취하고자 함이 아니냐?"(요 10:33)라며 돌로 쳐 죽이려고 했다(요 10:30-39).

> 고전 12:3 그러므로 내가 너희에게 알게 하노니 하나님의 영으로 말하는 자는 누구든지 예수를 저주할 자라 하지 않고 또 성령으로 아니하고는 누구든지 예수를 주시라 할 수 없느니라

재림 예수가 아닌 다른 사람이 재림주로 오시기 때문에 다시 복음을 전해야 될 절대적인 필요성이 있는 것이다. 성경 속에 감추어진 말씀들이 얼마나 많은가? 그 말씀들을 누군가 밝히 드러내야 한다. 누군가 밝히 드러내려면 그것을 밝히 드러낼 수 있는 말씀의 권능을 가진 분이 등장해야 한다. 요한복음 16:25에 "때가 이르면 비

사로 이르지 않고 아버지에 관한 말씀을 밝히 이르리라"고 예언하셨다. 아버지에 관한 말씀을 밝히 이르신다는 것은 예수님이 다시 오신다는 것이 아니라, 아버지가 등장하셔서 자신에 관한 말씀을 밝히신다는 것이다. 그러나 그분은 도적 같이 등장하기 때문에 스스로 말씀을 못하신다. 자신을 아버지라고 밝히 증거하지 못하신다는 것이다. 그러니까 할 수 없이 소자(小子)를 통해서 역사할 수밖에 없는 것이다.

> 살전 5:2 주의 날이 밤에 도적 같이 이를 줄을 너희 자신이 자세히 앎이라

> 계 16:15 보라 내가 도적 같이 오리니 누구든지 깨어 자기 옷을 지켜 벌거벗고 다니지 아니하며 자기의 부끄러움을 보이지 아니하는 자가 복이 있도다

> 벧후 3:10 그러나 주의 날이 도적 같이 오리니 그 날에는 하늘이 큰 소리로 떠나가고 체질이 뜨거운 불에 풀어지고 땅과 그 중에 있는 모든 일이 드러나리로다

그 아버지께서 하셔야 될 일이 무엇인가? 마지막 때 성경 속에 감추었던 모든 말씀들을 밝히 다 드러내셔야 한다. 드러낸 그 말씀이 바로 작은 책이다.

작은 책은 성경에 인봉되었던 말씀이다. 인봉되고 감추어진 말씀이기 때문에 우리가 그 말씀을 알 수 없다. 인봉되었던 그 말씀을 누군가 밝히 드러내야만 그 말씀이 이루어질 수 있다. 그러나 인을

뗄 수 있는 능력을 가진 자만이 인봉된 말씀을 뗄 수 있다. 아무나 감당할 수 없다는 것이다. 인을 떼고 우레를 발할 수 있는 사람만이 성경 속에 감추어져있던 모든 말씀을 하나도 남기지 않고 다 드러낼 수 있고, 드러낸 말씀을 누군가로 하여금 먹게 해서 그로 하여금 나팔을 불게하고, 나팔을 붊으로써 그 말씀이 이루어질 수 있는 것이다. 나팔을 붊으로써만이 대접을 쏟을 수 있기 때문이다.

원리적인 측면에서도 첫 단추를 잘못 끼우는 어리석은 우(愚)를 범해서는 안 된다. 잘못된 것을 믿든 안 믿든 바로 잡아주고 또 그 세계가 어떻게 이루어졌다는 것을 가르쳐주는 것이 마지막 중간계시, 작은 책의 말씀이다. 그 작은 책, 다시복음의 주인공이 누구인가? 바로 멜기세덱이다.

제 6장

구속사의 세계는
어떻게 완성되는가?

I
알파와 오메가, 처음과 나중, 시작과 끝

1. 알파와 오메가의 의미

알파와 오메가는 무슨 뜻인가? 과거, 현재, 미래 속에서 영원부터 영원까지 계시는 하나님을 말씀하는 것이다. 미가 5:2에 보면 '그의 근본은 상고에, 태초에니라'는 말씀이 기록되어 있다. 성경에는 태초 이전을 가리켜서 상고(上古)라고 말씀하고 있다.

> 미 5:2 베들레헴 에브라다야 너는 유다 족속 중에 작을찌라도 이스라엘을 다스릴 자가 네게서 내게로 나올 것이라 그의 근본은 상고에, 태초에니라

상고(上古)라는 말을 국어사전에 찾아보면 '아주 오랜 옛날'이라고 되어 있다.

> 잠 8:23 만세전부터, 상고부터, 땅이 생기기 전부터 내가 세움을 입었나니

미가 5:2에 기록된 이 상고는 알파와 오메가의 의미와 같은 것이다. 그런데 이사야 63:16, 37:26에 보면 피조세계, 피조물을 짓기

전에 상고에 스스로 계신 하나님 속에는 무엇이 있었다는 것인가?

> 사 63:16 주는 우리 아버지시라 아브라함은 우리를 모르고 이스라엘은 우리를 인정치 아니할찌라도 여호와여 주는 우리의 아버지시라 상고부터 주의 이름을 우리의 구속자라 하셨거늘

> 사 37:26 네가 어찌 듣지 못하였겠느냐 이 일들은 내가 태초부터 행한 바요 상고부터 정한 바로서 이제 내가 이루어 너로 견고한 성을 헐어 돌 무더기가 되게 하였노라

영원한 생명을 가지고 스스로 계신 자이신 창조주 하나님 즉 상고에 계시던 하나님 속에는 이미 피조세계·만물의 세계를 짓고자 하시는 하나님의 뜻·청사진이 들어있었다.

다시 말하면 창조주 하나님 안에서 만물들이 지음을 받는 과정에서 첫째 날이 존재하고 둘째 날, 셋째 날, 넷째 날, 다섯째 날, 여섯째 날이 존재하고 일곱째 날 안식하셨다. 그런 만물의 세계가 지어지기 전인 상고부터 이미 스스로 계신 자이신 하나님 안에 하나님의 뜻이 다 들어있었다는 것이다. 그런 하나님을 가리켜서 '알파와 오메가'라고 말씀하고 있는 것이다.

알파와 오메가라는 것은 "나는 과거에도 하나님이고 현재에도 하나님이고 또 미래에도 하나님이다"라는 의미가 된다. 과거·현재·미래를 지으시고, 과거·현재·미래를 품고 계시는 영원부터 영원까지 계시는 하나님 자신을 가리켜서 알파와 오메가라고 말씀하신 것이다.

하나님 속에 하나님의 뜻이 들어있다는 말은, 만물을 지으시고자 하는 청사진 속에는 만물의 세계에서 만물이 가질 수 있는 고유적인 품성, 인성, 신성이 모두 들어있고 또 만물을 지으심에 있어서 만물들을 지키고 다스리시고 또 조화롭게 영화롭게 존재하고자 하는 존재의 모든 영원성과 상대성과 수리성과 절대성과 완전 무결성을 다 이루어놓으셨다는 것이다.

그렇기 때문에 하나님이 창조하신 창조의 세계는 부족함이나 모자람이나 어리석음이 전혀 없는 것이다. 일점일획의 모자람도 부족함도 없는 완전무오하고 완전무결한 하나님의 말씀의 세계로 이루어진 것이 성경말씀이다. 그런 의미를 담고 있는 표현이 바로 '나는 알파와 오메가'라고 말씀하고 있는 것이다.

여기서 네 생물의 입장에서 알파와 오메가라는 의미를 살펴볼 필요가 있다. 하나님의 집에서 하나님의 은사와 부르심에 후회함이 없는 거룩한 피조물인 네 생물을 만드셨다. "너희는 거룩하라 나 여호와 너희 하나님이 거룩함이니라"고 하셨듯이 거룩한 것이 하나님의 뜻이다.

> 레 19:2 너는 이스라엘 자손의 온 회중에게 고하여 이르라 너희는 거룩하라 나 여호와 너희 하나님이 거룩함이니라

비록 피조물이지만 하나님의 영광의 집을 담당하게 하시기 위해서 하나님께서는 네 생물을 거룩하게 지으셨다. 그렇기 때문에 히브리서 3:5 말씀처럼 하나님의 집에서 하나님의 집을 관리하는 사환, 종으로서 충성할 수 있었던 것이다.

비록 그가 하늘에서 아버지의 집에 있었던 거룩한 존재였다고 하지만 예수님처럼 영광을 받기 위해서는, 네 생물 안에 있는 거룩한 인격체들도 이 땅에 와야 한다. 하늘에서 거룩한 존재였다면 이 땅에서도 거룩한 존재로 인정받아야 한다.

그러기 위해서는 그도 이 땅에 와서 무엇을 해야 하는가? 예수님처럼 예수님이 걸으신 십자가의 길을 통해서 종으로서, 사환으로서 아들에게 영광을 바쳐야 한다. 그래야 그 사람도 이제 생물차원이 아니라 구속사의 차원에서 하늘의 거룩한 제사장이 되는 것이다.

> 히 7:1-4 이 멜기세덱은 살렘 왕이요 지극히 높으신 하나님의 제사장이라 여러 임금을 쳐서 죽이고 돌아오는 아브라함을 만나 복을 빈 자라 아브라함이 일체 십분의 일을 그에게 나눠주니라 그 이름을 번역한즉 첫째 의의 왕이요 또 살렘 왕이니 곧 평강의 왕이요 아비도 없고 어미도 없고 족보도 없고 시작한 날도 없고 생명의 끝도 없어 하나님 아들과 방불하여 항상 제사장으로 있느니라 이 사람의 어떻게 높은 것을 생각하라 조상 아브라함이 노략물 중 좋은 것으로 십분의 일을 저에게 주었느니라

위 성구에서 말씀하고 있는 '하나님 아들과 방불'한 존재는 누구인가? 예수님이 아니라 예수님과 방불한 존재로서 예수님을 가장 많이 닮은 비슷한 존재라고 말할 수 있다.

예수께서는 지금 영광을 받으시기 위해서 하늘 우편 보좌에 계신다. 그렇다면 이 땅에서 누군가 예수님 앞에 원수를 무릎 꿇게 하는 사람이 있어야 한다.

마귀가 대군(大君) 미가엘을 이기지 못한다(단 10:21). 더욱이 옛 뱀, 마귀, 사단, 붉은 용은 네 생물을 이기지 못한다. 이길 수가 없다. 그런 네 생물 안에 있는 거룩한 인격체들이 재림의 마당에서 죄와 상관없는 자로서 본래의 영광을 입어야 한다. 그렇기 때문에 네 생물도 마지막 재림의 마당에 여인의 길을 통해서 이 땅에 올 수밖에 없는 것이다. 그렇게 올 수밖에 없는 그 사람을 가리켜서 예수님이 "나는 내 아버지의 이름으로 왔으매 너희가 영접지 아니하나 다른 사람이 자기의 이름으로 오면 영접하리라"(요 5:43)라고 말씀하신 것이다.

그 사람이 누구인가? 그 사람이 바로 마지막 재림의 마당에 등장하는 네 생물 속에 있던 인격체, 즉 해를 입은 여인, 이 땅의 주인 것이다.

2. 처음과 나중의 의미

처음과 나중의 의미는 무엇인가? 인류의 세 번째 시조인 아브라함에게 처음으로 예수님을 알게 해준 사람이 멜기세덱이다. 멜기세덱이 아브라함에게 나타나 떡과 포도주로 축복해준 떡과 포도주가 바로 예수님을 상징하고 있다(창 14:17-20). 그래서 예수님도 십자가를 지시기 전 마지막으로 마가의 다락방에서 성 만찬식을 하실 때 떡을 주시며 '내 몸'이라고 말씀하셨고 포도주를 주시며 '내 언약의 피'라고 말씀하셨다(마 26:26-28, 막 14: 22-24, 눅 22:19-20).

인류의 세 번째 시조인 믿음의 조상 아브라함에게 떡과 포도주로 축복해준 분은 예수님이 아니라 멜기세덱이다. 처음이 그랬다면 '나중'은 무엇인가? 우리가 아브라함과 같은 믿음을 갖는다면 재림의 마당에 있는 우리도 아브라함처럼 멜기세덱으로부터 떡과 포도주의 축복을 받을 수 있고 또 창세기 15장의 햇불언약의 축복을 받을 수 있다는 의미가 되는 것이다.

그런데 오늘날 멜기세덱에 대해서 증거하거나 가르쳐주는 사람이 어디 있는가? 오죽하면 히브리서 5:11에 "멜기세덱에 대해서는 해석하기 어렵다"라고 기록되었겠는가? 젖이나 먹고 단단한 식물을 먹지 못하는 사람, 선악을 분별하지 못하는 사람은 절대 멜기세덱을 알 수 없다는 것이다. 멜기세덱을 모르는 사람은 절대 마지막 재림의 마당에서 의인이 되지 못하고 첫째 부활에 참예하지 못한다.

우리가 멜기세덱을 올바로 정확하게 알고 믿음으로써 아브라함과 같은 축복을 받을 수 있는 것이다. 요한복음 5:25에 하나님의 아들이 우리를 불러주심으로써 잠자는 의인들이 그의 음성을 듣고 살아난다고 정확하게 기록되어 있다.

> 요 5:25 진실로 진실로 너희에게 이르노니 죽은 자들이 하나님의 아들의 음성을 들을 때가 오나니 곧 이 때라 듣는 자는 살아나리라

거기에서 말한 하나님의 아들은 누구인가? 예수님이 "나사로야 나오라"(요 11:43)하고 나사로를 불러주심으로써 육체가 썩어가던 나사로가 온전한 몸으로 걸어 나올 수 있었던 것처럼, 마지막 때 잠자고 있는 의인들을 불러주시는 그 음성의 주인공은 바로 멜기세덱

이다. 그렇기 때문에 멜기세덱을 모르는 사람은 첫째 부활에 참예할 수 없다.

따라서 처음에도 멜기세덱이 역사했고 마지막 재림의 마당에서도 멜기세덱이 나중으로써 마지막을 장식한다는 입장을 가리켜서 '처음과 나중'이라고 말씀하고 있는 것이다.

> 요 5:43 나는 내 아버지의 이름으로 왔으매 너희가 영접지 아니하나 만일 다른 사람이 자기 이름으로 오면 영접하리라

위 성구는 예수님이 친히 하신 말씀이다. 다른 사람이 아버지의 이름으로 온다는 것이다. 여기에서 자기의 이름은 '아버지의 이름'을 말씀하는 것이다. 그렇기 때문에 마태복음 16:27에서 "인자가 아버지의 영광으로 그 천사들과 함께 오리니"라 했고 마태복음 25:31, 마가복음 8:38, 누가복음 9:26에도 인자가 아버지의 영광으로 오시겠다고 하셨다.

> 마 16:27 인자가 아버지의 영광으로 그 천사들과 함께 오리니 그 때에 각 사람의 행한대로 갚으리라

> 마 25:31 인자가 자기 영광으로 모든 천사와 함께 올 때에 자기 영광의 보좌에 앉으리니

> 막 8:38 누구든지 이 음란하고 죄 많은 세대에서 나와 내 말을 부끄러워하면 인자도 아버지의 영광으로 거룩한 천사들과 함께 올 때에 그 사람을 부끄러워하리라

> 눅 9:26 누구든지 나와 내 말을 부끄러워하면 인자도 자기와 아버지와 거룩한 천사들의 영광으로 올 때에 그 사람을 부끄러워하리라

그런데 오늘날 기독교인들은 '재림 예수'를 외치고 있다. 또 예수님이 오신다는 것이다. '오직 예수'를 부르짖는 오늘의 기독교인들이 왜 예수님이 친히 하신 말씀을 믿지 못하는지 그 이유를 묻고 싶은 것이다. 인자가 아버지의 영광으로 오시겠다는 그 말씀은 예수께서 친히 말씀하셨다.

재림의 마당에는 아버지의 영광, 아버지의 이름을 가지신 분이 인자로 오게 되어 있다. 그렇기 때문에 예수님 대신 아버지의 이름으로 오시는 그 사람이 누구인지 알지 못하는 사람은 절대 재림의 마당에서 첫째 부활, 의인의 부활에 들어가지 못한다는 것이다(계 20:4-5). 아브라함처럼 멜기세덱으로부터 축복을 받은 사람만이 재림의 마당에서 이루어지는 마지막 구속사 세계의 모든 비밀을 알 수 있는 것이다.

마찬가지다. 마지막 때 거룩한 성에서 자기 일을 마치고 안식하고 있는 의인들이 누구를 기다리고 있는가? 처음과 나중이 되는 구속사의 주인들의 영광을 기다리고 있는 것이다.

멜기세덱이 아브라함에게 떡과 포도주로 축복해주고 인류의 세 번째 시조인 아브라함을 통해 구속사의 세계를 펼쳤다. 그런 멜기세덱이 마지막 때 구속사의 세계를 끝맺는다는 것은 당연한 것이다. 마찬가지로 횃불언약의 열매인 요셉을 통해서 천대에 준하는 횃불언약을 시작했다면 그를 통해서 그 언약의 끝을 이룬다는 것은 너무나 당연한 것이다. 처음과 나중이 같다는 것이다. 처음 시작한 사람

으로 하여금 마지막 끝도 이루신다는 말씀이다.

　예수님은 이 땅에 한 번 오실 수 있는 분으로 두 번은 오실 수 없다. 두 번째 오시면 또 고난을 받으셔야 한다. 창조의 길을 통해서 이 땅에 오셔야 하기 때문이다.
　예수님이 여인의 길을 통해서 오시면 하늘의 영광을 다 버리고 오셔야 하기 때문에 또 이 땅에 오실 수 없는 것이다. 그렇기 때문에 다른 사람에게 자기 이름을 주어서 보내신다는 것이다. 요한복음 5:43에 "다른 사람이 자기 이름으로 오리니"라고 하신 다른 사람이 해를 입은 여인이다. 예수님이 십자가 상에서 피 속에 넣으셔서 이 땅에 떨치셨던 태초의 말씀이 바로 '해'이다. 그 해를 입음으로써 예수님 대신 해를 입은 여인으로 하여금 예수님이 하시고자 하시는 일을 하게 하신다는 것이다. 그렇기 때문에 해를 입은 여인이신 이 땅의 주도 하늘에서 구름을 타고 오시지 않는다. 창조의 길을 통해서 이 땅에 오셔야 한다.

3. 재림의 마당에서 알파와 오메가, 처음과 나중, 시작과 끝이 되는 사람은 누구인가?[38]

　예수님은 메시야가 걸어야 될 수리성의 과정을 사생, 공생, 영생의 3일 길을 통해 걸으셨다. 그때마다 이름이 다 다르다. 사생 때에

---

38) 제 2권 "이 땅의 주, 그는 누구인가?" 420-496쪽, 벽암 조영래 저, 도서출판 오색이슬

는 그냥 목수의 아들 예수이셨다. 그러나 공생애 과정에서는 사람들은 그를 예수로 불렀지만 본인 스스로는 "내가 하나님의 아들이다"라고 말씀하셨다. 그래서 공생애 과정에서는 어머니라는 말만 나오면 진노하셨다 "누가 내 모친이며 내 동생들이냐?"라고 일갈하셨다(마 12:48-50). 또한 가나 혼인잔치에서(요 2:4), 또 십자가 상에서 어머니 마리아를 '여자여!'라고 부르셨다(요 19:26).

그러나 부활하시고 나서 이 땅에 40일 동안 계시는 영생의 때에는 그는 하나님의 아들이 아니라 영광의 주로 계셨다. 영광의 주로 살아나시고 역사하셨기 때문에 고린도전서 2:8 말씀이 성립되는 것이다.

> 고전 2:8 이 지혜는 이 세대의 관원이 하나도 알지 못하였나니 만일 알았더면 영광의 주를 십자가에 못 박지 아니하였으리라

예수님도 이렇게 이 땅에서 33년 40일을 계시는 동안 세 가지 이름으로 역사하신 분이시다. 예수라는 이름의 뜻은 "그가 자기 백성을 저희 죄에서 구원할 자이심이라"(마 1:21)이다. 예수님은 이 땅에서 사생 30년, 공생 3년, 영생 40일, 이렇게 삼일 길을 걸으셨다. 각 길마다 예수님의 입장과 영광이 다르기 때문에 이름 또한 달라지는 것은 당연한 일이다.

예수께서 세 가지 이름으로 역사하신 것을 마지막 때 역사하시는 재림주에게 동일하게 적용시킬 수 있다. 재림주에게는 알파와 오메가, 처음과 나중, 시작과 끝이 어떻게 적용되는가? 재림의 마당의 알파와 오메가는 해를 입은 여인을 말씀하는 것이고, 처음과 나중은

이 땅의 주를 말씀하는 것이고, 시작과 끝은 재림주, 멜기세덱을 말씀하는 것이다.

원래 구속사의 세계에서 알파와 오메가는 예수님이시다. 영원부터 영원까지 영원한 생명을 가지신 스스로 계신 자라는 뜻이다. 예수님이 알파와 오메가를 본방 이스라엘 백성들을 통해서 이루셨다. 그렇기 때문에 십자가 상에서 "다 이루었다"고 말씀하신 것이다.

요한계시록 1:8, 21:6, 22:13 말씀을 유의해서 살펴보면 요한계시록 1:8에는 "나는 알파와 오메가라", 요한계시록 21:6에는 "나는 알파와 오메가요 처음과 나중이라", 요한계시록 22:13에는 "나는 알파와 오메가요 처음과 나중 시작과 끝이라"고 했다. 굳이 이 말씀을 조직적이고 체계적으로 계속 등장시킨 저의(底意)에는 큰 의미가 숨겨져 있다. 바로 예수님이 3일 길을 통해서 사생, 공생, 영생의 과정을 거치신 것처럼 재림주도 이 땅에서 재림주 멜기세덱이라는 영광을 입기 위해서는 동일한 3일 길을 걷는다는 것을 강조한 말씀이다.

정리하자면 창세기 1:1, 요한복음 1:1, 잠언 8:22의 태초, 그 태초의 입장으로 하나님이신 예수께서 말씀하신 알파와 오메가, 처음과 나중, 시작과 끝이 있다. 또 재림주 멜기세덱의 입장에서 알파와 오메가, 처음과 나중, 시작과 끝이 있다.

그러나 여호와 하나님은 시작과 끝을 책임질 수 있는 존재는 아니다. 왜냐하면 갈라디아서 4:4 말씀에 예수님이 때가 차매 등장하심으로써 청지기, 몽학선생, 후견인인 여호와의 존재는 더 이상 필요 없어져 그 존재가 사라졌기 때문이다.

그러나 멜기세덱은 시작과 끝이 있다. 구약의 마당에서 아브라함에게 떡과 포도주로 축복해준 멜기세덱은 재림의 마당에서 구속사를 종결짓는 사람으로서 구속사의 마지막을 이루기 위해서 세상 끝에 와야 하는 것이다.

II
재림의 마당에서 이루어지는 멜기세덱의 영광

1. 재림주 멜기세덱의 영광은 어떻게 이루어지는가?

예수님이 이루어놓으신 멜기세덱 반차를 통해서 재림의 마당에서 멜기세덱이 탄생된다. 해를 입은 여인이 재림주로서 메시아의 3일 길을 걸으시기 위해 이 땅의 주로서 역사하시다가 그도 로마서 1:4 말씀처럼 하나님의 아들로 인정받으시기 위해서 스스로 사망의 권세를 깨시고 부활하여 재림주 멜기세덱으로서의 영광을 입는 것이다. 그 영광을 입을 때 그를 가리켜 의의 왕, 살렘 왕, 평강의 왕이라고 말씀하고 있다(히 7:2).

해를 입은 여인이 광야에서 한 때·두 때·반 때를 양육 받으신 후, 재림주 멜기세덱의 영광을 입으신다. 그리고 큰 성 길에 누워계시던 두 감람나무를 영육 간에 살리시어 하늘 보좌로 올리신다.

> 계 12:5 여자가 아들을 낳으니 이는 장차 철장으로 만국을 다스릴 남자라 그 아이를 하나님 앞과 그 보좌 앞으로 올려가더라

계 11:11-12 삼 일 반 후에 하나님께로부터 생기가 저희 속에 들어가매 저희가 발로 일어서니 구경하는 자들이 크게 두려워하더라 하늘로부터 큰 음성이 있어 이리로 올라오라 함을 저희가 듣고 구름을 타고 하늘로 올라가니 저희 원수들도 구경하더라

공중 재림의 역사는 하늘보좌로 올라가신 철장의 권세를 가진 아이, 즉 그리스도께서 하늘전쟁을 통해서 하늘을 평정하신 후 거룩한 성 새 예루살렘으로 다시 이 땅에 내려오실 때 이루어지는 것이다. 그 모습이 데살로니가전서 4:15-17과 요한계시록 21:2에 기록되어 있다.

계 21:2 또 내가 보매 거룩한 성 새 예루살렘이 하나님께로부터 하늘에서 내려오니 그 예비한 것이 신부가 남편을 위하여 단장한 것 같더라

예수님이 "번개가 동편에서 나서 서편까지 번쩍임 같이 인자의 임함도 그러하리라"고 하신 재림의 영광이 나타날 때 이러한 공중 재림의 역사가 이루어지는 것이다.

마 24:25-27 보라 내가 너희에게 미리 말하였노라 그러면 사람들이 너희에게 말하되 보라 그리스도가 광야에 있다 하여도 나가지 말고 보라 골방에 있다 하여도 믿지 말라 번개가 동편에서 나서 서편까지 번쩍임 같이 인자의 임함도 그러하리라

> 살전 4:15-17 우리가 주의 말씀으로 너희에게 이것을 말하노니 주 강림하실 때까지 우리 살아 남아 있는 자도 자는 자보다 결단코 앞서지 못하리라 주께서 호령과 천사장의 소리와 하나님의 나팔로 친히 하늘로 좇아 강림하시리니 그리스도 안에서 죽은 자들이 먼저 일어나고 그 후에 우리 살아 남은 자도 저희와 함께 구름 속으로 끌어 올려 공중에서 주를 영접하게 하시리니 그리하여 우리가 항상 주와 함께 있으리라

> 요 5:25 진실로 진실로 너희에게 이르노니 죽은 자들이 하나님의 아들의 음성을 들을 때가 오나니 곧 이 때라 듣는 자는 살아나리라

전 우주적으로 산 자의 영광을 보여주시기 위해서 공중 재림의 영광을 나타낸다. 그가 공중 재림의 영광을 나타낼 때 제단 아래 대기하고 있던 순교자들이 먼저 부활, 변화를 받아 공중으로 끌어올림을 받는다. 그 다음, 그때까지 살아있던 자들이 영육 간에 끌어올림을 받아서 공중에서 신부의 영광을 맞이하게 된다.

이것이 재림주 멜기세덱이 철장의 권세를 가진 아이를 하늘보좌로 올리고 보좌로 간 그가 하늘전쟁을 통해 하늘을 평정한 후(계 12:5-12) 이 땅에 거룩한 성 새 예루살렘으로 강림하는 모습이다. 이러한 공중 재림의 영광은 전 우주적으로 나타나기 때문에 누구나 다 이 광경을 목도하게 된다.

> 계 3:12 이기는 자는 내 하나님 성전에 기둥이 되게 하리니 그가 결코 다시 나가지 아니하리라 내가 하나님의 이름과 하나님의 성 곧 하늘에서

내 하나님께로부터 내려 오는 새 예루살렘의 이름과 나의 새 이름을 그이 위에 기록하리라

계 21:2 또 내가 보매 거룩한 성 새 예루살렘이 하나님께로부터 하늘에서 내려오니 그 예비한 것이 신부가 남편을 위하여 단장한 것 같더라

2. 재림의 마당에서 회복되는 신랑과 신부의 영광

아브라함이 창세기 14장에서 멜기세덱으로부터 떡과 포도주의 언약을 맺었고 창세기 15장에서 여호와 하나님과 횃불언약을 맺었다. 그렇다면 횃불언약의 열매는 누구인가? 사복음서에 보면 예수님이 십자가의 사역을 앞두고 하신 비유의 말씀 중 열 처녀의 비유가 나오는데 신부가 계신 곳에 신랑이 오시는 것이다. 그래서 신부를 받들며 섬기는 신부의 벗인 처녀들이 신랑을 영접하기 위해서 세상 말로 청사초롱을 들고 나가서 기다리는 것이다.

그 말씀을 깊이 새겨 보면 재림의 마당에서는 신부의 영광의 보좌가 이루어지고, 신부의 영광의 보좌가 이루어지는 곳에 신랑이 오시는 것이다. 이 말씀의 의미 속에는 구속사의 세계가 어떻게 이루어지는지 그 순서, 질서, 내용이 들어있다는 것을 우리가 알 수 있다는 것이다.

두 감람나무의 역사는 물론 신부의 역사이지만 전체적인 큰 틀로 말하면 횃불언약의 역사이다. 횃불언약의 영광이 이루어지는 그 역사를 위해서 마지막 때 두 감람나무와 두 촛대가 등장하는 것이

다. 횃불언약의 주인공은 처음과 나중이 달라진 사람이 아니라 알파와 오메가, 처음과 나중, 시작과 끝이라는 의미처럼 처음 사람이나 끝의 사람이나 같은 사람인 것이다.

산 자의 열매, 영적 장자의 열매가 요셉이다(대상 5:1-2). 영적 장자인 요셉이 재림의 마당에서 이루어질 하늘나라의 영광의 보좌의 주인공으로 이 땅에 와서, 그도 신랑처럼 부활의 능력으로 사망의 권세를 깨고 승리함으로써(롬 1:4) 영원한 하늘나라의 새 예루살렘 성으로서, 거룩하신 신랑의 신부로서 이 땅에서 영광을 입는 것이다.

마지막 때는 신랑, 신부의 때이다. 특히 신부가 집중적으로 조명되고 있는 때이다.

여기서 한 가지 오해의 여지를 없애야 한다. 신학에서는 예수님 때 신랑의 때가 이루어졌다고 한다. 그러나 예수님이 둘째 아담으로서 첫째 아담이 상실한 세계를 회복하기는 하셨지만 신랑의 때가 이루어진 것은 아니다. 신랑의 때는 언제 이루어지는 것인가?

재림의 때에 신랑의 영광이 먼저 회복되고, 신랑의 영광이 회복된 그 터 위에서 신부의 영광이 회복되는 것이다. 이것이 바로 재림의 마당에서 이루어지는 하늘나라 역사이다. 신랑의 때와 신부의 때는 마지막 때 이루어져 완성되는 것이다.

그런데 대부분 기독교인들은 예수님이 우리의 신랑이라고 생각하기 때문에 신랑의 역사는 신약의 마당에서 이루어졌다고 생각한다. 신약의 마당에서 신랑의 때가 이루어지고 재림의 마당에서 신부의 때가 이루어진다는 개념을 가지고 있다는 것이다. 그러나 진정한 우리의 신랑 신부는 마지막 재림의 마당에서 이루어지는 것이다.

그래서 재림의 마당에서 해를 입은 여인이 등장하는 것이다. 해를 입은 그가 신랑이 되어서 이 땅의 주로서 두 감람나무 역사를 시작한다. 그 말은 이 땅의 주로서 두 감람나무를 통해서 신부의 역사를 시작한다는 것이다.

예수님은 이 땅에 자기의 이름으로 오는 다른 사람을 보내신 이상 이 땅의 일에는 절대 간섭하실 수가 없는 분이시다.

예수님은 마지막 재림의 마당에서 우편 보좌에 앉아계시다가 "야, 그렇게 하면 안 돼!"라며 지휘하시는 분이 아니다. 자기 이름으로 오는 다른 사람을 보낸 이상 예수님은 더 이상 구속사의 세계에 관여하시지 않는다. 예수님이 이 땅에서 일하시는데 하늘 보좌 하나님께서 일일이 간섭하셨는가? 보낸 이상은 그분이 하시는 일이 아버지의 일이고 그분이 하시는 말씀이 아버지의 말씀이다. 그분에 의해서 모든 것이 이루어지고 귀결되어 마쳐지는 것이지 이 땅에 와서 일하시는 분이 있고 또 하늘에서 간섭하시는 분이 있으면 혼란스러워지는 것이다. 하늘의 일은 정확무오한 질서의 세계이기 때문에 그렇게 되어서는 안 된다.

이 땅에 때의 주인으로 온 이상은 그 때의 주인에 의해서 우리가 구속의 은총을 입고 구원의 대상으로 확정지어지는 것이다.

그 부분을 성경에서는 "아들을 부인하는 자에게는 또한 아버지가 없으되 아들을 시인하는 자에게는 아버지도 있느니라"(요일 2:23)고 말씀하고 있다.

두 감람나무의 역사, 즉 신부의 역사는 인간의 힘으로 되는 것이 아니다. 그 나무를 흔드시는 하나님의 신, 능력으로만 될 수 있는 것이지 인간의 힘으로 하는 것에는 한계가 있다(슥 4:6).

III
해를 입은 여인

1. 해를 입은 여인의 원형은 누구인가?

요한계시록 12장에 해를 입은 여인이 기록되어 있다. 시편 19편, 84편에 보면 해는 신랑이라고 나와 있다. 즉 해를 입었다는 것은 태초의 말씀, 하나님을 입었다는 뜻이다. "그날과 그 때는 아무도 모르나니 하늘의 천사들, 아들들도 모르고 오직 아버지만이 아신다"(마 24:36)라고 했다. 아버지만이 뜻과 때와 수, 하나님의 다섯 가지 경륜을 쥐고 계신 분이시다. 오직 사도 바울만이 '은혜의 경륜, 때에 찬 경륜, 비밀의 경륜, 믿음으로 이루어지는 경륜, 나를 통해서 이루어지는 경륜'이라는 다섯 가지 경륜의 세계를 말씀했다.

갈라디아서에 놀라운 말씀이 있다. "내가 하나님의 경륜의 비밀을 깨달은 것을 안다면 기꺼이 너희 오른쪽 눈이라도 내게 빼주었으리라"고 기록되어 있다.

> 갈 4:15 너희의 복이 지금 어디 있느냐 내가 너희에게 증거하노니 너희가 할 수만 있었더면 너희의 눈이라도 빼어 나를 주었으리라

사도 바울만이 "때가 이르면 다시 비사로 너희에게 이르지 않고 아버지에 대한 것을 밝히 이르리라"(요 16:25)는 말씀의 세계를 알고 있던 사람이다. 그래서 고린도후서 12:4에 "그가 낙원으로 끌려가서 사람이 가히 이르지 못할 말을 들었으니"라고 기록되어 있다.

> 고후 12:4 그가 낙원으로 이끌려가서 말할 수 없는 말을 들었으니 사람이 가히 이르지 못할 말이로다

바울이 사역하던 때는 아직 예수의 복음도 전해지지 않았던 때이다. 그런데 우편 보좌에 계시는 주님의 영광의 세계를 보니까 그분이 이 땅에서는 예수였는데 오른쪽 보좌에 계시는 그분은 예수가 아니라 영광의 주라는 것을 알았다는 것이다. 그러니 사도 바울이기가 막혀 "사람이 가히 이르지 못할 말이로다"라고 한 것이다.

해를 입은 여인의 역사는 하늘의 이적 중의 하나라고 기록되어 있다(계 12:1). 비록 해를 입은 여인은 이 땅에서 존재하지만 그는 땅 차원의 사람이 아니라 하늘 차원의 사람인 것이다. 예수께서 "너희는 아래서 났고 나는 위에서 났다"(요 8:23)라고 하신 말씀처럼 해를 입은 여인이라는 말은 위에서 난 사람을 의미한다.

해를 입은 여인의 원형은 누구인가? 네 생물 속에 두 인격이 존재하고 있다. 송아지, 사자, 사람, 독수리, 이렇게 네 얼굴이 서로 둘씩 등을 맞대고 있다. 맞대고 있는 두 인격이 사람의 형상, 여호와 하나님의 형상의 모양이라고 에스겔 1:5, 1:28에 기록되어 있다.

> 겔 1:5 그 속에서 네 생물의 형상이 나타나는데 그 모양이 이러하니 사람의 형상이라
>
> 겔 1:26 그 머리 위에 있는 궁창 위에 보좌의 형상이 있는데 그 모양이 남보석 같고 그 보좌의 형상 위에 한 형상이 있어 사람의 모양 같더라
>
> 겔 1:28 그 사면 광채의 모양은 비 오는날 구름에 있는 무지개 같으니 이는 여호와의 영광의 형상의 모양이라 내가 보고 곧 엎드리어 그 말씀하시는 자의 음성을 들으니라

네 생물의 머리 위에 궁창이 있고 궁창 위에 보좌의 형상이 있고 보좌의 형상 위에 사람의 형상이 있다. 그 사람이 여호와의 영광의 형상의 모양이다. 네 생물이 "사람의 형상이라"는 의미는 네 생물 안에 있는 네 가지 인격이 다 사람을 말한다는 것이다. 네 생물 전체를 보아도 사람의 형상이라는 것이다. 그 말씀 속에는 네 생물 안의 네 얼굴이 표면적으로는 송아지, 사자, 사람, 독수리이지만 전체로 보면 사람의 형상이라는 것이다.

다시 말해서 해를 입은 여인의 원형은 네 생물 속에 존재하는 인자로서 그들이 여호와의 영광의 형상의 모양이라고 말씀할 수 있다는 것이다.

2. 피와 물과 성령이 하나가 된 태초의 말씀을 입다

> 요 19:33-35 예수께 이르러는 이미 죽은 것을 보고 다리를 꺾지 아니하고 그 중 한 군병이 창으로 옆구리를 찌르니 곧 피와 물이 나오더라 이를 본 자가 증거하였으니 그 증거가 참이라 저가 자기의 말하는 것이 참인 줄 알고 너희로 믿게 하려 함이니라

십자가 상에서 가시관에 찔린 머리와 못을 박았던 양손과 양발에서 예수님의 보혈(寶血)의 피가 예수님의 성체를 타고 흘러내리고 있었다. 확인사살을 위해서 로마병정이 옆구리를 찌른 곳에서도 피와 물이 골고다 언덕에 떨어지고 있었다.

보이는 입장에서는 그 피가 골고다 언덕에 떨어지고 있지만 그 피는 지구의 중심에 떨어져 지구 전체를 물들이고 있었다. 주님의 피가 십자가를 타고 골고다 언덕에 떨어지는 순간, 주님의 보혈의 능력은 이미 지구를 덮었고 또 우주를 덮는 권세와 능력의 말씀이 되었다.

예수님의 핏속에는 예수님이 가지고 오신 아버지의 말씀이 들어 있었다. 예수님은 말씀이 육신이 되어 오신 분이시다. 창조주이신 하나님이 사람으로 오신 분이신데 본인이 아버지라는 말씀을 한 번도 하시지 못했다. 하나님이 곧 아버지이시고 아버지가 말씀이 육신이 되어 오신 예수님이시다. 그 하나님을 우리가 예수님의 십자가 보혈의 능력에 의지해서 '아바 아버지'라고 부를 수 있는 것이다. 우리가 하나님을 아버지라고 부를 수 있는 놀라운 은혜의 선물을 거저 받았다는 사실이 에베소 2:5-8에 기록되어 있다.

> 엡 2:5-8 허물로 죽은 우리를 그리스도와 함께 살리셨고 (너희가 은혜로 구원을 얻은 것이라) 또 함께 일으키사 그리스도 예수 안에서 함께 하늘에 앉히시니 이는 그리스도 예수 안에서 우리에게 자비하심으로써 그 은혜의 지극히 풍성함을 오는 여러 세대에 나타내려 하심이니라 너희가 그 은혜를 인하여 믿음으로 말미암아 구원을 얻었나니 이것이 너희에게서 난 것이 아니요 하나님의 선물이라

예수께서 공생애 과정 안에서 하나님 아들이라고 하시자 "네가 하나님과 동등된 영광을 취하려고 하느냐 참람하다"(요 10:34-36, 막 14:61-64)라고 예수님을 돌로 쳐 죽이려고 해서 예수님이 도망 가는 장면이 성경에 기록되어 있다. 그런데 예수님이 내가 하나님이라고 하면 그 말씀을 하시자마자 죽일 것이다. 그래서 예수님이 하나님의 말씀, 본인의 말씀을 못하시고 자기 몸을 비고 낮추어서 하나님 아들로 자기를 증거하셨던 것이다.

> 막 1:1 하나님의 아들 예수 그리스도 복음의 시작이라

> 빌 2:6-8 그는 근본 하나님의 본체시나 하나님과 동등됨을 취할 것으로 여기지 아니하시고 오히려 자기를 비어 종의 형체를 가져 사람들과 같이 되었고 사람의 모양으로 나타나셨으매 자기를 낮추시고 죽기까지 복종하셨으니 곧 십자가에 죽으심이라

그러나 예수님은 본래 하나님이시고 본래 아버지이시다. 예수께서 아버지에 대한 말씀을 하시니까 빌립이 "선생님 그렇게 말씀하시지 말고 아버지를 우리에게 직접 보여주소서"라고 간청하였다.

그러자 예수께서 "나를 보고도 아버지를 보이라 하느냐. 나는 아버지 안에 있고 아버지는 내 안에 계신다"(요 14:7-11)라고 하셨다.

> 요 14:7-11 너희가 나를 알았더면 내 아버지도 알았으리로다 이제부터는 너희가 그를 알았고 또 보았느니라 빌립이 가로되 주여 아버지를 우리에게 보여 주옵소서 그리하면 족하겠나이다 예수께서 가라사대 빌립아 내가 이렇게 오래 너희와 함께 있으되 네가 나를 알지 못하느냐 나를 본 자는 아버지를 보았거늘 어찌하여 아버지를 보이라 하느냐 나는 아버지 안에 있고 아버지는 내 안에 계신 것을 네가 믿지 아니하느냐 내가 너희에게 이르는 말이 스스로 하는 것이 아니라 아버지께서 내 안에 계셔 그의 일을 하시는 것이라 내가 아버지 안에 있고 아버지께서 내 안에 계심을 믿으라 그렇지 못하겠거든 행하는 그 일을 인하여 나를 믿으라

왜 예수님의 피를 보혈(寶血)이라고 하는가? 예수님의 핏속에는 하나님으로서, 아버지로서 가지고 오신 말씀이 들어있기 때문이다. 예수께서 겟세마네 동산에서 땀방울이 핏방울이 되도록 기도하실 때 가지고 오셨으나 이 땅에 펼치시지 못했던 아버지의 말씀을 사단, 마귀 모르게 핏속에 다 감추셨다.

그 이유는 무엇인가? 그 말씀을 다시 하늘로 가지고 올라가시면 안 되기 때문이다. 예수님을 대신하여 그 말씀을 입고 역사할 사람을 위해서 이 땅에 두고 가셔야만 했기 때문이다. 그래서 다볼산에서 예수님이 아버지의 영광으로 변화 받으신 후, 모세와 엘리야를 부르셔서 그 부분에 대해서 상론하셨던 것이다(눅 9:28-31). 예수

님이 말씀하시지 못한 아버지의 말씀, 태초의 말씀을 누군가 입고서 인류 구속사의 남은 역사를 해야 한다. 그 비밀은 하늘의 천사들도 모르고 아들들도 모르고 오직 모세와 엘리야만 아는 비밀이었다.

예수님의 성체에서는 예수께서 피 속에 감추신 보혈의 피가 흘러내리고 있었고 확인사살로 로마병정이 옆구리를 찔렀을 때 남아 있던 피와 물이 한 방울도 남지 않고 이 땅에 다 쏟아져 내렸다(요 19:34). 그 피 속에는 예수님이 아버지의 이름으로 가지고 오신 태초의 말씀이 감추어져 있었고 물속에는 은혜와 진리가 들어있었다. 그 보혈의 피를 사단, 마귀, 그 누구도 모르게 이 땅에 떨치신 것이다.

예수께서 승천하시고 10일 후 오순절 날, 보혜사 성령을 보내셨다. 보혜사 성령은 진리의 성령이라고 한다.

사람의 속사정을 사람의 영이 아는 것처럼 예수님의 속사정을 예수님의 영이 아신다(고전 2:11). 예수님이 영광을 받으셨기 때문에 예수님의 영은 성령이 되셨다. 그 성령이 이 땅에 오셔서 이 땅에 떨치신 피와 물속에 들어있는 태초의 말씀과 은혜와 진리가 외치는 소리를 들으시고 그 피와 물을 찾아서 피와 물과 성령, 셋이 합쳐져서 완전한 하나가 되었다. 그 셋이 완전한 하나가 된 것이 바로 인격적인 태초의 말씀이다.

> 요일 5:8 증거하는 이가 셋이니 성령과 물과 피라 또한 이 셋이 합하여 하나이니라

물과 피만 가지고는 완전한 말씀이라고 할 수 없다. 물과 피와 성령, 셋이 합쳐져서 하나가 되었을 때 태초의 말씀, 완전한 말씀이 되는 것이다. 태초의 말씀은 만물을 창조하고 지으신 하나님이시다.

3은 영적 거룩한 완전수이다. 3수는 성부, 성자, 성령을 말씀하는 것이다. 물과 피와 성령이 하나가 되었다는 말은, 셋이 하나가 되어서 인격적인 하나님의 말씀이 되었다는 것이다. 인격적인 하나님의 말씀이 곧 태초의 말씀이다. 태초의 말씀에는 성부, 성자, 성령께서 함께 해주신다는 의미가 들어있는 것이다.

예수님은 신약의 마당에서 성자 하나님으로서의 사역을 다 이루시고 가셨다. 그러나 아직 마지막 재림의 마당에서의 하나님의 사역이 남아있기 때문에 물과 피와 성령이 하나가 된 인격적인 태초의 말씀, 즉 해를 입는 역사가 이루어져야 한다.

해는 하나님, 즉 말씀이다. 요한계시록 12장에 등장하는 '해를 입은 여자'는 물과 피와 성령이 하나가 된 인격적인 태초의 말씀, 해를 입어 하나님 화(化)된 사람을 가리킨다.[39]

---

39) 제 2권 <이 땅의 주, 그는 누구인가?> 188-213쪽, 벽암 조영래 저, 도서출판 오색이슬

3. 사도 요한이 해를 입은 여인으로부터 받은 작은 책

　모세와 엘리야가 예수님이 어떻게 별세하실 것을 상의하였다(마 17:1-3, 눅 9:28-31). 그러면 누군가 이 땅에 있는 사람 중에서 십자가 상에서 흘리신 핏속에 들어있는 일곱 우레의 말씀, 칠언의 말씀의 비밀을 아는 사람이 있어야 한다. 그 비밀을 알게 하기 위해서 사도 요한을 이사야 43:1이하의 말씀에 은혜가 지명하여 부른 것처럼 십자가 앞에 서게 함으로써 예수님의 칠언의 말씀을 듣게 했다. 칠언의 말씀을 듣게 했다는 말은 일곱 우레의 비밀을 알게 하셨다는 것이다. "저들의 죄를 용서해주소서"(눅 23:34), "네가 오늘 나와 함께 낙원에 있으리라"(눅 23:43), "여자여 보소서 아들이니이다, 보라 네 어머니라"(요 19:26-27), "엘리 엘리 라마 사막다니"(마 27:46, 막 15:34), "목마르다"(요 19:28), "다 이루었다"(요 19:30), "내 영혼을 받아주소서"(눅 23:46), 아무도 그 칠언의 말씀의 비밀을 몰랐지만 십자가 밑에서 예수님의 기도를 들은 사도 요한만은 그 말씀의 비밀을 알았다는 것이다.

　그렇다면 사도 요한이 그 비밀을 알았다는 말씀이 성경 어디에 기록되어 있는가?

> 요일 5:5-8 예수께서 하나님의 아들이심을 믿는 자가 아니면 세상을 이기는 자가 누구뇨 이는 물과 피로 임하신 자니 곧 예수 그리스도시라 물로만 아니요 물과 피로 임하셨고 증거하는 이는 성령이시니 성령은 진리니라 증거하는 이가 셋이니 성령과 물과 피라 또한 이 셋이 합하여 하나이니라

사도 요한이 아무 이유 없이 십자가 앞에 있었던 것이 아니다. 예수님이 십자가 상에서 하신 칠언의 말씀을 듣고 사도 요한은 무엇을 깨달았을까? 그는 이 땅의 인간 중에서 예수님이 흘리시는 피와 물 속에 태초의 말씀과 은혜와 진리가 숨겨져서 이 땅에 떨어지는 것을 최초로 깨달은 유일한 사람이다.

그 비밀을 알았기 때문에 태초의 말씀이 그에게 작은 책을 준 것이다. 요한계시록 10:8-9에 그 장면이 기록되어 있다.

> 계 10:8-9 하늘에서 나서 내게 들리던 음성이 또 내게 말하여 가로되 네가 가서 바다와 땅을 밟고 섰는 천사의 손에 펴 놓인 책을 가지라 하기로 내가 천사에게 나아가 작은 책을 달라 한즉 천사가 가로되 갖다 먹어버리라 네 배에는 쓰나 네 입에는 꿀 같이 달리라 하거늘

하늘에서 들리던 음성이 사도 요한에게 바다와 땅을 밟고 선 자에게 작은 책을 받아먹으라고 했다. 그러면 하늘에서 말하고 있는 사람은 누구였을까? 예수님의 피와 물속에 태초의 말씀과 은혜와 진리가 들어있다는 비밀을 아는 모세와 엘리야가 지금 하늘에 있다. 그러니까 그 하늘에 있는 자가 그 책을 먹기에 합당한 비밀과 암호를 가진 요한에게, 우레의 아들이라는 이름에 걸 맞는 우레의 비밀을 짊어진 사도 요한에게(막 3:17) 바다와 땅을 밟고 있는 자에게 가서 작은 책을 받아먹으라고 말씀하고 있는 것이다.

사도 요한만이 예수께서 십자가 상에서 하신 칠언의 말씀을 들을 수 있었던 사람이다. 시편 29편에 일곱 소리가 나온다. 그 일곱

소리가 예수께서 십자가에서 말씀하신 칠언의 말씀이고 칠언의 말씀이 곧 일곱 우레의 말씀이라고 정리할 수 있다. 그렇기 때문에 보아너게, 우레의 아들이라는 새 이름을 받은 사도 요한으로 하여금 우레 소리를 듣게 했던 것이다.

그렇다면 그가 증거한 말씀 중에 일곱 우레의 비밀에 대해서 말씀한 내용이 있을까? 당연히 사도 요한이 일곱 우레의 비밀을 깨달았기 때문에 일곱 인, 일곱 나팔, 일곱 대접으로 이루어진 요한계시록의 세계를 기록할 수 있었던 것이다.

예수님이 십자가 상에서 흘린 피와 물속에 일곱 우레의 말씀, 태초의 말씀이 들어있었고 은혜와 진리가 들어있다는 것을 하늘에서는 모세와 엘리야가 알았고 이 땅에서는 사도 요한이 최초로 알게 되었다는 것이다. 그것을 알게 됨으로써 사도 요한이 작은 책을 먹을 수 있게 된 것이다.

> 요일 1:1-2 태초부터 있는 생명의 말씀에 관하여는 우리가 들은 바요 눈으로 본 바요 주목하고 우리 손으로 만진 바라 이 생명이 나타내신 바 된지라 이 영원한 생명을 우리가 보았고 증거하여 너희에게 전하노니 이는 아버지와 함께 계시다가 우리에게 나타내신 바 된 자니라

위 성구에 의하면, 사도들은 예수님과 함께 공생애 3년을 걸었던 사람들이기 때문에 당연히 하나님이신 예수님을 본 자들, 함께 생활한 자들이라는 의미라고 생각하겠지만 그러나 사도 요한이 말하고 있는 이 생명의 말씀은 예수님이 십자가 상에서 이 땅에 아무도 모

르게 떨치고 가신 태초의 말씀과 은혜와 진리의 말씀, 또 예수님이 보내신 성령, 이 셋이 하나가 되어서 인격적인 태초의 말씀이 되었다는 것을 가리켜서 자기가 본 바요, 만진 바요, 함께한 자라고 말씀하고 있는 것이다.

4. 해를 입은 여인이 낳는 철장의 권세를 가진 아이

해를 입은 여인이 만국을 다스릴 수 있는 철장의 권세를 가진 아이를 낳는다. 여기서 낳았다는 말은(시 2:7) 땅차원의 아이가 아니라 만국을 다스릴 수 있는 철장의 권세를 가진 아이, 하늘보좌로 올라갈 수 있는 하나님 아들 같은 아이를 낳았다는 말이지, 은혜 받은 세상 아이를 낳았다는 말이 아니다.

그런 아들을 낳을 수 있는 사람이 누구인가? 해를 입은 여인은 그런 아이를 낳을 수 있는 권세와 능력을 가지고 있다.

태초의 말씀이 천지만물을 지으셨다. 태초의 말씀이 만물을 지으셨다는(요 1:1-3) 말은 태초의 말씀이 만물들을 창조할 수 있는 능력을 가졌기 때문에(히 1:2-3) 만물을 붙잡고 죄를 사해줄 수 있는 권세를 가질 수 있다는 것이다.

> 요 1:1-3 태초에 말씀이 계시니라 이 말씀이 하나님과 함께 계셨으니 이 말씀은 곧 하나님이시니라 그가 태초에 하나님과 함께 계셨고 만물이 그로 말미암아 지은 바 되었으니 지은 것이 하나도 그가 없이는 된 것이 없느니라

> 히 1:2-3 이 모든 날 마지막에 아들로 우리에게 말씀하셨으니 이 아들을 만유의 후사로 세우시고 또 저로 말미암아 모든 세계를 지으셨느니라 이는 하나님의 영광의 광채시오 그 본체의 형상이시라 그의 능력의 말씀으로 만물을 붙드시며 죄를 정결케 하는 일을 하시고 높은 곳에 계신 위엄의 우편에 앉으셨느니라

그렇기 때문에 해를 입은 여인이 만물을 지으신 그 능력으로 이 땅에 뿌렸던 좋은 씨를 가지고 하나님 아들을 낳았다는 것이다.

노아에게는 완전한 은혜를 맡기셨다(창 6:8-9). "마지막 인자의 역사는 노아 때다"라고 하셨기 때문에 완전한 자, 의인이 되기 위해서는 노아의 하나님을 만나야 한다. 그 하나님이 누구인가? 바로 해를 입고 하늘의 이적을 행하고 계시는 해를 입은 여인이시다(계 12:1).

아브라함은 복의 근원으로서 하나님이 그에게 복을 맡기셨다(창 12:2). 아브라함은 인자로 온 여호와 하나님과 멜기세덱을 만난 사람이다. 아브라함과 같은 믿음의 축복을 가진 사람만이 마지막 때 인자로 역사하시는 해를 입은 여인과 그가 낳는 만국을 다스릴 수 있는 철장의 권세를 가진 아이, 하늘보좌로 올리는 그 아이를 만날 수 있다는 것이다. 따라서 해를 입은 여인을 영접하면 그 분이 낳아서 하늘보좌에 올리는 철장의 권세를 가진 아이를 알 수 있고 또 그를 만날 수 있다는 것이다.

아브라함과 같은 믿음의 축복을 받으면 우리들도 마지막 때 인자로 오시는 신랑과 신부, 즉 이 땅의 주와 주 앞에 섰는 두 감람나무와 두 촛대가 되는 두 사람을 만날 수 있다. 그들을 만나서 그들에게

축복받는 그 믿음이 아브라함과 같은 믿음의 축복인 것이다.

성경에서 예수님 다음으로 '낳았다'(시 2:7, 히 5:5)는 말씀의 주인공이 된 사람은 누구인가? 이 땅의 주 앞에 선 두 감람나무와 두 촛대가 되는, 철장의 권세를 가진 아이만을 '낳았다'고 말씀하고 있는 것이다. 그렇기 때문에 예수님이 하늘보좌로 올라가셨고 철장의 권세를 가진 아이가 하늘 보좌로 올라가는 두 번째 사람이 되는 것이다. 엘리야는 불 말과 불 수레를 타고 올라갔고 에녹은 하나님이 데려가셨다고 했지 '낳았다'고 말씀하지 않았다.

바울이 "내가 디모데, 디도, 오네시모를 믿음으로 낳았다"(딛 1:4, 딤후 1:2, 몬 1:10)라고 말씀하고 있다. 그 말은 믿음으로 낳은 아들, 즉 중생으로 거듭나게 했다는 의미이지 하늘 보좌로 올라가는 하나님 아들을 낳았다는 뜻이 아니다.

5. 역대 연대를 네 아비들에게, 네 어른들에게 물으라

> 신 32:7 옛날을 기억하라 역대의 연대를 생각하라 네 아비에게 물으라 그가 네게 설명할 것이요 네 어른들에게 물으라 그들이 네게 이르리다

산 자를 불러서 역대의 연대를 물을 수 있는 사람은 누구인가? 바로 해를 입은 여인이다. 그가 이 땅의 주로서 장차 재림주 멜기세덱의 영광으로 올 사람이라는 암호를 말씀하고 있는 것이다. 예수님

도 예수님으로서는 산 자들을 못 부르신다. 그래서 변화산에서 아버지의 영광으로 변화를 받으시고 모세와 엘리야를 부르신 것이다. 하나님은 산 자의 하나님이시다. 죽은 자를 불러서 묻는 그런 하나님이 아니시다.

예수께서 베드로에게 "내가 천국의 열쇠를 네게 주겠다"는 말씀을 하셨다(마 16:18-19).

오늘날이라고 외치는 중간계시의 말씀, 작은 책, 다시복음의 말씀이 비사로 이르지 아니하고 밝히 일러주시는 아버지의 말씀이기 때문에, 만유세계를 바라볼 수 있는 아버지의 말씀이 천국 문을 열 수 있는 천국 열쇠, 즉 마스터 키가 된다는 것이다. 그런 마스터 키를 가진 자만이 역대의 연대를 조상들에게 아비들에게 물을 수 있다.

그렇다면 어떻게 묻는가? 그들이 "왜 나를 찾느냐?"고 물으면 "무엇을 여쭈어보려고 합니다" "그러면 나에게 물어볼 수 있는 신표(信標)라도 가지고 있느냐?" "예, 마스터 키(master key)[40]를 가지고 있습니다" 그러면 가르쳐 줄 것이다. 마스터 키가 없는 사람, 신표가 없는 사람이 가르쳐달라고 하면 가르쳐주지 않는다. 그런 사람에게만 믿음의 조상인 아브라함도 도와주시고 역대 연대의 아비들, 어른들이 도와준다는 것이다.

그렇지만 마스터 키를 가진 사람이라면 꼭 그들에게 물어야만

---

40) 자물쇠에는 어느 일정한 열쇠가 전속하고, 이 이외의 열쇠로는 열 수 없게 되어 있으나 자물쇠의 사용과 방의 관리를 편리하게 하기 위해 하나의 특별한 열쇠로 전체의 자물쇠를 열 수 있도록 하는 경우가 있다. 이 만능 열쇠를 마스터 키라 한다. 사무실, 호텔, 공동 주택 등에 갖추어진다, 건축용어사전, 성안당

도와주는 것이 아니다. 그 이유는 무엇인가? 영의 세계는 생각과 동시에 이루어지는 세계이다(사 65:24). 무엇이 먹고 싶으면 생각과 동시에 그것이 입에 들어와 있다. 그것이 산 자의 세계이다. 그러니까 "도와주십시오"라고 하면 그분들이 다 도와주어서 말씀의 비의를 가르쳐주는 것이다.

여호와 하나님과 멜기세덱은 원형적인 입장으로 본다면 다 네 생물에 소속된 사람이지만 그들이 각자 자기들이 짊어지고 있는 직분의 형태에 따라서 여호와 하나님으로도 역사하고 멜기세덱으로도 역사하는 것이다. 여호와는 정죄의 직분의 사역을 짊어지고 멜기세덱은 의의 직분의 사역을 짊어지고 있다. 그것이 같은 소속의 사람으로서 서로 다른 사명적 직분을 짊어지고 있는 두 사람의 모습이라고 말씀할 수 있다.

여호와 하나님에게 네 생물 속에 들어있는 네 가지 육체를 맡겼다는 말은, 주인이 맡겨준 씨를 종이 뿌렸다는 것을 의미한다. 그들로 하여금 최초의 장소에 씨를 뿌리게 했고 또 뿌린 그들로 하여금 추수 때 거두게 하는 것이 씨 뿌리는 사람의 사명이며 권능이다. 그렇기 때문에 여호와는 씨를 뿌린 사람으로서 진노의 하나님, 질투의 하나님, 복수의 하나님으로 역사하고 또 전쟁의 하나님으로도 역사하는 모습이 성경에 기록되어 있는 것이다.

> 신 6:15 너희 중에 계신 너희 하나님 여호와는 질투하시는 하나님이신즉 너희 하나님 여호와께서 네게 진노하사 너를 지면에서 멸절시키실까 두려워하노라

시 94:1 여호와여 보수하시는 하나님이여 보수하시는 하나님이여 빛을 비취소서

나 1:2 여호와는 투기하시며 보복하시는 하나님이시니라 여호와는 보복하시며 진노하시되 자기를 거스리는 자에게 보복하시며 자기를 대적하는 자에게 진노를 품으시며

시 24:8 영광의 왕이 뉘시뇨 강하고 능한 여호와시요 전쟁에 능한 여호와시로다

삼상 17:47 또 여호와의 구원하심이 칼과 창에 있지 아니함을 이 무리로 알게 하리라 전쟁은 여호와께 속한 것인즉 그가 너희를 우리 손에 붙이시리라

6. 왜 여호와의 시대는 끝나고 멜기세덱의 시대는 재림의 마당에서 이루어져야만 하는가?

네 생물은 여호와 하나님으로만 역사한 것이 아니라 또 멜기세덱으로도 역사할 수 있다(창 14:17-20, 15:9-16). 네 생물이 멜기세덱으로도 역사할 수 있는 이유는, 네 생물 안에는 죽지 않고 살아서 하늘로 올라갈 수 있는 길, 멜기세덱 반차가 들어있기 때문에 네 생물이 당연히 여호와뿐만 아니라 멜기세덱으로서도 역사할 수 있는 것이다.

그러면 여호와의 시대는 끝났는데 왜 멜기세덱의 시대는 남아있느냐는 문제에 부딪히게 된다. 멜기세덱은 정죄의 직분의 영광이 아니라 의의 직분의 영광을 가지고 있는 분이시다. 그 의의 직분의 영광은 재림의 마당에서 이루어지기 때문이다.

네 생물이 정죄의 직분으로 영광을 받는 사람들에게는 여호와 하나님으로 역사했다. 그래서 출애굽기 3:15에도 모세에게 여호와라고 이름을 가르쳐 준 것이다.

> 출 3:15 하나님이 또 모세에게 이르시되 너는 이스라엘 자손에게 이같이 이르기를 나를 너희에게 보내신 이는 너희 조상의 하나님 곧 아브라함의 하나님, 이삭의 하나님, 야곱의 하나님 여호와라 하라 이는 나의 영원한 이름이요 대대로 기억할 나의 표호니라

그러나 정죄의 직분의 영광으로 구원 받지 않고 의의 직분의 영광으로 구원 받는 대상들에게는 여호와 하나님이라는 이름으로 가르쳐주지 않았다. 아브라함에게는 멜기세덱으로 가르쳐주었고 스데반에게는 영광의 하나님으로 가르쳐주었다. 말씀이 육신이 되어 예수님이 이 땅에 오시자 여호와 하나님의 시대가 마감되며 끝을 이루게 되었다. 따라서 여호와 하나님은 더 이상 구속사에 나타날 수 없는 존재가 되었다.

그러나 멜기세덱은 신약의 마당을 벗어나 재림의 마당에서 의의 직분으로 영광을 입는 구심점이 되었다. 그 이유는 무엇인가? 여호와의 시대는 신약의 마당 직전에 마감되었지만 멜기세덱의 시대는 신약의 마당을 지나서 재림의 마당에서 그 영광이 이루어져야 하기 때문에 멜기세덱이 재림의 마당의 구심점이 되고 때의 주인이 되는 것이다.

7. 모세는 부활해서 어디로 갔는가?

모세는 젖과 꿀이 흐르는 가나안 땅에 들어가지 못했다. 그러나 예수님은 사망의 권세를 깨시고 부활하셔서 하늘로 올라가셨다. 예수님의 부활은 공식적인 부활이 되었지만 모세의 부활은 공식적인 부활이 되지 못하고 감추어진 부활이 되었다.

감추어진 부활과 공식적인 부활의 차이점은 무엇인가? 예수님은 공식적으로 부활하셔서 오른쪽 보좌에 앉아계신다. 그러나 비공식적인 부활을 해서 올라간 모세는 어디에 가 있을까? 모세가 부활해서 어디에 있다는 기록이 없기 때문에 일부에서는 모세가 부활하지 못했다고 주장하고 변화산에 나타난 모세는 영육 간에 부활한 존재가 아니라 영적인 존재가 온 것이라고 주장하고 있는 것이다.

"열매 맺는 백성이 아브라함과 이삭과 야곱과 함께 천국에 앉아있다"는 말씀이 공관복음에 나온다.

> 마 8:11-12 또 너희에게 이르노니 동서로부터 많은 사람이 이르러 아브라함과 이삭과 야곱과 함께 천국에 앉으려니와 나라의 본 자손들은 바깥 어두운 데 쫓겨나 거기서 울며 이를 갊이 있으리라

> 눅 13:28 너희가 아브라함과 이삭과 야곱과 모든 선지자는 하나님 나라에 있고 오직 너희는 밖에 쫓겨난 것을 볼 때에 거기서 슬피 울며 이를 갊이 있으리라

위 성구에 보면 많은 사람들이 아브라함과 이삭과 야곱과 함께 천국에 앉는다고 했는데 모세라는 이름은 어디에도 언급된 바가 없다.

천국에 모세가 없다면 모세는 어디로 간 것일까? 이 비답을 얻으려면 한 가지 정리해야 할 것이 있다. 예수님은 때가 차매 세상 끝에 오셔서 이 땅에서 구속사의 주인공으로서의 영광을 이루시고 하늘로 승천하셔서 오른쪽 보좌로 가셨다.

그러면 모세는 부활한 그 자체로 그의 사명은 모두 끝이 난 것일까? 아니다. 모세는 또 어디로 와야 하는가? 재림의 마당에 와야 한다. 재림의 마당에 와야 하지만 모세는 공개적으로 오는 사람이 아니라 비공개적으로 오는 사람이다.

이런 입장을 가리켜서 도둑같이 오신다고 하신 것이다(계 16:15). 도둑같이 오신다는 말은 이름도 모르고 누구인지도 모르게, 아무도 모르게 오신다는 것이다. 만약 그가 재림의 마당에 공개적으로 올 수 있는 존재로 기록에 남아있다면 그는 아무도 모르게 올 수 없다.

그런 의미로 보면 아브라함, 이삭, 야곱은 이 땅에 올 수 없다. 그들은 이미 천국에서 공개된 자리에 앉아있기 때문에 몰래 올 수 없는 것이다. 몰래 오려면 이 땅에 있는 사람들뿐만 아니라 천국에 있는 사람들까지도 모르게 와야 한다. 그런 사람이라야 몰래 올 수 있는 것이다.

예를 들면 거지 나사로는 아브라함의 집에서 이미 공식적인 이름을 얻었기 때문에 그도 몰래 오지 못한다. '몰래'라는 말은 사단에게만 몰래 온다는 뜻이 아니라 천국에 있는 자들에게도 모르게 온다는 것이다. 그렇기 때문에 "하늘에 있는 천사들도 모르고 아들들도 모른다"(마 24:36)는 말씀이 기록되어 있는 것이다.

그렇다면 아무도 모르게 오는 사람은 과연 누구일까? 모세는 부활해서 어디로 갔는지 아무도 알지 못한다. 그렇다면 그는 어디로 갔는가? 그는 본래 자기가 있던 자리로 간 것이다. 그는 어디에 소속되어 있는 사람인가? 네 생물 속에 소속된 사람이었다.

성경에 모세는 정죄의 직분을 가지고도 얼굴에 광채가 났다고 기록되어 있다(고후 3:7). 정죄의 직분이 네 생물의 영광이고 여호와의 영광인 것이다(겔 1:28). 여호와가 일곱 날의 영광을 받음으로써 멜기세덱이 되는 것이다. 재림의 마당에서는 영광이 한 계단씩 올라간다(고전 11:3). 일곱 차원에서 영광의 세계가 올라가기 때문에 "일곱 날의 빛과 같다"(사 30:26)라고 하는 것이다. 그 일곱 차원은 땅에서부터 시작하는 것이다. 그렇기 때문에 만물들도 더 높은 차원의 영광으로 들어가는 것이다.

만물들이 탄식하는 이유는 무엇인가? 자기들도 하나님의 아들들이 나타나서 하나님의 아들의 영광의 자리에 참예하는 것이 소망이기 때문에 탄식하는 것이다(롬 8:18-23). 재림의 마당에서는 이 땅에 있는 만물들도 하늘 차원의 영광의 세계의 만물들로 다 한 차원씩 올라가는 것이다.

그것이 다 이루어지면 지구는 자연스럽게 블랙홀로 빨려 들어가서 지구의 존재는 없어지게 된다. 바벨론 성이 세 갈래로 갈라진다는 말은, 지구촌에 생명이 존재할만한 이유가 없기 때문에 이제 지구의 생명이 끝나고 소멸된다는 뜻이다.

계 16:19-20 큰 성이 세 갈래로 갈라지고 만국의 성들도 무너지니 큰 성 바벨론이 하나님 앞에 기억하신 바 되어 그의 맹렬한 진노의 포도주 잔을 받으매 각 섬도 없어지고 산악도 간데 없더라

모세는 부활해서 어디로 갔는가? 본래 그가 있던 곳으로 돌아갔다는 것이다. 그가 본래 있던 곳이 바로 네 생물이다. 네 생물 속에는 네 얼굴, 네 가지의 육체, 네 가지의 영광이 들어있다. 만약 네 생물이 하나의 얼굴, 하나의 육체, 하나의 영광으로 이루어진 단순한 존재라면 네 생물도 감추어진 존재가 아니다. 네 생물은 '우리'라는 복수로 이루어진 존재이기 때문에 네 생물이 누구인지 알 수 없다는 것이다.

IV
네 생물의 입장에서 본 구속사의 세계

1. 구속사의 세계는 누가 주도했는가?

창세기 1장에서 창세기 2:3까지의 내용을 보면 창조의 첫째날부터 일곱째 날이 소개되어 있다. 일곱째 날이 안식일이다. 첫째 날부터 일곱째 날, 안식일까지의 역사를 마치신 분의 이름이 하나님으로 기록되어 있다.

> 창 2:3 하나님이 일곱째 날을 복 주사 거룩하게 하셨으니 이는 하나님이 그 창조하시며 만드시던 모든 일을 마치시고 이 날에 안식하셨음이더라

성경은 어떤 사람들에게 전능하신 하나님, 엘로힘이라는 칭호로 나타내주신다고 되어 있는가? 믿음으로 의롭다함을 입은 사람들에게는 자기의 이름을 여호와로 가르쳐주지 않고 전능하신 하나님, 엘로힘으로 가르쳐주신다는 것이다.

출 6:3 내가 아브라함과 이삭과 야곱에게 전능의 하나님으로 나타났으나 나의 이름을 여호와로는 그들에게 알리지 아니하였고

첫째 날부터 일곱째 날까지 7일의 창조는 하나님이 창조하신 세계라고 분명히 기록하고 있는데 창세기 2:4부터는 "여호와 하나님이 천지를 창조하신 때에 천지의 창조하신 대략이 이러하니라"고 기록되어 있다.

창 2:4 여호와 하나님이 천지를 창조하신 때에 천지의 창조된 대략이 이러하니라

여기에서 '대략'이라는 말은 세상적인 입장에서는 '간단히 말해서'라는 의미라고 설명할 수 있지만 성경적인 말씀의 차원에서는 "하나님이 창조하신 창조의 세계의 내용을 어떤 입장에서 말한다면"이라는 의미가 함축된 말씀을 '대략'이라고 설명한 것이다.

여섯째 날은 사람과 똑같은 재료를 가지고 땅의 짐승과 가축을 지으시고 땅에 기는 모든 것을 지으셨다고 되어있다. 여섯째 날 사람을 지으셨는데 그 사람을 여호와 하나님이 지으셨다고 기록되어 있다는 것이다. 결론적으로 말하면 창세기 첫 날부터 일곱째 날까지 하나님이 모두 다 창조하신 것은 아니라는 것이다. 무슨 소리인가?

창 2:7 여호와 하나님이 흙으로 사람을 지으시고 생기를 그 코에 불어넣으시니 사람이 생령이 된지라

창 2:21-23 여호와 하나님이 아담을 깊이 잠들게 하시니 잠들매 그가 그 갈빗대 하나를 취하고 살로 대신 채우시고 여호와 하나님이 아담에게서 취하신 그 갈빗대로 여자를 만드시고 그를 아담에게로 이끌어 오시니 아담이 가로되 이는 내 뼈 중의 뼈요 살 중의 살이라 이것을 남자에게서 취하였은즉 여자라 칭하리라 하니라

위 성구에 기록되어 있듯이 분명히 여섯째 날 생령인 아담과 하와를 만든 분은 여호와 하나님이다. 분명히 '대략'의 내용 속에는 여호와 하나님이 남자와 여자를 만드신 내용의 세계가 설명되고 있는데 창세기 1장에서 첫째 날부터 일곱째 날까지 지으신 세계의 내용 중에는 여섯째 날뿐만 아니라 일곱째 날 안식일까지 하나님이 창조하셨다고 기록되어 있는 것이다.

분명히 창세기 2:4이하로는 여호와 하나님이 지으신 세계가 펼쳐지고 있다. 그런데 왜 창세기 1장에서 첫째 날부터 일곱째 날까지 지으신 그 창조의 세계를 하나님이 지으셨다고 말씀하시는 것인가?

마태족보와 누가족보를 면밀히 들여다보면, 마태족보는 아브라함으로부터 시작되는 하향식 족보이고 누가족보는 예수님으로부터 시작되는 상향식 족보이다. 그러니까 마태족보와 누가족보는 서로 역순(逆順)으로 되어있다. 한 마디로 아브라함으로부터 시작되는 족보나 예수님으로부터 시작되는 족보 모두 그 중심이 되는 결론은 다 하나님이 낳으셨다는 것이다.

하나님과 여호와 하나님은 같은 존재인가? 전혀 다른 존재이다. 하나님은 창조주이시고 여호와 하나님은 피조물이기 때문에 근본이 다르고 영광이 다르다.

특히 우리는 네 생물을 통해서 그 영광의 세계가 어떻게 다른지 알게 되었다. 창세기 1장-2장에서 보여주는 내용처럼 여호와 하나님과 멜기세덱을 비교해보면 같은 존재임에도 불구하고 보여주는 영광의 얼굴, 거룩한 얼굴이 다르다는 것을 알 수 있다.

다시 말해서 여호와의 영광 안에 있는 인자가 여호와로서의 사역을 마치고 재림의 마당에서 첫째 해를 입고, 두 번째 이 땅의 주로서 역사하시고, 세 번째 구속사의 끝을 이루기 위한 3일 길을 걸음으로써 마지막에 받는 영광이 멜기세덱이다.

여호와의 영광 안에는 두 사람의 인자가 있다. 두 사람의 인자가 구약의 마당에서는 모세와 엘리야로 등장해서 역사했고, 신약의 마당에서는 변형되신 예수님의 부름을 받고 변화산에 모세와 엘리야가 등장해서 예수님의 별세에 대해서 상론했고(눅 9:28-31), 재림의 마당에서는 이 땅의 주와 주 앞에 섰는 두 감람나무와 두 촛대로 등장하고 있다(계 11:4).

하나님께서는 자기를 바라는 자들에게는 자기의 실존적인 영광의 세계를 밝히 말씀해주신다. 그렇기 때문에 예수께서 수가촌에 들어가신 것은 지나가시다가 우연히 들르신 것이 아니라 알곡이 희어져 떨어질 수밖에 없기 때문에 그 알곡이 떨어지기 전에 찾아가신 것이다. 희어져 떨어질 수밖에 없는 알곡들이 영으로 얼마나 주님께서 오시기를 고대하고 바라고 있었겠는가? 예수께서 자기를 바라는 자들에게는 수가촌 여인에게처럼 "네가 말한 그리스도가 바로 나다"(요 4:5-26)라고 밝히 말씀해주셨다. 또 천국의 비밀을 대중 앞에서는 비유와 상징으로 말씀해주시다가 나중에 제자들에게는 그 비유와 상징의 말씀을 밝히 다 설명해주셨다고 기록되어 있다.

> 막 4:33-34 예수께서 이러한 많은 비유로 저희가 알아들을 수 있는 대로 말
> 씀을 가르치시되 비유가 아니면 말씀하지 아니하시고 다만 혼자
> 계실 때에 그 제자들에게 모든 것을 해석하시더라

마찬가지로 자기 이름을 엘로힘이라고 밝혀주는 대상과 여호와라는 이름으로 밝혀주는 대상은 분명히 영광이 다르고 차원이 다르고 믿음의 근본이 다르기 때문에 각각 다른 이름으로 가르쳐주는 것이다.

그 이유는 무엇인가? 예수께서 "종은 아버지의 이름을 부르지 못함으로 내가 너희를 종이라 하지 않고 이제부터 벗이라 하겠다"고 친히 말씀하셨다.

> 요 15:15 이제부터는 너희를 종이라 하지 아니하리니 종은 주인의 하는 것을
> 알지 못함이라 너희를 친구라 하였노니 내가 내 아버지께 들은 것
> 을 다 너희에게 알게 하였음이니라

종은 아버지의 이름을 부르지 못한다. 부르지 못하는 아버지의 이름을 종들에게 가르쳐주실 리 없다. 그렇기 때문에 그들에게는 종의 하나님의 이름을 가르쳐줄 수밖에 없다. 그 이름이 여호와이다. 그러나 하나님의 이름을 부를 수 있는 아브라함, 이삭, 야곱에게는 전능하신 하나님, 엘로힘이라고 가르쳐주셨다.

그렇기 때문에 창세기 1장부터 창세기 2:3까지 첫째 날부터 7일까지의 창조의 세계를 하나님이 지으셨다고 말씀하시고 그 다음에 창세기 2:4부터는 "여호와 하나님이 천지를 창조하신 때에 천지의

창조된 대략이 이러하니라"는, 대략적으로 말씀하고 있는 주인공이 여호와 하나님이라는 것을 알 수 있다. 따라서 '대략'이라는 말은 종들에게 말해주는 표현 방법이라고 정리할 수 있다.

그러나 "아버지에 관한 것을 비사로 이르지 아니하고 밝히 이르리라"(요 16:25)는 말씀은 대략적으로 가르쳐주는 것이 아니다. 감추어진 말씀, 인봉된 말씀, 아버지에 관한 말씀은 밝히 가르쳐주는 말씀이다. "내가 율법을 폐하러 온 것이 아니라 율법을 완전하게 이루러 오셨다"(마 5:17)는 그 말씀, 완전하게 이루시는 말씀은 자기를 바라는 자들(히 9:28), 약속의 자녀들에게(롬 9:6-8)만 밝히 가르쳐주신다는 것이다.

정리를 한다면, 창세기 1장부터 창세기 2:3까지는 하나님이 지으셨다고 했는데 창세기 2:4부터 대략적으로 말씀하시는 역사의 세계에서는 하나님이 아닌 여호와 하나님이 다 지었다고 말씀하고 있다. 그 차이점을 소개하고자 하는 것이다.

이것은 아사의 창조와 바라의 창조의 차이점이라고 말씀할 수 있다. 즉 하나님이 첫째 날부터 일곱째 날까지 창조하신 창조의 세계에서 여호와 하나님이 필요한 부분을 재창조했다는 의미가 된다.

따라서 창조의 세계를 대략적으로 말한다면, 하나님이 창조하신 모든 내용의 세계 중에서 여호와 하나님이 네 생물 안에 들어있는 피조세계의 재료를 가지고 하나님의 말씀대로, 하나님이 원하시는 대로 필요한 부분을 지은 것이다. 그렇기 때문에 창세기 2:4부터 여호와 하나님이 지었다고 하는 창조의 세계는 엄밀히 말한다면 하나님이 지으신 세계 안에서 여호와 하나님이 필요한 부분을 하나님이 명령하신 대로, 하나님의 뜻대로 지었다는 의미가 된다.

그 여호와 하나님이 누구인가? 분명히 창조의 순서로 보면 원형적인 입장으로는 네 생물이라고 말할 수 있지만 구속사의 세계에서는 네 생물이 여호와의 입장으로서 역사한 것이다.

네 생물이 믿음의 직분의 의를 가진 사람들에게는 멜기세덱이 되고 정죄의 직분의 의를 가진 사람들에게는 여호와 하나님이 되는 것과 같은 맥락의 말씀이다. 그러니까 믿음으로는 사람도 천사도 하나님이 지으신 것이지만 대략적인 입장으로 말한다면 또 누가 지었다고 말할 수 있는가? 여호와 하나님이 지었다고 말씀할 수 있다는 것이다.

하나님이 창세기 1장-창세기 2:3에서 첫째 날부터 일곱째 날을 지으셨다고 했는데 창세기 2:4부터는 여호와 하나님이 지었다고 말씀하고 있는 그 말씀의 원리적 근거를 이해한다면 하나님이 지으신 것도 여호와 하나님이 지은 것이고 여호와 하나님이 지은 것도 전체적으로는 하나님이 다 지으신 것이라는 양면성이 있다는 것을 이해할 수 있을 것이다. 다시 말해서 여호와 하나님도 하나님이 지으신 피조물이기 때문에 여호와 하나님이 짓고, 짓고 한 그 대상들의 세계가 결론으로 말하면 다 하나님이 지으신 것이라는 의미에서 '천지의 창조된 대략이 이러하니라'고 기록하고 있는 것이다.

2. 우리의 진정한 조상은 누구인가?

여호와 하나님이 왜 이스라엘 백성들에게 자기를 아버지라고 말했고 남편이라고 말했는가?

사 63:16 주는 우리 아버지시라 아브라함은 우리를 모르고 이스라엘은 우리를 인정치 아니할찌라도 여호와여 주는 우리의 아버지시라 상고부터 주의 이름을 우리의 구속자라 하셨거늘

사 64:8 그러나 여호와여 주는 우리 아버지시니이다 우리는 진흙이요 주는 토기장이시니 우리는 다 주의 손으로 지으신 것이라

사 54:5 이는 너를 지으신 자는 네 남편이시라 그 이름은 만군의 여호와시며 네 구속자는 이스라엘의 거룩한 자시라 온 세상의 하나님이라 칭함을 받으실 것이며

렘 3:14 나 여호와가 말하노라 배역한 자식들아 돌아오라 나는 너희 남편임이니라 내가 너희를 성읍에서 하나와 족속 중에서 둘을 택하여 시온으로 데려오겠고

렘 31:32 나 여호와가 말하노라 이 언약은 내가 그들의 열조의 손을 잡고 애굽 땅에서 인도하여 내던 날에 세운 것과 같지 아니할 것은 내가 그들의 남편이 되었어도 그들이 내 언약을 파하였음이니라

　　네 생물 속에는 모든 조상이 다 들어있다. 궁창의 세계에 필요한 천사들을 만들 수 있는 천사의 첫 조상도 들어있고, 하늘의 발등상이 되는 지구촌에서 탄생될 인류의 조상과 또 구속사의 첫 사람도 다 그 안에 들어있었다는 것이다. 그렇기 때문에 네 생물이 여호와 하나님의 영광을 가진 존재로서 인류에게 "내가 너희들의 아버지, 신랑, 남편이다"라고 말할 수 있다는 것이다.

여호와 하나님이 "우리가 우리의 형상대로 사람을 만들자"(창 1:26)라고 했고 "흙으로 사람을 지으시고 그 코에 생기를 불어넣으시니 사람이 생령이 된지라"(창 2:7)고 했다. 거기에서 말한 '우리'가 누구이며 또 생령을 만든 사람이 누구인가? 바로 여호와 하나님이다.

여호와 하나님이 지은 대상이 누구인가? 여호와 하나님이 어떤 능력을 가졌기에 창조주도 아니면서 사람을 지었고 천사들을 지었다고 말할 수 있는 것인가? 구속사의 첫 사람인 아담도 여호와 하나님이 지은 것이다.

그 부분에 대해서는 이미 충분히 소개했다. 여호와 하나님의 원형이 바로 네 생물이라는 것이다. "네 생물 안에 여호와 하나님의 영광이 들어있다"라는 말씀이 에스겔서에 기록되어 있다(겔 1:28, 3:23, 10:4, 10:18, 11:23, 43:4-5, 44:4).

에스겔 1:1에 보면 하늘 문을 열고 이 땅에 오는 존재가 있다. 온전한 자, 완전한 영광을 가진 자만이 하늘 문을 열고 이 땅에 올 수 있다. 스랍은 이 땅에 혼자 하늘 문을 열고 오지 못한다. 그룹이 하늘 문을 열고 오지 못한다. 그러나 스랍과 그룹이 온전한 본래의 영광으로 이 땅에 올 때는 그 존재가 하늘 문을 열 수 있다. 에스겔 1장-10장에 나오는 네 생물은 네 생물로서의 완전한 여호와 하나님의 영광 자체였다는 것이다.

그러면 네 생물이 여호와 하나님의 영광 자체였다는 것을 무엇이라고 설명할 수 있는 것인가? 네 생물의 머리 위에는 맑은 수정과 같은 궁창이 있고, 궁창 위에는 보좌의 형상이 있고, 보좌에는 사람의 형상이 있다(겔 1:26, 10:1). 그것이 에스겔서에만 소개되어있는 내용이다.

> 겔 1:26 그 머리 위에 있는 궁창 위에 보좌의 형상이 있는데 그 모양이 남보석 같고 그 보좌의 형상 위에 한 형상이 있어 사람의 모양 같더라

> 겔 10:1 이에 내가 보니 그룹들 머리 위 궁창에 남보석 같은 것이 나타나는데 보좌 형상 같더라

그리고 여호와 하나님의 영광으로 오는 네 생물에는 꼭 바퀴가 있다(겔 1:15-20). 스랍은 여섯 날개를 가지고 있고 그룹들은 화염검을 가지고 있다. 개인적으로는 날개로 비상할 수 있지만 바퀴는 없다. 그런데 여호와의 영광을 가지고 온 네 생물은 바퀴가 있다는 것이다.

바퀴가 있다는 말은, 하늘 문을 열 수 있는 권세를 가진 존재라는 뜻이다. 개인적으로 비상하는 존재는 바퀴가 필요 없다. 바퀴가 있다는 말은 거룩한 영광의 신성조직을 말하고 있는 것이다. 거룩한 영광의 신성조직은 부분적인 것이 아니라 완전하고 거룩한 여호와 하나님의 영광의 신성조직 전체를 말하는 것이다. 그렇기 때문에 그것은 온전한 것, 완전한 것이다.

재림의 마당에서도 거룩한 신성조직을 가지고 오시는 분이 있다. 거룩한 신성조직이 하늘에서 내려오는 모습이 요한계시록 21:2에 기록되어 있다. 하늘에서 내려오는 새 예루살렘 성은 신부의 완전한 신성조직이다.

> 계 21:2 또 내가 보매 거룩한 성 새 예루살렘이 하나님께로부터 하늘에서 내려오니 그 예비한 것이 신부가 남편을 위하여 단장한 것 같더라

에스겔에 등장하고 있는 네 생물은 여호와 하나님의 영광 자체로 등장하고 있다는 것이다. 그렇게 온전하고 완전한 네 생물만이 바퀴가 있고 그 네 생물 안에 수정 같은 궁창이 있고 궁창 위에 보좌가 있고 그 보좌 위에 사람의 형상, 인자가 있다는 것이다.

그렇다면 네 생물 안에 존재하는 내용물들이 개인적으로 움직일 때는 어떻게 움직이는가? 스랍으로도 역사하고 그룹으로도 역사한다. 그들이 이 땅에 올 때는 비상하는 날개를 가지고 오는 것이지, 영광의 보좌를 가지고 이 땅에 오는 것은 아니다.

결론적으로 말하면 네 생물 속에는 네 가지의 육체, 네 가지의 영광, 네 얼굴의 영화로운 인격이 들어있기 때문에 그들은 당연히 우리의 조상이 되고, 시작이 되고, 우리의 끝도 되고, 우리를 조성할 수 있는 대상으로써의 권세와 능력과 영화로움과 영광을 가지고 있는 존재라는 것이다. 그렇기 때문에 그 내용의 세계를 깊이 궁구해보면 그 안에 있는 존재, 그 안에 있는 영화로운 인격적인 대상들은 당연히 우리의 모든 것이 된다. 즉 네 생물은 우리의 조상도 되고, 우리의 시작도 되고, 끝도 된다는 것이다.

맺음말

맺음말

1. 아담 창조의 대략

만물의 영장인 사람들은 여섯째 날 지음을 받았다. 셋째 날 씨 맺는 채소, 씨 가진 열매 맺는 과목을 지으셨다고 했다. 사람을 만드시기 전에 먼저 그 씨들을 하늘의 발등상이 되는 지구에 뿌렸다. 그 씨들을 이 땅에 뿌림으로써 그 씨들이 사람이 살아갈 수 있는 환경을 만들어가고 있었다.

예레미야 31:27에 보면 짐승의 씨와 사람의 씨를 뿌린다고 말씀하고 있다.

> 렘 31:27 여호와께서 가라사대 보라 내가 사람의 씨와 짐승의 씨를 이스라엘 집과 유다 집에 뿌릴 날이 이르리니

"인생의 혼은 위로 올라가고 짐승의 혼은 아래 곧 땅으로 내려간다"(전 3:21)고 했다. 여기서 말한 사람과 짐승은 과연 본질, 근본이 다른 입장을 말하는 것일까? 외형상으로는 똑같은 '사람'이다. 여기

에서 '짐승'은 "존귀에 처하나 깨닫지 못하는 사람은 멸망하는 짐승과 같도다"(시 49:12, 49:20)라는 의미의 짐승을 말한다.

구속사의 차원에서 아담은 사람으로서는 첫 사람이다. 따라서 아담 전의 사람은 흙 같은 존재라고 말할 수 있다. 흙 같은 존재는 짐승 같은 사람을 말한다. 그렇기 때문에 그들은 하늘로 올라갈 수 있는 마음, 하늘로 올라갈 수 있는 지혜, 이성적인 분별력, 양심이 없기 때문에 그들의 혼은 위로 올라갈 수 없다. 그들의 혼은 땅으로 내려갈 수밖에 없는 것이다. 그런 입장에서 짐승의 씨와 사람의 씨를 뿌렸다는 것이다(렘 31:27).

창조 역사의 세계를 펼치기 위해서 처음부터 짐승의 씨를 뿌릴 때 사람의 씨도 함께 뿌렸기 때문에 세상에는 짐승과 사람들이 함께 공존하고 있었다는 것을 우리가 짐작할 수 있다. 그 때 비록 원시인이기는 하지만 사람의 육체를 가진 짐승 같은 원시인들이 공존하고 있었다.

아담 전의 사람들, 아담과 함께 살고 있었던 사람들, 아담을 제외한 사람들은 '사람'이라 불릴 수 없는 짐승 같은 차원의 사람들이었다. 그런 사람들 중에서 하나님이 아담을 지명하여 부르셨다. 지명하여 부른 아담에게 하나님이 은혜를 주어 코에 생기를 불어넣으시고 구속사를 이룰 수 있는 최초의 사람, 성경적인 첫 사람을 만드셨다는 것이다.

여섯째 날 사람을 지으셨다. 그러면 짐승의 씨는 언제 뿌려진 것일까? 짐승 같은 사람은 여섯째 날 지은 것이 아니다. 여섯째 날 이전에 지었다고 말할 수 있다. 정확하게 몇째 날이라고 말할 수는 없지만 짐승 같은 사람이 살아갈 수 있는 환경이 지구촌 안에서 어느 정도 이루어졌을 때, 그때에 짐승의 씨를 뿌렸다는 것이다. 여기에서 씨를 뿌렸다는 말은 인간이 생존하고 번식하는 본능적인 원리와 근거에 의해서 생명체를 태어나게 했다는 의미로 해석할 수 있는 것이다.

그렇기 때문에 아담이 구속사의 첫 사람으로 올 때에는 아담과 같은 외형의 짐승 같은 사람들이 지구촌에 이미 수백 수천 만이 있었다고도 말할 수 있다는 것이다. 그들은 선악을 분별할 수 있는 이성적인 양심이나 옳고 그름을 판단할 수 있는 지각을 가지지 못한 존재들이었다. 생명을 보존하기 위한 극단적 수단방법을 동원하더라도 그들에게는 죄가 되지 않는다. 그 당시 어려운 환경, 여건 속에서 생명을 보전한다는 것이 얼마나 힘들었겠는가!

하나님께서 그들의 씨를 뿌리신 그 당시 최우선의 목적, 최고의 뜻은 어떻게든 그들의 생명이 보존되는 것이었다. 그렇기 때문에 그들이 살기 위해서라면 사람을 죽이거나 해도 죄가 되지 않았다는 것이다. 그것은 당시 그들의 삶이 약육강식(弱肉强食)의 생존경쟁 속에서 겨우 자기 생명을 보존하며 유지할 수 있는 삶이었기 때문이다.

여섯째 날, 다섯째 날, 넷째 날 사이의 간격이 어느 정도인지 모르지만 그 하루의 차이는 상당히 장구한 세월이었을 것이다. 그러나 신학은 "하루가 천 년 같고 천 년이 하루 같은 이 한 가지를 잊지 말라"(벧후 3:8)는 말씀이 성경에 있다고 해서 무조건 6일의 창조를 하루당 천 년씩으로 계산해서 6천 년이라고 주장하고 있다. 그런 논리로 주장하기 때문에 인간의 생명의 기원이 겨우 6천 년이라는 황당한 주장을 하고, 6천 년 전에는 사람이 존재하지 않았다고 말하고 있는 것이다. 그러나 이런 신학의 주장은 과학적인 여러 가지 증거와도 맞지 않을 뿐 아니라 무엇보다 성경적으로도 그릇된 주장이라는 것을 알아야 한다.

가인이 아벨을 쳐 죽인 후, 가인이 에덴동편 놋 땅으로 가서 결혼을 했다. 성경에도 가인의 아내가 등장한다.

> 창 4:17 아내와 동침하니 그가 잉태하여 에녹을 낳은지라 가인이 성을 쌓고 그 아들의 이름으로 성을 이름하여 에녹이라 하였더라

아담이 인류학적인 첫 사람이고 가인이 아벨을 쳐 죽였다면 지구상에는 부모인 아담과 하와 외에는 사람이 없어야 한다. 그런데 사람은 없었지만 짐승 같은 사람들은 있었다는 것이다. 가인이 짐승 같은 여자를 얻어서 자손을 번성시켰다는 것이다.

셋도 마찬가지다. 가인이 아벨을 쳐 죽임으로 아벨 대신 셋을 주었는데 셋이 여자를 얻어서 아들을 낳았다고 했다.

> 창 4:26 셋도 아들을 낳고 그 이름을 에노스라 하였으며 그 때에 사람들이 비로소 여호와의 이름을 불렀더라

그렇다고 해서 셋이 얻은 그 여자는 가인이 낳은 딸들도 아니다. 이 말의 의미는 무엇인가? 아담이 구속사의 첫 사람으로 부름을 받기는 했지만 아담이 부름 받는 그 시대에도 짐승 같은 사람들은 존재하고 있었다는 것이다. 짐승 같은 많은 사람들 중에서 아담이 구속사의 첫 사람으로 부름을 받은 것이다.

첫째 날의 세계를 인간의 지식을 가지고 언제부터 언제까지의 시간이라고 그 시간을 측정할 수 있을까? 그것은 불가능한 일이다. 우주만물을 창조하신 창조의 시간을 무엇으로 잴 수 있겠는가? "태초에 하나님이 천지를 창조하시느니라"(창 1:1)고 했다. 첫째 날 천지를 창조하신 것이다. 아직 생명체가 존재하지 않는 천지를 먼저 창조하신 것이다. 인간의 지식으로 어떻게 그 창조 세계의 시간을 가늠할 수 있는가? 인간으로서는 가늠할 수 없는 시간이기 때문에 하나님께서도 "나는 영원부터 영원까지 있는 존재(시 90:2, 103:17), 시작과 끝도 없는 존재라(히 7:3)"고 말씀하고 있는 것이다.

그렇다면 여섯째 날의 시간을 한 번 추정해보자. 여섯째 날은 얼마만한 시간의 연대를 가지고 있는 것인가? 여섯째 날 사람만 지은 것이 아니다. 짐승도 여섯째 날 지었다고 기록되어 있다.

> 창 1:24-26 하나님이 가라사대 땅은 생물을 그 종류대로 내되 육축과 기는 것과 땅의 짐승을 종류대로 내라 하시고 (그대로 되니라) 하나님이 땅의 짐승을 그 종류대로, 육축을 그 종류대로, 땅에 기는 모든 것을 그 종류대로 만드시니 하나님의 보시기에 좋았더라 하나님이 가라사대 우리의 형상을 따라 우리의 모양대로 우리가 사람을 만들고 그로 바다의 고기와 공중의 새와 육축과 온 땅과 땅에 기는 모든 것을 다스리게 하자 하시고

위 성구를 보면 여섯째 날 흙으로 사람을 지었으며 같은 흙으로 육축과 기는 것과 땅의 짐승을 지었다고 기록되어 있다. 육축과 사람과 땅의 짐승을 여섯째 날 지었다면 악어라든가 하마라든가 이런

것들도 다 여섯째 날 지었다는 논리가 된다. 여섯째 날 사람만 지은 것이 아니라 흙으로 짐승들을 지었다면 짐승들도 다 여섯째 날 지어진 것이다.

신학적인 논리로 말한다면 하마(욥 40:15) 같은 짐승들도 그 생명의 기원이 6천 년 밖에 안 된다는 논리가 성립되는 것이다. 그것은 우리가 생각해보아도 말이 되지 않는다는 것을 이해할 수 있을 것이다. 고고학자들이 증거한 바에 의하면 파충류인 악어(욥 3:8, 41:1, 41:12)는 중생대[41]에 출현했으며 그 생명의 기원이 2억 년이 넘는 것으로 되어있다.

셋째 날 씨를 만드셨다(창 1:11-13). 그리고 넷째 날 큰 광명과 작은 광명을 지으셨다(창 1:16). 큰 광명과 작은 광명은 누구인가? 야고보와 요한의 어머니 살로메가 "주님의 나라에서 나의 두 아들을 하나는 주의 우편에, 하나는 주의 좌편에 앉게 명하소서"라고 예수님에게 간청하였다. 그 두 보좌가 바로 큰 광명과 작은 광명의 보좌이다.

> 마 20:20-23 그 때에 세베대의 아들의 어미가 그 아들들을 데리고 예수께 와서 절하며 무엇을 구하니 예수께서 가라사대 무엇을 원하느뇨 가로되 이 나의 두 아들을 주의 나라에서 하나는 주의 우편에, 하나는 주의 좌편에 앉게 명하소서 -(중략)- 내 좌우편에 앉는 것은 나의 줄 것이 아니라 내 아버지께서 누구를 위하여 예비하셨든지 그들이 얻을 것이니라

---

41) 악어류는 중생대에 번성했으며 신생대 초기 이후에는 거의 형태변화 없이 오늘날까지 생존해왔다. 중생대는 6,500만~2억 2,500만 년 전의 기간이며 트라이아스기·쥐라기·백악기로 구분된다, 다음백과

구속사의 입장으로 말하면 큰 광명과 작은 광명은 구속사의 주인이다. 구속사의 주인인 큰 광명과 작은 광명에 의해서 셋째 날 만들어진 씨를 이 땅에 뿌리기 시작한 것이다. 짐승의 씨만 뿌린 것이 아니라 만물의 씨도 다 뿌린 것이다.

큰 광명과 작은 광명은 넷째 날 지음을 받은 존재임에도 불구하고 셋째 날 먼저 지어진 씨를 뿌릴 수 있었던 것은, 그들은 이미 네 생물 안에 존재하고 있던 사람들이었기 때문이다. 네 생물의 머리 위에 궁창이 있고 궁창 위에 보좌가 있고 그 보좌 위에 여호와의 영광의 형상의 모양으로 존재하던 사람들이었기 때문에 셋째 날 만들어진 씨를 이 땅에 뿌릴 수 있었던 것이다.

지구촌에 있는 생명체들은 지구촌 자체에서 자생한 것이 아니다. 구속사의 주인인 큰 광명과 작은 광명의 명에 의해서 셋째 날 만들어진 씨를 하늘에 있는 천사들이 자기들이 맡고 있는 역할에 따라 이 땅에 뿌린 것이다.

이 땅에서 아담이 구속사의 첫 사람이 되기까지, 즉 존귀함을 깨달을 수 있는 사람, 존귀함을 입을 수 있는 사람의 모델이 만들어지기까지는 수백 만 년, 수천 만 년의 세월 동안 짐승 같은 많은 인생들이 있었다는 것을 부인할 수 없을 것이다. 그 구속사의 첫 사람이라는 모델을 만들기 위해서 지구가 생긴 이래 수십 억 년의 많은 세월이 흐르면서 수목이 등장하기도 했고, 또 수목이 생존함으로 사람들이 살아갈 수 있는 최소한의 어떤 환경이 이루어졌을 때, 아마 원시적인 인간의 첫 종족들이 이 땅에 태어났을 것이다. 그 후 많은 세월이 흐른 다음 만물의 영장이 될 수 있는 사람의 원형으로 지으신 첫 대상이 바로 아담이다. 그렇게 지어진 아담이었기에 그를 통해 구속사의 세계가 시작이 된 것이다.

창세기 2:7에서 아담을 짓는 과정을 보면 먼저 흙에서 사람이 되고 생령이 되었다. 여기서 "사람의 코에 생기를 불어넣어 생령이 되었다"는 말은 신앙의 차원으로 말하면 믿음의 길, 뜻의 길 차원에서 이루어진 존재가 아니고, 영의 차원에서 이루어진 존재라는 것이다. 이 말은 물질세계의 물질적 근본을 통해서는 절대 생령으로 탄생되지 못한다는 것이다.

이 땅에서 우리는 스스로 도의 길을 걸어 믿음의 길, 뜻의 길을 통해 사람의 분량까지는 자랄 수 있다. 그러나 그 이상 생령의 세계에 들어가려면 어떻게 해야 되는가? "생기를 그 코에 불어넣으시니 사람이 생령이 된지라"는 말씀을 깊이 생각해보면 생령이 되려면 이 땅에서는 안 된다는 것이다. 하늘의 구도의 도장을 통해서만 생령이 될 수 있다는 것이다. 분명히 아담의 코에 생기를 불어넣어 생령을 만드시고 에덴동산으로 이끌어 하늘의 구도의 도장으로 인도해 가신 것이다(창 2:8).

이 말씀을 하는 저의 속에는 영적인 존재와 육적인 존재의 근본과 본질의 차이점을 설명하려고 하는 것이다. 이 땅의 차원에서는 절대 생령의 존재로 태어날 수 없다. 그렇기 때문에 많은 사람들이 셋째 하늘나라에 가려고 하는 것이다. 그 이유는 무엇인가? 셋째 하늘나라에 가면 생령이 걸을 수 있는 구도의 도장이 있기 때문에 셋째 하늘나라에 도전하는 것이다. 다시 말하면 이 땅에서 구도의 길을 걸은 사람들이 더 큰 영광을 받기 위해서 하늘의 구도의 도장으로 가는 것이다. 하늘 구도의 도장을 통해서 생령으로서의 열매를 맺을 수 있는 것이다.

아담은 생령으로서의 이름도 받지 못하고 타락한 사람이다(사 65:20). 생령으로서의 이름을 받는다는 말은 생령으로서의 도적 씨름에서 이긴 자가 되어 열매를 맺은 결과, 이름을 받게 되는 것이다.

생령의 과정에서 이긴 자로서 받는 이름이 무엇인가? 그 이름이 바로 멜기세덱이다. 이긴 자가 되었기 때문에 멜기세덱이라는 이름을 받게 되는 것이다.

아담이 죄를 짓지 않고 하나님 말씀대로 선악나무의 유혹을 물리치고 싸워 이겨서 생명나무 열매를 먹게 되었다면 아담이 멜기세덱이 되는 것이다. 그렇기 때문에 많은 사람들이 이 땅에서 셋째 하늘나라에 가려고 몸부림치는 것이다. 하늘의 구도의 도장에서 생령으로서의 3일 길을 완성하고 생명나무 열매를 따먹으면 살려주는 영(고전 15:45)이 될 수 있을 것이다. 곧 하늘의 대제사장이 되는 것이다. 그렇게 되기를 바라고 원하기 때문에 그곳에 가는 것이다.

그렇다면 이 땅에 있는 사람들이 셋째 하늘나라에 가서 하늘의 구도의 도장을 걸어서 이기는 자가 되기보다는 본래 궁창의 세계에 있는 존재들이 그 길을 걷는 것이 더 쉽고 용이하지 않느냐? 그것이 더 빠르고 쉬운 것이 아니냐? 그렇게 생각할 수 있다.

단순한 입장에서는 궁창의 세계에 존재하고 있는 그들이 하늘의 구도의 도장을 걷는 길이 더 빠르고 쉬울 수 있다는 가능성을 생각해 볼 수 있다. 그렇기 때문에 하나님의 영광을 덮는 그룹으로서 기름부음을 받은 루시엘이 그 길을 걸으려고 했던 것이다.

그러나 하나님의 입장에서는 궁창의 세계에 존재하는 그들이 하늘의 구도의 도장을 걷는 것을 원치 않으셨다. 그것은 하나님의 뜻이 아니다. 만약 하나님이 궁창의 세계에 있는 존재들을 구원의 대상, 구속의 대상으로 만드시고자 뜻을 세우셨다면, 궁창의 세계에 있는 신령한 자들로 하여금 하늘 구도의 도장을 걷게 하셨을 것이다. 그러나 하나님은 하늘의 발등상인 이 땅에 흙으로 지음 받은 사람들 즉 흙, 사람, 생령의 과정을 통해서 등장하는 인생들을 구속의 대상, 하나님의 백성들로 삼으셨다. 그렇기 때문에 궁창에 있는 자들은 절대 하늘 구도의 도장에 들어갈 수 없다.

그들이 하늘 구도의 도장을 걷기 위해서는 창조의 길을 통해서 이 땅에 와야 한다. 원천적으로 절대 못 걷게 하신 것은 아니다. 걸을 수 있는 유일한 방법은, 창조원리의 길을 통해서 흙 차원의 사람으로 이 땅에 와서 믿음의 길, 뜻의 길, 영의 길을 통해서 하늘 구도의 도장을 걸을 수 있게 하신 것이다.

그것을 루시엘이 알지 못한 것이다. 하나님께서 섭리해놓으신 구속사 세계의 청사진을 루시엘이 깨닫지 못하고 이해하지 못함으로 말미암아 자기가 가지고 있는 입장, 자기가 받은 상급의 차원에서 그 구속사의 세계를 너무도 쉽고 간편하고 단순하게 생각했다는 것이다.

이 말씀을 통해서 우리가 확실하게 정리해야 할 것은, 천사들은 절대 구속사의 중심이 되는 구속의 대상이 아니라는 것이다.

> 히 2:16 이는 실로 천사들을 붙들어 주려 하심이 아니요 오직 아브라함의 자손을 붙들어 주려 하심이라

그들이 구속의 대상이 되려면 방법은 하나뿐이다. 그들이 이 땅에 와야 한다. 여인의 태를 통해서 이 땅에 와서 믿음의 길, 뜻의 길, 영의 길을 걸어 하늘 구도의 도장으로 가야 한다.

이 땅에 있는 것이 궁창의 세계에도 다 있다. 꽃 피는 나무, 식물, 과목, 동일한 수목은 다 있는데 차원이 다르기 때문에 존재의 가치가 달라진다.

거기에는 죽음이 없다. 이 땅에는 가뭄이 들면 말라죽기도 하지만 그 세계는 어떤 생명의 존재이건 죽음이 존재하지 않는다. 왜 죽음이 존재하지 않는가? 그들의 세계는 물질의 세계이면서도 그 물질이 영으로 이루어진 물질의 세계이기 때문이다.

"살리는 것은 영이니 육은 무익하니라"(요 6:63)고 했다. 따라서 몸을 가지고 있는 존재는 끝이 있다는 것이다. 몸을 가지고 있다는 것은 죽음이 있다는 것이다. 그 말은 흙으로 지어진 존재는 죽음을 가지고 있다는 것이다. 육의 몸은 신령한 몸이 아니라 죽는 몸이다. "육의 몸이 있은즉 또 신령한 몸이 있느니라"(고전 15:44)는 말씀이 있다. 육의 몸은 죽는 몸이고 신령한 몸은 죽지 않는 몸이다. 그 말은 무슨 뜻인가? 이 땅에 여인의 길을 통해서 태어나는 자들은 다 육의 몸을 가지고 오기 때문에 한 번은 죽어야 한다(히 9:27). 그리고 신령한 몸으로 거듭나서 하늘에 가야 한다. 신령한 몸으로 거듭나는 것이 부활이다.

> 고전 15:50 형제들아 내가 이것을 말하노니 혈과 육은 하나님 나라를 유업으로 받을 수 없고 또한 썩은 것은 썩지 아니한 것을 유업으로 받지 못하느니라

그 신령한 인격적인 대상들이 하늘 차원에서는 무엇으로 지음을 받았는가? 우리는 인성으로 지음을 받은 존재이다. 인성이라는 말은 육신을 가지고 태어난 존재를 말한다.

> 요 2:24-25 예수는 그 몸을 저희에게 의탁지 아니하셨으니 이는 친히 모든 사람을 아심이요 또 친히 사람의 속에 있는 것을 아시므로 사람에 대하여 아무의 증거도 받으실 필요가 없음이니라

위 성구에 보면 예수님은 완전한 인성과 완전한 신성을 가지신 분이기 때문에 "친히 사람의 속에 있는 것을 아시므로 사람에 대하여 아무의 증거도 받으실 필요가 없다"고 하셨다. 이 땅에 육의 몸을 가지고 오셨으면서도 그분의 몸은 우리와 다른 몸이다. 말씀이 육신이 되어 오신 몸이다. 그분의 몸은 신성으로 이루어진 몸이라는 뜻이다. 신성으로 이루어진 몸이기 때문에 신령한 몸이다.

그러나 우리는 신령한 인성이 아니라 흙 차원의 인성을 가지고 태어났기 때문에 우리는 죽는 존재일 수밖에 없다. 부활을 거치지 않으면 안되는 존재라는 것이다.

예수님이 말씀을 버리셔야만 되는 이유가 여기에 있다. 신성을 버리시고 우리와 같은 인성을 가지시고 스올에 들어가시기 위해서 십자가 상에서 성체를 타고 흐르는 피를 통해서 말씀을 이 땅에 떨치셨고, 물을 통해서 은혜와 진리를 이 땅에 떨치신 것이다.

인간들과 천사들은 네 생물 속에 들어있는 인성과 신성으로 지어졌다. 천사들은 신성으로 지어졌기 때문에 신령한 몸을 주었고 우리들은 인성으로 지어졌기 때문에 육의 몸을 준 것이다. 같은 몸을

가지고 있는데 사람은 죽는 육의 몸을 가지고 있고 천사들은 죽지 않는 신령한 몸을 가지고 있다. 그렇기 때문에 그들은 부활의 대상이 아니다. 이미 신령한 몸을 가지고 있기 때문에 부활이 필요 없다. 이것이 하늘과 땅의 본질적인 차이점이다.

그런데 하나님의 뜻은 하늘의 발등상이 되는 지구촌에 있는 아주 낮고 천한 흙 차원의 인생들을 통해서 하나님의 후사로 만들어서 천사들의 주인으로 만드셨다는 것이다.

조각가가 조각물을 만드는데 어떤 것은 100일 동안 만들었고 어떤 것은 하루에 만들었다고 하자. 무엇이 더 가치 있겠는가? 당연히 하루에 만든 것보다는 100일 동안 정성을 들여서 만든 조각물의 값어치가 더 높기 때문에 당연히 더 비싸게 쳐줄 것이다.

그러면 만드는 분의 입장에서 시작과 동시에 그 목적한 결과가 이루어지기까지 천사와 사람 중 어떤 존재에게 더 많은 공력과 시간을 할애하고 계시는지 생각해보라는 것이다. 천사는 처음부터 죽지 않는 신령한 몸으로 지었다. 그런데 우리 인간은 낮고 천한 이 땅에서 죽는 몸으로 지음을 받았다.

천하디 천한 흙 차원의 인생들을 사람으로 만드시고, 또 그 코에 생기를 불어넣어서 생령으로 만드시고(창 2:7), 생령이 된 그 사람으로 하여금 하늘의 구도의 도장을 걷게 해서 생령의 첫 열매가 되는 멜기세덱을 탄생하게 하시는 것이 하나님의 뜻이었다. 그가 탄생되면 그는 산 자의 하나님, 영광의 주가 되기 때문에 그의 길을 따르는 모든 사람들도 첫 열매인 그리스도 안에서 자기 반차의 서열과 순서에 따라 영광을 받게 되는 것이다(고전 15:23).

구속사의 세계의 영광을 위해서 만세 전에 준비되어 있는 씨들을 셋째 날 창조하셨다. 이미 하나님은 처음부터 구원의 대상을 첫 번째는 아담의 후손, 두 번째는 노아의 후손, 세 번째는 아브라함의 후손으로 결정하신 것이다.

그렇기 때문에 이 땅의 차원에 뿌려지기로 결정되어있는 좋은 씨들이 하나님의 구원의 중심이 되는 구속의 대상이 된 것이다. 그렇다고 이 땅에 태어난 사람들이 다 구속의 주인공들은 아니다.

그런 비밀을 늦게나마 알게 되었기 때문에 들짐승 중 가장 간교한 뱀이 장자권을 쟁취하고자 아담의 가정을 침범한 것이다. 결국 뱀은 장자권을 빼앗았고, 그러므로 종의 법인 율법이 먼저 등장한 것이다. 다시 말하면 장자권을 빼앗겼기 때문에 구속사의 세계가 역순으로 시작되어버리고 만 것이다.

천사들은 네 생물 안에 있는 신성을 가지고 지음을 받은 대상들이다. 그러나 흙 차원의 우리 인생들이 네 생물 안에 있는 신령한 인격을 이루어가는 과정이 얼마나 험난하고 힘든가? 힘들고 험난하기 때문에 우리가 그들보다 귀하고 거룩한 존재가 될 수 있고 그들의 주인이 될 수 있다는 것이다.

우리 인생이 네 생물 안에 있는 인격을 완성한다는 것은 결코 쉬운 길이 아니다. 그 길을 가려면 꼭 믿음의 길, 뜻의 길, 영의 길의 3일 길을 걸은 후, 영의 길을 통해서 하늘의 구도의 도장에 도전해야 한다. 아담도 영의 길 노정에서 영의 시간으로 한 시간도 못 되어 타락한 것이다. 그렇기 때문에 이사야 65:20에 "백세 못되어 죽는 자는 저주받은 것이리라"는 말씀이 있는 것이다. 아무나 쉽게 영의 길을 걸을 수 있는 것이 아니다.

> 사 65:20 거기는 날 수가 많지 못하여 죽는 유아와 수한이 차지 못한 노인이 다시는 없을 것이라 곧 백 세에 죽는 자가 아이겠고 백 세 못되어 죽는 자는 저주받은 것이리라

2. 아담이 이긴 자가 되었다면?

마지막 때는 무형의 존재가 아닌 인격을 가진 인자를 통해서 하늘나라가 이 땅에서 이루어지게 된다. 그 영광의 빛을 "일곱 날의 빛과 같다"(사 30:26)고 말씀하고 있다.

요한복음 5:39에 "너희가 영생을 얻기 위해서 성경을 읽는 것이 아니냐? 이 성경이 곧 나를 증거하는 것이다"라고 하셨다. 성경은 곧 하나님의 영광의 세계, 구속사의 세계를 밝히 증거한 내용이 된다.

그렇기 때문에 아담이 아담으로서 인류의 조상이 되는 것과 아담이 멜기세덱으로서 인류의 조상이 되는 것은 본질적으로 무엇이 같고, 무엇이 다른 것인가? 그 부분을 잘 이해해야 한다.

먼저, 본질적으로 같은 것은 무엇인가? 바로 멜기세덱이 인류의 조상이 되건 아담이 인류의 조상이 되건 절대 성경 말씀은 달라지지 않는다는 것이다.

그렇다면 무엇이 달라지는가? 구속사의 세계를 이루어가는 질서, 때가 바뀌는 것뿐이다. 고난의 주가 등장할 때에 영광의 주가 등장하는 것이고, 그림자의 세계가 등장할 때에는 그림자의 세계가 아니라 실존의 세계가 이루어지고 나타나게 되는 것이다. 또 차자가

장자가 되는 세계는 본래 약속의 자녀가 차자로 태어나는 것이 달라지는 것이라고 정리할 수 있다.

그러나 누가 등장하든 간에 성경 말씀은 절대 바뀌는 것이 아니다. 성경 말씀은 그대로인데 그 말씀의 세계가 이루어지는 과정, 때가 달라진다는 것이다. 그 외에는 본질적으로나 근본적으로 달라지는 것이 없다.

만약에 멜기세덱이 영광의 주와 같은 입장으로 이 땅에 구속사의 세계를 이룰 수 있는 자손을 생산해야 한다면 그 때에 멜기세덱은 이 땅의 주가 되어 있겠지만 멜기세덱은 이 땅만을 주관하는 주관자가 되는 것은 아니다. 그는 하늘의 세계, 궁창의 세계를 주관하고 역사할 수 있는 주인공이라는 것 또한 알아야 한다. 한 마디로 이 땅에만 있을 수 없는 분이라는 것이다. 말하자면 그는 이 땅의 주, 이 땅의 왕이면서도 또 하늘에서도 하나님의 후사로서 하늘의 대제사장이 되기 때문이다. 하늘의 대제사장이라는 말은 하늘의 영광을 위해서 하늘에서도 제사를 드리는 아들이 되어야 한다는 의미이다.

창세기에 나오는 족장의 세계, 산 자의 세계의 청사진은 하나님께서 장차 하늘에서 이루어진 뜻대로 이루실 지상천국을 우리에게 보여주신 구원의 청사진이라고 말씀할 수 있다. 그런 의미에서 이 땅에서 멜기세덱이 자기를 통해서 생산된 후손들의 근간을 어느 정도 이루어놓는다면 그는 당연히 이 땅에서만 존재하는 것이 아니라 하늘의 대제사장으로서 하나님께 거룩한 영광의 제사를 드리는 존재로서의 자기의 몫을 다해야 한다.

예수님이 이 땅에 오시기까지 여호와가 후견인, 청지기, 몽학선생으로서 대신 역사한 것처럼(갈 3:25, 4:2) 하늘에 뿌리를 둔 네 생물이 인자로서 멜기세덱의 영광을 입기 전에 하늘과 이 땅을 오고 가면서 역사하고 있었다. 네 생물은 궁창의 세계뿐만 아니라 이 땅에까지 오가면서 멜기세덱으로 역사할 수밖에 없는 존재인 것이다. 그가 하늘과 땅을 오고 가는 자로서 하늘에서는 대제사장으로서 하나님께 거룩한 영광을 드리는 자가 되지만 이 땅에서도 그 영광의 세계를 이루어야 한다는 것이다.

그렇다면 하늘에서 이루어진 뜻이 이 땅에서 어떻게 이루어지는가? 궁창의 세계, 영의 세계에서 타락이 있었다. 루시엘로 인하여 타락의 세계가 이루어졌기 때문에 하나님이 궁창을 중심으로 윗물과 아랫물을 분리하셨다. 분리하신 후, 고장 난 궁창의 세계를 바로 잡으시기 위해서 하나님이 뜻을 세우시고 흙으로 사람을 지으시고 그 코에 생기를 불어넣어 아담에게 생령이라는 존귀함을 붙여주신 것이다. 그런 아담이 어둠의 세력을 대표한 들짐승 중에서 가장 간교한 뱀과 싸워 이기면 그는 하나님의 후사가 되는 것이다.

아담이 이긴 자가 되어 멜기세덱이라는 새 이름, 영광을 받으면 그가 주도하고 있는 하늘 세계의 이런 내용들과 자기 존재의 의미를 후손들에게 가르쳐준다는 것은 너무나 자명한 일일 것이다. 그가 이 땅에서 산 자의 능력을 통해서 하늘의 영광을 보여줄 수는 있지만 그 영광을 나타내면서 이 땅에서 항상 살 수 있는 존재는 아니다.

그 점을 우리는 예수님을 통해서 이해할 수 있다. 왜냐하면 하늘의 사람이 걷는 길과 땅의 사람이 걷는 길은 차원이 다르고 영광이 다르고 율례와 규례와 법도가 다르기 때문이다.

우리가 생각할 때 멜기세덱은 창조의 길에 구애받지 않고 하늘의 존재로서 역사할 수 있을 거라고 그렇게 생각할 수 있다. 그러나 그것은 엄격하게 제한되어 있다.

아브라함이 부자에게 "거기에서 여기는 큰 구렁이 있어서 오고 갈 수 없다"(눅 16:26)고 했다. 마찬가지로 궁창의 세계와 이 땅의 세계는 마음대로 오고 갈 수 있는 세계가 아니다. 그러나 영의 길을 통해서 오고갈 수 있기는 하다(고후 12:1-4). 하지만 영육 간에 오고갈 수는 없다. 다만 장성한 믿음을 가진 영혼은 자유롭게 오고갈 수 있다는 것이다.

3. 마지막 때는 누구에 의해서 구원을 받는가?

잠언 15:23에 "때에 맞는 말씀이 얼마나 아름다운고!"라는 말씀이 있다. 이 말씀의 의미는 무엇인가? 때를 따라서 말씀하시는 분이 다르다는 것을 말하는 것이다. 이 의미 속에는 때를 따라서 말씀하시는 분이 한 분이 아니라 때에 맞게 각자 때의 주인으로 오시는 분이 다르다는 것을 의미하는 것이다.

마지막 때에는 누구에 의해서 구원을 받는가? 마지막 때의 주인에 의해서 구원을 받는 것이다. 그렇기 때문에 히브리서 6:1-3에 보면 "초보의 신앙을 버리고 너희가 그 터를 다시 닦지 말고 완전한 데로 나오라 하나님은 너희를 완전하게 하실 수 있다"라는 말씀이 기록되어 있다.

히 6:1-3 그러므로 우리가 그리스도 도의 초보를 버리고 죽은 행실을 회개함과 하나님께 대한 신앙과 세례들과 안수와 죽은 자의 부활과 영원한 심판에 관한 교훈의 터를 다시 닦지 말고 완전한 데 나아갈찌니라 하나님께서 허락하시면 우리가 이것을 하리라

초보의 신앙을 가진 사람들은 소화시킬 수 없는 단단한 식물이기 때문에 "멜기세덱에 대해서는 어렵다"(히 5:11)라고 말씀하고 있는 것이다.

왜 멜기세덱에 대해서 알아야 하는가? 그분이 마지막 때의 주인이기 때문이다.

마지막 때 재림주께서는 왜 도둑 같이 오셔야만 하는가? 만약 재림주가 도둑 같이 오시지 않고 공개된 만나로 이 땅에 오신다면 이 땅에 구원 받을 종자는 한 명도 없다. 만약에 재림주가 예수님 때처럼 공개적으로 오신다면 이 세상에 그를 믿을 사람이 있겠는가? 누가 제일 믿지 못하겠는가? 아마 종교지도자들이 가장 받아들이기 힘들 것이다.

눅 7:29-30 모든 백성과 세리들은 이미 요한의 세례를 받은지라 이 말씀을 듣고 하나님을 의롭다 하되 오직 바리새인과 율법사들은 그 세례를 받지 아니한지라 스스로 하나님의 뜻을 저버리니라

초림 때와 똑같은 상황이 아니겠는가? 그 당시 세리와 창기는 예수님을 믿었다. 믿었다는 의미를 어디에서 찾을 수 있는가? 그들은 다 세례를 받았기 때문에 믿었다고 말할 수 있다. 그러나 대제사장과 2만4천 명의 제사장, 서기관, 바리새인, 유사들은 세례를 받지 않

았다. 그들은 스스로 하나님의 뜻을 저버리고 초림주로 오신 예수님을 믿지 못했다.

마지막 재림의 마당에서도 마찬가지다. 재림주께서 도둑 같이 오신다는 그 사실은 하나님께서 우리 인생들을 얼마나 사랑하시고 존귀하게 여겨주시고 인정해주시고 배려해주신 것인지 깨달아야 한다. 다시 한 번 우리를 향하신 하나님의 극진하신 사랑을 생각해 볼 수 있다.

> 행 7:2-3 스데반이 가로되 여러분 부형들이여 들으소서 우리 조상 아브라함이 하란에 있기 전 메소보다미아에 있을 때에 영광의 하나님이 그에게 보여 가라사대 네 고향과 친척을 떠나 내가 네게 보일 땅으로 가라 하시니

스데반이 돌에 맞아 죽어가면서 증거하고 있는 '영광의 주'는 참 어려운 의미를 가지고 있는 말씀이라고 할 수 있다. 대부분 개념적으로 영광의 주라고 하면 영광을 받으시는 하나님이라는 그런 쪽으로 생각을 하고 있다.

그러나 스데반이 말하고 있는 그 사람은 누구인가? 본래 그 사람은 여호와 하나님이었다. 창세기에 보면 갈대아 우르에 살고 있는 데라와 아브라함 일가(一家)를 불러낸 사람이 여호와 하나님이라고 기록되어 있다. 그리고 구약에 나타난 여호와를 신약에 와서는 다 거룩한 천사라고 말씀하고 있다(행 7:35, 7:38, 7:53). 물론 여호와 하나님이라는 이름을 출애굽기 6:3에서는 이렇게 말씀하고 있다. "내가 아브라함과 이삭과 야곱에게는 전능하신 하나님 엘로힘으로 가르쳐주었지만 그들에게는 여호와라고 말하지 않았다"라고 했다.

그런데 스데반이 하늘 문이 열린 사이로 예수님을 바라보면서 돌에 맞아 죽어가면서 여호와 하나님이 영광의 하나님, 즉 멜기세덱이라는 사실을 증거해 준 것이다.

그 말씀을 통해서 여호와 하나님과 멜기세덱은 동질적인 존재인데 산 자의 믿음을 가진 사람들에게는 멜기세덱으로, 그렇지 않은 사람들에게는 여호와 하나님으로 역사를 한 것임을 알 수 있다.

그런데 안타깝게도 예수님 이후 2천 년이 지난 오늘날에 이르기까지 신학은 여호와 하나님을 창조주 하나님, 아버지로 믿는다는 것이다.

요한복음 8:44 말씀을 다시 생각해야 한다. 너희 아비는 마귀라고 했다. 예수께서 친히 하신 말씀이다.

> 요 8:44 너희는 너희 아비 마귀에게서 났으니 너희 아비의 욕심을 너희도 행하고자 하느니라 저는 처음부터 살인한 자요 진리가 그 속에 없으므로 진리에 서지 못하고 거짓을 말할 때마다 제 것으로 말하나니 이는 저가 거짓말쟁이요 거짓의 아비가 되었음이니라

"너희 아비는 마귀요 최초의 거짓말쟁이, 살인자이며 모든 것을 자기 것으로 말하는 자"라고 하셨다. 너희는 그런 마귀에게서 태어난 종자라는 것이다. 그들이 누구인가? 자칭 선민(先民)이라고 자부하고 자랑하던 이스라엘 백성 중 한 무리이다. 그들은 이방 사람들을 지옥의 땔감이라고 비웃던 자칭 이스라엘 선민이라고 자랑하던 자들이었다.

예수님이 오셨던 당시를 생각해보자. 그때 마귀의 자식들이 세상에서 무엇을 하고 있었는가? 이스라엘의 산헤드린 공회에서 국회의원이었던 아리마대 요셉과 밤에 찾아온 니고데모를 제외한 나머지 산헤드린 의원들과 대제사장 그리고 2만 4천명의 제사장, 서기관, 유사들이 있었다. 그들은 최고의 종교 지도자들이었다. 이러한 마귀의 자식들이 예수님이 오신 그 때에 그 나라, 그 땅, 그 백성, 그 성전들을 점령하고 있었다.

이것은 무엇을 의미하는 것인가? 예수님이 오셨을 때 믿음이 어디 있었는가? 오죽 믿음이 없었으면 예수님이 이스라엘 사람이 아닌 로마 백부장의 신앙고백을 듣고 "내가 이스라엘에서 이만한 믿음을 처음 만나보았다"(마 8:10)라고 말씀하셨고, "개들도 주인의 밥상에서 떨어지는 부스러기를 먹나이다"라고 말한 가나안 수로보니게 여인에게 "네 믿음이 크도다"라고 말씀하셨겠는가?(마 15:22-28) 본방 이스라엘 백성들은 정작 예수님을 기쁘시게 해드릴 수 있는 믿음을 가진 자가 없었다. 대부분 마귀의 자식들이었기에 예수께서 "너희 아비는 마귀요 최초의 거짓말쟁이 살인자이며 모든 것을 자기 것으로 말하는 자"라고 질책하신 것이다.

무엇을 말하는 것인가? 재림의 마당에서도 동일한 말씀의 역사, 동일한 입장과 상황과 동일한 세계가 펼쳐지고 있다. 지금의 현실은 하나님을 믿는 믿음이 난무하고 십자가가 넘쳐흐르고 있다. 그런데 예수님은 재림의 때를 내다보시며 "인자가 올 때 믿음을 보겠느냐?"라고 하셨다.

눅 18:8 내가 너희에게 이르노니 속히 그 원한을 풀어 주시리라 그러나 인자
가 올 때에 세상에서 믿음을 보겠느냐 하시니라

"온전한 것이 오면 부분적인 것은 폐하라"(고전 13:9-10)고 했다. 오늘날에 이르러 많은 하나님의 종들이 히브리서 6:1-2에 기록된 초보의 신앙에 대한 말씀, 그 부분에 있어서는 달인(達人)이 되어 있다.

히 6:1-2 그러므로 우리가 그리스도 도의 초보를 버리고 죽은 행실을 회개함
과 하나님께 대한 신앙과 세례들과 안수와 죽은 자의 부활과 영원
한 심판에 관한 교훈의 터를 다시 닦지 말고 완전한 데 나아갈찌니라

그러나 그들은 "온전한 것이 오면 부분적인 것을 폐하라"는 그 온전한 것을 모른다는 것이다. 왜 모르는 것일까? 재림의 마당의 주인공인 멜기세덱에 대해 모르기 때문이다. "멜기세덱에 관해서는 해석하기 어렵다"고 했다. 또 멜기세덱에 대해 알아보라고 했다.

히 5:11 멜기세덱에 관하여는 우리가 할 말이 많으나 너희의 듣는 것이 둔하
므로 해석하기 어려우니라

히 7:4 이 사람의 어떻게 높은 것을 생각하라 조상 아브라함이 노략물 중 좋
은 것으로 십분의 일을 저에게 주었느니라

부분적인 것에 대해서만 달인이 되어있는 그들이 이 세상에서는 하나님을 가장 잘 믿는 사람들로 인정받고 있다. 그러나 그들이 온

전한 것을 모른다면 그들도 초림 때처럼 재림주를 십자가에 못 박는 전철(前轍)에서 벗어나지 못할 것이다. 그래서 예수께서도 "인자가 올 때 믿음을 보겠느냐"라고 말씀하신 것이다.

그렇다면 예수님이 실언을 하신 것인가? 이 땅에 넘쳐흐르는 믿음은 초림주 예수께서 자기 땅에 오셨을 때와 다를 바 없다. 마귀의 자식들이 전부 하나님의 집들을 점유하고 있다는 사실을 잘 깨달아야 된다.

그런 그들에게 소속된 성도들은 다 그렇게 말한다. "우리 교회 목사님은 너무 훌륭하시고 은혜가 넘치십니다"라고 자랑스러워한다. 그러나 사람의 생각과 하나님의 생각은 다르다.

> 사 55:8-9 여호와의 말씀에 내 생각은 너희 생각과 다르며 내 길은 너희 길과 달라서 하늘이 땅보다 높음 같이 내 길은 너희 길보다 높으며 내 생각은 너희 생각보다 높으니라

강둑에 다리를 힘들게 벌리고 있는 남자가 강물 위에 있는 자에게 "재림의 마당에서 언제 환난이 끝납니까?"라고 물으니까 "한 때·두 때·반 때를 지나 성도의 권세가 다 깨어지기까지니"라고 하셨다.

> 단 12:5-7 나 다니엘이 본즉 다른 두 사람이 있어 하나는 강 이편 언덕에 섰고 하나는 강 저편 언덕에 섰더니 그중에 하나가 세마포 옷을 입은 자 곧 강물 위에 있는 자에게 이르되 이 기사의 끝이 어느 때까지냐 하기로 내가 들은즉 그 세마포 옷을 입고 강물 위에 있는 자가 그 좌우 손을 들어 하늘을 향하여 영생하시는 자를 가리켜 맹세하여 가로되 반드시 한때 두때 반때를 지나서 성도의 권세가 다 깨어지기까지니 그렇게 되면 이 모든 일이 다 끝나리라 하더라

예수께서 누가복음 18:8에 예언하신 대로, 초림 때 자칭 선민이라 했던 이스라엘 백성들의 믿음이 그랬듯이 마지막 때 자칭 성도라고 하는 사람들의 믿음이 다 깨어지게 되어 있는 것이다. 오직, 아브라함과 같은 믿음을 가진 성도 중의 성도, 멜기세덱에 대해 알고, 그로부터 축복 받는 장성한 믿음을 가진 자들만이 남는 자가 된다는 말씀이다.

> 히 5:11-14 멜기세덱에 관하여는 우리가 할 말이 많으나 너희의 듣는 것이 둔하므로 해석하기 어려우니라 때가 오래므로 너희가 마땅히 선생이 될터인데 너희가 다시 하나님의 말씀의 초보가 무엇인지 누구에게 가르침을 받아야 할 것이니 젖이나 먹고 단단한 식물을 못 먹을 자가 되었도다 대저 젖을 먹는 자마다 어린 아이니 의의 말씀을 경험하지 못한 자요 단단한 식물은 장성한 자의 것이니 저희는 지각을 사용하므로 연단을 받아 선악을 분변하는 자들이니라

> 갈 3:6-9 아브라함이 하나님을 믿으매 이것을 그에게 의로 정하셨다 함과 같으니라 그런즉 믿음으로 말미암은 자들은 아브라함의 아들인줄 알찌어다 또 하나님이 이방을 믿음으로 말미암아 의로 정하실 것을 성경이 미리 알고 먼저 아브라함에게 복음을 전하되 모든 이방이 너를 인하여 복을 받으리라 하였으니 그러므로 믿음으로 말미암은 자는 믿음이 있는 아브라함과 함께 복을 받느니라

분명히 네 생물은 피조물이다. 피조물이 어떻게 영광의 하나님이 될 수 있는가?

> 출 4:16 그가 너를 대신하여 백성에게 말할 것이니 그는 네 입을 대신할 것이요 너는 그에게 하나님 같이 되리라

> 출 7:1 여호와께서 모세에게 이르시되 볼찌어다 내가 너로 바로에게 신이 되게 하였은즉 네 형 아론은 네 대언자가 되리니

모세는 바로 앞에 신과 같은 존재가 되고 아론은 대언자가 되었다(출 7:1). 모세와 아론은 한 배에서 태어난 형제로서 같은 흙으로 지음을 받은 존재이지만 한 사람은 아론 앞에 하나님이 될 수 있는 존재가 되었다(출 4:16). 이것을 깨닫지 못하면 그것은 도저히 믿을 수 없는 사실이 된다. 어떻게 흙으로 지음을 받은 피조물이 영광의 하나님이 되는가? 오직 천국의 비밀을 허락받은 자, 아버지의 말씀을 허락받은 자만이 말씀을 통해서 그것을 이해할 수 있다는 것이다.

> 마 13:11 대답하여 가라사대 천국의 비밀을 아는 것이 너희에게는 허락되었으나 저희에게는 아니 되었나니

> 눅 8:10 가라사대 하나님 나라의 비밀을 아는 것이 너희에게는 허락되었으나 다른 사람에게는 비유로 하나니 이는 저희로 보아도 보지 못하고 들어도 깨닫지 못하게 하려 함이니라

4. 구속사의 세계가 완성되면 네 생물은 어떤 모습으로 남게 될까?

재림의 마당에는 하나님이 하시는 시종을 알 수 없게 하시는 때 (전 3:11), 도둑같이 오시는 하나님의 역사의 때이므로(살전 5:2) 여호와 하나님으로 등장할 수도 없고 멜기세덱으로도 등장할 수 없고 본래대로 네 생물로서 등장하는 것이다. 그런 의미에서 해를 입은 여인의 두 가지의 큰 권세가 큰 독수리의 두 날개로 표현이 된 것이다.

이 땅의 주 앞에 선 두 감람나무도 하늘 문을 열고 닫는 권세와 (계 11:6) 갈대 자로 성전 안을 척량하는 권세(계 11:1-2) 등 여러 가지 권세를 가지고 있다.[42] "성전 밖 마당은 척량하지 말고 마음대로 이방에게 맡겨두고 성전 안만을 척량하라"(계 11:2)는 권세는 큰 독수리의 두 날개와 같은 의미로도 해석할 수 있다는 것이다.

성자 하나님이신 예수께서 아버지의 집을 제일 먼저 지어드리고 관리자를 만드셨다. 그 관리자를 만드신 것은 아버지를 외롭지 않게 해드리고 영화롭게 영광스럽게 아버지를 찬양해 드리고자 함이다. 그래서 네 생물을 지은 것이다. 그러나 네 생물이 빛의 보좌에 거하기 위해서는 그가 죄와 상관있는 존재가 되면 안 된다. 빛의 세계에 존재하는 피조물로 지음 받았기 때문에 어떠한 죄도 침범할 수 없는 그런 대상으로 지음을 받았다. 그리고 오직 그는 하나님의 영광을

---

42) 제 3권 〈두 감람나무와 두 촛대, 그들은 누구인가?〉 273-366쪽, 벽암 조영래 저, 도서출판 오색이슬

찬양하고 하나님의 말씀에만 절대 순종하도록 지음을 받은 존재가 된다.

그 대신에 네 생물은 자기 위치를 이탈할 수 없다. 자기 안에 있던 네 얼굴의 인격적인 대상이 자기보다 더 큰 영광의 존재가 된다고 할지라도 그들의 영광과 네 생물과는 무관하다. 그 영광의 존재에게 자기 자신이 영광을 드리는, 그 사람을 위한 생물로서 존재할 수밖에 없는 그런 지음을 받은 것이다.

창세기 14장에 나타난 멜기세덱도 고유적인 그의 형상과 모양이 아니라 네 생물이 하나님의 명에 의해서 하나님을 대신해서 이 땅에 등장한 사람이다. 네 생물이 이 땅에서 고유적인 자기 인격의 본래 영광을 입기 위해서는 재림의 마당에서 그의 영광이 이루어져야 한다.

네 생물 속에 있던 네 얼굴의 존재인 사자, 송아지, 사람, 독수리가 차례대로 때에 맞게 자기 사명을 완성함으로써 네 생물 속에 있던 네 인격의 모든 영광들이 하나하나 이루어진다면 네 생물 속에 있는 비밀이 다 이루어지게 된다. 그러면 순수한 네 생물만 남게 되고 네 생물은 본래의 자기 자리로 돌아가게 된다.

네 생물은 보좌에 앉으시는 주인의 영광을 찬미하고 찬양하고 거룩하게 영광스럽게 나타내기 위해서 지음을 받은 존재이다. 그것이 네 생물이 가진 본질적인 사명이며 존재의 의미가 된다. 네 생물 안에 있는 네 얼굴, 즉 사자, 송아지, 사람, 독수리의 영광이 이루어지면 그들을 싸고 있던 네 생물만 남게 된다.

네 생물 안에는 네 얼굴, 네 가지 육체, 네 가지 영광이 들어있다.

"육의 몸이 있은즉 또 신령한 몸이 있느니라"(고전 15:44)는 말씀처럼 온전한 몸, 육신을 가진 사람만이 코에 불어넣는 그 생기를 소유할 수 있는 것이다. 몸이라는 그릇이 없는 사람은 영의 내용물을 담을 수 없다.

그러나 내성의 꼴로 외형이 이루어진다는 원리를 깊이 생각해 보면 네 생물 자체가 그 안에 들어있는 네 얼굴의 영광보다 더 큰 것이 아니라는 것을 알 수 있다. 네 생물은 자기 안에 들어있는 인격체의 영광을 지키고 보호하며, 그 영광을 영화롭게 나타낼 수 있는 존재인 것이다. 그렇기 때문에 네 생물은 처음부터 끝까지 네 생물일 뿐이다.

예를 들어 설명하자면 마리아가 예수님을 잉태하고 낳았다. "보내심을 입은 자보다 보내신 자가 더 크다"(요 13:16-17)는 말씀을 생각한다면 낳는 분이 더 크다고 생각할 수도 있을 것이다. 그러나 다음과 같은 경우는 어떠한가? 마리아가 예수님을 낳았지만 가나 혼인잔치에서(요 2:4) 또 십자가 상에서 예수님이 어머니 마리아를 '여자여'(요 19:26)라고 부르셨다. 그 의미는 "마리아여! 당신이 나를 낳았지만 당신도 나를 믿는 믿음을 통해서만 구원받을 수 있습니다"라는 의미로 말씀하신 것이다.

마찬가지다. 네 생물의 안에 있는 인격적인 존재가 구속사의 과정을 통해서 영화롭고 영광스러운 존재로 영광을 받는다고 해도 네 생물은 그 인격들을 지키고 보호하는 존재로 지음 받았기 때문에 그렇게 지음을 받은 존재로서의 고유적인 의미와 특성은 불변이라는 것이다. 네 생물은 그렇게 지음을 받은 존재였기 때문에 첫째 날 천지창조(창 1:1) 이전에 만유보다 크신 아버지의 집을 지을 때 그 집을 지키는 자, 스스로 계신 자의 영광을 찬양하는 자로 먼저 지음을 받은 것이다.

그렇기 때문에 하나님께서 네 생물을 지으신 그 지음의 내용과 결과가 절대 하나님의 공의에 거스리지 않는다. 만약 네 생물이 구속사의 세계가 완성된 후 본래보다 더 큰 영광을 받는다면 그것은 하나님께서 처음부터 공의롭지 못한 편견을 가지고 편애의 대상으로 네 생물을 만드셨다고 할 수 있을 것이다. 그러나 네 생물은 처음부터 끝까지 네 생물일 뿐이다. 자기가 지키고 보호해드리고 임마누엘 되어드렸던 자기 안에 있던 인격적인 존재들이 영광을 입어도 네 생물은 처음부터 끝까지 그들의 네 생물일 뿐이다.

그렇기 때문에 네 생물이 사명을 다 마치면, 보좌를 지키고 호위하고 받들고 섬기는, 보좌의 영광을 찬미하고 찬양하는 본래의 자리로 돌아가게 하신다는 것이다.

네 생물 속에 있던 네 얼굴의 인격적인 대상들이 구속사의 중심에서 자기들의 영광을 다 이루게 되면 그들은 네 생물보다 영광이 더 큰 존재가 된다. 어떤 의미에서는 네 생물 안에 있던 네 가지 보배들은 네 생물의 주인 격이 되는 존재들이다. 하나님께서 처음부터 그런 목적을 이루시기 위해서 그런 조건과 내용을 하나님의 뜻으로 정해놓으신 것이다.

네 생물이 본래의 자기 자리로 돌아가는 것은 노아가 방주에서 세 번째 내보낸 비둘기가 자기의 목적과 사명을 완성하고 본래의 자기의 자리로 돌아가는 모습과 같다고 말할 수 있다(창 8:12). 그 비둘기는 자기의 사명을 하나님께서 기뻐하시는 대로 다 이루었기 때문에 이제 더 이상 이 땅에 올 필요가 없다.

참고문헌

- 개역한글 성경
- 개역개정 성경
- 공동번역 성경
- 새번역 성경
- 현대인의 성경
- 쉬운 성경
- 성경주석, 박윤선 저, 영음사
- 옥스퍼드 원어성경사전, 제자원
- 한영 해설 성경, 대한기독교서회
- 라이프 성경사전, 가스펠서브 저, 생명의 말씀사
- 구속사 시리즈 제 7권 〈영원한 만대의 언약 십계명〉, 박윤식 저, 도서출판 휘선
- 호크마 종합주석, 강병도 편저, 기독지혜사
- 엣센스 국어사전, 민중서림
- 두산 백과사전
- 한국어대사전, 고려대학교 민족문화연구원
- 표준국어대사전, 두산동아
- 새국어사전, 동아출판사
- 전자용어사전, 성안당
- 물은 답을 알고 있다, 에머토 마사루 저, 나무 심는 사람
- 비전 성구사전, 하용조 편찬, 두란노
- 유대전쟁사, 요세푸스 저, 생명의 말씀사
- 성구대사전, 이성호 편저, 성서연구원
- 기독교 대백과사전, 기독교문사

네 생물, 그들은 누구인가?
The Four Living Creatures, Who are They?

발 행 일	2018년 05월 17일
저　　자	조영래
발 행 인	최정옥
펴 낸 곳	도서출판 오색이슬
주　　소	27829 충북 진천군 진천읍 문화로 181-18
전　　화	043-537-2006
팩　　스	043-537-2050
블 로 그	blog.naver.com/osbooks

저자와의 협약 아래 인지는 생략되었습니다.
이 책은 저작권법에 의해 보호를 받는 저작물이므로 저작권자의 허락없이
이 책의 일부 또는 전체를 무단 복제, 전재, 발췌하면 저작권법에 의해 처벌을 받습니다.
저작권 등록번호: 제C-2018-012528호

ISBN　　979-11-959397-3-2
값　　　20,000원